司法書士試験

松本の新教科書　5ヶ月合格法

リアリスティック⑤

不動産登記法II

第5版

辰已専任講師
松本雅典
Masanori Matsumoto

辰已法律研究所

初版はしがき

　不動産登記法は、体系書がほとんどありません。民法は、研究している学者も多く、体系書が多数あるため、体系がほとんど確立しています。しかし、不動産登記法は確立しているとはいえません。1つ確立しているといえるのは、不動産登記法の条文ですが、不動産登記法の知識が相当なければ、条文順で学習するのは困難です。また、不動産登記法に欠かせない先例・通達・登記研究の質疑応答は、必ずしも条文単位で出るわけではなく、見方によってはバラバラに出ます。

　つまり、不動産登記法の説明順序は固まっていないのです。

　そこで、このテキストでは、私が体系を作成しました。不動産登記法を初めて学習する方でも無理なく学習できるような体系にしました。これがどれだけ成功しているかが、このテキストが「受験界で最もわかりやすいテキスト」となれるかの大きな要素となります。不安と期待を併せつつ、私の頭の中にある不動産登記法の体系を「テキスト」という形で受験界に送り出します。

　なお、以下のすべてを実現しようとしたのは、『司法書士試験　リアリスティック民法』と同様です。

多すぎず少なすぎない情報量
体系的な学習
わかりやすい表現
基本的に「結論」→「理由」の順で記載
理由付けを多く記載する
思い出し方を記載する
図を多めに掲載する
表は適宜掲載する

　『司法書士試験 リアリスティック民法Ⅰ［総則］』のはしがきにも記載しましたが、私が辰巳法律研究所で担当しているリアリスティック一発合格松本基礎講座を受講していただいたすべての方に改めて感謝の意を表したいと思います。受講生の方が私に寄せてくださった数千件のご質問や本気で人生をかけて合格を目指し闘っている姿を見せてくださるおかげで、私はこれまで講師を続けることができました

し、このテキストが完成しました。

平成 29 年 7 月

辰已法律研究所　専任講師

松本　雅典

第5版はしがき

　令和3年4月、民法の物権法、相続法および不動産登記法の改正がされました。この改正は、以下の2つの社会問題に対応するためのものです。

1. 所有者が不明の不動産が増えている
   → 所有者が不明の不動産を増やさないようにする必要があるとともに、不動産の所有者を探索する負担を軽減する必要がある

2. 所有者が不明または管理不全の不動産が増えている
   → 所有者が不明または管理不全の不動産の利用や管理をしやすくする必要がある

　民法の物権法、相続法の改正が主に上記2.に対応するためのもので（相続法の改正は上記1.に対応するためのものもあります）、不動産登記法の改正が主に上記1.に対応するためのものです。
　第4版の改訂で、これらの民法および不動産登記法の改正を反映させました。

　しかし、その後、これらの民法および不動産登記法の改正についての不動産登記令および不動産登記規則の改正ならびに通達の発出がされました。そこで、今回、不動産登記令および不動産登記規則の改正ならびに通達の発出を反映させました。令和6年3月に発出された相続登記の義務化等についての通達まで、すべて対応させました。

　本書をお使いいただいた方から頂く合格報告が年々増えてきております。また、本書は私が担当しているリアリスティック一発合格松本基礎講座の指定テキストにもしていますが、本書を指定テキストにしてから合格者数がかなり増えています。
　書籍の執筆は、正直筆が進まない日もありますが、上記のようなお声や頂く合格報告が筆を進める何よりの原動力になります。この場で御礼を申し上げます。

令和6年5月
辰巳法律研究所 専任講師
松本 雅典

目 次

本テキストご利用にあたっての注意

1．略称

・不登法	→	不動産登記法
・不登令	→	不動産登記令
・不登規	→	不動産登記規則
・不登準則	→	不動産登記事務取扱手続準則
・登免法	→	登録免許税法
・登免法施行規	→	登録免許税法施行規則
・民訴法	→	民事訴訟法
・民執法	→	民事執行法
・民保法	→	民事保全法
・民保規	→	民事保全規則
・仮登記担保法	→	仮登記担保契約に関する法律
・区分所有法	→	建物の区分所有等に関する法律
・供託規	→	供託規則
・行服法	→	行政不服審査法
・行訴法	→	行政事件訴訟法
・最判平 20. 6 .10	→	最高裁判所判決平成 20 年 6 月 10 日
・昭 46.10. 4 民事甲 3230	→	昭和 46 年 10 月 4 日法務省民事甲第 3230 号
・登研 325P72	→	「登記研究」誌 325 号 72 ページ
・記録例	→	平成 28 年 6 月 8 日法務省民二第 386 号不動産登記記録例

2．民法、会社法・商法・商業登記法、民事訴訟法・民事執行法・民事保全法、供託法・司法書士法、刑法、憲法のテキストの参照箇所

「—— 民法Ⅰのテキスト第 2 編第 2 章第 1 節 2 ②」などと、民法、不動産登記法、会社法・商法・商業登記法、民事訴訟法・民事執行法・民事保全法のテキストの参照箇所を示している場合があります。これらは、以下のテキストです。

・『司法書士試験リアリスティック 1 民法Ⅰ［総則］』（辰已法律研究所）
・『司法書士試験リアリスティック 2 民法Ⅱ［物権］』（辰已法律研究所）
・『司法書士試験リアリスティック 3 民法Ⅲ［債権・親族・相続］』（辰已法律研究所）
・『司法書士試験リアリスティック 6 会社法・商法・商業登記法Ⅰ』（辰已法律研究所）

・『司法書士試験リアリスティック7 会社法・商法・商業登記法Ⅱ』（辰已法律研究所）
・『司法書士試験リアリスティック8 民事訴訟法・民事執行法・民事保全法』（辰已法律研究所）
・『司法書士試験リアリスティック9 供託法・司法書士法』（辰已法律研究所）
・『司法書士試験リアリスティック10 刑法』（辰已法律研究所）
・『司法書士試験リアリスティック11 憲法』（辰已法律研究所）

3．説明順序

　不動産登記法は、大きく「総論」「各論」に分かれます。「総論」とは、基本的にすべての登記に関係する分野です。「各論」とは、所有権、抵当権など権利ごとの登記の分野です。不動産登記法の最も一般的な説明順序は、「総論」→「各論」です。
　しかし、このテキストは以下の説明順序にしています。

・「（各論に入る前に必要な）総論」（Ⅰのテキスト第1編）
・「各論」（Ⅰのテキスト第2編～Ⅱのテキスト第4編）
・「（残りの）総論」（Ⅱのテキスト第5編～第6編）

　総論はすべての登記に関係する分野であるため、抽象的なハナシが中心となります。具体的なハナシ（各論）を知らないまま、ずっと抽象的なハナシばかりを学習していても、理解できません。よって、このテキストでは、まず各論に入る前に必要な総論のみを説明し、早めに各論に入る手法を採っています。

　なお、以下のような注をつけている箇所があります。

＊この※は、第5編第2章（P249～308）で仮登記を学習した後にお読みください。

　注で示した順番でお読みいただく前提で説明を記載していますので、最初にお読みになる際は、必ず上記のような注に従ってお読みください。

4．登記法の知識の整理のポイント

　登記法は、民法に比べると、趣旨は少なくなります。しかし、登記法は実際の手続のルールです。それに従って、司法書士、土地家屋調査士、登記官などは仕事をしています。1つ1つのルールをすべて暗記しないといけないとしたら、実際に使っている人からすると困ります。よって、「一貫した考え方」があります。この一貫した考

え方から知識を整理できるか、言い換えると、できる限り1つ1つの知識ごとに記憶することを避けられるかが、登記法の知識を整理するポイントになります。

このテキストでは、この知識の整理を目的として、一貫した考え方を記載したページに戻っていただけるよう、以下のように参照箇所をつけています。

「（Ⅰのテキスト第1編第6章第3節 3 1.「登記識別情報の提供の要否の基本的な判断基準」)」

このように、Ⅰのテキストに戻っていただくことも多いです。よく戻っていただくⅠのテキストは以下の箇所ですので、Ⅰのテキストの以下の箇所は、あらかじめページをメモしておいてください。

・Ⅰのテキスト第1編第6章第2節 4 「登記原因証明情報の提供が不要となる場合」
・Ⅰのテキスト第1編第6章第3節 3 1.「登記識別情報の提供の要否の基本的な判断基準」
・Ⅰのテキスト第1編第6章第4節 3 2.「『認印でよいか』『実印で押印し印鑑証明書の提供が要求されるか』の判断基準」
・Ⅰのテキスト第1編第6章第5節 3 「住所証明情報の提供が要求される場合①〜③」

5．申請件数と申請順序

近年の記述の出題の中心は、「申請件数と申請順序」を問うことにあります。試験後に発表される「記述の出題の趣旨」には最低限のことしか書かれませんが、そこに申請順序を問うていることが明記されています。

そこで、このテキストでは、以下のように、申請件数と申請順序を意識した形式を採っています。

1／2　設定を原因とする共有根抵当権の設定の登記
2／2　合意を原因とする根抵当権の優先の定めの登記

上記のような箇所は、記述で出題されることを意識して、「なぜ、このような申請件数と申請順序になるのか？」を理解したうえで記憶してください。

6．表

このテキストで出てくる表は、一貫して、「当たる」「認められる」などその事項に該当するもの（積極事項）は表の左に、「当たらない」「認められない」などその事項に該当しないもの（消極事項）は表の右に配置する方針で作成しています。これは、試験で理由付けから知識を思い出せなかったとしても、「この知識はテキストの表の左に書いてあったな。だから、『当たる』だ。」といったことをできるようにするためです。

7．登記記録・申請情報の住所の記載について

実際の登記記録には、登記名義人や担保権の債務者の住所が記録されますが、このテキストでは、原則として住所を省略しています。

また、実際の申請情報にも住所を記載しますが、試験では住所の記載を求められないことが多いので、申請情報についても原則として住所を省略しています。

8．「表示に関する登記（表題部）」と「権利に関する登記（権利部）」

不動産登記には、「表示に関する登記（表題部）」と「権利に関する登記（権利部）」がありますが、司法書士の業務は、権利に関する登記（権利部）についてのものです。このテキストも、ほとんどは権利に関する登記（権利部）の説明です。よって、特に断りのない限りは、権利に関する登記（権利部）の説明をしています。

9．参照ページ

このテキストでは、できる限り参照ページをつけています。これは、「記載されているページを必ず参照してください」という意味ではありません。すべてを参照していると、読むペースが遅くなってしまいます。わかっているページは参照する必要はありません。内容を確認したい場合のみ参照してください。その便宜のために、参照ページを多めにつけています。

また、ページの余白に表示している参照ページの記号の意味は、以下のとおりです。

P50 ＝ ： 内容が同じ

P50 ≒ ： 内容が似ている

P50 ┌ P50 ┐ ： 内容が異なる
└ P50 ┘ P50

10. Realistic rule

「Realistic rule」とは、試験的にはそのルールで解答してしまって構わないというルールです。

11. 権利関係の図形

　本書で一部ですが、権利関係を図形で整理している場合があります。これは、私の不動産登記（記述）の解法です。私が不動産登記（記述）で使用する図形をここで示しておきます。本書で出てくるものはわずかですが、これらの図形を使用して不動産登記（記述）の問題を解きたい場合は、拙著『リアリスティック不動産登記法　記述式』（日本実業出版社）をお使いください。

【乙区】

（抵当権）

民・太
K・四

債務者を記載します

（根抵当権）

K・ミ 6.5.30 　　　確定期日があれば
K・ホ 　　　　　　　記載します

……確定前根抵当権

K・ホ 　……確定後根抵当権

（移転）

民・太
K・四
K・フ

K・ミ
K・ホ
K・フ

（一部移転）

民・太
K・四
K・四 K・フ

K・ミ
K・ホ
K・ホ K・フ

（共同担保）

民・太
K・四

民・太
K・四

K・ミ
K・ホ

K・ミ
K・ホ

（転抵当・転根抵当）

民・太
K・四

K・フ 　　　K・フ

（譲渡・放棄）

K・ミ
K・四

K・フ

（順位譲渡・順位放棄）

民・太 　　　民・太
K・四 　　　K・フ

（順位変更）

民・太 　　　民・太
K・四 　　　K・フ

（利用権）

5.5.30
K・リ

存続期間があれば
記載します

（敷地権）

K・リ

敷地権の登記がされ
た日を記載します

6.5.30

＊「K」は、株式会社の略です。

― 第 3 編 ―

担保物権の登記 （各論②）

第2章　根抵当権の登記

　民法のテキストでは、根抵当権について概要しか説明していません。── 民法Ⅱのテキスト第4編第6章　根抵当権は以下のような制度であり、不動産登記法の知識を抜きに理解することはできないからです。よって、この不動産登記法のテキストで、実体（民法）の説明も一からしていきます。

根抵当権は登記を前提とした制度

　根抵当権は、初めから登記を念頭に置いて制定された制度です。「登記をしなければ、その効力を生じない」「登記をしなかったときは、○○しなかったものとみなす」など登記が（事実上の）効力発生要件となっている規定が多くあります。

　根抵当権は、民法ができた当初には規定がなく、昭和46年に新設された担保物権です（それ以前にも判例では認められていました）。新しい制度はわかりやすさを追求している（ex. 登記を基準とする）ことが多いです。── 民法Ⅱのテキスト第4編第5章第7節2 3.

第1節　根抵当権とは？

1　抵当権の一種

民法398条の2（根抵当権）

1　抵当権は、設定行為で定めるところにより、一定の範囲に属する不特定の債権を極度額の限度において担保するためにも設定することができる。

2　前項の規定による抵当権（以下「根抵当権」という。）の担保すべき不特定の債権の範囲は、債務者との特定の継続的取引契約によって生ずるものその他債務者との一定の種類の取引によって生ずるものに限定して、定めなければならない。

　民法398条の2第1項、第2項にありますとおり、「一定の範囲に属する不特定の債権を極度額の限度において担保するため……設定」した抵当権を、特に「根抵当権」といいます。つまり、根抵当権も抵当権の一種（抵当権のうち特殊なもの）なのです。

根抵当権に特有の規定を学習していない知識

　よって、根抵当権に特有の規定を学習していない知識については、抵当権の知識で解答してください。

2 抵当権との違いの本質

　根抵当権は抵当権の一種ではありますが、もちろん抵当権と異なる点があるため、別の担保物権として存在するわけです。この第2章で抵当権と異なる点を主に学習していきますが、その出発点（抵当権との違いの本質）は、以下の2点です。

①確定前根抵当権（＊）には付従性がない
＊「確定」については、下記5で説明します。
・成立：被担保債権が存在しなくても（0でも）、根抵当権は成立します。根抵当権は、枠（下記4）を定めれば、設定することができるのです。
・消滅：被担保債権が存在しなくなっても（ex. 全額弁済されて0になっても）、根抵当権は消滅しません。

　根抵当権は、地球（被担保債権）が存在しなくても宇宙空間で生きていける人間（担保物権）のようなものなのです。

②確定前根抵当権には随伴性がない
ex. A銀行が根抵当権の被担保債権をB証券会社に売却しても（債権譲渡）、それに伴って根抵当権はB証券会社に移転しません。

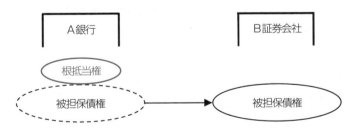

　確定前根抵当権は、債権との関連が切れているわけです。

3　根抵当権の制度趣旨

　付従性と随伴性がないメリットを、根抵当権が具体的に使われる場面で考えていきましょう。根抵当権は自然人が設定することもありますが、主に企業間の取引で付従性と随伴性がないメリットが生きてきます。

　企業間の取引では、頻繁に債権が発生し、消滅します。この場合に、付従性のある抵当権であったならば、その度に抵当権を抹消し、設定しなければならなくなります。企業からすれば非常に煩雑であり、登記費用もばかになりません。

　また、根抵当権を使えば、企業が銀行から融資を受けやすくなります。抵当権だと、次の融資を受けた場合には新たに抵当権を設定する必要がありますが、後順位に担保物権が登記されていれば、その担保物権よりも後順位になり、銀行が融資を渋るかもしれません。

　このように、被担保債権と運命をともにしない（付従性と随伴性がない）ことによるメリットがあるのです。

4　根抵当権は「枠」である

　まだ根抵当権のイメージが湧かないかもしれません。**根抵当権**とは、いわば「**枠**」なのです。被担保債権があるから根抵当権があるのではなく、まず根抵当権という枠を決め、そこに入る被担保債権が根抵当権によって担保されるという仕組みなのです。

　上記の図のように、枠に入る被担保債権は根抵当権によって担保されますが、枠に入らなければ担保されません。この枠を決めるのが、以下の４つの事項です。

①根抵当権者
②債務者
③債権の範囲
④極度額

　根抵当権者（①）と債務者（②）の間に生じた債権であり、債権の範囲（③）に属する債権であれば、極度額（④）の限度まで担保されます。これが根抵当権に必ずある「根抵当権の4大事項」です。③の債権の範囲と④の極度額がわかりにくいと思いますが、詳しくは第2節[1]でみていきます。

[5]　根抵当権は「確定」の前後で別の顔になる

　「根抵当権は消滅における付従性がない」と聞いて、「被担保債権が全額弁済されても根抵当権が消えないんだから、根抵当権は永遠に消えないのでは？」と思った方もいるかもしれません。しかし、永遠に消えないわけではありません。
　付従性と随伴性がないのは、「確定前根抵当権」に限られます。「確定後根抵当権」には、付従性と随伴性があります。よって、元本確定後であれば、全額弁済されるなどして被担保債権が消滅すれば、付従性で根抵当権は消滅します。

　根抵当権には、「元本の確定」という概念があります。確定事由は10個あり、P123～で説明しますが、確定のイメージは「企業間の取引の停止」（根抵当権者と債務者との間の取引の停止）です。取引が停止するような事由が生じると、新たに債権が発生しなくなりますので、確定した時点で存在する債権が根抵当権で担保される債権ということで確定します。
　確定後根抵当権は、極度額を除いて抵当権とほとんど同じ性質となります。

　なお、根抵当権者が根抵当権を放棄したり解除したりしたら、確定前根抵当権でも消滅します。これらは、根抵当権（物権）自体の消滅事由だからです。このように、確定前根抵当権でも消滅することはあります。

※元本確定と根抵当権の実行
　根抵当権を実行する（ex. 競売の申立てをする）のに、元本が確定しているかは関係ありません。根抵当権の被担保債権の1つにでも不履行があれば、確定前でも確定後でも根抵当権を実行することができます。

第2節　根抵当権の設定

1 実体（民法）

1．当事者

　根抵当権の設定契約の当事者は、根抵当権者と設定者（債務者または第三者）です（民法 369 条1項）。設定者に「第三者」とありますとおり、根抵当権にも物上保証があります。根抵当権も抵当権と同じく約定担保物権ですが、基本的に、約定担保物権については物上保証は OK です。── 民法Ⅱのテキスト第4編第5章第2節 2 「約定担保物権→物上保証」

2．債権の範囲

　この「債権の範囲」は、枠（根抵当権）を決める4大事項の1つです（P4③）。

債権の範囲を定める趣旨

　債権の範囲を定める必要があるのは、**債権の範囲があまりに広くなる（何でもかんでも担保される）**のは設定者に酷だからです。

　よって、根抵当権者と債務者との間に生じるすべての債権を担保する包括根抵当は認められていません。また、以下でみていく債権の範囲の定め方でも、債権の範囲があまりに広くなる定め方は認められません。

　債権の範囲の定め方は、下記（1）〜（4）の4つがあり、以下の条文に規定されています。下記（1）〜（4）の4つは、組み合わせることもできます。

民法398条の2（根抵当権）

2　前項の規定による抵当権（以下「根抵当権」という。）の担保すべき不特定の債権の範囲は、(1) 債務者との特定の継続的取引契約によって生ずるものその他 (2) 債務者との一定の種類の取引によって生ずるものに限定して、定めなければならない。

3　(3) 特定の原因に基づいて債務者との間に継続して生ずる債権、(4) 手形上若しくは小切手上の請求権又は電子記録債権（電子記録債権法（平成 19 年法律第 102 号）第2条第1項に規定する電子記録債権をいう。次条第2項において同じ。）は、前項の規定にかかわらず、根抵当権の担保すべき債権とすることができる。

（1）「債務者との特定の継続的取引契約によって生ずる」債権（民法398条の2第2項）

　これは、根抵当権者と債務者が「これから継続的に取引をするから、その契約を締結しよう」ということで締結した継続的取引契約から生じる債権を被担保債権とする定め方です。たとえば、以下のように定め、登記します。

ex1. 年月日	自動車継続的売買契約
ex2. 年月日	特約店販売契約
ex3. 年月日	貸付契約
ex4. 年月日	リース取引等契約（平元.4.26民三.1654）
ex5. 年月日	電気製品供給契約
成立年月日	**契約の名称**

　いずれも、「年月日」と「〜契約」となっています。「特定の」「継続的取引契約」ですので、継続的取引契約の「成立年月日」と「契約の名称」を記載する形で債権の範囲を記載します（昭46.10.4民事甲3230）。

（2）「債務者との一定の種類の取引によって生ずる」債権（民法398条の2第2項）

　これは、根抵当権者と債務者との間の「一定の種類の取引」から生じる債権を被担保債権とする定め方です。「売買取引」などとしか定めないので、上記（1）より抽象的な定め方（広い定め方）です。よって、債権の範囲があまりに広くなってしまうことがあるため、認められないものもあります（上記の「債権の範囲を定める趣旨」）。

基本的な判断基準

　1ついえる判断基準は、民法の典型契約（民法に規定されている契約）は基本的に認められるということです。民法に規定があるため、範囲が明確といえるからです。
　具体的には、以下の表の左の①（②）③〜⑨が当たります。

認められるものの例（○）	認められないものの例（×）
①売買取引（昭46.10.4民事甲3230など）	①商社取引（昭46.12.27民事三.960）
②売買委託取引（昭47.4.4民事三.301）	
③交換取引（昭47.8.4民事三.608）	②商品委託取引（昭51.9.8民三.4982）
④金銭消費貸借取引（昭46.10.4民事甲3230など）	

認められるものの例（○）	認められないものの例（×）
⑤使用貸借取引（昭47.4.4民事三.301など）	③債務引受取引（昭47.8.4民三.608）
⑥賃貸借取引（昭47.4.4民事三.301など）	
⑦請負取引（昭47.4.4民事三.301など）	④問屋取引（昭47.8.4民事三.608）
⑧委任取引（昭47.8.4民事三.608）	
⑨寄託取引（昭47.4.4民事三.301など）	⑤根抵当取引（昭46.12.27民事三.960）
⑩銀行取引（昭46.10.4民事甲3230）	
⑪保証取引（昭47.4.4民三.301）	
⑫保証委託取引（昭46.10.4民事甲3230など）	
⑬立替払委託取引（昭47.4.4民事三.301）	
⑭商品供給取引（昭46.10.4民事甲3230）	

（3）「特定の原因に基づいて債務者との間に継続して生ずる債権」（民法398条の2第3項）

　上記（1）（2）は取引によって生じる債権ですが、この（3）は取引によらない債権です。

認められるものの例（○）	認められないものの例（×）
①○○工場の排液による損害賠償債権（昭46.10.4民事甲3230） ②○○工場からの清酒移出による酒税債権（昭46.10.4民事甲3230）	①債務者の不法行為による損害賠償債権（平2.12.7民三.5648） 　左の①と異なり、特定されているとはいえず、あまりに広いからです（上記の「債権の範囲を定める趣旨」）。交通事故から不倫まで不法行為ですから。

（4）「手形上若しくは小切手上の請求権又は電子記録債権」（民法398条の2第3項）

　（a）意義

　　i　「手形」「小切手」とは？

　「手形」「小切手」とは、いずれも振り出すのに基本的には当座預金口座が必要で、通常は企業が取引先などに振り出すものです。手形・小切手を受け取った者は、銀行で、手形・小切手を振り出した企業の当座預金口座から額面の支払を受ける（換金する）ことができます。ここまでは、手形と小切手で変わりはないのですが、違いは以下のとおりです。

・手形　：期日まで換金できない後払い

　取引先などに支払を待ってもらう場合に使います。

・小切手：すぐに換金できる

　現金を持ち歩くのは危ないため、現金を渡す代わりに小切手を渡します。ドラマやマンガでみたことがないでしょうか。

　手形・小切手を受け取った取引先は、手形・小切手を裏書によって譲渡することができます。「裏書」と言うのは、手形・小切手の裏面に「○○にこの手形を譲渡した」などと記載するからです。これは、特に手形で意味があります。手形は期日まで換金できませんが、取引先が期日より前に現金が必要となることがあります。その場合には、手形の額面よりは安くなりますが、第三者に手形を譲渡してすぐに現金を手に入れることができるのです。

ii　「電子記録債権」とは？

　「電子記録債権」とは、債権の発生または譲渡の効力が電子債権記録機関の電子記録で生じる債権のことです（電子記録債権法2条1項）。要は、債権の発生または譲渡がデータの記録・書換えで行われる債権のことです。2008年12月からスタートした新しい制度です。

（b）根抵当権の被担保債権に

i　原則

　根抵当権者と債務者は、債務者が第三者のために振り出したり裏書したりした手形・小切手、または、第三者の債務者に対する電子記録債権を根抵当権者が取得した場合に、その手形・小切手・電子記録債権（いわゆる回り手形・回り小切手・回り電子記録債権）を根抵当権の被担保債権にすることができます。これが、この（4）の債権です。

　この場合、債権の範囲を「手形債権」「小切手債権」「電子記録債権」と登記します。

ii　例外

　債務者の支払の停止、破産手続開始、競売の申立てなどがされた後に根抵当権者が債務者との取引によらないで取得した手形上もしくは小切手上の債権または電子記録債権は、根抵当権者が善意で取得した場合でなければ、根抵当権によって担保されません（民法398条の3第2項）。

　債務者が破産などした場合には、手形・小切手は紙くず同然になります。電子記録債権も回収できない債権となります。払ってもらえない危険が極めて高い手形・小切手・電子記録債権なんて価値がないですよね。根抵当権者が、その価値のない手形・小切手・電子記録債権を激安で買い集めて、根抵当権で担保させ、根抵当権が設定されている不動産の競売代金から額面どおり回収することを許してしまうと、他の債権者をあまりにも害します。よって、このような規定があります。

※特定債権を被担保債権とすることの可否

　特定債権とは、「年月日金銭消費貸借契約に基づく債権」など、すでに生じている債権のことです。抵当権は、特定債権を被担保債権とします。

　根抵当権においても、上記（1）〜（4）の不特定債権と併せて特定債権を被担保債権とすることはできます（昭46.10.4民事甲3230）。しかし、特定債権のみを被担保債権として根抵当権を設定することはできません。不特定債権を担保することが、根抵当権の特徴であり、最も本質的な部分だからです（P3②）。

　ただし、根抵当権の設定後に、被担保債権の範囲を特定債権のみとする変更の登記をすることはできます。

> ### 特定債権のみを被担保債権とできるかの判断基準
>
> 　設定時でなければ、特定債権のみを被担保債権とすることはできます。不特定債権を担保することが根抵当権の本質なので、「生まれる時（設定時）から本質から外れることは、さすがにやめてくれ」ということです。

3．極度額

　この「極度額」も、枠（根抵当権）を決める4大事項の1つです（P4④）。

　極度額とは、根抵当権者が根抵当権から優先弁済を受けられる限度額のことです。

　極度額の範囲内ならば、利息や損害金が、抵当権のように後順位抵当権者などとの関係で最後の2年分に制限される（民法375条 —— 民法Ⅱのテキスト第4編第5章第3節②）ことはなく、何年分でも担保されます（民法398条の3第1項）。極度額という

限度額が登記されているため、後順位抵当権者などが「この根抵当権者はいくら優先して持っていくんだ？」とわからなくなることがないからです。

　これは、元本確定後でも同じです。元本が確定すると、元本は確定した時点で存在する債権で特定し、それ以上は増えません（P5 5）。しかし、利息や損害金は生じます。この利息や損害金は、確定後に生じたものも、極度額の限度までであれば何年分でも担保されます。確定するのは元本だけだからです。だから、「"元本"確定」というんです。「元本確定」という言葉から思い出せるようにしてください。

※「確定した時点で存在する債権」とは？

　元本債権は、確定した時点で存在している必要がありますが、確定した時点で債権としての法律上の存在に必要な要件が備わっていれば存在するといえます（根抵当権によって担保されます）。

ex. 債権の範囲を保証委託取引として、根抵当権が設定されました。「保証委託取引」とは、主債務者から委託を受け保証人（←が根抵当権者になります）となった者が、主債務者の代わりに弁済した場合に主債務者に対して取得する求償債権を被担保債権とする取引です。―― 民法Ⅱのテキスト第4編第5章第2節 4 2.（2）②　確定後に保証人（根抵当権者）が保証債務を履行した場合、求償債権は確定後に生じます。しかし、債権としての法律上の存在に必要な要件である保証委託契約は確定前にされていますので、この求償債権は根抵当権によって担保されます。

　また、履行期は、確定後でも構いません。

4．確定期日

　根抵当権者と設定者が合意することにより、元本の確定期日を定めることができます（民法398条の6第1項）。「確定期日」とは、その日が到来したら元本が確定する日のことです。確定期日は、定めても定めなくても OK です。

　確定期日を定める場合、確定期日は定めた日または変更した日から5年以内でなければなりません（民法398条の6第3項）。確定期日を「6年」などと定めた場合は、その確定期日の定めは無効となります。P124（1）と P125（1）で説明しますが、確定期日は根抵当権者と設定者が合意して定めたことなので、確定期日の定めがあると、設定者も根抵当権者も確定請求（「取引を停止しよう」という請求）ができなくなります（民法398条の19第3項）。この確定請求があまりに長くできないのは好ましくないため、5年が限度とされているのです。

2 申請情報の記載事項

　根抵当権を設定すると、根抵当権の設定の登記を申請できます。

申請例66 —— 根抵当権の設定の登記

事例：BとAは、令和7年6月28日、債権者B・債務者Aとして、金銭消費貸借取引から生じる不特定債権を極度額1000万円の限度で担保するため、Aが所有している建物（甲区1番でA名義の所有権の保存の登記がされている）を目的として、根抵当権の設定契約を締結した（←「物権契約」）。

登記の目的	根抵当権設定
原　　因	令和7年6月28日設定
極 度 額	金1000万円
債権の範囲	金銭消費貸借取引
債 務 者	A
根抵当権者	B
設 定 者	A
添付情報	登記原因証明情報（根抵当権設定契約書）
	登記識別情報（Aの甲区1番の登記識別情報）
	印鑑証明書（Aの印鑑証明書）
	代理権限証明情報（B及びAの委任状）
課税価格	金1000万円
登録免許税	金4万円

権　利　部　（乙　区）　（所　有　権　以　外　の　権　利　に　関　す　る　事　項）			
順位番号	登記の目的	受付年月日・受付番号	権　利　者　そ　の　他　の　事　項
1	根抵当権設定	令和7年6月28日 第12457号	原因　令和7年6月28日設定 極度額　金1000万円 債権の範囲　金銭消費貸借取引 債務者　A 根抵当権者　B

　この登記された根抵当権を例に、もう1度根抵当権がどのようなものか確認しましょう。

　この根抵当権は、B（根抵当権者）とA（債務者）との間の金銭消費貸借取引から生じる債権（債権の範囲）を1000万円の限度（極度額）で担保します（P4～5④）。BとAとの間に生じた債権でも、売買取引から生じた債権は担保されませんし、金銭消費貸借取引から生じた債権でも1000万円を超えた部分については担保されません。

1. 登記の目的

　「根抵当権設定」などと記載します。

　登記の目的は、根抵当権の設定の対象により変わりますが、「抵当権」が「根抵当権」になる点を除き、Ⅰのテキスト第3編第1章第1節②1.と同じです（P3の「根抵当権に特有の規定を学習していない知識」）。

2. 登記原因及びその日付

　登記原因及びその日付は、「年月日設定」と記載します。年月日は、根抵当権の設定契約の成立日を記載します。

　抵当権のように「年月日～」が2つあるわけではなく、1つです。この「年月日設定」は、物権契約のみを記載するということです。根抵当権は決まった被担保債権がないため、被担保債権の発生原因（債権契約）は記載しないのです。

3. 登記事項

＊乙区の担保物権の登記の登記事項は、P166～167②の表で比較しています。「何が登記事項となるか」は、P166～167②の表を検索先として、比較しながら記憶してください。

（1）必要的登記事項（必ず記載する必要がある事項）

①極度額（不登法88条2項1号）
②債権の範囲（不登法88条2項1号）
③債務者の氏名または名称および住所（不登法83条1項2号）

　必要的登記事項はこの3点ですが、これは根抵当権の4大事項（P4～5④）です。4大事項が枠（根抵当権）を決めるため、必ず存在し、必ず登記する必要もあるのです。「根抵当権者は？」と思われたと思いますが、根抵当権者は申請人となり（下記4.）、根抵当権の登記名義人として必ず登記されます。

　なお、①の極度額と③の債務者は、乙区の担保物権に共通する必要的登記事項でもあります（Ⅰのテキスト第3編第1章第1節②3.（1）「乙区の担保物権の必要的登記事項」）。

（2）任意的登記事項（定めがある場合には記載すべき事項）

①付加一体物に及ばない旨の別段の定め（民法370条ただし書の別段の定め。不登法88条2項2号）

　不動産の付加一体物に及ばない旨の別段の定めがある場合に、登記します（民法370条ただし書）。抵当権と同じです。担保の目的物は、抵当権でも根抵当権でも同じなんです（P3の「根抵当権に特有の規定を学習していない知識」）。

②取扱店の表示（昭36.5.17民事甲1134、昭48.9.19民三.7380、昭57.4.28民三.3238）

　金融機関の根抵当権の管理の便宜のため、「取扱店　新宿支店」などと登記できます。これも、抵当権と同じです（P3の「根抵当権に特有の規定を学習していない知識」）。

③確定期日（不登法88条2項3号）

　確定期日なので、「令和10年6月28日」などと記載する必要があり、「令和7年6月28日から3年間」といった記載（期間の記載）はできません。

※利息や損害金は、登記事項となりません。利息や損害金は、最後の2年分に制限されることはなく極度額まで担保されるため（P10～11 の3.）、極度額が登記されていれば十分だからです。

4．申請人

　以下の者の共同申請です（不登法60条）。

・登記権利者：根抵当権者
・登記義務者：設定者

5．添付情報

　以下のとおり、登記原因証明情報の内容が変わる点を除いて、Ⅰのテキスト第3編第1章第1節|2|5.の抵当権の設定の登記の添付情報と同じです（提供するかどうかの理由も同じです）。

・登記原因証明情報（不登法61条、不登令別表56添付情報イ）

　具体的には、根抵当権設定契約書が当たります。この根抵当権設定契約書には、根抵当権の設定契約をしたことだけでなく、P4～5|4|の4大事項について記載されている必要があります。4大事項によって枠（根抵当権）が決まるからです。

6．登録免許税

　極度額の4/1000です（登免法別表第1.1.（5））。

3　共有根抵当権

　上記2では、根抵当権者が1人である前提で説明をしましたが、根抵当権者が複数いる根抵当権も当然に認められます（民法398条の14参照）。

　抵当権は、債権者を異にする複数の債権を合わせて担保する1個の抵当権を設定することが認められていませんでした（昭35.12.27民事甲3280。Iのテキスト第3編第1章第1節2 2.（2）（a））。抵当権は被担保債権を前提としているため、他人の債権を被担保債権として抵当権を取得する（抵当権者となる）ことがダメだからです。

　しかし、根抵当権は、被担保債権ではなく枠を決めれば成立するため、抵当権のような被担保債権の問題がないのです。よって、以下のような根抵当権の設定の登記を申請できます。

申請例67 ── 共有根抵当権の設定の登記

事例：B、CおよびAは、令和7年6月28日、債権者B・債務者Aとする運送取引から生じる不特定債権、および、債権者C・債務者Dとする加工委託取引から生じる不特定債権を極度額1000万円の限度で担保するため、Aが所有している建物（甲区1番でA名義の所有権の保存の登記がされている）を目的として、根抵当権の設定契約を締結した（←「物権契約」）。

登記の目的	根抵当権設定
原　　　因	令和7年6月28日設定
極　度　額	金1000万円
債権の範囲	根抵当権者Bにつき　　運送取引
	根抵当権者Cにつき　　加工委託取引
債　務　者	根抵当権者Bにつき　　A
	根抵当権者Cにつき　　D
根抵当権者	B
	C
設　定　者	A
添 付 情 報	登記原因証明情報（根抵当権設定契約書）
	登記識別情報（Aの甲区1番の登記識別情報）
	印鑑証明書（Aの印鑑証明書）
	代理権限証明情報（B、C及びAの委任状）
課 税 価 格	金1000万円
登録免許税	金4万円

　上記申請例67は、根抵当権者ごとに債権の範囲および債務者が異なる根抵当権です（債権の範囲や債務者が異ならない場合は、P12の申請例66のように記載します）。根抵当権は枠を決めればいいので、このように根抵当権者ごとに債権の範囲

や債務者を異なるものとすることができます（昭46.10.4民事甲3230）。

　根抵当権者を複数記載することになりますが、持分は記載しません（不登令3条9号かっこ書。昭46.10.4民事甲3230）。
　抵当権であれば、被担保債権の持分がありました（Iのテキスト第3編第1章第1節②4.）。しかし、確定前根抵当権には、決まった債権がないため、持分を決められないのです。
　なお、確定後根抵当権については、持分を記載するか争いがあります。確定後根抵当権は、決まった債権があるため持分を記載するという見解もありますが、記載しないという見解もあります。

持分を記載しない権利を記憶する

　登記名義人となる者が複数いる場合は、持分を記載するのが原則です（不登令3条9号）。よって、例外的に持分を記載しない以下の①〜⑤の権利を記憶し、それ以外は持分を記載するとしてください。
①確定前根抵当権（不登令3条9号かっこ書。昭46.10.4民事甲3230）
＊確定後根抵当権については争いあり
②確定前根質権（不登令3条9号かっこ書）
③地役権（不登法80条2項参照）
④信託（不登令3条9号かっこ書）
⑤処分制限（差押え、仮差押え、仮処分など。昭35.8.20民事三.842）
　上記のふりがなをふった部分を「餅（持分）はね（確定前根抵当権・確定前根質権）ち（地役権）っこいし（信託・処分制限）」というゴロ合わせで記憶してください。正月のお餅を思い出しながら……。

4 共同根抵当権

1．実体（民法）→登記

> **民法 398 条の 16 （共同根抵当）**
>
> 　　第 392 条及び第 393 条の規定〔共同抵当権の配当等の規定〕は、根抵当権については、その設定と同時に同一の債権の担保として数個の不動産につき根抵当権が設定された旨の登記をした場合に限り、適用する。
>
> **民法 398 条の 18 （累積根抵当）**
>
> 　　数個の不動産につき根抵当権を有する者は、第 398 条の 16〔純粋共同根抵当権〕の場合を除き、各不動産の代価について、各極度額に至るまで優先権を行使することができる。

（1）2種類の共同根抵当権

　抵当権は、同一の債権を担保するために2つ以上の不動産に抵当権を設定すれば、当然に共同抵当権となりました。── 民法Ⅱのテキスト第4編第5章第 10 節 1 、 3

　しかし、同一の債権を担保する場合でも、共同根抵当権には以下の2種類があります。

① （純粋）共同根抵当権

　これは、民法 392 条・393 条（同時配当の場合に不動産の競売価格に応じて配当がされる割付主義、異時配当の場合の後順位抵当権者の代位）の規定が適用される共同根抵当権です（民法 398 条の 16）。つまり、配当については、民法Ⅱのテキスト第4編第5章第 10 節の共同抵当権と同じ扱いとなる共同根抵当権です。

　単に「共同根抵当権」という場合、通常はこの純粋共同根抵当権をいいます。

②累積（共同）根抵当権

　これは、民法 392 条・393 条が適用されない、それぞれの不動産に設定された根抵当権がまったく別物として扱われる共同根抵当権です。

　たとえば、甲土地と乙土地に、根抵当権者・債務者・債権の範囲が同一である極度額 1000 万円の1番根抵当権が設定されていても、累積共同根抵当権だと、配当額は以下のようになります（民法 398 条の 18）。

・甲土地：1000万円

・乙土地：1000万円

＊甲土地も乙土地も1000万円以上で競売された場合です。

（2）純粋共同根抵当権（P17①）

（a）成立要件

以下のⅰおよびⅱの要件を充たすと、純粋共同根抵当権となります（民法398条の16）。

ⅰ　同一の債権の担保として数個の不動産に根抵当権を設定する

「同一の債権」とは？

以下の事項が同一であって「同一の債権」となります。

①根抵当権者

②債務者

③債権の範囲

④極度額

つまり、4大事項（枠）が同一である必要があるということです。

なお、同一であることが要求されるのは4大事項だけですから、確定期日など、他の事項は不動産ごとに異なっていても構いません。

ⅱ　設定と同時に共同根抵当権である旨を登記する

この「登記」は、P22〜25の2.の共同根抵当権の設定の登記、または、P26〜29の2.の共同根抵当権の追加設定の登記のことです。この登記は、共同根抵当権の効力発生要件です。

「設定と同時に共同根抵当権である旨を登記する」とは？

2つバラバラに根抵当権の設定の登記をした後に、純粋共同根抵当権とすることはできないということです（仮登記〔P20※〕を除きます）。

たとえていうと、兄（1つ目の根抵当権）の出生届を出した（登記した）後に、兄と別の家の子として弟（2つ目の根抵当権）の出生届を出して（登記して）しまうと、もはや兄弟（共同根抵当権）にすることはできないということです。

　よって、2つの不動産にバラバラに根抵当権の設定の登記がされた後は、純粋共同根抵当権とする変更の登記または更正の登記をすることはできません（登研 407P84〔更正の登記について〕）。逆に、純粋共同根抵当権を累積共同根抵当権とする変更の登記をすることもできません（登研 315P75、318P44）。どちらも、たとえ登記上の利害関係を有する第三者が承諾しても、ダメです。

　更正の登記さえ許されない、非常にまれな例です（Ⅰのテキスト第2編第6章第4節「更正の登記の可否」）。兄と弟を別の家の子として出生届を出してしまったので、手遅れなのです。

　それに対して、2つの不動産の根抵当権の設定の登記を各別に申請することはできます。2つ目の根抵当権の設定の登記の際に、P25～30 5 の共同根抵当権の追加設定の登記をすれば、純粋共同根抵当権となります。

　P426 の「Realistic rule」で説明しますが、管轄が違えば、申請は別にせざるを得ません。兄の出生届を出した後に、弟の出生届を出していますが、弟の出生届を出すときに、「兄と同じ家の子だよ」として出せば（共同根抵当権の追加設定の登記をすれば）OK なのです。

※2つバラバラに根抵当権の設定の登記をした後に、3つ目の根抵当権の設定の登記をする際に純粋共同根抵当権とすることの可否

　たとえば、甲土地および乙土地について、バラバラに根抵当権の設定の登記がされました。その後、丙土地に根抵当権の設定の登記をする際に、甲土地、乙土地および丙土地の根抵当権が純粋共同根抵当権であるとして、丙土地に P25～30 5 の共同根抵当権の追加設定の登記をすることはできません（昭 46.10.4 民事甲 3230）。

純粋共同根抵当権に？

　長男と二男を別の家の子として出生届を出してしまったので、三男の出生届の際に「実は長男と二男も同じ家の子だったんです」とすることはできないのです。

※仮登記

＊この※は、第5編第2章（P249〜308）で仮登記を学習した後にお読みください。

　共同根抵当権の設定の仮登記をすることはできません（昭47.11.25民事甲4945、昭48.12.17民三.9170）。

　純粋共同根抵当権は、共同根抵当権である旨の登記が成立要件（効力発生要件）です。登記をするまでは、債権レベルでも何も存在しないため、2号仮登記をする要件さえ充たさないのです。

　よって、根抵当権の設定の本登記ができず仮登記しかできないときは、2つの不動産にバラバラに根抵当権の設定の仮登記をしておきます。そして、本登記をする際に、共同根抵当権の設定の登記をします。P18の「2つバラバラに根抵当権の設定の登記をした後に、純粋共同根抵当権とすることはできない」というのは、仮登記は含まないので、バラバラに仮登記をしておき、本登記をする際に共同根抵当権の設定の登記をするのはOKです。

（b）元本の確定

民法398条の17（共同根抵当の変更等）

2　前条の登記〔純粋共同根抵当権の登記〕がされている根抵当権の担保すべき元本は、1個の不動産についてのみ確定すべき事由が生じた場合においても、確定する。

　純粋共同根抵当権の元本は、1つの不動産の根抵当権に確定事由が生じた場合、他の不動産の根抵当権も確定します（民法398条の17第2項）。純粋共同根抵当権は、「同一の債権」を担保するものです（P18のｉ）。つまり、被担保債権は同じになるので、1つの不動産の根抵当権の被担保債権が特定したら、他の不動産の根抵当権の被担保債権も特定します。「特定債権を担保」と「不特定債権を担保」ということは、あり得ないのです。

　よって、根抵当権の元本が確定した後に、共同根抵当権の追加設定の登記をすることはできません（平元.9.5民三.3486）。

　純粋共同根抵当権の被担保債権は同じになるため、追加設定の登記をする根抵当権

の被担保債権も特定債権ということになります。そして、設定時から特定債権のみを被担保債権とする根抵当権はダメです（P10の「特定債権のみを被担保債権とできるかの判断基準」）。

（3）累積共同根抵当権（P17②）

　P18（a）の純粋共同根抵当権の成立要件を充たさない場合は、この累積共同根抵当権となります。

　複数の不動産への累積共同根抵当権の設定の登記を一の申請情報で（1件で）申請することはできません（昭46.10.4民事甲3230）。一の申請情報で（1件で）申請してしまうと、純粋共同根抵当権と紛らわしいからです。

※目的不動産の1つが滅失した場合

　これは、純粋共同根抵当権にも累積共同根抵当権にも当てはまるハナシです。

　共同根抵当権の目的である不動産の1つが滅失した場合、その滅失した不動産の根抵当権は消滅します。── 民法Ⅱのテキスト第3編第1章第3節7 1.　しかし、それにより他の不動産の優先額が減額されることはありません。

ex. 甲建物と乙建物に、極度額1000万円の根抵当権が設定されており、乙建物が滅失した場合でも、根抵当権者が甲建物から優先弁済を受けることができる額は1000万円です。

　甲建物と乙建物にそれぞれ極度額1000万円の優先枠がありますので、乙建物が滅失しても、甲建物の1000万円の優先枠が減少するわけではないからです。

２．申請情報の記載事項

　純粋共同根抵当権の設定をすると、共同根抵当権の設定の登記を申請できます。

申請例68 ── 純粋共同根抵当権の設定の登記

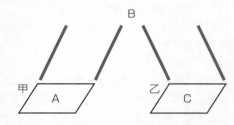

事例：B、AおよびCは、令和7年
　　　6月28日、債権者B・債務者
　　　Aとして、電子記録債権を極
　　　度額1000万円の限度で担保す
　　　るため、Aが所有している甲
　　　土地（甲区1番でA名義の所
　　　有権の保存の登記がされてい

る）およびCが所有している乙土地（甲区1番でC名義の所有権の保存の登記
がされている）を目的として、共同根抵当権の設定契約を締結した（←「物権
契約」）。甲土地および乙土地は、同一の登記所の管轄区域内にある。

＊このように、同一の登記所の管轄区域内にある不動産を目的とする共同担保の登記は、登記の目的が同一で
あれば一の申請情報で（1件で）申請できます（不登規35条10号。P434〜436の4.）。

登記の目的	共同根抵当権設定
原　　　因	令和7年6月28日設定
極 度 額	金1000万円
債権の範囲	電子記録債権
債 務 者	A
根抵当権者	B
設 定 者	A
	C
添 付 情 報	登記原因証明情報（共同根抵当権設定契約書）
	登記識別情報（Aの甲土地甲区1番の登記識別情報、Cの乙土地甲区1番の登記識別情報）
	印鑑証明書（A及びCの印鑑証明書）
	代理権限証明情報（B、A及びCの委任状）
課 税 価 格	金1000万円
登録免許税	金4万円

【甲土地】

権　利　部　（乙　区）　（所　有　権　以　外　の　権　利　に　関　す　る　事　項)			
順位番号	登記の目的	受付年月日・受付番号	権　利　者　そ　の　他　の　事　項
1	根抵当権設定	令和7年6月28日 第12457号	原因　令和7年6月28日設定 極度額　金1000万円 債権の範囲　電子記録債権 債務者　A 根抵当権者　B 共同担保　目録(あ)第100号

共　同　担　保　目　録				
記号及び番号	(あ)第100号		調製	令和7年6月28日
番　号	担保の目的である権利の表示	順位番号	予　　備	
1	新宿区新宿一丁目　1番の土地	1	余　白	
2	新宿区新宿二丁目　2番の土地	1	余　白	

【乙土地】

権　利　部　（乙　区）　（所　有　権　以　外　の　権　利　に　関　す　る　事　項)			
順位番号	登記の目的	受付年月日・受付番号	権　利　者　そ　の　他　の　事　項
1	根抵当権設定	令和7年6月28日 第12457号	原因　令和7年6月28日設定 極度額　金1000万円 債権の範囲　電子記録債権 債務者　A 根抵当権者　B 共同担保　目録(あ)第100号

共　同　担　保　目　録				
記号及び番号	(あ)第100号		調製	令和7年6月28日
番　号	担保の目的である権利の表示	順位番号	予　　備	
1	新宿区新宿一丁目　1番の土地	1	余　白	
2	新宿区新宿二丁目　2番の土地	1	余　白	

　申請情報の記載事項は、共同根抵当権になったからといって、基本的にはP12〜14 2 の根抵当権の設定の登記と変わりません。P12〜14 2 の根抵当権の設定の登記と異なる（ことがある）のは、以下の（1）〜（5）です。

（1）登記の目的

　「共同根抵当権設定」などと記載します（不登令別表56申請情報ハ）。共同抵当権の設定の登記（Ⅰのテキスト第3編第1章第1節 4 2.（1））と異なり、「共同」の文言が入るのは、根抵当権の場合、同一の債権を担保するからといって当然に純粋共同根抵当権になるわけではなく、共同根抵当権である旨の登記をして初めてなるからです（P18のⅱ）。

（2）登記原因及びその日付

　基本的には、P13の2.と同じで「年月日設定」と記載します。

　ただし、不動産ごとに根抵当権の設定契約（物権契約）をした日付が異なる場合は、登記原因及びその日付を「後記のとおり」として、申請情報の末尾に記載する不動産の表示の箇所に登記原因及びその日付を記載します。この記載例は、後記（5）のex.に示していますので、そちらをご覧ください。このように、根抵当権の設定契約（物権契約）をした時期が異なる場合でも、共同根抵当権の設定の登記を申請できます（不登令4条ただし書、不登規35条10号。昭39.3.7民事甲588）。まだ兄の出生届も弟の出生届も出していないからです（P18の「『設定と同時に共同根抵当権である旨を登記する』とは？」）。

（3）申請人

　基本的には、P14の4.と同じで登記権利者は根抵当権者、登記義務者は設定者です。

　ただし、登記義務者である設定者が、複数の不動産の所有者になります。上記申請例68でいうと、登記義務者として設定者AおよびCを記載しています。

（4）登録免許税

　極度額の4/1000です（登免法別表第1.1.（5））。

　一の申請情報で（1件で）申請するのであれば、根抵当権を設定した不動産がいくつであっても（ex.100個であっても）極度額の4/1000で済みます。たとえば、極度額が1000万円であれば、根抵当権を設定した不動産が100個であっても、優先枠が1000万円から増えるわけではないからです（Ⅰのテキスト第3編第1章第1節 2 6.「優先枠に課税」）。

（5）不動産の表示

　一の申請情報で（１件で）２以上の不動産に共同根抵当権の設定の登記を申請する場合、申請情報の末尾に根抵当権を設定した不動産を記載します（不登法 83 条１項４号、不登令別表 56 申請情報イ）。不動産の表示には、基本的に登記の効力が及ぶ不動産を記載するからです（Ⅰのテキスト第３編第１章第１節 $\boxed{4}$ ２．（5）「不動産の表示の記載の趣旨」）。

ex. 甲土地と乙土地に共同根抵当権を設定し、一の申請情報で（１件で）共同根抵当権の設定の登記を申請する場合、申請情報の末尾に以下のように記載します。

不動産ごとに根抵当権の設定契約（物権契約）をした日付が異なる場合に記載します（P24（2））

5 共同根抵当権の追加設定

１．実体（民法）

　すでに設定された根抵当権と同一の債権を担保するために、他の不動産を目的として根抵当権の追加設定契約を締結した場合、共同根抵当権の追加設定の登記を申請できます。

　これは、兄の出生届を出した後に、「兄と同じ家の子だよ」と弟の出生届を出しているパターンですので、純粋共同根抵当権とすることができるのです（P18 の「『設定と同時に共同根抵当権である旨を登記する』とは？」）。

２．申請情報の記載事項

申請例69 —— 共同根抵当権の追加設定の登記

事例：ＢとＡは、令和７年６月28日、
債権者Ｂ・債務者Ａとして、信
用金庫取引から生じる不特定
債権を極度額 1000 万円の限度
で担保するため、Ａが所有して
いる甲土地（甲区１番でＡ名義
の所有権の保存の登記がされ

ている）を目的として、根抵当権の設定契約を締結した（←「物権契約」）。そ
して、甲土地に根抵当権の設定の登記がされた。その後の令和７年11 月28日、
ＢとＣは、この債権を担保するため、Ｃが所有している乙土地（甲区１番でＣ
名義の所有権の保存の登記がされている）を目的として、根抵当権の設定契約
を締結した（←「物権契約」）。甲土地および乙土地は、異なる登記所の管轄区
域内にある。

登記の目的	共同根抵当権設定（追加）
原　　　因	令和７年 11 月 28 日設定
極　度　額	金 1000 万円
債権の範囲	信用金庫取引
債　務　者	Ａ
根抵当権者	Ｂ
設　定　者	Ｃ
添 付 情 報	登記原因証明情報（共同根抵当権追加設定契約書）
	登記識別情報（Ｃの甲区１番の登記識別情報）
	印鑑証明書（Ｃの印鑑証明書）
	代理権限証明情報（Ｂ及びＣの委任状）
	前登記証明書（甲土地の登記事項証明書）
登録免許税	金 1500 円（登録免許税法第 13 条第２項）

【甲土地】

権　利　部　（乙　区）　（所　有　権　以　外　の　権　利　に　関　す　る　事　項）			
順位番号	登記の目的	受付年月日・受付番号	権　利　者　そ　の　他　の　事　項
1	根抵当権設定	令和7年6月28日 第12457号	原因　令和7年6月28日設定 極度額　金1000万円 債権の範囲　信用金庫取引 債務者　A 根抵当権者　B
付記1号	1番根抵当権担保追加	令和7年11月28日 第19451号	共同担保　目録(あ)第184号

共　同　担　保　目　録					
記号及び番号		(あ)第184号		調製	令和7年12月5日
番　号	担保の目的である権利の表示		順位番号	予　備	
1	新宿区新宿一丁目　1番の土地		1	余　白	
2	横浜地方法務局 横浜市中区羽衣二丁目　2番の土地		余　白	令和7年11月28日第19451号追加	

【乙土地】

権　利　部　（乙　区）　（所　有　権　以　外　の　権　利　に　関　す　る　事　項）			
順位番号	登記の目的	受付年月日・受付番号	権　利　者　そ　の　他　の　事　項
1	根抵当権設定	令和7年11月28日 第23151号	原因　令和7年11月28日設定 極度額　金1000万円 債権の範囲　信用金庫取引 債務者　A 根抵当権者　B 共同担保　目録(か)第251号

共　同　担　保　目　録					
記号及び番号		(か)第251号		調製	令和7年11月28日
番　号	担保の目的である権利の表示		順位番号	予　備	
1	横浜市中区羽衣二丁目　2番の土地		1	余　白	

27

| 2 | 東京法務局新宿出張所
新宿区新宿一丁目　１番の土地 | 余　白 | 余　白 |

　申請情報の記載事項は、共同根抵当権の追加設定になったからといって、基本的には P12～14 [2] の根抵当権の設定の登記と変わりません。P12～14 [2] の根抵当権の設定の登記と異なる（ことがある）のは、以下の（1）～（4）です。

（1）登記の目的

　「共同根抵当権設定（追加）」と記載します（不登令別表 56 申請情報ハ）。抵当権の追加設定の登記（Ⅰのテキスト第3編第1章第1節 [5] 2.申請例 43）と異なり、「共同」「（追加）」の文言が入るのは、根抵当権の場合、同一の債権を担保するからといって当然に純粋共同根抵当権になるわけではなく、共同根抵当権である旨の登記をして初めてなるからです（P18 の ii）。

（2）添付情報

　基本的には、P14 の 5.と同じです。
　ただし、それに加えて以下の添付情報を提供する場合があります。

・前登記証明書（不登令別表 56 添付情報ロ、登免法 13 条 2 項、登免法施行規 11 条）
　具体的には、すでに根抵当権の設定の登記がされた不動産の登記事項証明書が当たります（登免法施行規 11 条）。上記申請例 69 では、甲土地の登記事項証明書となります。
　これは、すでに設定の登記がされている根抵当権と 4 大事項（枠）が同一であることを証するために提供します。4 大事項が同一でないと純粋共同根抵当権とならないため（P18 の i）、同一であることを証する必要があるのです。
　このような理由で提供するため、抵当権の追加設定の登記（Ⅰのテキスト第3編第1章第1節 [5] 2.（2））と異なり、「私は減税を受けなくていいから」という理由で、この前登記証明書の提供を省略することはできません。
　ただし、すでに根抵当権の設定の登記をした不動産と追加設定の登記をする不動産を管轄する登記所が同じ場合は、この前登記証明書の提供を省略することができます。管轄する登記所が同じであれば、登記官が確認することができるからです。

P86

（3）登録免許税

　根抵当権にかかる不動産に関する権利の件数1件につき1500円です（登免法13条2項）。たとえば、極度額が1000万円であれば、追加設定の登記をしても優先枠が1000万円から増えるわけではないからです（Iのテキスト第3編第1章第1節②6.「優先枠に課税」）。

　根抵当権の場合、必ずこの減税を受けることができます。管轄する登記所が異なる場合は、上記（2）のとおり必ず前登記証明書を提供するため追加設定であることがわかりますし、管轄する登記所が同じ場合は、前登記証明書を提供しませんが、登記官のほうで追加設定であることがわかるからです。つまり、必ず追加設定であるとわかるのです。

（4）不動産の表示

　共同根抵当権の追加設定の登記をする不動産を記載します。追加設定の登記によって登記の効力が及ぶ不動産だからです（Iのテキスト第3編第1章第1節④2.（5）「不動産の表示の記載の趣旨」）。

　それに加えて、共同根抵当権の追加設定の登記においては、すでに根抵当権の設定の登記をした不動産の表示および順位番号を記載します（不登令別表56申請情報ニ）。
ex. 甲土地に根抵当権の設定の登記がされた後に、乙土地に共同根抵当権の追加設定の登記を申請する場合、申請情報の末尾に以下のように記載します。

　なお、申請する登記所にすでに共同担保目録がある場合、つまり、追加設定の登記が3つ目以降の不動産への登記であって申請する登記所で共同担保目録が作成されている場合には、その共同担保目録の記号・番号も記載します（不登令別表56申請情報ニ（4）、不登規168条1項）。

3.「同一の債権の担保」といえるか？

　共同根抵当権の追加設定の登記をするには、追加設定した根抵当権が、すでに設定された根抵当権と同一の債権を担保する根抵当権である必要があります（P18のⅰ）。

共同根抵当権の「同一の債権の担保」の要件はキビシイ

　共同抵当権（Ⅰのテキスト第３編第１章第１節⑤3.）と異なり、「同一の債権の担保」の要件はキビシイです。4大事項（枠）が同一であって「同一の債権」となります（P18の「『同一の債権』とは？」）。

　なお、4大事項以外の確定期日や優先の定めなどは、異なっていても構いません。

＊共同根抵当権の追加設定の登記には、"現在の"根抵当権の債務者の住所や極度額などを記載します。過去の債務者の住所や極度額などを記載することはできないからです。以下すべて、その前提でお読みください。

ex1. すでに設定の登記がされた根抵当権の債務者の住所の移転がありました。この場合、債務者の住所の変更の登記をしてからでなければ、共同根抵当権の追加設定の登記をすることができません（登研325P72）。

「
P85
ex2. すでに甲土地および乙土地について、共同根抵当権の設定の登記がされています。極度額が増額され、甲土地についてのみ極度額の増額による変更の登記がされている場合、乙土地についても極度額の増額による変更の登記をしなければ、丙土地について共同根抵当権の追加設定の登記をすることができません（登研318P41）。

4. 片面的共同根抵当権

　たとえば、甲土地および乙土地について、純粋共同根抵当権の設定の登記がされました。その後、丙土地に根抵当権の設定の登記をする際に、甲土地または乙土地のみについての追加担保として、共同根抵当権の追加設定の登記をすることはできるでしょうか。このような共同根抵当権を「片面的共同根抵当権」といいます。

　片面的共同根抵当権の設定は、できません（昭46.10.4民事甲3230）。

　純粋共同根抵当権となると民法392条・393条が適用されますが、片面的共同根抵当権を認めると、後順位抵当権の代位（民法392条2項後段）などがあまりに複雑になってしまうからです。

第3節　根抵当権の移転（確定前）

　この第3節でみる根抵当権の移転は、基本的には確定前根抵当権の移転です（下記 4 の「共有者の権利の放棄」は確定前だけでなく確定後でもできます〔P141①〕）。
＊「確定前根抵当権においてのみ認められること」「確定後根抵当権においてのみ認められること」「確定前根抵当権でも確定後根抵当権でも認められること」およびその理由は、P140～141 の表でまとめています。

この第3節の根抵当権の移転とは？

　確定前根抵当権には随伴性がないため、被担保債権が移転しても、それに伴って根抵当権は移転しません。よって、この第3節での根抵当権の移転とは、被担保債権を移転することではなく、根抵当権の枠だけを移転することです。

1 　全部譲渡・一部譲渡
1．実体（民法）
（1）全部譲渡

> **民法398条の12（根抵当権の譲渡）**
> 1　元本の確定前においては、根抵当権者は、根抵当権設定者の承諾を得て、その根抵当権を譲り渡すことができる。

　確定前根抵当権は、以下の①②の要件を充たせば、その全部を譲渡することができます（民法398条の12第1項）。

①根抵当権者（譲渡人）と譲受人の合意
②設定者の承諾（民法398条の12第1項）
※登記は、対抗要件です。
ex. Aが所有している建物に債務者をAとするBの根抵当権が設定されています。BとCは、Aの承諾を得ることで、BからCにこの根抵当権の全部を譲渡できます。

この全部譲渡がされた後の債権の担保は、以下のようになります。

・BのAに対する債権

BのAに対する債権があった場合、全部譲渡がされても、債権はCに移転しません。全部譲渡とは、被担保債権を移転することではないからです（上記の「この第3節の根抵当権の移転とは？」）。BのAに対する債権は、無担保債権となります。Bからすると、「枠が行ってしまった……」ということです。

・CのAに対する債権

CのAに対する債権が、根抵当権で担保されるようになります。全部譲渡がされる前にCがAに対して有していた債権も、根抵当権で担保されます。Cからすると、「枠が来た（やった！）」ということです。

P33＝
P40
P65
P70

（2）一部譲渡

民法398条の13（根抵当権の一部譲渡）

元本の確定前においては、根抵当権者は、根抵当権設定者の承諾を得て、その根抵当権の一部譲渡（譲渡人が譲受人と根抵当権を共有するため、これを分割しないで譲り渡すことをいう。以下この節において同じ。）をすることができる。

確定前根抵当権は、以下の①②の要件を充たせば、その一部を譲渡することができます（民法398条の13）。要件は、全部譲渡と同じです。

①根抵当権者（譲渡人）と譲受人の合意
②設定者の承諾（民法398条の13）
※登記は、対抗要件です。
ex. Aが所有している建物に債務者をAとするBの根抵当権が設定されています。BとCは、Aの承諾を得ることで、BからCにこの根抵当権の一部を譲渡できます。

根抵当権は、BCの共有になります（民法398条の13かっこ書）。この一部譲渡が

された後の債権の担保は、以下のようになります。

・ＢのＡに対する債権

　一部譲渡がされても、ＢのＡに対する債権は根抵当権で担保されます。一部譲渡は、譲渡人と譲受人がともに根抵当権を使うようにすることだからです（民法398条の13かっこ書）。この点が、全部譲渡と異なります。

・ＣのＡに対する債権

　ＣのＡに対する債権が、根抵当権で担保されるようになります。一部譲渡がされる前にＣがＡに対して有していた債権も、根抵当権で担保されます。Ｃからすると、「枠が来た（やった！）」ということです。

=P32
P40
P65
P70

※設定者の承諾が必要である理由

　抵当権の移転の登記（Ⅰのテキスト第３編第１章第２節）と異なり、全部譲渡・一部譲渡においては、設定者の承諾が必要とされています。抵当権と異なり、根抵当権は設定後にも債権が生じます。よって、たとえば、ほとんど貸付けをしない根抵当権者（譲渡人）から、ガンガン貸付けをする根抵当権者（譲受人）に変わったら・加わったら、設定者の負担が重くなります。このように、根抵当権者の変更は設定者にも影響があるのです。

※根抵当権を目的とする権利を有する者の承諾の要否

　全部譲渡・一部譲渡がされる根抵当権を目的とする権利を有する者（ex. 根抵当権を目的とする転抵当権者）の承諾は不要です。これらの権利は、全部譲渡・一部譲渡がされても、根抵当権全体を目的とする権利として存続し、特に影響がないからです。

２．申請情報の記載事項

　根抵当権の全部譲渡をすると譲受人への根抵当権の移転の登記を、根抵当権の一部譲渡をすると譲受人への根抵当権の一部移転の登記を申請できます。

申請例70 —— 譲渡を原因とする根抵当権の移転の登記

＊事例は、P31〜32（1）のex.に合わせています。

事例：Aが所有している建物に、乙区1番で極度額を 1000 万円とするBの根抵当権の設定の登記がされている。BとCは、令和7年11月20日、この根抵当権をBがCに譲渡する契約を締結した。そして、令和7年11月28日、Aがこの根抵当権の譲渡について承諾をした（＊）。

＊択一でも記述でも、この事例のように、根抵当権が確定している旨の情報が記載されていなければ、確定前根抵当権であると考えてください。

登記の目的	1番根抵当権移転
原　　因	令和7年11月28日譲渡
権 利 者	C
義 務 者	B
添 付 情 報	登記原因証明情報（根抵当権全部譲渡契約書）
	登記識別情報（Bの乙区1番の登記識別情報）
	代理権限証明情報（C及びBの委任状）
	承諾証明情報（Aの承諾書）
課 税 価 格	金1000万円
登録免許税	金2万円

権　利　部　（乙　区）　（所　有　権　以　外　の　権　利　に　関　す　る　事　項）			
順位番号	登記の目的	受付年月日・受付番号	権　利　者　そ　の　他　の　事　項
1	根抵当権設定	令和7年6月28日 第12457号	原因　令和7年6月28日設定 極度額　金1000万円 債権の範囲　信用組合取引 債務者　A 根抵当権者　B
付記1号	1番根抵当権移転	令和7年11月28日 第19451号	原因　令和7年11月28日譲渡 根抵当権者　C

申請例71 —— 一部譲渡を原因とする根抵当権の一部移転の登記

＊事例は、P32〜33（2）のex.に合わせています。

事例：Aが所有している建物に、乙区1番で極度額を 1000 万円とするBの根抵当権の設定の登記がされている。BとCは、令和7年11月20日、この根抵当権をBがCに一部譲渡する契約を締結した。そして、令和7年11月28日、Aがこの根抵当権の一部譲渡について承諾をした。

登記の目的	1番根抵当権一部移転
原　　　因	令和7年11月28日一部譲渡
権 利 者	C
義 務 者	B
添付情報	登記原因証明情報（根抵当権一部譲渡契約書）
	登記識別情報（Bの乙区1番の登記識別情報）
	代理権限証明情報（C及びBの委任状）
	承諾証明情報（Aの承諾書）
課税価格	金500万円
登録免許税	金1万円

権　利　部　（乙　区）　（所　有　権　以　外　の　権　利　に　関　す　る　事　項）			
順位番号	登記の目的	受付年月日・受付番号	権　利　者　そ　の　他　の　事　項
1	根抵当権設定	令和7年6月28日 第12457号	原因　令和7年6月28日設定 極度額　金1000万円 債権の範囲　信託取引 債務者　A 根抵当権者　B
付記1号	1番根抵当権一部 移転	令和7年11月28日 第19451号	原因　令和7年11月28日一部譲渡 根抵当権者　C

（1）登記の目的

【全部譲渡】

　「○番根抵当権移転」と記載します。

【一部譲渡】

　「○番根抵当権一部移転」と記載します。

（2）登記原因及びその日付

【全部譲渡】

　「年月日譲渡」と記載します。

【一部譲渡】

　「年月日一部譲渡」と記載します。

　年月日は、全部譲渡でも一部譲渡でも、「根抵当権者（譲渡人）と譲受人の合意が

あった日と設定者の承諾があった日のうち遅い日（合意と承諾が揃った日）」を記載します。設定者の承諾も効力発生要件であるため（民法398条の12第1項、398条の13。P31②、P32②）、合意と承諾が揃って初めて全部譲渡・一部譲渡の効力が生じるからです。よって、上記申請例70、申請例71の登記原因日付は、令和7年11月20日ではなく、「令和7年11月28日」となります。

― Realistic 1　「申請情報の記載事項の意味」を再確認 ―

　上記のとおり、登記の目的には「移転」「一部移転」と記載しますが、原因は「譲渡」「一部譲渡」と記載します。本試験の答案を拝見していると、逆に書いてしまっている方が多数いらっしゃいます。ここで、Ⅰのテキスト第2編第2章第2節１2.で説明した「申請情報の記載事項の意味」を再度考えてみましょう。大事なので。

　登記の目的は「権利が　こう変動しました」、原因は「権利変動の効力発生日　これが権利変動が発生した原因です」という意味で記載します。ここでは、「移転」「一部移転」（原因）したから「譲渡」「一部譲渡」（変動）したのではなく、「譲渡」「一部譲渡」（原因）したから「移転」「一部移転」（変動）したのです。

　このように、原点から思考するクセがついていると、ケアレスミスも減りますし、記憶の負担も減少します。

（3）申請人

　以下の者の共同申請です（不登法60条）。

・登記権利者：根抵当権の譲受人
・登記義務者：根抵当権の譲渡人

※設定者は、申請人にはなりません。たしかに、設定者にも影響があります（P33※）。
　しかし、直接に不利益を受ける（不登法2条13号）のは、根抵当権を失うまたは一部失う根抵当権の譲渡人です。

（4）添付情報

①登記原因証明情報（不登法61条）

　Ⅰのテキスト第1編第6章第2節４の「登記原因証明情報の提供が不要となる場合」に当たりませんので、登記原因証明情報を提供する必要があります。

【全部譲渡】
　具体的には、根抵当権全部譲渡契約書が当たります。

【一部譲渡】
　具体的には、根抵当権一部譲渡契約書が当たります。

②登記識別情報（不登法22条本文）

　登記義務者である根抵当権の譲渡人の登記識別情報を提供します。共同申請だからです（Ⅰのテキスト第1編第6章第3節③1.「登記識別情報の提供の要否の基本的な判断基準」）。

③代理権限証明情報（不登令7条1項2号）

④会社法人等番号（不登令7条1項1号イ）

⑤承諾証明情報（不登令7条1項5号ハ）

　設定者の承諾は効力発生要件であるため（民法398条の12第1項、398条の13。P31②、P32②）、必ず設定者が作成した承諾を証する情報などを提供する必要があります。

　この承諾の日は、異なっていても構いません。承諾の日が異なるとは、以下の ex. のような場合です。

ex.　BDが共有する確定前根抵当権がCに譲渡された場合、設定者はBとDに対して承諾しますが、BとDに対する承諾の日が異なっていても構いません。

※印鑑証明書は、提供しません。所有権の登記名義人が登記義務者とならないからです（Ⅰのテキスト第1編第6章第4節③2.「『認印でよいか』『実印で押印し印鑑証明書の提供が要求されるか』の判断基準」）。

※住所証明情報は、提供しません。Ⅰのテキスト第1編第6章第5節③「住所証明情報の提供が要求される場合①〜③」のいずれにも当たらないからです。

（5）登録免許税

【全部譲渡】

　極度額の2/1000です（登免法別表第1.1.（6）ロ）。

【一部譲渡】

・原則 —— 一部譲渡を受けた者が1人

　極度額を一部譲渡後の共有者の数で割った額の2/1000です（登免法別表第1.1.（7））。

ex.　上記申請例71は、この原則どおりです。極度額1000万円のBの根抵当権をCに一部譲渡しています。極度額（1000万円）を一部譲渡後の共有者の数（BCの2名）で割った額（500万円）の2/1000、つまり、1万円となります。

・例外 —— 一部譲渡を受けた者が複数

　極度額を一部譲渡後の共有者の数で割った額に、一部譲渡を受けた者の数をかけた額の2/1000です（登研533P157）。

ex. 極度額1000万円のBの根抵当権をC、D、Eの3名に一部譲渡したとします。この場合、極度額（1000万円）を一部譲渡後の共有者の数（B、C、D、Eの4名）で割った額（1000万円÷4＝250万円）に、一部譲渡を受けた者の数（C、D、Eの3名）をかけた額（250万円×3＝750万円）の2/1000、つまり、1万5000円となります。

一部譲渡を受けた者が複数の場合にも、上記の原則と同じく一部譲渡後の共有者の数で割るだけだと、1000万円÷4＝250万円が課税価格になってしまい、おかしいことになるからです。

要は

文章にすると頭が痛くなりますが……、要は「何人中、何人分動いたか」ということです。これが感覚的にわかっていれば、計算は間違いません。
・上記の原則のex.は2人中1人分動いている
　→　1000万円×1/2＝500万円が課税価格
・上記の例外のex.は4人中3人分動いている
　→　1000万円×3/4＝750万円が課税価格

2　分割譲渡
1．実体（民法）

民法398条の12（根抵当権の譲渡）
1　元本の確定前においては、根抵当権者は、根抵当権設定者の承諾を得て、その根抵当権を譲り渡すことができる。
2　根抵当権者は、その根抵当権を2個の根抵当権に分割して、その一方を前項の規定〔全部譲渡の規定〕により譲り渡すことができる。この場合において、その根抵当権を目的とする権利は、譲り渡した根抵当権について消滅する。
3　前項の規定による譲渡〔分割譲渡〕をするには、その根抵当権を目的とする権利を有する者の承諾を得なければならない。

確定前根抵当権は、以下の①～③の要件を充たせば、分割譲渡をすることができます（民法398条の12第2項前段）。

①根抵当権者（譲渡人）と譲受人の合意
②設定者の承諾（民法398条の12第2項前段、1項）
③根抵当権を目的とする権利を有する者の承諾（民法398条の12第3項）
　分割譲渡される根抵当権を目的とする権利を有する者（ex. 根抵当権を目的とする転抵当権の転抵当権者）の承諾が必要です。
※登記は、対抗要件です。
ex. Aが所有している建物に、債務者をA・極度額を1000万円とするBの根抵当権が設定され、Bの根抵当権を目的としてDの転抵当権が設定されています。BとCは、AおよびDの承諾を得ることで、たとえば、この根抵当権を極度額700万円と300万円の根抵当権に分割し、300万円の根抵当権をCに譲渡することができます。

　「分割譲渡」とは、上記の図のように、根抵当権を2個の根抵当権に「分割」して（上記の図の①）その1つを「譲渡」すること（上記の図の②）です（民法398条の12第2項前段）。
　2個に分割できるだけであり、3個に分割することはできません。条文（民法398条の12第2項前段）に「2個」とあるからです。3個に分割したければ、P45（1）の方法（分割譲渡を2回行う方法）によるしかありません。
　「分割」だけして譲渡しないということは、できません。「譲渡」するために「分割」することが認められているのであって、譲渡しないのならば分割する意味がないからです。

　分割譲渡は、「全部譲渡」「一部譲渡」と言葉は似ていますが、まったく違います。全部譲渡・一部譲渡は、根抵当権を分割しません。この違いは、以下の「（　　）」の部分を補って考えてください。
・「全部（を）譲渡」
・「一部（を）譲渡」
・「分割（して）譲渡」

　分割して譲渡しましたので、Bの極度額700万円の根抵当権とCの極度額300万円の根抵当権は、別物（別の人生）となり、同順位の根抵当権となります。

　CのAに対する債権は、分割譲渡がされる前にCがAに対して有していたものも、根抵当権で担保されます。Cからすると、「枠が来た（やった！）」ということです。

P32＝
P33

P65

P70

※設定者の承諾が必要である理由

　全部譲渡・一部譲渡（P33※）と同じ理由です。ガンガン貸付けをする根抵当権者（譲受人）が加わったら、設定者の負担が重くなります。

※根抵当権を目的とする権利を有する者の承諾が必要である理由

　根抵当権を目的とするDの転抵当権などは、譲渡されたCの根抵当権については消滅してしまうからです（民法398条の12第2項後段）。

※共有根抵当権の分割譲渡

　たとえば、BCが共有している根抵当権（P15〜16③）がある場合に、分割譲渡によってすぐに「B単有の根抵当権」と「C単有の根抵当権」にすることはできません（昭46.12.27民事三.960）。分割譲渡は、根抵当権を2個の根抵当権に「分割」してその1つを「譲渡」することです（民法398条の12第2項前段）。以下の図の①のとおり、分割した際に「BC共有の根抵当権」と「BC共有の根抵当権」になります。共有という概念は、権利を物理的に半分ずつ有しているわけではないため、分割しても単有にはならないのです。── 民法Ⅱのテキスト第3編第3章第4節③2.「『30/90㎡』ではない」　そして、条文（民法398条の12第2項前段）にあるとおり、譲渡できるのは一方だけですから（以下の図の②）、分割譲渡によってすぐに「B単有の根抵当権」と「C単有の根抵当権」にすることはできないのです。

2．申請情報の記載事項

　根抵当権の分割譲渡をすると、譲受人への根抵当権の分割譲渡の登記を申請できます。

申請例72 —— 根抵当権の分割譲渡の登記

＊事例は、Dの転抵当権が設定されていない点を除き、上記1.のex.に合わせています。

事例：Aが所有している建物に、乙区1番でBの根抵当権（令和7年6月28日受付
　　　第12457号、原因：令和7年6月28日設定、極度額：1000万円、債権の範囲：
　　　石油類販売取引、債務者：A）の設定の登記がされている。BとCは、令和7
　　　年11月20日、この根抵当権を極度額700万円と300万円の根抵当権に分割し、
　　　300万円の根抵当権をCに譲渡する契約を締結した。そして、令和7年11月
　　　28日、Aがこの根抵当権の分割譲渡について承諾をした。

登記の目的	1番根抵当権分割譲渡
原　　因	令和7年11月28日分割譲渡
（根抵当権の表示）	
令和7年6月28日受付第12457号	
原　　因	令和7年6月28日設定
極　度　額	金300万円（分割後の原根抵当権の極度額　金700万円）
債権の範囲	石油類販売取引
債　務　者	A
権　利　者	C
義　務　者	B
添 付 情 報	登記原因証明情報（根抵当権分割譲渡契約書）
	登記識別情報（Bの乙区1番の登記識別情報）
	代理権限証明情報（C及びBの委任状）
	承諾証明情報（Aの承諾書）
課 税 価 格	金300万円
登録免許税	金6000円

権　利　部　（乙区）　（所　有　権　以　外　の　権　利　に　関　す　る　事　項）			
順位番号	登記の目的	受付年月日・受付番号	権　利　者　そ　の　他　の　事　項
1(あ)	根抵当権設定	令和7年6月28日 第12457号	原因　令和7年6月28日設定 極度額　金1000万円 債権の範囲　石油類販売取引 債務者　A 根抵当権者　B
付記1号	1番(あ)根抵当権 変更	余　白	極度額　金700万円 分割譲渡により令和7年11月28日付記
1(い)	1番根抵当権分割 譲渡	令和7年11月28日 第19451号	原因　令和7年11月28日分割譲渡 　（根抵当権の表示） 令和7年6月28日受付 第12457号 原因　令和7年6月28日設定 極度額　金300万円 債権の範囲　石油類販売取引 債務者　A 根抵当権者　C

※分割譲渡の登記の方法
・原根抵当権（Bの根抵当権）

　分割したBの根抵当権は、極度額が700万円に減額されますが、この登記は、上記1番（あ）付記1号のように、登記官の職権によって付記登記で登記されます（不登規165条4項。Iのテキスト第1編第4章第3節2 3.③ク）。

・分割譲渡された根抵当権（Cの根抵当権）

　所有権を目的とする根抵当権の分割譲渡の登記は、上記1番（い）のように、同順位の主登記でされます（不登規165条2項、1項）。Iのテキスト第1編第4章第3節2 3.①エ（不登規3条6号）の例外です。Bの1番（あ）根抵当権とCの1番（い）根抵当権は、所有権以外の権利の移転の登記ですが、今後は別物（別の人生）となるため、主登記でします。Cの1番（い）根抵当権を付記登記でしてしまうと、今後1つの主登記の中で、別物となった1番（あ）根抵当権と1番（い）根抵当権についての登記が付記登記でされることになり、登記記録が非常に見づらくなってしまいます。

（1）登記の目的

　「○番根抵当権分割譲渡」と記載します。

（2）登記原因及びその日付

　年月日は、「根抵当権者（譲渡人）と譲受人の合意があった日、設定者の承諾があった日、根抵当権を目的とする権利を有する者の承諾があった日のうち遅い日（合意と承諾のすべてが揃った日）」を記載します。これらの3つは効力発生要件であるため（民法398条の12第2項前段、1項、3項。P39①～③）、3つすべて揃って初めて分割譲渡の効力が生じるからです。よって、上記申請例72の登記原因日付は、令和7年11月20日ではなく、「令和7年11月28日」となります（根抵当権を目的とする権利を有する者はいない事案です）。

　原因は、「分割譲渡」と記載します。分割譲渡が、権利変動の原因（法律行為）だからです。

（3）登記事項

　「（根抵当権の表示）」として、以下の①～⑨の事項を記載します（⑥～⑨はある場合に記載します。不登令別表60申請情報）。上記申請例72でいうと、この後、Bの1番（あ）根抵当権とCの1番（い）根抵当権は別物（別の人生）となり、1番（い）の根抵当権についてだけ変更の登記をするといったことが起きます。そのため、1番（い）の根抵当権がどのような根抵当権かを登記しておく必要があるので、以下の①～⑨の事項を登記するのです。

　以下の事項は「9個もあって大変だな……」と思うかもしれませんが、③以外は、原根抵当権の登記事項を写しているだけです。分割譲渡された時点では、1番（あ）根抵当権（原根抵当権）と1番（い）根抵当権の違いは、根抵当権者と極度額だけだからです。

①原根抵当権の受付年月日・受付番号
②原根抵当権の登記原因及びその日付
③1番（い）の根抵当権の極度額（分割後の1番（あ）の根抵当権の極度額もかっこ書で記載します）
　分割後の1番（あ）の根抵当権の極度額も記載するのは、登記官が職権で1番（あ）の根抵当権の極度額の減額の登記をするためです（不登規165条4項）。登記官がする計算を省くために、記載してあげるのです。「1000万円－300万円の計算くらい自分でしてよ……」と思いますが。

④債権の範囲
⑤債務者
⑥確定期日
⑦優先の定め
　優先の定めは、根抵当権の設定の登記においては登記することができないため（P83
①）、P14（2）にはありませんでした。優先の定めについては、P80〜83 $\boxed{6}$ で説明し
ます。
⑧民法 370 条ただし書の別段の定め
⑨共同担保目録の記号・目録番号　（不登規 169 条 1 項）

（4）申請人

　以下の者の共同申請です（不登法 60 条）。
・登記権利者：根抵当権の譲受人
・登記義務者：根抵当権の譲渡人
※やはり設定者は、申請人にはなりません。たしかに、設定者にも影響がありますが
　（P40※）、直接に不利益を受ける（不登法 2 条 13 号）のは根抵当権を分割して譲
　渡する譲渡人だからです。

（5）添付情報

　以下のとおり、登記原因証明情報と承諾証明情報の内容が変わる点を除いて、P36
〜37（4）の全部譲渡・一部譲渡の登記と同じです（提供するかどうかの理由も同じ
です）。

① 登記原因証明情報 （不登法 61 条、不登令別表 60 添付情報）
　具体的には、 根抵当権分割譲渡契約書 が当たります。
② 承諾証明情報 （不登令 7 条 1 項 5 号ハ）
　設定者の承諾は効力発生要件であるため（民法 398 条の 12 第 2 項前段、1 項。P39②）、
必ず設定者が作成した承諾を証する情報などを提供する必要があります。
　また、根抵当権を目的とする権利を有する者がいれば、その者の承諾も効力発生要
件となるため（民法 398 条の 12 第 3 項。P39③）、その者が作成した承諾を証する情
報などを提供する必要があります。たとえば、以下の者が根抵当権を目的とする権利
を有する者に当たります。

ⅰ　転抵当権者
　P56 の 1.で説明しますが、確定前根抵当権は根抵当権の譲渡・放棄・順位の譲渡・順位の放棄はできないため、これらの処分を受けた者は存在しません。
ⅱ　根抵当権の被担保債権の質権者
ⅲ　根抵当権を目的とする仮登記権利者
ⅳ　根抵当権付債権を目的とする差押債権者・仮差押債権者

（6）登録免許税
　分割して譲渡された根抵当権（上記申請例 72 では1番（い））の極度額の2/1000 です（登免法別表第1.1.（6）ロ）。発想は、全部譲渡・一部譲渡（P38 の「要は」）と同じく、動いた分に課税するということです。

3．分割譲渡後の論点
（1）さらなる分割譲渡
　根抵当権の分割譲渡の後に、その一方をさらに分割譲渡することもできます（登研313P21）。たとえば、上記申請例 72 の登記がされた後、Cの1番（い）根抵当権をDに分割譲渡できます（Dは、1番（う）根抵当権を取得します）。
　Bの1番（あ）根抵当権とCの1番（い）根抵当権は、別物（別の人生）となっているため、このようなことも認められます。

（2）極度額の増額をする場合
　根抵当権の分割譲渡の後に、極度額の増額（P59～64②）をする場合、同順位の根抵当権者の承諾が必要となります（P63 の【増額】ⅰ）。P41 の申請例 72 の登記がされた後の権利関係を例に説明します。

・Bの1番（あ）根抵当権の極度額を増額する（ex. 700 万円→1000 万円）
　1番（い）根抵当権の根抵当権者Cの承諾が必要です。
　この登記の登記の目的は、「1番（あ）根抵当権変更」となります。分割譲渡の登記をしたことにより、名前が「1番（あ）根抵当権」に変わっているからです。
・Cの1番（い）根抵当権の極度額を増額する（ex. 300 万円→500 万円）
　1番（あ）根抵当権の根抵当権者Bの承諾が必要です。
　この登記の登記の目的は、「1番（い）根抵当権変更」となります。

　1番（あ）根抵当権と1番（い）根抵当権は同順位となりますが、同順位の根抵当

権者は、競売時に、極度額に応じて配当額を按分します。よって、同順位の根抵当権の極度額が増額されると配当額が減少してしまう可能性があるため、承諾が必要なのです。

3　共有根抵当権の移転

　全部譲渡・一部譲渡・分割譲渡とみてきましたが、共有根抵当権（P15〜16 3 ）の場合、これらを「共有者全員でしなければならないのか？」、それとも「共有者の一部の者のみでもすることができるのか？」という問題があります。

		可否	譲渡後の根抵当権者
事例		以下のいずれも、ＢＣが根抵当権を共有しており、Ｄに根抵当権を譲渡するという事例です	
全部譲渡	ＢＣがＤに譲渡	○	Ｄ単有の根抵当権
	ＢがＤに譲渡	○ これが、下記 4 の「共有者の権利の譲渡」です。	ＤＣ共有の根抵当権
一部譲渡	ＢＣがＤに譲渡	○	ＢＣＤ共有の根抵当権
	ＢがＤに譲渡	×	
分割譲渡	ＢＣがＤに譲渡	○	ＢＣ共有の根抵当権 Ｄ単有の根抵当権
	ＢがＤに譲渡	×	

　この表は、以下のことをいっています。

・共有者全員でする　　　　　　→　すべて可
　ＢＣ2人ですれば、権利関係が複雑にならないため、すべて認められます。
・共有者の一部の者のみでする　→　全部譲渡のみ可
　全部譲渡であれば、「ＢＣの共有」が「ＤＣの共有」に変わるだけなので、権利関係が複雑になりません。
　それに対して、一部譲渡・分割譲渡だと、Ｂのみがすると権利関係が複雑になります。確定前根抵当権には持分がないため、Ｂが有している持分というものがなく、何の一部を譲渡したのか・何を分割して譲渡したのかがわからなくなってしまうのです。

4　共有者の権利の移転

1. 実体（民法）

（1）共有者の権利の譲渡

民法398条の14（根抵当権の共有）

2　根抵当権の共有者は、他の共有者の同意を得て、第398条の12第1項の規定によりその権利を譲り渡すことができる。

民法398条の12（根抵当権の譲渡）

1　元本の確定前においては、根抵当権者は、根抵当権設定者の承諾を得て、その根抵当権を譲り渡すことができる。

　確定前根抵当権の共有者は、以下の①〜③の要件を充たせば、その権利を譲渡することができます（民法398条の14第2項）。

①根抵当権者（譲渡人）と譲受人の合意
②設定者の承諾（民法398条の14第2項、398条の12第1項）
③他の共有者の同意（民法398条の14第2項）
※登記は、対抗要件です。
ex. Aが所有している建物にBC共有の根抵当権が設定されています。BとDは、Aの承諾とCの同意を得ることで、BからDにこの根抵当権のBの権利を譲渡できます。

※設定者の承諾が必要である理由

　全部譲渡・一部譲渡（P33※）と同じ理由です。ガンガン貸付けをする根抵当権者（譲受人）に変わったら、設定者の負担が重くなります。

※他の共有者の同意が必要である理由

　根抵当権の共有者は、原則として、債権額の割合に応じて優先弁済を受けます（民法398条の14第1項本文）。よって、共有者が変わると、自分の配当額が変わります。上記 ex.で、もしBの債権額が0円であれば、Cは極度額まで根抵当権の優先枠を使えますが、Dの債権額が高ければ、それに応じてCの優先枠は減少します。このように、誰が共有者であるかは大問題なのです。

（2）共有者の権利の放棄

> **民法255条（持分の放棄及び共有者の死亡）**
> 　共有者の一人が、その持分を放棄したとき、又は死亡して相続人がないときは、その持分は、他の共有者に帰属する。

　確定前根抵当権も確定後根抵当権も、根抵当権の共有者の1人が権利を放棄すれば、その権利は他の共有者に帰属します（民法255条）。これは、Ⅰのテキスト第2編第2章第2節 4 で説明した「持分放棄」と同じ民法255条が根拠です。所有権以外の権利の共有（準共有）には、原則として所有権の共有の規定が準用されるため（民法264条本文）、民法255条も根抵当権に適用されるのです。── 民法Ⅱ

のテキスト第3編第3章第4節 6
※登記は、対抗要件です。

ex. Aが所有している建物にBC共有の根抵当権が設定されています。Bが根抵当権を放棄すると、Bの根抵当権の権利はCに帰属します。

※設定者の承諾や他の共有者の同意が不要である理由
　共有者の権利の放棄の要件は、根抵当権の共有者の1人が権利を放棄する意思表示をすることだけであり、設定者の承諾や他の共有者の同意は不要です。放棄は、単独行為であり、一方的な意思表示でできます。── 民法Ⅰのテキスト第2編第4章 3 1.② そして、その効果は民法255条により当然に生じるため、設定者の承諾や他の共有者の同意なく生じるのです。

※根抵当権を目的とする権利を有する者の承諾の要否
　共有者の権利の譲渡・共有者の権利の放棄がされる根抵当権を目的とする権利を有する者（ex. 根抵当権を目的とする転抵当権者）の承諾は不要です。これらの権利は、共有者の権利の譲渡・共有者の権利の放棄がされても、根抵当権全体を目的とする権利として存続し、特に影響がないからです。

2．申請情報の記載事項

　根抵当権の共有者が権利を譲渡または放棄すると、譲受人または他の共有者への根抵当権の共有者の権利の移転の登記を申請できます。

　放棄の場合にも移転の登記を申請するのは、Ⅰのテキスト第2編第2章第2節 4 1.と同じ理由によります。

申請例73 ── 譲渡を原因とする根抵当権の共有者の権利の移転の登記

＊事例は、P47（1）のex.に合わせています。

事例：Aが所有している建物に、乙区1番で極度額を 1000 万円とするBC共有の根抵当権の設定の登記がされている。BとDは、令和7年11月20日、この根抵当権のBの権利をDに譲渡する契約を締結した。そして、令和7年11月22日、Aがこの権利の譲渡について承諾し、令和7年11月28日、Cがこの権利の譲渡について同意した。

登記の目的	1番根抵当権共有者Bの権利移転
原　　　因	令和7年11月28日譲渡
権　利　者	D
義　務　者	B
添付情報	登記原因証明情報（根抵当権の権利の譲渡契約書）
	登記識別情報（Bの乙区1番の登記識別情報）
	代理権限証明情報（D及びBの委任状）
	承諾証明情報（Aの承諾書）
	同意証明情報（Cの同意書）
課税価格	金500万円
登録免許税	金1万円

権　利　部　（乙　区）　（所　有　権　以　外　の　権　利　に　関　す　る　事　項）			
順位番号	登記の目的	受付年月日・受付番号	権　利　者　そ　の　他　の　事　項
1	根抵当権設定	令和7年6月28日 第12457号	原因　令和7年6月28日設定 極度額　金1000万円 債権の範囲　石油供給取引 債務者　A 根抵当権者　B 　　　　　　C
付記1号	1番根抵当権共有者Bの権利移転	令和7年11月28日 第19451号	原因　令和7年11月28日譲渡 根抵当権者　D

申請例74 —— 放棄を原因とする根抵当権の共有者の権利の移転の登記
＊事例は、P48（2）のex.に合わせています。

事例：Aが所有している建物に、乙区1番で極度額を1000万円とするBC共有の根
　　　抵当権の設定の登記がされている。令和7年11月28日、Bが根抵当権を放棄
　　　した。そして、その意思表示が、令和7年11月29日にCに到達した。

登記の目的	1番根抵当権共有者Bの権利移転
原　　　因	令和7年11月28日放棄
権　利　者	C
義　務　者	B
添付情報	登記原因証明情報（根抵当権の権利の放棄証書）
	登記識別情報（Bの乙区1番の登記識別情報）
	代理権限証明情報（C及びBの委任状）
課税価格	金500万円
登録免許税	金1万円

権　利　部　（乙　区）　（所　有　権　以　外　の　権　利　に　関　す　る　事　項）			
順位番号	登記の目的	受付年月日・受付番号	権　利　者　そ　の　他　の　事　項
1	根抵当権設定	令和7年6月28日 第12457号	原因　令和7年6月28日設定 極度額　金1000万円 債権の範囲　相互銀行取引 債務者　A 根抵当権者　B 　　　　　　C
付記1号	1番根抵当権共有者Bの権利移転	令和7年11月30日 第19512号	原因　令和7年11月28日放棄 根抵当権者　C

（1）登記の目的

　「○番根抵当権共有者○○の権利移転」と記載します（登研467P104）。「○○」には、移転する権利の権利者（上記申請例73、申請例74ではB）の氏名または名称を記載します。

　「○番根抵当権一部移転」としないのは、誰の権利が移転したかをわかるようにするためです。また、「○○の持分移転」としないのは、確定前根抵当権には持分がないからです（P16①）。

（2）登記原因及びその日付

【共有者の権利の譲渡】

　年月日は、「根抵当権者（譲渡人）と譲受人の合意があった日、設定者の承諾があった日、他の共有者の同意があった日のうち遅い日（合意、承諾、同意のすべてが揃った日）」を記載します。これらの3つは効力発生要件であるため（民法398条の14第2項、398条の12第1項。P47①～③）、3つすべて揃って初めて共有者の権利の譲渡の効力が生じるからです。よって、上記申請例73の登記原因日付は、令和7年11月20日でも令和7年11月22日でもなく、「令和7年11月28日」となります。

　原因は、「譲渡」と記載します。譲渡が、権利変動の原因（法律行為）だからです。

【共有者の権利の放棄】

　年月日は、「権利放棄の意思表示（単独行為）をした日」を記載します。意思表示をした日であって、その意思表示が到達した日ではない点にご注意ください。権利放棄の意思表示をすることによって当然に効果が生じるからです。よって、上記申請例74の登記原因日付は、令和7年11月29日ではなく、「令和7年11月28日」となります。

　原因は、「放棄」と記載します（登研467P104）。放棄が、権利変動の原因（法律行為）だからです。

（3）申請人

【共有者の権利の譲渡】

　以下の者の共同申請です（不登法60条）。

・登記権利者：根抵当権の権利の譲受人
・登記義務者：根抵当権の権利の譲渡人

【共有者の権利の放棄】

　以下の者の共同申請です（不登法60条）。

・登記権利者：他の共有者
・登記義務者：根抵当権の権利を放棄した共有者

（4）添付情報

　以下のとおり、登記原因証明情報の内容が変わる点、承諾証明情報・同意証明情報の提供の有無が変わる点を除いて、P36～37（4）の全部譲渡・一部譲渡の登記と同じです（提供するかどうかの理由も同じです）。

①登記原因証明情報（不登法61条）

【共有者の権利の譲渡】

　具体的には、根抵当権の権利の譲渡契約書が当たります。

【共有者の権利の放棄】

　具体的には、根抵当権の権利の放棄証書が当たります。

②承諾証明情報（不登令7条1項5号ハ）

【共有者の権利の譲渡】

　設定者の承諾は効力発生要件であるため（民法398条の14第2項、398条の12第1項。P47②）、必ず設定者が作成した承諾を証する情報などを提供する必要があります。

【共有者の権利の放棄】

※設定者の承諾は不要であるため（P48※）、設定者が作成した承諾を証する情報などを提供する必要はありません。

③同意証明情報（不登令7条1項5号ハ）

【共有者の権利の譲渡】

　他の共有者の同意は効力発生要件であるため（民法398条の14第2項。P47③）、必ず他の共有者が作成した同意を証する情報などを提供する必要があります。

【共有者の権利の放棄】

※他の共有者の同意は不要であるため（P48※）、他の共有者が作成した同意を証する情報などを提供する必要はありません。

（5）登録免許税

　極度額を譲渡または放棄前の共有者の数で割った額の2/1000です（登免法別表第1.1.（6）ロ）。発想は、全部譲渡・一部譲渡（P38の「要は」）と同じく、動いた分に課税するということです。

　上記申請例73、申請例74では、いずれも2人中1人分動いていますので、「1000万円×1／2＝500万円」が課税価格となります。

【根抵当権の移転（確定前）のまとめ】

　これで確定前根抵当権の移転が出揃いましたので、譲渡人と譲受人以外の者の承諾・同意の要否をまとめておきます。

＊共有者の権利の放棄は、確定後でもできます。

	設定者の承諾	根抵当権を目的とする権利を有する者の承諾	他の共有者の同意
全部譲渡	要（P31②）	不要（P33※）	
一部譲渡	要（P32②）	不要（P33※）	
分割譲渡	要（P39②）	要（P39③）	
共有者の権利の譲渡	要（P47②）	不要（P48※）	要（P47③）
共有者の権利の放棄	不要（P48※）	不要（P48※）	不要（P48※）

5　純粋共同根抵当権の移転

　4までで確定前根抵当権の移転の種類はすべてみたのですが、純粋共同根抵当権の移転となると1つ効力発生要件が加わるため、本節の最後にそれをみます。

1．純粋共同根抵当権の場合に追加される要件

> **民法398条の17（共同根抵当の変更等）**
>
> 1　前条の登記〔共同根抵当権の登記〕がされている根抵当権の担保すべき債権の範囲、債務者若しくは極度額の変更又はその譲渡若しくは一部譲渡は、その根抵当権が設定されているすべての不動産について登記をしなければ、その効力を生じない。

　共同根抵当権の登記がされている根抵当権の「全部譲渡」「一部譲渡」「分割譲渡」「共有者の権利の譲渡」は、その根抵当権が設定されているすべての不動産について移転の登記をしなければ、効力を生じません（民法398条の17第1項）。

　根抵当権の移転の登記は、根抵当権者の変更に当たります。共同根抵当権は4大事項が同一である必要があるため（P18の「『同一の債権』とは？」）、すべての不動産の根抵当権の根抵当権者が同一でなければ効力が生じないのです。

　すべての不動産について移転の登記をしなければ効力が生じないだけで、登記の申請は別々にしてもOKです（不動産の管轄登記所が同じ場合でもです）。

2．申請情報の記載事項

基本的には、1、2、4でみた申請情報の記載事項と同じです。

異なる（ことがある）のは、以下の（1）〜（3）です。

（1）登記の目的

「○番共同根抵当権移転」など、「共同」を入れます。

> **共同根抵当権の登記の登記の目的に「共同」を入れるかの基本的な判断基準**

＊以下のex.の登記には、まだ説明していない登記もあります。

・共同根抵当権が設定されているすべての不動産について登記をしなければ効力が生じない登記　→　「共同」を入れます

ex. 共同根抵当権の設定、共同根抵当権の4大事項の変更（根抵当権者の変更のみ移転の登記となり、それ以外は変更の登記となります）

・共同根抵当権が設定されているすべての不動産について登記をしなくても効力が生じる登記　→　「共同」を入れません

ex. 確定期日の新設・変更、優先の定め、相続・合併・会社分割を原因とする根抵当権の移転、相続・合併・会社分割を原因とする根抵当権の債務者の変更、指定根抵当権者の合意、指定債務者の合意、元本確定、抹消、名変

（2）登記原因及びその日付

P434〜436の4.で説明しますが、この登記は、管轄が同じであれば一の申請情報で（1件で）申請できます（不登規35条10号）。その場合、不動産ごとに合意、承諾（同意）が揃った日が異なるときは、登記原因及びその日付は、P438の2.の書き方で書きます。

（3）添付情報

①登記識別情報（不登法22条本文）

一の申請情報で（1件で）申請する場合、根抵当権の譲渡人の登記識別情報は、複数の不動産のものを提供する必要があります。

②承諾証明情報（不登令7条1項5号ハ）

一の申請情報で（1件で）申請する場合に、不動産ごとに設定者が異なるときは、複数の設定者が作成した承諾を証する情報などを提供する必要があります。

　上記（2）以外の違いが現れた事例を1つみてみましょう。全部譲渡の事例です。P34の申請例70と異なる箇所を青字にしました。

申請例75 ―― 譲渡を原因とする共同根抵当権の移転の登記

事例：Aが所有している甲土地およびDが所有している乙土地に、乙区1番で極度額を1000万円とするBの共同根抵当権の設定の登記がされている。BとCは、令和7年11月20日、この根抵当権をBがCに譲渡する契約を締結した。そして、令和7年11月28日、AとDがこの根抵当権の譲渡について承諾をした。甲土地および乙土地は、同一の登記所の管轄区域内にある（＊）。

＊このように、同一の登記所の管轄区域内にある不動産を目的とする共同担保の登記は、登記の目的が同一であれば一の申請情報で（1件で）申請できます（不登規35条10号。P434～436の4.）。

登記の目的	1番共同根抵当権移転
原　　因	令和7年11月28日譲渡
権 利 者	C
義 務 者	B
添 付 情 報	登記原因証明情報（根抵当権全部譲渡契約書）
	登記識別情報（Bの甲土地乙区1番及び乙土地乙区1番の登記識別情報）
	代理権限証明情報（C及びBの委任状）
	承諾証明情報（A及びDの承諾書）
課 税 価 格	金1000万円
登録免許税	金2万円

　このように、一の申請情報で（1件で）申請する場合の課税価格は、極度額1000万円であり、2つの不動産について登記をするからといって2000万円とはなりません。優先枠が1000万円から増えるわけではないからです（Iのテキスト第3編第1章第1節 2 6.「優先枠に課税」）。

第4節　根抵当権の処分

1　実体（民法）

1．根抵当権についてできる処分

> **民法398条の11（根抵当権の処分）**
>
> 1　元本の確定前においては、根抵当権者は、第376条第1項の規定による根抵当権の処分〔根抵当権の譲渡・根抵当権の放棄・根抵当権の順位の譲渡・根抵当権の順位の放棄〕をすることができない。ただし、その根抵当権を他の債権の担保とすること〔転抵当〕を妨げない。

　抵当権の処分は5つありますが、確定前根抵当権についてできるのは、「転抵当」のみで、根抵当権の譲渡・根抵当権の放棄・根抵当権の順位の譲渡・根抵当権の順位の放棄の4つをすることはできません（民法398条の11第1項）。

　確定前根抵当権は決まった債権が存在しないので、根抵当権の優先枠を他の債権者と一緒に使ったりするこれら4つを認めると、優先関係があまりに複雑になってしまうからです。よって、これら4つは、債権が特定した確定後根抵当権についてしかできません。

　それに対して、転抵当は、根抵当権自体を担保に入れることですので、優先関係が複雑になる問題は生じません。

ex.　Aが所有している建物にBの根抵当権が設定されている場合に、BがCから金銭を借り受けたとき、CとBは、このCのBに対する債権を担保するため、Bがこの建物に有している根抵当権を目的として、転抵当権を設定することができます。

2．転抵当

　ということで、確定前根抵当権についてできる処分は「転抵当」のみです。

　ただ、抵当権とちょっと違うところがあります。それは、「転抵当をしたことについて債務者などに対する対抗要件（民法377条1項）が備えられた後に、債務者が転抵当権者の承諾を得ないで抵当権者に弁済しても、転抵当権者に対抗できない」という民法377条2項の規定が適用されない点です（民法398条の11第2項）。── 民法IIのテキスト第4編第5章第9節 6 1．

　転抵当権が設定されても、債務者は転抵当権者の承諾なく弁済できます。確定前根抵当権は、債権が消えても消滅しません。よって、根抵当権を担保に取っている転抵当権者からすると、根抵当権の債権が消えても問題ないのです。

cf. 転根抵当権

　「転根抵当権」とは、抵当権または根抵当権を目的とした根抵当権のことです。転根抵当権を設定することもできると解されています（昭49.4.3民三.1753）。

2　申請情報の記載事項

　申請情報の記載は、登記の目的を「○番根抵当権転抵当」とする以外は、抵当権を目的とした転抵当権（Ⅰのテキスト第3編第1章第3節[2] 2.申請例50）と同じです。

cf. 根抵当権付債権の質入れの登記

「抵当権付債権の質入れの登記」（Ⅰのテキスト第3編第1章第3節 cf.）があったように、「根抵当権付債権の質入れの登記」があります。

確定前根抵当権でも確定後根抵当権でも、根抵当権の被担保債権に質権を設定した場合、根抵当権について債権の質入れの登記を申請することができます。

ex. Aが所有している建物に、乙区1番で債務者をAとするBの根抵当権の設定の登記がされています。BがCから借金をし、この根抵当権の被担保債権に質権を設定した場合には、根抵当権付債権の質入れの登記を申請できます。

この登記は、登記の目的を「1番根抵当権の債権質入」とし、以下の2点を登記事項とします（昭 55.12.24 民三.7176）。

①CのBに対する債権の内容

Cの債権の内容を登記事項とするのは、Cの債権が登記されていないため、登記する必要があるからです（Ⅰのテキスト第3編第1章第3節 2 2.（3）「抵当権の処分の登記における登記事項の記載の有無の判断基準」）。

②質入れされたBのAに対する債権

「抵当権付債権の質入れの登記」（Ⅰのテキスト第3編第1章第3節 cf.）では、この②は登記事項となりませんでした。根抵当権の場合、いくつも被担保債権があります。よって、どの債権が質入れされたのかを特定する必要があるため、登記事項とされているのです。

「なぜ随伴性がない確定前根抵当権でも、"債権"の質入れの登記ができるの？」と思われたかもしれません。以下の2つが、理由としていわれています。

①債権譲渡（民法 398 条の7第1項）、債務引受（民法 398 条の7第2項、3項）、更改（民法 398 条の7第4項）と異なり、禁止規定がない（形式的な理由）
②根抵当権者（上記 ex.ではB）が質入れされた債権の不履行を理由に根抵当権を実行できないことを公示する必要がある（実質的な理由）

第5節　根抵当権の変更

1　根抵当権の変更に共通するハナシ

　根抵当権の設定の登記事項は、P13～14の3.でみましたが、そのうち、必要的登記事項である極度額（下記2）、債権の範囲（下記3）、債務者（下記4）の変更、任意的登記事項である確定期日の新設・変更（下記5）、そして、根抵当権の設定時には定めることができない優先の定め（下記6）を取り上げてみていきます。
　その前にこの1で、根抵当権の変更に共通するハナシをみます。

1．民法上の利害関係人

　民法上の利害関係人は、2の極度額の変更のみ存在します（他の変更には存在しません）。

2．登記の方法

　すべて付記登記でされます。

3．登記の目的

　優先の定めの登記（「○番根抵当権優先の定」）以外、「○番根抵当権変更」と記載します。

4．登録免許税

　極度額の増額の変更の登記（増額した極度額の4/1000〔登免法12条1項、登免法別表第1.1.（5)〕）以外、不動産1個につき1000円です（登免法別表第1.1.（14)）。

2　極度額の変更（変更契約）

1．実体（民法）

民法398条の5（根抵当権の極度額の変更）
　根抵当権の極度額の変更は、利害関係を有する者の承諾を得なければ、することができない。

　確定前根抵当権でも確定後根抵当権でも、以下の①②の要件を充たせば、極度額を変更できます（民法 398 条の5）。この変更契約により、極度額を増額することも減額することもできます。

①根抵当権者と設定者の合意
②利害関係人の承諾（民法 398 条の5）
　この利害関係人の承諾は効力発生要件なので、承諾がないと極度額の変更の効力が生じず（民法 398 条の5）、変更の登記をすることもできません。極度額の変更の効力自体が生じないため、「承諾がなければ主登記によってする」（Ⅰのテキスト第1編第4章第3節③）といったこともできません。
　具体的に誰が利害関係人に当たるかは、P63⑥で説明します。

２．申請情報の記載事項
　極度額を変更すると、根抵当権の極度額の変更の登記を申請できます。

申請例76 —— 変更を原因とする根抵当権の極度額の増額の変更の登記
事例：Aが所有している建物（甲区1番でA名義の所有権の保存の登記がされている）に、乙区1番で極度額を 1000 万円とするBの根抵当権の設定の登記がされている。BとAは、令和7年 11 月 20 日、この根抵当権の極度額を 2000 万円に変更する契約を締結した。この建物には乙区2番でCの抵当権の設定の登記がされているが、Cは令和7年 11 月 28 日に承諾した。

登記の目的	1番根抵当権変更
原　　　因	令和7年 11 月 28 日変更
変更後の事項	極度額　金 2000 万円
権　利　者	B
義　務　者	A
添　付　情　報	登記原因証明情報（根抵当権変更契約書）
	登記識別情報（Aの甲区1番の登記識別情報）
	印鑑証明書（Aの印鑑証明書）
	代理権限証明情報（B及びAの委任状）
	承諾証明情報（Cの承諾書）
課　税　価　格	金 1000 万円
登録免許税	金4万円

権 利 部 （ 乙 区 ） （ 所 有 権 以 外 の 権 利 に 関 す る 事 項 ）			
順位番号	登記の目的	受付年月日・受付番号	権 利 者 そ の 他 の 事 項
1	根抵当権設定	令和7年6月28日 第12457号	原因　令和7年6月28日設定 <u>極度額</u>　金1000万円 債権の範囲　著作権使用許諾取引 債務者　A 根抵当権者　B
付記1号	1番根抵当権変更	令和7年11月28日 第19451号	原因　令和7年11月28日変更 極度額　金2000万円
2	抵当権設定	令和7年7月8日 第12987号	原因　令和7年7月8日金銭消費貸借同日設定 債権額　金800万円 債務者　A 抵当権者　C

（1）登記の目的

「○番根抵当権変更」と記載します。

（2）登記原因及びその日付

年月日は、「根抵当権者と設定者の合意と利害関係人の承諾があった日のうち遅い日（合意と承諾が揃った日）」を記載します。利害関係人の承諾も効力発生要件であるため（民法398条の5。P60②）、合意と承諾が揃って初めて極度額の変更の効力が生じるからです。よって、上記申請例76の登記原因日付は、令和7年11月20日ではなく、「令和7年11月28日」となります。

原因は、「変更」と記載します。変更（契約）が、極度額が変更された原因（法律行為）だからです。

（3）登記事項

変更後の事項として、変更後の極度額を記載します。

（4）申請人

【増額】

以下の者の共同申請です（不登法60条）。

・登記権利者：根抵当権者
・登記義務者：設定者

　極度額の増額により、根抵当権者の優先枠が増え、設定者の負担が増加するからです。
【減額】
　以下の者の共同申請です（不登法60条）。
・登記権利者：設定者
・登記義務者：根抵当権者
　極度額の減額により、設定者の負担が減少し、根抵当権者の優先枠が減少するからです。

（5）添付情報

①登記原因証明情報（不登法61条、不登令別表25添付情報イ）

　Ⅰのテキスト第1編第6章第2節④の「登記原因証明情報の提供が不要となる場合」に当たりませんので、登記原因証明情報を提供する必要があります。
　具体的には、根抵当権変更契約書が当たります。

②登記識別情報（不登法22条本文）

　登記義務者の登記識別情報を提供します。共同申請だからです（Ⅰのテキスト第1編第6章第3節③1.「登記識別情報の提供の要否の基本的な判断基準」）。登記義務者は、増額か減額かによって変わります（上記（4））。
【増額】
　設定者の登記識別情報を提供します。
【減額】
　根抵当権者の登記識別情報を提供します。

③印鑑証明書（不登令16条2項、18条2項）

【増額】
　所有権を目的として設定された根抵当権の極度額の増額の変更の登記の場合、登記義務者である設定者の印鑑証明書を提供します。この場合、上記（4）のとおり、所有権の登記名義人である設定者が登記義務者となるからです（Ⅰのテキスト第1編第6章第4節③2.「『認印でよいか』『実印で押印し印鑑証明書の提供が要求されるか』の判断基準」）。
【減額】
※印鑑証明書は、提供しません。この場合、上記（4）のとおり、所有権の登記名義人が登記義務者とならないからです（Ⅰのテキスト第1編第6章第4節③2.「『認印でよいか』『実印で押印し印鑑証明書の提供が要求されるか』の判断基準」）。

　上記②の登記識別情報・上記③の印鑑証明書について、提供するか、提供する場合に誰のものを提供するかは記憶していなくても大丈夫です。上記（4）の申請人がわかっていれば、登記識別情報・印鑑証明書の「判断基準」から判断できます（Ⅰのテキスト第3編第1章第5節[1]1.（2）（e）「Realistic 18　記憶の省略」）。

④代理権限証明情報　（不登令7条1項2号）

⑤会社法人等番号　（不登令7条1項1号イ）

⑥承諾証明情報　（不登令7条1項5号ハ）
　利害関係人の承諾は効力発生要件であるため（民法398条の5。P60②）、利害関係人がいれば、必ず利害関係人が作成した承諾を証する情報などを提供する必要があります。
　たとえば、以下の者が利害関係人に当たります。
【増額】
　根抵当権の優先枠が増えることにより不利益を受ける者が当たります。Ⅰのテキスト第3編第1章第5節[1]1.（2）（e）⑥の抵当権の債権額の【増額の変更の登記・更正の登記】と同じ者が当たり、理由も考え方も同じです。
ⅰ　同順位・後順位の担保権者
ⅱ　後順位の所有権の仮登記権利者
ⅲ　後順位の所有権の差押債権者・仮差押債権者
ⅳ　極度額が増額される根抵当権に順位の譲渡をした先順位の担保権者
※利用権者は、後順位であっても利害関係人になりません。
【減額】
　根抵当権の価値が下がりますので、減額される根抵当権を目的として権利を有している者が当たります。Ⅰのテキスト第3編第1章第5節[1]1.（2）（e）⑥の抵当権の債権額の【減額の変更の登記・更正の登記】と同じ者が当たり、理由も考え方も同じです。
ⅰ　根抵当権の処分を受けている者
ⅱ　根抵当権の被担保債権の質権者
ⅲ　根抵当権を目的とする仮登記権利者
ⅳ　根抵当権付債権を目的とする差押債権者・仮差押債権者

※住所証明情報は、提供しません。Ⅰのテキスト第1編第6章第5節 3 「住所証明情報の提供が要求される場合①～③」のいずれにも当たらないからです。

（6）登録免許税
【増額】

増額した極度額の 4/1000 です（登免法別表第1.1.（5））。

変更の登記ですが、増額する部分については新たな設定の登記とみなされるからです（登免法12条1項）。これも、Ⅰのテキスト第3編第1章第5節 1 1.（2）（f）の【増額の変更の登記・更正の登記】と同じ考え方です。

【減額】

変更の登記として、不動産1個につき1000円です（登免法別表第1.1.（14））。

3 債権の範囲の変更
1. 実体（民法）

> **民法398条の4（根抵当権の被担保債権の範囲及び債務者の変更）**
> 1　元本の確定前においては、根抵当権の担保すべき債権の範囲の変更をすることができる。債務者の変更についても、同様とする。
> 2　前項の変更をするには、後順位の抵当権者その他の第三者の承諾を得ることを要しない。
> 3　第1項の変更について元本の確定前に登記をしなかったときは、その変更をしなかったものとみなす。

確定前根抵当権においては、根抵当権者と設定者の合意で、債権の範囲を変更できます（民法398条の4第1項前段）。利害関係人の承諾は不要です（民法398条の4第2項。P59 1 1.）。

ex. Aが所有している建物に、債務者をA・債権の範囲を金銭消費貸借取引とするBの根抵当権が設定されています。BとAは、債権の範囲を売買取引に変更する契約をすることができます。

　この債権の範囲の変更がされた後の債権の担保は、以下のようになります。

・BのAに対する金銭消費貸借取引から生じた債権

　BのAに対する金銭消費貸借取引から生じた債権があった場合、無担保債権となります。金銭消費貸借取引から生じた債権は、枠から外れたからです。

・BのAに対する売買取引から生じた債権

　BのAに対する売買取引から生じた債権は、債権の範囲の変更がされる前に生じたものも、根抵当権で担保されます。売買取引から生じた債権のところに、枠が来たからです。

=P32
P33
P40
P70

※債務者の承諾の要否

　設定者が物上保証人である場合のように設定者が債務者でないとき、この債権の範囲の変更契約をするのに、債務者の承諾は必要でしょうか。

　不要です。

　この変更契約は、根抵当権の内容（枠）を変える物権契約です。物権契約ですので、その当事者は根抵当権者と設定者です。よって、根抵当権者と設定者のみで行うことができるのです（Ⅰのテキスト第3編第1章第1節 2 4.「不動産登記は物権レベルのハナシ」）。

2．申請情報の記載事項

　債権の範囲を変更すると、根抵当権の債権の範囲の変更の登記を申請できます。

申請例77 ── 根抵当権の債権の範囲の変更の登記

＊事例は、上記1.のex.に合わせています。

事例：Aが所有している建物（甲区1番でA名義の所有権の保存の登記がされている）に、乙区1番で債権の範囲を金銭消費貸借取引とするBの根抵当権の設定の登記がされている。BとAは、令和7年11月28日、この根抵当権の債権の範囲を売買取引に変更する契約を締結した。

登記の目的	1番根抵当権変更
原　　　因	令和7年11月28日変更
変更後の事項	債権の範囲　売買取引
権　利　者	B
義　務　者	A
添付情報	登記原因証明情報（根抵当権変更契約書）
	登記識別情報（Aの甲区1番の登記識別情報）
	印鑑証明書（Aの印鑑証明書）
	代理権限証明情報（B及びAの委任状）
登録免許税	金1000円

権　利　部　（乙　区）　（所　有　権　以　外　の　権　利　に　関　す　る　事　項）			
順位番号	登記の目的	受付年月日・受付番号	権　利　者　そ　の　他　の　事　項
1	根抵当権設定	令和7年6月28日 第12457号	原因　令和7年6月28日設定 極度額　金1000万円 債権の範囲　<u>金銭消費貸借取引</u> 債務者　A 根抵当権者　B
付記1号	1番根抵当権変更	令和7年11月28日 第19451号	原因　令和7年11月28日変更 債権の範囲　売買取引

（1）登記の目的

「○番根抵当権変更」と記載します。

（2）登記原因及びその日付

年月日は、「変更契約の成立日」を記載します。

原因は、「変更」と記載します。変更（契約）が、債権の範囲が変更された原因（法律行為）だからです。

（3）登記事項

変更後の事項として、変更後の債権の範囲を記載します。

（4）申請人

【原則】

以下の者の共同申請です（不登法60条。昭46.10.4民事甲3230）。

・登記権利者：根抵当権者

・登記義務者：設定者

　下記の「債権の範囲が縮減することが明らかな場合」以外の場合、つまり、「債権の範囲が拡大することが明らかな場合」と「どちらともいえない場合」は、この申請構造となります。どちらともいえない場合もこの申請構造となるのは、登記権利者が担保権者・登記義務者が設定者となるのが、担保物権の原則的な申請構造だからです（Ⅰのテキスト第3編第1章第5節②1.（1）「どっちにも有利といえない場合は？」）。

=P72

【債権の範囲が縮減することが明らかな場合】

　以下の者の共同申請です（不登法60条。昭46.10.4民事甲3230）。

・登記権利者：設定者

・登記義務者：根抵当権者

　債権の範囲の縮減により、債権が発生する機会が減り、設定者の負担が減少するからです。

　「債権の範囲が縮減することが明らかな場合」とは、以下のような場合です。

変更前 　　　　　　　→	変更後
①「金銭消費貸借取引、手形債権、小切手債権」	「金銭消費貸借取引」
②「銀行取引、手形債権、小切手債権」	「銀行取引」
③「銀行取引」	「手形貸付取引」
④「売買取引」	「電気製品売買取引」
⑤「売買取引　令和7年6月28日手形貸付取引に基づく債権」	「令和7年6月28日手形貸付取引に基づく債権」

この⑤のように、被担保債権を特定債権のみとする変更もできます（登研481P134）。設定時ではないからです（P10の「特定債権のみを被担保債権とできるかの判断基準」）。

※共有根抵当権において一方の根抵当権者についてのみ債権の範囲を変更する場合

　たとえば、Aが所有している建物に債権の範囲を金銭消費貸借取引とするBCの共有根抵当権（P15～16③）の設定の登記がされています。この場合に、Cの債権の範囲を売買取引に変更するときは、変更後の事項を以下のように記載します。

「変更後の事項　債権の範囲　根抵当権者Bにつき金銭消費貸借取引
　　　　　　　　　　　　　　　根抵当権者Cにつき売買取引　　　　」

P72＝　　変更のないBについても記載する必要があるのは、債権の範囲で1つの登記事項だからです。

また、申請人は以下のようになります（登研524P167）。

「申請人　　　　：登記権利者　B
　　　　　　　　　　　　　　　C
　　　　　　　登記義務者　A」

債権の範囲が変わらないBも登記権利者となるのは、この変更の登記は共有物の変更行為（民法251条1項）と考えられるからです。—— **民法Ⅱのテキスト第3編第3章第4節**3**2.（4）（a）**　被担保債権の一部が変わるからです。よって、債権の範囲の変更契約も、CAだけでなくBもする必要があります（昭46.11.11民事甲3400）。

（5）添付情報

①登記原因証明情報（不登法61条、不登令別表25添付情報イ）

Ⅰのテキスト第1編第6章第2節4の「登記原因証明情報の提供が不要となる場合」に当たりませんので、登記原因証明情報を提供する必要があります。

具体的には、根抵当権変更契約書が当たります。

②登記識別情報（不登法22条本文）

登記義務者の登記識別情報を提供します。共同申請だからです（Ⅰのテキスト第1編第6章第3節3 1.「登記識別情報の提供の要否の基本的な判断基準」）。登記義務者は、債権の範囲が縮減することが明らかどうかによって変わります（上記（4））。

【原則】

設定者の登記識別情報を提供します。

【債権の範囲が縮減することが明らかな場合】

根抵当権者の登記識別情報を提供します。

③印鑑証明書（不登令16条2項、18条2項）

【原則】

所有権を目的として設定された根抵当権の債権の範囲の変更の登記の場合、登記義務者である設定者の印鑑証明書を提供します。この場合、上記（4）のとおり、所有権の登記名義人である設定者が登記義務者となるからです（Ⅰのテキスト第1編第6章第4節3 2.「『認印でよいか』『実印で押印し印鑑証明書の提供が要求されるか』の判断基準」）。

【債権の範囲が縮減することが明らかな場合】

※印鑑証明書は、提供しません。この場合、上記（4）のとおり、所有権の登記名義人が登記義務者とならないからです（Ⅰのテキスト第1編第6章第4節 3 2.「『認印でよいか』『実印で押印し印鑑証明書の提供が要求されるか』の判断基準」）。

　上記②の登記識別情報・上記③の印鑑証明書についても、提供するか、提供する場合に誰のものを提供するかは記憶していなくても大丈夫です。上記（4）の申請人がわかっていれば、登記識別情報・印鑑証明書の「判断基準」から判断できます（Ⅰのテキスト第3編第1章第5節 1 1.（2）（e）「Realistic 18　記憶の省略」）。

④代理権限証明情報　（不登令7条1項2号）

⑤会社法人等番号　（不登令7条1項1号イ）

※住所証明情報は、提供しません。Ⅰのテキスト第1編第6章第5節 3 「住所証明情報の提供が要求される場合①～③」のいずれにも当たらないからです。

（6）登録免許税

　変更の登記として、不動産1個につき 1000 円です（登免法別表第1.1.（14））。

4 　債務者の変更（変更契約）

1．実体（民法）

> **民法 398 条の4（根抵当権の被担保債権の範囲及び債務者の変更）**
>
> 1　元本の確定前においては、根抵当権の担保すべき債権の範囲の変更をすることができる。債務者の変更についても、同様とする。
> 2　前項の変更をするには、後順位の抵当権者その他の第三者の承諾を得ることを要しない。
> 3　第1項の変更について元本の確定前に登記をしなかったときは、その変更をしなかったものとみなす。

　確定前根抵当権においては、根抵当権者と設定者の合意で、債務者を変更できます（民法 398 条の4第1項後段）。利害関係人の承諾は不要です（民法 398 条の4第2項。P59 1 1.）。

ex. Aが所有している建物に、債務者をAとするBの根抵当権が設定されています。BとAは、債務者をCに変更する契約をすることができます。

この債務者の変更がされた後の債権の担保は、以下のようになります。

・BのAに対する債権

　BのAに対する債権があった場合、無担保債権となります。Aからすると、「枠が行ってしまった……」ということです。

・BのCに対する債権

　BのCに対する債権は、債務者の変更がされる前に生じたものも、根抵当権で担保されます。Cからすると、「枠が来た（やった！）」ということです。

P32＝
P33
P40
P65

※債務者の承諾の要否

　設定者が物上保証人である場合のように設定者が債務者でないとき、この債務者の変更契約をするのに、旧債務者と新債務者の承諾は必要でしょうか。

　いずれも不要です。

　この変更契約は、根抵当権の内容（枠）を変える物権契約です。物権契約ですので、その当事者は根抵当権者と設定者です。よって、根抵当権者と設定者のみで行うことができるのです（Ⅰのテキスト第3編第1章第1節②4.「不動産登記は物権レベルのハナシ」）。

　なお、通常は、債務者は物上保証人に物上保証を委託しています。よって、旧債務者の承諾がなかった場合は、その契約違反ということで、旧債務者は物上保証人に対して債務不履行による損害賠償を請求することができる場合はあります（民法415条）。

２．申請情報の記載事項

　債務者を変更すると、根抵当権の債務者の変更の登記を申請できます。

申請例78 ── 変更を原因とする根抵当権の債務者の変更の登記

＊事例は、上記1.のex.に合わせています。

事例：Aが所有している建物（甲区１番でA名義の所有権の保存の登記がされている）に、乙区１番で債務者をAとするBの根抵当権の設定の登記がされている。BとAは、令和7年11月28日、この根抵当権の債務者をCに変更する契約を締結した。

登記の目的	１番根抵当権変更
原　　　因	令和7年11月28日変更
変更後の事項	債務者　C
権　利　者	B
義　務　者	A
添 付 情 報	登記原因証明情報（根抵当権変更契約書）
	登記識別情報（Aの甲区１番の登記識別情報）
	印鑑証明書（Aの印鑑証明書）
	代理権限証明情報（B及びAの委任状）
登録免許税	金1000円

権　利　部　（乙　区）　（所　有　権　以　外　の　権　利　に　関　す　る　事　項）			
順位番号	登記の目的	受付年月日・受付番号	権　利　者　そ　の　他　の　事　項
1	根抵当権設定	令和7年6月28日 第12457号	原因　令和7年6月28日設定 極度額　金1000万円 債権の範囲　手形割引取引 債務者　<u>A</u> 根抵当権者　B
付記1号	1番根抵当権変更	令和7年11月28日 第19451号	原因　令和7年11月28日変更 債務者　C

（1）登記の目的

　「○番根抵当権変更」と記載します。

（2）登記原因及びその日付

年月日は、「変更契約の成立日」を記載します。

原因は、「変更」と記載します。変更（契約）が、債務者が変更された原因（法律行為）だからです。

（3）登記事項

変更後の事項として、変更後の債務者の氏名（名称）・住所を記載します。

（4）申請人

【原則】

以下の者の共同申請です（不登法60条。昭46.10.4民事甲3230）。

・登記権利者：根抵当権者

・登記義務者：設定者

P67＝

P67の【原則】と同じ理由から、下記の「債務者が縮減することが明らかな場合」以外の場合は、この申請構造となります。

【債務者が縮減することが明らかな場合】

以下の者の共同申請です（不登法60条。登研405P91）。

・登記権利者：設定者

・登記義務者：根抵当権者

債務者の縮減により、債権が発生する機会が減り、設定者の負担が減少するからです。

「債務者が縮減することが明らかな場合」とは、たとえば、「債務者AC」を「債務者C」と変更する場合が当たります。

※共有根抵当権において一方の根抵当権者についてのみ債務者を変更する場合

たとえば、Aが所有している建物に債務者をAとするBCの共有根抵当権の設定の登記がされています。この場合に、Cの債務者をDに変更するときは、変更後の事項を以下のように記載します。

「変更後の事項　債務者　根抵当権者BにつきA

　　　　　　　　　　　根抵当権者CにつきD」

P68＝

変更のないBについても記載する必要があるのは、債務者で1つの登記事項だからです。

また、申請人は以下のようになります。

「申請人　　　：登記権利者　　B
　　　　　　　　　　　　　　　C
　　　　　　　　登記義務者　　A」
　債務者が変わらないBも登記権利者となるのは、この変更の登記は共有物の変更行為（民法251条1項）と考えられるからです。── 民法Ⅱのテキスト第3編第3章第4節③2.（4）（a）　　被担保債権の一部が変わるからです。よって、債務者の変更契約も、CAだけでなくBもする必要があります。

（5）添付情報
①登記原因証明情報（不登法61条、不登令別表25添付情報イ）
　Ⅰのテキスト第1編第6章第2節④の「登記原因証明情報の提供が不要となる場合」に当たりませんので、登記原因証明情報を提供する必要があります。
　具体的には、根抵当権変更契約書が当たります。
②登記識別情報（不登法22条本文）
　登記義務者の登記識別情報を提供します。共同申請だからです（Ⅰのテキスト第1編第6章第3節③1.「登記識別情報の提供の要否の基本的な判断基準」）。登記義務者は、債務者が縮減することが明らかかどうかによって変わります（上記（4））。
【原則】
　設定者の登記識別情報を提供します。
【債務者が縮減することが明らかな場合】
　根抵当権者の登記識別情報を提供します。
③印鑑証明書（不登令16条2項、18条2項）
【原則】
　所有権を目的として設定された根抵当権の債務者の変更の登記の場合、登記義務者である設定者の印鑑証明書を提供します（昭46.10.4民事甲3230）。この場合、上記（4）のとおり、所有権の登記名義人である設定者が登記義務者となるからです（Ⅰのテキスト第1編第6章第4節③2.「『認印でよいか』『実印で押印し印鑑証明書の提供が要求されるか』の判断基準」）。
　なお、抵当権の債務者の変更の登記においては、所有権の登記名義人が登記義務者となる場合でも、印鑑証明書を提供する必要がないという例外的な扱いでした（Ⅰのテキスト第3編第1章第5節②1.（2）（a））。それに対して、根抵当権の債務者の変更の登記は、原則どおりの考え方です。根抵当権の債務者は、枠を決める4大事項の1つであるため、重要な登記事項だからです。

【債務者が縮減することが明らかな場合】
※印鑑証明書は、提供しません。この場合、上記（4）のとおり、所有権の登記名義
　人が登記義務者とならないからです（Ⅰのテキスト第1編第6章第4節[3]2.「『認
　印でよいか』『実印で押印し印鑑証明書の提供が要求されるか』の判断基準」）。
④|代理権限証明情報|（不登令7条1項2号）
⑤|会社法人等番号|（不登令7条1項1号イ）
※住所証明情報は、提供しません。Ⅰのテキスト第1編第6章第5節[3]「住所証明情
　報の提供が要求される場合①～③」のいずれにも当たらないからです。

（6）登録免許税
　変更の登記として、不動産1個につき1000円です（登免法別表第1.1.（14））。

※一の申請情報（1件）による申請
　極度額・債権の範囲・債務者の変更を1つ1つみてきましたが、同一の契約によっ
てされた、極度額の変更の登記・債権の範囲の変更の登記・債務者の変更の登記の申
請は、一の申請情報で（1件で）申請できます（昭46.10.4民事甲3230。登研451P126）。
これら3つの変更でも構いませんし、3つのうちの2つの変更でも構いません。たと
えば、以下のような事情があり、同一の契約で変更をすることがあります。

ex. Aが所有している建物に、債務者をA・債権の範囲を金銭消費貸借取引とするB
　　の根抵当権が設定されています。

①この確定前根抵当権で担保されていたAの債務を、令和7年11月20日、Cが免責
　的に引き受けました。Cが引き受けたこの債務は、根抵当権（枠）から抜け出るだ
　けであり（民法398条の7第2項）、Cが根抵当権の債務者になるわけでもなく、
　何の登記事項も発生しません。確定前根抵当権には、随伴性がないからです。

　しかし、B、A、Cは、今後はCを根抵当権の債務者とし、根抵当権（枠）から抜
け出たこの債務も根抵当権で担保させたいと考えました。それには、以下の2つの変
更をする必要があるため、令和7年11月28日、その変更を同一の契約でしました。

②債務者をCにする変更
③Cが引き受けた債務を債権の範囲に加える変更
　②だけではなく③も必要なのは、Cが引き受けた債務は、BとCとの間の金銭消費

貸借取引から生じた債務ではないため（BとAとの間の金銭消費貸借取引から生じた
債務です）、Cを債務者に変更しただけでは、根抵当権で担保されないからです。こ
の根抵当権は、「BとCとの間の金銭消費貸借取引から生じる債権を極度額の限度で
担保する根抵当権」なのです。

　この場合の申請情報は、以下のように記載します。

申請例79 ── 変更を原因とする根抵当権の債権の範囲および債務者の変更の登記

登記の目的	1番根抵当権変更
原　　　因	令和7年11月28日変更
変更後の事項	債権の範囲　金銭消費貸借取引 　　　　　　令和7年11月20日債務引受（旧債務者A）に係る債権 ③ 債務者　C ──② ①
権　利　者	B
義　務　者	A
添付情報	登記原因証明情報（根抵当権変更契約書） 登記識別情報（Aの甲区1番の登記識別情報） 印鑑証明書（Aの印鑑証明書） 代理権限証明情報（B及びAの委任状）
登録免許税	金1000円

cf. 債権譲渡により根抵当権者が取得した債権を根抵当権により担保させる場合

　上記の債権の範囲の変更は、債務者の特定の債務を債権の範囲に加える登記です。
　関連する登記として、根抵当権者の特定の債権を債権の範囲に加える登記もありま
す。
ex. Aが所有している建物に、債務者をA・債権の範囲を金銭消費貸借取引とするB
　　の根抵当権が設定されています。

①DがAに対して有している金銭消費貸借取引から生じた債権を、令和7年11月20日、DがBに譲渡しました。

しかし、これだけでは、根抵当権で担保されません。この債権は、BとAとの間の金銭消費貸借取引から生じた債権ではないからです。よって、この債権を担保させるには、以下の契約をする必要があります。

①では枠に入らない

②Bが譲渡を受けた債権を債権の範囲に加える変更

この登記の変更後の事項は、以下のように記載します。

「変更後の事項　債権の範囲　金銭消費貸借取引

　　　　　　　　令和7年11月20日債権譲渡（譲渡人D）に係る債権」

5　確定期日の新設・変更（繰下げ・繰上げ・廃止）

1．実体（民法）

民法398条の6（根抵当権の元本確定期日の定め）

1　根抵当権の担保すべき元本については、その確定すべき期日を定め又は変更することができる。

2　第398条の4第2項の規定〔債権の範囲及び債務者の変更について、第三者の承諾が不要である規定〕は、前項の場合について準用する。

4　第1項の期日の変更についてその変更前の期日より前に登記をしなかったときは、担保すべき元本は、その変更前の期日に確定する。

確定前根抵当権においては、根抵当権者と設定者で、確定期日（P11の4.）について以下のいずれかの合意をすることができます（民法398条の6第1項）。利害関係人の承諾は不要です（民法398条の6第2項、398条の4第2項。P59 1 1.）。

・新設　：確定期日が定められていない場合に、新たに確定期日を定めること

・繰下げ：すでに定められている確定期日を繰り下げる（遅らせる）こと

・繰上げ：すでに定められている確定期日を繰り上げる（早める）こと

・廃止　：すでに定められている確定期日を廃止すること

　なお、確定期日を変更したが、変更前の確定期日より前に変更の登記をしなかったとします。この場合、当事者の間での債権的な効力は生じますが（契約は成立しますが）、物権的効力としては変更前の確定期日で確定してしまいます（民法 398 条の 6 第 4 項）。

2．申請情報の記載事項

　確定期日を新設・変更すると、根抵当権の確定期日の新設・変更の登記を申請できます。

申請例80 —— 根抵当権の確定期日の変更の登記（繰上げ）

事例：Aが所有している建物に、乙区 1 番で確定期日を令和 10 年 6 月 28 日とする B の根抵当権の設定の登記がされている。BとAは、令和 7 年 7 月 28 日、この確定期日を令和 7 年 8 月 28 日に変更する契約を締結した。

登 記 の 目 的	1番根抵当権変更
原 　 　 因	令和 7 年 7 月 28 日変更
変更後の事項	確定期日　令和 7 年 8 月 28 日
権 　 利 　 者	A
義 　 務 　 者	B
添 付 情 報	登記原因証明情報（根抵当権変更契約書）
	登記識別情報（Bの乙区 1 番の登記識別情報）
	代理権限証明情報（A及びBの委任状）
登録免許税	金 1000 円

権　利　部　（乙　区）　（所　有　権　以　外　の　権　利　に　関　す　る　事　項）			
順位番号	登記の目的	受付年月日・受付番号	権 利 者 そ の 他 の 事 項
1	根抵当権設定	令和 7 年 6 月 28 日 第 12457 号	原因　令和 7 年 6 月 28 日設定 極度額　金 1000 万円 債権の範囲　当座貸越取引 債務者　A 確定期日　令和 10 年 6 月 28 日 根抵当権者　B
付記 1 号	1番根抵当権変更	令和 7 年 7 月 28 日 第 14152 号	原因　令和 7 年 7 月 28 日変更 確定期日　令和 7 年 8 月 28 日

（1）登記の目的

「○番根抵当権変更」と記載します。

（2）登記原因及びその日付

年月日は、新設・繰下げ・繰上げ・廃止のいずれでも、「変更契約の成立日」を記載します。

【新設】

原因は、「新設」と記載します。新設（契約）が、確定期日が新設された原因（法律行為）だからです。

【繰下げ・繰上げ・廃止】

原因は、「変更」と記載します（登研404P134）。変更（契約）が、確定期日が繰下げ・繰上げ・廃止された原因（法律行為）だからです。

（3）登記事項

【新設・繰下げ・繰上げ】

変更後の事項として、変更後の確定期日を記載します。

【廃止】

変更後の事項として、「確定期日の定め廃止」と記載します。

（4）申請人

【新設・繰下げ・廃止】

以下の者の共同申請です（不登法60条）。

・登記権利者：根抵当権者

・登記義務者：設定者

【繰上げ】

以下の者の共同申請です（不登法60条）。

・登記権利者：設定者

・登記義務者：根抵当権者

確定の基本的な考え方

　確定については、早く確定したほうが設定者に有利であり根抵当権者に不利であるという考え方です。確定後は、設定者からすると、新しい元本債権は生じなくなるため、負担が減少します。たとえば、極度額1億円でも、生じている元本債権100万円の時点で確定すれば、設定者は嬉しいですよね。それに対して、根抵当権者からすると、新たに融資などをしても、その債権は根抵当権で担保されなくなってしまいます。極度額1億円でも、生じている元本債権100万円の時点で確定すると、9900万円の優先枠がムダになってしまいます（利息や損害金を除きます）。

　「新設」ですが、確定期日の定めがあると、設定者も根抵当権者も確定請求ができなくなってしまいます（民法398条の19第3項）。これは、P124（1）とP125（1）で説明します。
　「繰下げ」は、確定期日を遅らせることです。
　「廃止」ですが、「明日が確定期日だったのに、前日に廃止しちゃった……」ということがあり得ます。
　よって、明らかに設定者に有利といえるのは、確定期日を早める「繰上げ」のみなのです。そのため、繰上げのみ、登記権利者が設定者・登記義務者が根抵当権者となります。

（5）添付情報
①登記原因証明情報（不登法61条、不登令別表25添付情報イ）
　Ⅰのテキスト第1編第6章第2節4の「登記原因証明情報の提供が不要となる場合」に当たりませんので、登記原因証明情報を提供する必要があります。
　具体的には、根抵当権変更契約書が当たります。
②登記識別情報（不登法22条本文）
　登記義務者の登記識別情報を提供します。共同申請だからです（Ⅰのテキスト第1編第6章第3節3 1.「登記識別情報の提供の要否の基本的な判断基準」）。登記義務者は、上記（4）の申請構造によって変わります。
【新設・繰下げ・廃止】
　設定者の登記識別情報を提供します。
【繰上げ】
　根抵当権者の登記識別情報を提供します。

③印鑑証明書（不登令 16 条 2 項、18 条 2 項）

【新設・繰下げ・廃止】

　所有権を目的として設定された根抵当権の確定期日の新設・繰下げ・廃止の登記の場合、登記義務者である設定者の印鑑証明書を提供します（昭 46.10.4民事甲 3230）。この場合、上記（4）のとおり、所有権の登記名義人である設定者が登記義務者となるからです（Ⅰのテキスト第 1 編第 6 章第 4 節 3 2.「『認印でよいか』『実印で押印し印鑑証明書の提供が要求されるか』の判断基準」)。

【繰上げ】

※印鑑証明書は、提供しません。この場合、上記（4）のとおり、所有権の登記名義人が登記義務者とならないからです（Ⅰのテキスト第 1 編第 6 章第 4 節 3 2.「『認印でよいか』『実印で押印し印鑑証明書の提供が要求されるか』の判断基準」)。

　上記②の登記識別情報・上記③の印鑑証明書についても、提供するか、提供する場合に誰のものを提供するかは記憶していなくても大丈夫です。上記（4）の申請人がわかっていれば、登記識別情報・印鑑証明書の「判断基準」から判断できます（Ⅰのテキスト第 3 編第 1 章第 5 節 1 1.（2）（e）「Realistic 18　記憶の省略」)。

④代理権限証明情報（不登令 7 条 1 項 2 号）

⑤会社法人等番号（不登令 7 条 1 項 1 号イ）

※住所証明情報は、提供しません。Ⅰのテキスト第 1 編第 6 章第 5 節 3 「住所証明情報の提供が要求される場合①〜③」のいずれにも当たらないからです。

（6）登録免許税

　変更の登記として、不動産 1 個につき 1000 円です（登免法別表第 1.1.（14))。

6　優先の定め

1．実体（民法）

民法 398 条の 14（根抵当権の共有）

1　根抵当権の共有者は、それぞれその債権額の割合に応じて弁済を受ける。ただし、元本の確定前に、これと異なる割合を定め、又はある者が他の者に先立って弁済を受けるべきことを定めたときは、その定めに従う。

　共有根抵当権（P15〜16 3 ）においては、各根抵当権者は、債権額の割合に応じて優先弁済を受けます（民法 398 条の 14 第 1 項本文）。

しかし、確定前根抵当権においては、共有根抵当権の根抵当権者の間で、以下の①または②の定めをすることができます。以下の①または②の定めを設けた場合は、その定めに従って優先弁済を受けることになります（民法398条の14第1項ただし書）。

①異なる割合で弁済を受ける旨の定め
ex.「Bが7・Cが3の割合で弁済を受ける」
②ある者が他の者に先立って弁済を受ける旨の定め
ex.「BはCに優先する」

※一部の共有者間で定めることの可否

優先の定めは、根抵当権を3人で共有している場合にそのうちの2人で定めるなど、一部の共有者ですることはできず、共有者全員でしなければなりません（登研433P134）。

優先関係は担保物権にとって大問題ですので、優先の定めは共有物の変更行為（民法251条1項）と考えられるからです。── 民法Ⅱのテキスト第3編第3章第4節 3 2.(4)(a)

2．申請情報の記載事項

優先の定めをすると、根抵当権の優先の定めの登記を申請できます。

申請例81 ── 根抵当権の優先の定めの登記

事例：Aが所有している建物に、乙区1番でBC共有の根抵当権の設定の登記がされている。BとCは、令和7年11月28日、BがCに優先して弁済を受ける旨を定めた。

登記の目的	1番根抵当権優先の定
原　因	令和7年11月28日合意
優先の定	BはCに優先
申請人	B
	C
添付情報	登記原因証明情報（根抵当権優先の定合意書）
	登記識別情報（B及びCの乙区1番の登記識別情報）
	代理権限証明情報（B及びCの委任状）
登録免許税	金1000円

権　利　部　（乙　区）　（所　有　権　以　外　の　権　利　に　関　す　る　事　項）			
順位番号	登記の目的	受付年月日・受付番号	権　利　者　そ　の　他　の　事　項
1	根抵当権設定	令和7年6月28日 第12457号	原因　令和7年6月28日設定 極度額　金1000万円 債権の範囲　物品加工委託取引 債務者　A 根抵当権者　B 　　　　　　C
付記1号	1番根抵当権優先 の定	令和7年11月28日 第19451号	原因　令和7年11月28日合意 優先の定　BはCに優先

（1）登記の目的

「○番根抵当権優先の定」と記載します。

（2）登記原因及びその日付

年月日は、「優先の定めの合意の成立日」を記載します。

原因は、「合意」と記載します。合意が、優先の定めがされた原因（法律行為）だからです。

（3）登記事項

優先の定めとして、「B7・C3の割合」「BはCに優先」などと記載します。

（4）申請人

根抵当権の共有者全員が共同して申請する合同申請です（不登法89条2項。Iのテキスト第1編第5章第2節2 2.（2）③）。

上記申請例81であれば、Bが利益を受けCが不利益を受けるのが明らかです。しかし、優先の定めとして「B5・C5の割合」（債権額に関係なく平等に優先弁済を受ける趣旨）と定めた場合や、共有者が3人以上いる場合など、利益を受ける者と不利益を受ける者を明確に区別できない場合があるため、合同申請とされています。

（5）添付情報

①登記原因証明情報（不登法61条、不登令別表25添付情報イ）

Iのテキスト第1編第6章第2節4の「登記原因証明情報の提供が不要となる場合」に当たりませんので、登記原因証明情報を提供する必要があります。

具体的には、根抵当権優先の定合意書が当たります。

②登記識別情報（不登法22条本文、不登令8条1項7号）

　申請人全員（根抵当権の共有者全員）の登記識別情報を提供します。合同申請の場合、申請人全員が登記義務者でもあるからです（Ⅰのテキスト第1編第6章第3節3 1.「登記識別情報の提供の要否の基本的な判断基準」）。

③代理権限証明情報（不登令7条1項2号）

④会社法人等番号（不登令7条1項1号イ）

※印鑑証明書は、提供しません。所有権の登記名義人が登記義務者とならないからです（Ⅰのテキスト第1編第6章第4節3 2.「『認印でよいか』『実印で押印し印鑑証明書の提供が要求されるか』の判断基準」）。

※住所証明情報は、提供しません。Ⅰのテキスト第1編第6章第5節3「住所証明情報の提供が要求される場合①〜③」のいずれにも当たらないからです。

（6）登録免許税

　付記登記として、不動産1個につき1000円です（登免法別表第1.1.（14））。

3．他の登記と同時に申請することの可否

　上記2.の優先の定めの登記を、以下の①や②の登記と一の申請情報で（1件で）申請できるかが問題となります。

①共有根抵当権の設定の登記（P15の申請例67）

　できません（昭46.10.4民事甲3230。登研757P165）。

　共有根抵当権の設定契約と同時に優先の定めをした場合でも、以下の登記を申請する必要があります。

<u>1/2　設定を原因とする共有根抵当権の設定の登記</u>

<u>2/2　合意を原因とする根抵当権の優先の定めの登記</u>

　この1/2の登記と2/2の登記は、登記の目的・登記原因・申請構造のすべてが異なるからです（P15の申請例67とP81の申請例81を見比べてください）。

②根抵当権の一部譲渡による一部移転の登記（P34〜35の申請例71）

　できません（登研315P54）。

　この場合、以下の登記を申請する必要があります。

<u>1/2　一部譲渡を原因とする根抵当権の一部移転の登記</u>

<u>2/2　合意を原因とする根抵当権の優先の定めの登記</u>

　この1/2の登記と2/2の登記も、登記の目的・登記原因・申請構造のすべてが異なるからです（P34〜35の申請例71とP81の申請例81を見比べてください）。

7　純粋共同根抵当権の変更

6までで根抵当権の変更をみてきました。根抵当権の移転（P53 の1.）と同じく、純粋共同根抵当権の変更となると1つ効力発生要件が加わることがあります。本節の最後にそれをみます。

1．純粋共同根抵当権の場合に追加される要件

> **民法398条の17（共同根抵当の変更等）**
> 1　前条の登記〔共同根抵当権の登記〕がされている根抵当権の担保すべき債権の範囲、債務者若しくは極度額の変更又はその譲渡若しくは一部譲渡は、その根抵当権が設定されているすべての不動産について登記をしなければ、その効力を生じない。

共同根抵当権の登記がされている根抵当権の場合、すべての不動産について登記をしなければ効力を生じない事項があります。本節では、根抵当権の変更を扱ってきましたが、以下の表では、根抵当権の処分なども併せてみます。P53 の1.と以下の表を併せてご覧いただければ、「共同根抵当権の登記がされている根抵当権について、すべての不動産について登記をしなければ効力を生じない事項」のまとめとなります。

要は

すべての不動産について登記をしなければ効力を生じないのは、要は、<u>4大事項の変更</u>です。純粋共同根抵当権は、4大事項が同一であることが要求されるからです（P18 の「『同一の債権』とは？」）。

P53 の1.

すべての不動産について登記をしなければ効力が生じない事項	すべての不動産について登記をしなくても効力が生じる事項
①**極度額**（民法398条の17第1項）	①確定期日
②**債権の範囲**（民法398条の17第1項）	②優先の定め
③**債務者**（民法398条の17第1項）	③根抵当権の処分
	④抵当権の処分を受けること
	⑤根抵当権の抹消（登研318P46〔解除について〕）

　上記の表の左にある事項についても、すべての不動産について変更の登記をしなければ効力が生じないだけで、登記の申請は別々にしてもOKです（不動産の管轄登記所が同じ場合でもです）。

※「すべての不動産について登記をしなければ効力を生じない」とは？

　「すべての不動産について登記をしなければ効力を生じない」とは、その文言どおり、効力が生じないだけで、4大事項が一致していないからといって、その他の登記ができないわけではありません。何をいっているかわかりにくいと思いますので、具体例で説明します。

ex. 甲土地と乙土地に共同根抵当権の設定の登記がされました。その後、債権の範囲と債務者が変更され、甲土地についてはそれらの変更の登記をしましたが、乙土地についてはそれらの変更の登記をまだしていません。甲土地の根抵当権と乙土地の根抵当権で、4大事項の一部（債権の範囲と債務者）が異なる状況です。よって、債権の範囲と債務者の変更の効力は、まだ生じていません。しかし、この場合に、極度額の変更をしたときは、甲土地と乙土地について極度額の変更の登記を申請できます（登研502P157）。

P30」

2．申請情報の記載事項

　共同根抵当権の登記がされている根抵当権について、上記1.の表の左にある事項の変更の登記をする場合の申請情報の記載事項をみていきます。

　基本的には、2～4でみた申請情報の記載事項と同じです。

　異なる（ことがある）のは、以下の（1）～（4）です。

（1）登記の目的

　「○番共同根抵当権変更」など、「共同」を入れます（登研528P183。P54の「共同根抵当権の登記の登記の目的に『共同』を入れるかの基本的な判断基準」）。

（2）登記原因及びその日付

　P434～436の4.で説明しますが、この登記は、管轄が同じであれば一の申請情報で（1件で）申請できます（不登規35条10号）。その場合、不動産ごとに合意（極度額の変更の場合は承諾も）があった日が異なるときは、登記原因及びその日付は、P438の2.の書き方で書きます。

（3）添付情報

①登記識別情報（不登法22条本文）

　一の申請情報で（1件で）申請する場合、設定者または根抵当権者の登記識別情報は、複数の不動産のものを提供する必要があります。

②前登記証明書（登免法13条2項、登免法施行規11条）

P28
└

　管轄が異なる場合に、1つの不動産について変更の登記をした後、他の不動産について変更の登記をするとき、前登記証明書は基本的には提供する必要はありません（登研391P111）。P85の※で説明したとおり、すべての不動産について4大事項が一致していなくても、変更の登記をすることができるからです。よって、共同根抵当権の追加設定の登記（P28（2））のように、4大事項（枠）が同一であることを証する必要がないのです。

　ただし、極度額の増額の変更の登記において、下記（4）で説明する減税を受けたい場合は、管轄が異なるときは前登記証明書（具体的にはすでに極度額の増額の変更の登記がされた不動産の登記事項証明書。登免法施行規11条）を提供する必要があります（登研391P111、402P93）。

※一方の不動産について極度額の変更をする前に後順位抵当権者が現れた場合の承諾証明情報の要否

　たとえば、甲土地と乙土地に共同根抵当権の設定の登記がされています。この根抵当権の極度額を増額する契約がされ、甲土地についてはその変更の登記がされました。しかし、乙土地について変更の登記をする前に、乙土地に後順位で抵当権の設定の登記がされました。この場合、乙土地について極度額の増額の変更の登記をするのに、乙土地の後順位抵当権者が作成した承諾を証する情報などを提供する必要があるでしょうか。

　提供する必要があります（登研438P95）。

　利害関係人に当たるかは、乙土地について登記をする時点で判断するんです。

（4）登録免許税

【極度額の減額の変更・債権の範囲の変更・債務者の変更】

　変更の登記として、不動産1個につき1000円です（登免法別表第1.1.（14））。

　不動産1個につき1000円ですので、たとえば、同じ管轄の2つの不動産の共同根抵当権の変更の登記を一の申請情報で（1件で）申請する場合は、2000円となります。

【極度額の増額の変更】

　増額した極度額の4/1000です（登免法別表第1.1.（5））。

　ただし、1つの不動産について増額の変更の登記をした後、他の不動産について増額の変更の登記をする場合に、管轄する登記所が異なり上記（3）の前登記証明書を提供したとき、または、管轄する登記所が同じとき、つまり、2件目以降であることがわかるときは、根抵当権にかかる不動産に関する権利の件数1件につき1500円で済みます（登免法13条2項）。1つ目の不動産の登記において、すでに極度額の増加額の4/1000の納付をしているからです。

　では、事例を1つみてみましょう。債務者の変更の事例です。P71の申請例78と異なる箇所を青字にしました。

申請例82 —— 変更を原因とする共同根抵当権の債務者の変更の登記

事例：Aが所有している甲土地（甲区1番でA名義の所有権の保存の登記がされている）およびDが所有している乙土地（甲区1番でD名義の所有権の保存の登記がされている）に、乙区1番で債務者をAとするBの共同根抵当権の設定の登記がされている。B、AおよびDは、令和7年11月28日、この根抵当権の債務者をCに変更する契約を締結した。甲土地および乙土地は、同一の登記所の管轄区域内にある（＊）。

＊このように、同一の登記所の管轄区域内にある不動産を目的とする共同担保の登記は、登記の目的が同一であれば一の申請情報で（1件で）申請できます（不登規35条10号。P434〜436の4.）。

登記の目的	1番共同根抵当権変更
原　　　因	令和7年11月28日変更
変更後の事項	債務者　C
権　利　者	B
義　務　者	A
	D
添付情報	登記原因証明情報（根抵当権変更契約書）
	登記識別情報（Aの甲土地甲区1番及びDの乙土地甲区1番の登記識別情報）
	印鑑証明書（A及びDの印鑑証明書）
	代理権限証明情報（B、A及びDの委任状）
登録免許税	金2000円

第6節　根抵当権者または債務者の相続・合併・会社分割（確定前）

1 考え方

　この第6節では、確定前根抵当権の根抵当権者または債務者に、相続・合併・会社分割が生じた場合のハナシをみていきます。

　相続・合併・会社分割が生じた場合の問題は、「相続人や存続会社・承継会社・設立会社と相手方との間の取引（＊）によって生じた債権を、依然として根抵当権が担保するのか？」、つまり、「元本は確定するのか？」ということです。相続・合併・会社分割によって確定すれば担保しませんが（取引停止）、確定しなければ担保します（取引継続）。

＊根抵当権で担保される債権は、取引で生じたものに限られませんが（P8（3）、P8～10（4））、本節では、取引によって生じた債権が被担保債権である例で説明します。

　「相続」（自然人）と「合併・会社分割」（法人）で考え方が変わります。

①相続（自然人。下記2）

　根抵当権者・債務者のどちらの相続であっても、相続人と相手方との取引によって生じた債権は根抵当権によって担保されない、つまり、元本が確定すること（取引停止）が原則です。本節の相続は、以下の例を基本事例として説明します。

【基本事例】

　ある親子がいます。父は九州で小さな事業を行っており根抵当権を利用した取引を行っていますが、息子は東京の大企業で会社員をしています。この場合に父が亡くなったとしても、今の時代、普通は息子が九州に帰ってきて父の事業を継ぎませんよね。自然人の場合、相続人が事業を承継するのは例外的なのです。

　よって、元本が確定すること（取引停止）が原則とされているのです。

②合併・会社分割（法人。下記3、4）

　根抵当権者・債務者のどちらの合併・会社分割であっても、存続会社・承継会社・設立会社と相手方との取引によって生じた債権は根抵当権によって担保される、つまり、元本が確定しないこと（取引継続）が原則です。

　普通は、合併・会社分割によって他の法人の権利義務を承継した法人は、その他の法人の取引をそのまま行いますよね。他の法人の事業がほしくて合併・会社分割をするのが通常ですから。

　よって、元本が確定しないこと（取引継続）が原則とされているのです。

本節に共通するハナシ

①利害関係人は、存在しません（民法398条の8第3項、398条の4第2項）。

②元本が確定する場合の確定時は、「6か月経過時」や「請求時」などではなく、「相続・合併・会社分割の効力発生時」です。

2　相続（自然人）

1．根抵当権者の相続

（1）実体（民法）

民法398条の8（根抵当権者又は債務者の相続）

1　元本の確定前に根抵当権者について相続が開始したときは、根抵当権は、相続開始の時に存する債権のほか、相続人と根抵当権設定者との合意により定めた相続人が相続の開始後に取得する債権を担保する。

4　第1項及び第2項の合意について相続の開始後6箇月以内に登記をしないときは、担保すべき元本は、相続開始の時に確定したものとみなす。

　たとえば、Aが所有している建物に債務者をAとするBの根抵当権の設定の登記がされています。Bは、九州で小さな個人事業を行っています。この場合に、根抵当権者Bが死亡し、東京の大企業で会社員をしている子CがBを相続しました。

（a）原則

　このとき、何もしない場合、または、下記（b）の合意をしても相続開始から6か月以内に指定根抵当権者の合意の登記がされない場合には、元本が確定したもの（取引停止）とみなされます（P88①。民法398条の8第4項）。元本の確定時は、相続開始時です（民法398条の8第4項。上記の「本節に共通するハナシ②」）。

　この場合には、以下の登記を申請することになります。

1/1　BからCへの相続を原因とする根抵当権の移転の登記

　この根抵当権は、P90の図でいうと、（i）の債権しか担保しません。

（b）例外

　しかし、子Cが九州に帰ってきて取引を継続することもできます。そのためには、根抵当権者の相続人Cと設定者Aとの間で「指定根抵当権者の合意」というものをし（民法398条の8第1項）、相続開始から6か月以内に指定根抵当権者の合意の登記

をする必要があります（民法398条の8第4項）。

　この場合には、以下の登記を申請することになります。

1/2　BからCへの相続を原因とする根抵当権の移転の登記

2/2　合意を原因とするCを指定根抵当権者とする合意の登記

　2/2の登記をするには、1/2の登記を先にする必要があります（不登法92条）。

　1/2の登記と2/2の登記は、一の申請情報で（1件で）申請することはできません（登研312P45）。P426～436 2 の一の申請情報で（1件で）申請することができる場合の例外のいずれにも当たらないからです。

　相続開始から6か月以内に2/2の登記までされると、この根抵当権は、下記の図の（i）の債権だけでなく、（ii）の債権まで担保することになります（民法398条の8第1項）。

　本節の基本事例でいうと、この2/2の指定根抵当権者の合意の登記は、いわば「子が九州に帰ってくるよ登記」なのです。

　よって、相続人が1人の場合でも、相続開始から6か月以内に、この2/2の指定根抵当権者の合意の登記をしないと、元本が確定したもの（取引停止）とみなされます（民法398条の8第4項。登研369P81）。「子が九州に帰ってくるよ」という意味の登記なので、この登記をしないと、子は東京で会社員を続けることになるからです。

　なお、Bを相続したCが死亡し、Cの子DがCを相続したとします。この場合でも、"Bの"相続開始から6か月以内に2/2の指定根抵当権者の合意の登記をしないと、元本が確定したもの（取引停止）とみなされます（登研312P47）。

※他の事由で元本が確定した場合

　上記の1/2の登記を申請した後、2/2の登記を申請する前に、他の事由（ex. 確定期日の到来）で元本が確定した場合、元本確定前に指定根抵当権者の合意をしており相続開始から6か月以内であれば、2/2の登記をすることができるでしょうか。

　できます（登研312P47）。　　　　　　　　　　　　　　　　　　　　　　　　　=P99

　2/2の登記をすれば、指定根抵当権者Cが「相続開始から元本確定まで」に取得する債権（下記の図の（ⅱ）の債権）も担保する根抵当権となるため、実益があるからです。2/2の登記をしなければ、下記の図の（ⅰ）の債権しか担保されません。

（2）申請情報の記載事項

　上記（1）（b）の場合の申請例をみていきます。

　上記（1）（b）では、確定するか（取引を継続するか）についての2件の登記の説明しかしませんでした。試験では、3件目として「共同根抵当権の追加設定の登記」が問われることがあります。これは、指定根抵当権者の合意後に、その根抵当権と同一の債権を担保するために、他の不動産に根抵当権の追加設定契約を締結した場合に申請する登記です。その登記も併せてみていきます。

> **申請例83** ── 相続を原因とする根抵当権の移転の登記
> 　　　　　　　指定根抵当権者の合意の登記
> 　　　　　　　指定根抵当権者の合意後の共同根抵当権の追加設定の登記

事例：Aが所有している甲土地（甲区1番でA名義の所有権の保存の登記がされている）に、乙区1番で極度額を1000万円・債権の範囲を金銭消費貸借取引・債務者をAとするBの根抵当権の設定の登記がされている。Bは、令和7年11月28日、死亡した。Bの相続人は、子CDのみである。A、CおよびDとの間で、令和8年5月10日、この根抵当権の指定根抵当権者をCとする旨の合意がされた。これらの登記は、令和8年5月20日に申請された（＊）。また、

C、DおよびEは、令和8年5月30日、これらの債権を担保するため、Eが所有している乙土地（甲区1番でE名義の所有権の保存の登記がされている）を目的として、根抵当権の設定契約を締結した。甲土地および乙土地は、異なる登記所の管轄区域内にある。

＊記述では、指定根抵当権者の合意の登記の申請が相続開始から6か月以内にされているかを必ずチェックしてください。本事例はギリギリ6か月以内ですが、6か月を経過している場合には、以下の2/3の指定根抵当権者の合意の登記はもちろん、3/3の共同根抵当権の追加設定の登記も申請できません。共同根抵当権の追加設定の登記は、元本確定前しかできないからです（平元9.5民三3486。P20~21（b））。相続開始から6か月以内に指定根抵当権者の合意の登記がされなければ、元本が確定します（P89（a））。

1/3

登記の目的	1番根抵当権移転
原　　因	令和7年11月28日相続
根抵当権者	（被相続人B）C
	D
添付情報	登記原因証明情報（Bの戸籍全部事項証明書等、C及びDの戸籍一部事項証明書等）
	代理権限証明情報（C及びDの委任状）
課税価格	金1000万円
登録免許税	金1万円

2/3

登記の目的	1番根抵当権変更
原　　因	令和8年5月10日合意
指定根抵当権者	C
権利者	C
	D
義務者	A
添付情報	登記原因証明情報（根抵当権者指定合意証書）
	登記識別情報（Aの甲土地甲区1番の登記識別情報）
	印鑑証明書（Aの印鑑証明書）
	代理権限証明情報（C、D及びAの委任状）
登録免許税	金1000円

3/3

登記の目的	共同根抵当権設定（追加）
原　　　因	令和8年5月30日設定
極　度　額	金1000万円
債権の範囲	金銭消費貸借取引
債　務　者	A
根抵当権者	（B（令和7年11月28日死亡）の相続人）C
	D
指定根抵当権者	（令和8年5月10日合意）C
設　定　者	E
添 付 情 報	登記原因証明情報（共同根抵当権追加設定契約書）
	登記識別情報（Eの乙土地甲区1番の登記識別情報）
	印鑑証明書（Eの印鑑証明書）
	代理権限証明情報（C、D及びEの委任状）
	前登記証明書（甲土地の登記事項証明書）
登録免許税	金1500円（登録免許税法第13条第2項）

【甲土地】

順位番号	登記の目的	受付年月日・受付番号	権利者その他の事項
1	根抵当権設定	令和7年6月28日 第12457号	原因　令和7年6月28日設定 極度額　金1000万円 債権の範囲　金銭消費貸借取引 債務者　A 根抵当権者　B
付記1号	1番根抵当権移転	令和8年5月20日 第12591号	原因　令和7年11月28日相続 根抵当権者　C 　　　　　　D
付記2号	1番根抵当権変更	令和8年5月20日 第12592号	原因　令和8年5月10日合意 指定根抵当権者　C
付記3号	1番根抵当権担保追加	令和8年5月30日 第12620号	共同担保　目録(あ)第257号

権利部（乙区）（所有権以外の権利に関する事項）

共　同　担　保　目　録				
記号及び番号	(あ)第257号		調製	令和8年6月2日
番　号	担保の目的である権利の表示	順位番号	予　備	
1	新宿区新宿一丁目　1番の土地	1	余　白	
2	横浜地方法務局 横浜市中区羽衣二丁目　2番の土地	余　白	令和8年5月30日第12620号追加	

【乙土地】

権　利　部　（乙　区）　（所　有　権　以　外　の　権　利　に　関　す　る　事　項）			
順位番号	登記の目的	受付年月日・受付番号	権　利　者　そ　の　他　の　事　項
1	根抵当権設定	令和8年5月30日 第14812号	原因　令和8年5月30日設定 極度額　金1000万円 債権の範囲　金銭消費貸借取引 債務者　A 根抵当権者　（B（令和7年11月28日死亡）の相 　　　続人） 　　　C 　　　D 指定根抵当権者　（令和8年5月10日合意）C 共同担保　目録(か)第292号

共　同　担　保　目　録				
記号及び番号	(か)第292号		調製	令和8年5月30日
番　号	担保の目的である権利の表示	順位番号	予　備	
1	横浜市中区羽衣二丁目　2番の土地	1	余　白	
2	東京法務局新宿出張所 新宿区新宿一丁目　1番の土地	余　白	余　白	

（a）相続を原因とする根抵当権の移転の登記（上記1/3の登記）

　以下で説明する申請人を除いて、基本的にＩのテキスト第3編第1章第2節 3 1.
（2）の相続を原因とする抵当権の移転の登記と同じです。ただし、根抵当権ですの
で、登記の目的が「○番根抵当権移転」など、課税価格が「移転した極度額の1/1000」
となります（登免法別表第1.1.（6）イ）。

・申請人

相続人の単独申請です（不登法63条2項）。

上記申請例83のように相続人が複数いる場合でも、根抵当権ですので、持分は記載しません（P16①。不登令3条9号かっこ書。昭46.10.4民事甲3230）。

なお、指定根抵当権者とならない者も、以下のⅰまたはⅱの者を除き、申請人となり、根抵当権者として登記されます。上記申請例83では、Dは指定根抵当権者とはなりませんが、申請人となっています。Dも、被相続人Bの債権（P90（ⅰ）の債権）は相続するため、根抵当権を使用する（ex. 競売を申し立てる）ことができるからです。

ⅰ　特別受益証明書や遺産分割協議書などで、「被相続人の既発生の債権を相続しない旨」および「指定根抵当権者の指定を受ける意思のない旨」（※）が明らかにされている者（昭46.12.27民事三.960）
ⅱ　相続放棄をした者（昭46.10.4民事甲3230）

上記ⅰまたはⅱの者は、根抵当権とまったく関係なくなるため、申請人になりません。

上記ⅰの者は、P90（ⅰ）の債権を相続せず、P90（ⅱ）の債権を取得することがないということです。

上記ⅱの者ですが、相続放棄の効果は絶対的ですので（── **民法Ⅱのテキスト第3編第1章第3節4** 4.(3)(e)）、相続放棄をした者は、P90（ⅰ）の債権ともP90（ⅱ）の債権とも関係なくなります。

※特別受益・遺産分割により単に被相続人の既発生の債権を相続しないとされた者

特別受益・遺産分割により、単に被相続人の既発生の債権（P90（ⅰ）の債権）を相続しないとされただけの者は、申請人となります。

特別受益・遺産分割によりP90（ⅰ）の債権を相続できない者も、相続人ではあるので、指定根抵当権者になることはできます。指定根抵当権者は根抵当権の登記名義人となっている者である必要があるので（昭46.10.4民事甲3230）、指定根抵当権者になる前提として、この相続を原因とする根抵当権の移転の登記の申請人となることができるのです。

（b）指定根抵当権者の合意の登記（上記2/3の登記）

ⅰ　登記の目的

「○番根抵当権変更」と記載します。

ⅱ　登記原因及びその日付

年月日は、「指定根抵当権者の合意をした日」を記載します。根抵当権者（被相続人）の死亡日ではありませんので、ご注意ください。

原因は、「合意」と記載します。合意が、指定根抵当権者の指定がされた原因（法律行為）だからです。

ⅲ　登記事項

「指定根抵当権者　C」などと、指定根抵当権者の氏名・住所を記載します。

ⅳ　申請人

以下の者の共同申請です（不登法 60 条）。

・登記権利者：根抵当権者

指定根抵当権者だけでなく、上記（a）の登記により根抵当権の登記名義人となった者全員が登記権利者となる必要があります。

この登記は元本が確定するかどうかを決める重大な登記ですので、共有物の変更行為（民法 251 条 1 項）と考えられるからです。── 民法Ⅱのテキスト第3編第3章第4節 3 2.（4）（a）　また、指定根抵当権者は、根抵当権者全員と設定者の合意で定めるからでもあります。

・登記義務者：設定者

ⅴ　添付情報

① 登記原因証明情報 （不登法 61 条、不登令別表 25 添付情報イ）

Ⅰのテキスト第1編第6章第2節 4 の「登記原因証明情報の提供が不要となる場合」に当たりませんので、登記原因証明情報を提供する必要があります。

具体的には、 根抵当権者指定合意証書 が当たります。

② 登記識別情報 （不登法 22 条本文）

登記義務者である設定者の登記識別情報を提供します。共同申請だからです（Ⅰのテキスト第1編第6章第3節 3 1.「登記識別情報の提供の要否の基本的な判断基準」）。

③ 印鑑証明書 （不登令 16 条 2 項、18 条 2 項）

所有権を目的として設定された根抵当権の場合、登記義務者である設定者の印鑑証明書を提供します（Ⅰのテキスト第1編第6章第4節 3 2.「『認印でよいか』『実印で

押印し印鑑証明書の提供が要求されるか』の判断基準」)。
④代理権限証明情報（不登令7条1項2号）
⑤会社法人等番号（不登令7条1項1号イ）
※住所証明情報は、提供しません。Iのテキスト第1編第6章第5節3「住所証明情報の提供が要求される場合①～③」のいずれにも当たらないからです。

vi 登録免許税
変更の登記として、不動産1個につき1000円です（登免法別表第1.1.（14))。

(c) 指定根抵当権者の合意後の共同根抵当権の追加設定の登記（上記3/3の登記）
基本的には、P26～29の2.の共同根抵当権の追加設定の登記の申請情報の記載事項です。しかし、上記申請例83のとおり、根抵当権者の書き方が複雑になります。以下の2つの債権を担保する根抵当権であることを表すために、こういった面倒な書き方になるのです（昭62.3.10民三.1083)。

```
「根抵当権者　　　　（B（令和7年11月28日死亡）の相続人）C ┐
　　　　　　　　　　　　　　　　　　　　　　　　　　　　　D ┘ P90（ⅰ）の債権
　指定根抵当権者　　（令和8年5月10日合意）C　　　　　　　 ┘ P90（ⅱ）の債権
```

2. 債務者の相続
考え方は上記1.の根抵当権者の相続と同じです。

(1) 実体（民法）

> **民法398条の8（根抵当権者又は債務者の相続）**
> 2　元本の確定前にその債務者について相続が開始したときは、根抵当権は、相続開始の時に存する債務のほか、根抵当権者と根抵当権設定者との合意により定めた相続人が相続の開始後に負担する債務を担保する。
> 4　第1項及び第2項の合意について相続の開始後6箇月以内に登記をしないときは、担保すべき元本は、相続開始の時に確定したものとみなす。

たとえば、Aが所有している建物に債務者をCとするBの根抵当権の設定の登記がされています。Cは、九州で小さな個人事業を行っています。この場合に、債務者Cが死亡し、東京の大企業で会社員をしている子DがCを相続しました。

（a）原則

このとき、何もしない場合、または、下記（b）の合意をしても相続開始から6か月以内に指定債務者の合意の登記がされない場合には、元本が確定したもの（取引停止）とみなされます（P88①。民法398条の8第4項）。元本の確定時は、相続開始時です（民法398条の8第4項。P89の「本節に共通するハナシ②」）。

この場合には、以下の登記を申請することになります。

<u>1/1　Dを債務者とする相続を原因とする根抵当権の債務者の変更の登記</u>

この根抵当権は、下記（b）の図でいうと、（i）の債務しか担保しません。

（b）例外

しかし、子Dが九州に帰ってきて取引を継続することもできます。そのためには、根抵当権者Bと設定者Aとの間で「指定債務者の合意」というものをし（民法398条の8第2項）、相続開始から6か月以内に指定債務者の合意の登記をする必要があります（民法398条の8第4項）。

この場合には、以下の登記を申請することになります。

<u>1/2　Dを債務者とする相続を原因とする根抵当権の債務者の変更の登記</u>
<u>2/2　合意を原因とするDを指定債務者とする合意の登記</u>

2/2の登記をするには、1/2の登記を先にする必要があります（不登法92条）。

1/2の登記と2/2の登記は、一の申請情報で（1件で）申請することはできません（登研327P31）。P426〜436 ②の一の申請情報で（1件で）申請することができる場合の例外のいずれにも当たらないからです。

相続開始から6か月以内に2/2の登記までされると、この根抵当権は、下記の図の（i）の債務だけでなく、（ii）の債務まで担保することになります（民法398条の8第2項）。

　本節の基本事例でいうと、この2/2の指定債務者の合意の登記は、いわば「子が九州に帰ってくるよ登記」なのです。

　よって、相続人が1人の場合でも、相続開始から6か月以内に、この2/2の指定債務者の合意の登記をしないと、元本が確定したもの（取引停止）とみなされます（民法398条の8第4項。登研369P81）。「子が九州に帰ってくるよ」という意味の登記なので、この登記をしないと、子は東京で会社員を続けることになるからです。

　なお、Cを相続したDが死亡し、Dの子EがDを相続したとします。この場合でも、"Cの"相続開始から6か月以内に2/2の指定債務者の合意の登記をしないと、元本が確定したもの（取引停止）とみなされます（登研312P47）。

※他の事由で元本が確定した場合

　上記の1/2の登記を申請した後、2/2の登記を申請する前に、他の事由（ex. 確定期日の到来）で元本が確定した場合、元本確定前に指定債務者の合意をしており相続開始から6か月以内であれば、2/2の登記をすることができるでしょうか。

　できます（登研312P47）。

=P91

　2/2の登記をすれば、指定債務者Dが「相続開始から元本確定まで」に負担する債務（下記の図の（ⅱ）の債務）も担保する根抵当権となるため、実益があるからです。2/2の登記をしなければ、下記の図の（ⅰ）の債務しか担保されません。

※相続人に行方不明の者がいる場合

　相続人に行方不明の者がいる場合であっても、上記の2/2の指定債務者の合意の登記を申請することができます。

　指定債務者の合意は、物権契約です。物権契約ですので、根抵当権者と設定者のみで行うことができるのです（Ⅰのテキスト第3編第1章第1節 2 4.「不動産登記は物権レベルのハナシ」）。

（2）申請情報の記載事項

　上記（1）（b）の場合の申請例をみていきます。

　上記（1）（b）では、確定するか（取引を継続するか）についての2件の登記の説明しかしませんでした。試験では、根抵当権者の相続と同じく、3件目として「共同根抵当権の追加設定の登記」が問われることがあります。これは、指定債務者の合意後に、その根抵当権と同一の債権を担保するために、他の不動産に根抵当権の追加設定契約を締結した場合に申請する登記です。その登記も併せてみていきます。

> **申請例84** ── 相続を原因とする根抵当権の債務者の変更の登記
> 　　　　　　　指定債務者の合意の登記
> 　　　　　　　指定債務者の合意後の共同根抵当権の追加設定の登記

事例：Aが所有している甲土地（甲区1番でA名義の所有権の保存の登記がされている）に、乙区1番で極度額を1000万円・債権の範囲を金銭消費貸借取引・債務者をCとするBの根抵当権の設定の登記がされている。Cは、令和7年11月28日、死亡した。Cの相続人は、子DEのみである。BとAとの間で、令和8年5月10日、この根抵当権の指定債務者をDとする旨の合意がされた。これらの登記は、令和8年5月20日に申請された（＊）。また、BとFは、令和8年5月30日、これらの債権を担保するため、Fが所有している乙土地（甲区1番でF名義の所有権の保存の登記がされている）を目的として、根抵当権の設定契約を締結した。甲土地および乙土地は、異なる登記所の管轄区域内にある。

＊記述では、P92＊の根抵当権者の相続と同じく、指定債務者の合意の登記が相続開始から6か月以内に申請されているかを必ずチェックしてください。本事例はギリギリ6か月以内ですが、6か月を経過している場合には、以下の2/3の指定債務者の合意の登記はもちろん、3/3の共同根抵当権の追加設定の登記も申請できません。理由も、P92＊の根抵当権者の相続と同じです。

1/3

登記の目的	1番根抵当権変更
原　　因	令和7年11月28日相続
変更後の事項	債務者（被相続人C）D
	E
権　利　者	B
義　務　者	A
添　付　情　報	登記原因証明情報（Cの戸籍全部事項証明書等、D及びEの戸籍一部事項 証明書等）
	登記識別情報（Aの甲土地甲区1番の登記識別情報）
	印鑑証明書（Aの印鑑証明書）
	代理権限証明情報（B及びAの委任状）
登録免許税	金1000円

2/3

登記の目的	1番根抵当権変更
原　　因	令和8年5月10日合意
指定債務者	D
権　利　者	B
義　務　者	A
添　付　情　報	登記原因証明情報（根抵当権債務者指定合意証書）
	登記識別情報（Aの甲土地甲区1番の登記識別情報）
	印鑑証明書（Aの印鑑証明書）
	代理権限証明情報（B及びAの委任状）
登録免許税	金1000円

3/3

登記の目的	共同根抵当権設定（追加）
原　　　因	令和8年5月30日設定
極　度　額	金1000万円
債権の範囲	金銭消費貸借取引
債　務　者	（C（令和7年11月28日死亡）の相続人）D 　　　　　　　　　　　　　　　　　　　　　　　　E
指定債務者	（令和8年5月10日合意）D
根抵当権者	B
設　定　者	F
添付情報	登記原因証明情報（共同根抵当権追加設定契約書） 登記識別情報（Fの乙土地甲区1番の登記識別情報） 印鑑証明書（Fの印鑑証明書） 代理権限証明情報（B及びFの委任状） 前登記証明書（甲土地の登記事項証明書）
登録免許税	金1500円（登録免許税法第13条第2項）

【甲土地】

権利部（乙区）（所有権以外の権利に関する事項）			
順位番号	登記の目的	受付年月日・受付番号	権利者その他の事項
1	根抵当権設定	令和7年6月28日 第12457号	原因　令和7年6月28日設定 極度額　金1000万円 債権の範囲　金銭消費貸借取引 債務者　C 根抵当権者　B
付記1号	1番根抵当権変更	令和8年5月20日 第12591号	原因　令和7年11月28日相続 債務者　D 　　　　　E
付記2号	1番根抵当権変更	令和8年5月20日 第12592号	原因　令和8年5月10日合意 指定債務者　D
付記3号	1番根抵当権担保追加	令和8年5月30日 第12620号	共同担保　目録(あ)第257号

共　同　担　保　目　録					
記号及び番号	(あ)第257号			調製	令和8年6月7日
番　号	担保の目的である権利の表示		順位番号	予　　備	
1	新宿区新宿一丁目　1番の土地		1	余　白	
2	横浜地方法務局 横浜市中区羽衣二丁目　2番の土地		余　白	令和8年5月30日第12620号追加	

【乙土地】

権　利　部　（乙区）　（所　有　権　以　外　の　権　利　に　関　す　る　事　項）			
順位番号	登記の目的	受付年月日・受付番号	権　利　者　そ　の　他　の　事　項
1	根抵当権設定	令和8年5月30日 第14812号	原因　令和8年5月30日設定 極度額　金1000万円 債権の範囲　金銭消費貸借取引 債務者　（C（令和7年11月28日死亡）の相続人） 　　D 　　E 指定債務者　（令和8年5月10日合意）D 根抵当権者　B 共同担保　目録(か)第292号

共　同　担　保　目　録					
記号及び番号	(か)第292号			調製	令和8年5月30日
番　号	担保の目的である権利の表示		順位番号	予　　備	
1	横浜市中区羽衣二丁目　2番の土地		1	余　白	
2	東京法務局新宿出張所 新宿区新宿一丁目　1番の土地		余　白	余　白	

（a）相続を原因とする根抵当権の債務者の変更の登記（上記1/3の登記）

　以下で説明する印鑑証明書の提供の要否を除いて、基本的にⅠのテキスト第3編第1章第5節2 3.（2）の相続を原因とする抵当権の債務者の変更の登記と同じです。ただし、根抵当権ですので、登記の目的が「○番根抵当権変更」となります

・印鑑証明書　（不登令16条2項、18条2項）

　所有権を目的として設定された根抵当権の場合、登記義務者である設定者の印鑑証明書を提供します（Ⅰのテキスト第1編第6章第4節 3 2.「『認印でよいか』『実印で押印し印鑑証明書の提供が要求されるか』の判断基準」）。

　抵当権の債務者の変更の登記と異なり、根抵当権の債務者の変更の登記は、原則どおりの考え方です。根抵当権の債務者は、枠を決める4大事項の1つであるため、重要な登記事項だからです。

（b）指定債務者の合意の登記（上記2/3の登記）

　基本的にP96～97（b）の指定根抵当権者の合意の登記と同じです。ただし、指定債務者ですので、「指定根抵当権者」の文言は「指定債務者」となり、登記原因証明情報の内容は 根抵当権債務者指定合意証書 となります。

（c）指定債務者の合意後の共同根抵当権の追加設定の登記（上記3/3の登記）

　基本的には、P26～29の2.の共同根抵当権の追加設定の登記の申請情報の記載事項です。しかし、上記申請例84のとおり、債務者の書き方が複雑になります。以下の2つの債務を担保する根抵当権であることを表すために、こういった面倒な書き方になるのです（昭62.3.10民三.1083）。

```
「債　務　者　　　（C（令和7年11月28日死亡）の相続人）D ⎫
　　　　　　　　　　　　　　　　　　　　　　　　　　　　　E ⎬ P98（ⅰ）の債務
　指定債務者　　　（令和8年5月10日合意）D　　　　　　　 ⎭⎫ P98（ⅱ）の債務
```

（3）債務者が複数いる場合

　上記（1）（2）では、債務者が1人であり、その債務者について相続が開始した事案を前提にみてきました。しかし、債務者が2人以上いて、そのうちの1人について相続が開始する場合もあります。

（a）指定債務者の合意の登記の可否

　たとえば、Aが所有している建物に債務者をCDとするBの根抵当権の設定の登記がされています。Cが死亡し、子EがCを相続しました。この場合、Cの死亡後6か月以内であれば、以下の登記を申請することができます（登研515P254）。

1/2　Eを債務者とする相続を原因とする根抵当権の債務者の変更の登記

<u>2/2　合意を原因とするEを指定債務者とする合意の登記</u>
　2/2の登記をすれば、債務者Cの債務についても債権が特定しません。

（b）指定債務者の合意の登記をしなかった場合に元本が確定するか？

　上記（a）の2/2の登記をしなくても、P98（a）の場合（債務者が1人の場合）と異なり、元本は確定しません。この場合、Cの債務については債権が特定します。しかし、Dは死亡していないため、Dの債務については債権が特定しないので、根抵当権の元本が確定したとはいえないのです。
　このように、1人の債務者についての債権が特定しただけでは、根抵当権は確定しません（登研515P254）。
　よって、この状態であれば、確定前しかできない登記（P140）、たとえば、債権の範囲の変更の登記をすることができます。

3．浮動期間

　相続については、いわゆる「浮動期間」といわれる問題があります。
　根抵当権者の相続でも債務者の相続でも、根抵当権は以下の①または②の運命となります。

①相続開始から6か月以内に指定根抵当権者・指定債務者の合意の登記をしなかった
　→　元本が確定します（P89（a）、P98（a））。
②相続開始から6か月以内に指定根抵当権者・指定債務者の合意の登記をした
　→　元本は確定しません（P89〜90（b）、P98〜99（b））。

　「相続開始から6か月間は、指定根抵当権者・指定債務者の合意の登記がされていなければ、上記①または②のどちらの運命となるかわからない」という状態になります。この状態のことを俗に「浮動期間」といいます。

この浮動期間の間は、根抵当権について、できる登記とできない登記が生じます。

浮動期間の間にできる登記（○）	浮動期間の間にできない登記（×）
・確定前根抵当権でも確定後根抵当権でも認められること（P141） 　確定「する」「しない」、どちらになる可能性もありますが、この登記は確定してもしなくても否定されませんので、問題ありません。	・確定前根抵当権においてのみ認められること（P140）※1 ・確定後根抵当権においてのみ認められること（P140）※2 　確定「する」「しない」、どちらにもなる可能性があるので、これらの登記は後に否定される可能性があります。そんな不安定な登記を公示すべきではありません。

※1　**確定前根抵当権においてのみ認められることが登記できるようになるには？**
　指定根抵当権者・指定債務者の合意の登記がされれば、登記できるようになります。
※2　**確定後根抵当権においてのみ認められることが登記できるようになるには？**
　指定根抵当権者・指定債務者の合意の登記がされずに相続開始から6か月が経過すれば、登記できるようになります。

③ 合併（法人）

1. 根抵当権者の合併

（1）実体（民法）

　たとえば、Aが所有している建物に債務者をAとする株式会社Bの根抵当権の設定の登記がされています。株式会社Bが合併により消滅し、存続会社（吸収合併の場合）または設立会社（新設合併の場合）である株式会社Cが株式会社Bの権利義務を承継しました。

（a）原則

民法398条の9（根抵当権者又は債務者の合併）

1　元本の確定前に根抵当権者について合併があったときは、根抵当権は、合併の時に存する債権のほか、合併後存続する法人又は合併によって設立された法人が合併後に取得する債権を担保する。

　このとき、原則として、元本は確定しません（取引継続。民法398条の9第1項）。特に何もしなければ確定しないため（P88②）、合併には指定根抵当権者の合意というものはありません。この場合には、以下の登記を申請するだけです。

1/1　株式会社Bから株式会社Cへの合併を原因とする根抵当権の移転の登記

　この根抵当権は、下記の図の（ⅰ）の債権だけでなく、（ⅱ）の債権まで担保することになります（民法398条の9第1項）。

（b）例外

　上記（a）のとおり確定しないのが原則ですが、設定者Aは、確定を望むのであれば、根抵当権者である株式会社Cに対して、元本の確定請求をすることができます（民法398条の9第3項本文）。これによって元本が確定します。Aからすると、株式会社Cが根抵当権者になることを想定していませんでした。たとえば、株式会社Bがほとんど貸付けをしなかったが、株式会社Cはガンガン貸付けをする場合、Aの負担は重くなります。よって、確定させる（取引を停止させる）チャンスが与えられているのです。元本の確定時は、合併の効力発生時です（民法398条の9第4項。P89の「本節に共通するハナシ②」）。

　ただし、この確定請求は、急いでする必要があります。Aが合併を知った日から2週間が経過、または、合併を知らなくても合併の日から1か月が経過すると、できなくなってしまいます（民法398条の9第5項）。早めに根抵当権の運命（確定しないかするか）を決めるべきだからです。Aからすると、期間が短く、酷ですが……。

　この期間内に確定請求がされると、以下の登記を申請することになります。

1/2　株式会社Bから株式会社Cへの合併を原因とする根抵当権の移転の登記

2/2　確定を原因とする根抵当権の元本確定の登記（P136〜139　4)）

（2）申請情報の記載事項

上記（1）（a）の場合の申請例をみていきます。

申請例85 ── 合併を原因とする根抵当権の移転の登記

＊事例は、上記（1）（a）の例に合わせています。

事例：Aが所有している建物に、乙区1番で極度額を 1000 万円とする株式会社Bの根抵当権の設定の登記がされている。株式会社Bと株式会社C（会社法人等番号 3456-01-901232、代表取締役E）は、令和7年9月28日、株式会社Cが株式会社Bを合併して存続し、株式会社Bが解散する旨の吸収合併契約を締結した。この吸収合併契約で、吸収合併の効力発生日が令和7年11月28日とされた。その他の吸収合併の手続も令和7年11月28日までに適法にされたため、令和7年12月5日、吸収合併の商業登記がされた。

登記の目的	1番根抵当権移転
原　　　因	令和7年11月28日合併
根抵当権者	（被合併会社　株式会社B）株式会社C
	（会社法人等番号　3456-01-901232）
	代表取締役　E
添 付 情 報	登記原因証明情報（株式会社Cの登記事項証明書）
	代理権限証明情報（株式会社Cの代表取締役Eの委任状）
	会社法人等番号（株式会社Cの会社法人等番号）
課 税 価 格	金1000万円
登録免許税	金1万円

権　利　部　（乙　区）　（所　有　権　以　外　の　権　利　に　関　す　る　事　項）

順位番号	登記の目的	受付年月日・受付番号	権利者その他の事項
1	根抵当権設定	令和7年6月28日 第12457号	原因　令和7年6月28日設定 極度額　金1000万円 債権の範囲　前受業務保証金供託委託取引 債務者　A 根抵当権者　株式会社B
付記1号	1番根抵当権移転	令和7年12月21日 第19987号	原因　令和7年11月28日合併 根抵当権者　株式会社C

基本的にⅠのテキスト第3編第1章第2節 3 1.（2）の合併を原因とする抵当権の移転の登記と同じです。ただし、根抵当権ですので、登記の目的が「○番根抵当権移転」など、申請人が「根抵当権者」、課税価格が「移転した極度額の1/1000」となります（登免法別表第1.1.（6）イ）。

2. 債務者の合併
（1）実体（民法）

　たとえば、Aが所有している建物に債務者を株式会社CとするBの根抵当権の設定の登記がされています。株式会社Cが合併により消滅し、存続会社（吸収合併の場合）または設立会社（新設合併の場合）である株式会社Dが株式会社Cの権利義務を承継しました。

（a）原則

> **民法398条の9（根抵当権者又は債務者の合併）**
> 2　元本の確定前にその債務者について合併があったときは、根抵当権は、合併の時に存する債務のほか、合併後存続する法人又は合併によって設立された法人が合併後に負担する債務を担保する。

　このとき、原則として、元本は確定しません（取引継続。民法398条の9第2項）。特に何もしなければ確定しないため（P88②）、合併には指定債務者の合意というものはありません。この場合には、以下の登記を申請するだけです。

1/1　株式会社Dを債務者とする合併を原因とする根抵当権の債務者の変更の登記

　この根抵当権は、下記の図の（ⅰ）の債務だけでなく、（ⅱ）の債務まで担保することになります（民法398条の9第2項）。

（b）例外

　上記（a）のとおり確定しないのが原則ですが、設定者Aは、確定を望むのであれば、根抵当権者Bに対して、元本の確定請求をすることができます（民法398条の9第3項本文）。これによって元本が確定します。Aからすると、株式会社Dが債務者になることを想定していませんでした。たとえば、株式会社Cがほとんど貸付けを受けなかったが、株式会社Dはガンガン貸付けを受ける場合、Aの負担は重くなります。よって、確定させる（取引を停止させる）チャンスが与えられているのです。元本の確定時は、合併の効力発生時です（民法398条の9第4項。P89の「本節に共通するハナシ②」）。

　ただし、この確定請求も、急いでする必要があります。Aが合併を知った日から2週間が経過、または、合併を知らなくても合併の日から1か月が経過すると、できなくなってしまいます（民法398条の9第5項）。早めに根抵当権の運命（確定しないかするか）を決めるべきだからです。Aからすると、期間が短く、酷ですが……。

　この期間内に確定請求がされると、以下の登記を申請することになります。

1/2　株式会社Dを債務者とする合併を原因とする根抵当権の債務者の変更の登記
2/2　確定を原因とする根抵当権の元本確定の登記（P136～139 4）

※確定請求ができない場合

　債務者兼設定者である場合は、設定者は上記の確定請求ができません（民法398条の9第3項ただし書）。
ex. 上記の例を少し変えて、設定者がAではなく、債務者である株式会社Cであったとします。この場合に、合併により株式会社Dが株式会社Cの権利義務を承継しても、所有者である株式会社D（合併により所有者も株式会社Dになっています）はBに確定請求をすることができません。

　債務者兼設定者の場合、合併をしたのは設定者自身であるため、「株式会社Dが債務者になることを想定していませんでした」という理由が当たらないからです。

　本節において設定者が確定請求ができるかどうかの判断基準

　「自ら合併・会社分割をした会社」は、確定請求をすることができません。自らしているので、「想定していませんでした」とならないからです。

（2）申請情報の記載事項

　上記（1）（a）の場合の申請例をみていきます。

申請例86 ── 合併を原因とする根抵当権の債務者の変更の登記

＊事例は、上記（1）（a）の例に合わせています。

事例：Aが所有している建物（甲区1番でA名義の所有権の保存の登記がされている）に、乙区1番で債務者を株式会社CとするBの根抵当権の設定の登記がされている。株式会社Cと株式会社Dは、令和7年9月28日、株式会社Dが株式会社Cを合併して存続し、株式会社Cが解散する旨の吸収合併契約を締結した。この吸収合併契約で、吸収合併の効力発生日が令和7年11月28日とされた。その他の吸収合併の手続も令和7年11月28日までに適法にされたため、令和7年12月5日、吸収合併の商業登記がされた。

登記の目的	1番根抵当権変更
原　　因	令和7年11月28日合併
変更後の事項	債務者（被合併会社　株式会社C）株式会社D　＊
権 利 者	B
義 務 者	A
添 付 情 報	登記原因証明情報（株式会社Dの登記事項証明書）
	登記識別情報（Aの甲区1番の登記識別情報）
	印鑑証明書（Aの印鑑証明書）
	代理権限証明情報（B及びAの委任状）
登録免許税	金1000円

＊株式会社Dは法人ですが、会社法人等番号を提供する（申請情報に記載する）必要もありませんし、代表者を記載する必要もありません。株式会社Dは、債務者であって、申請人となっている法人ではないからです（Iのテキスト第1編第6章第7節[2]「会社法人等番号（代表者の資格を証する情報）の提供の要否の判断基準」、[3]「代表者の記載の判断基準」）。

権 利 部 （乙 区） （所 有 権 以 外 の 権 利 に 関 す る 事 項）			
順位番号	登記の目的	受付年月日・受付番号	権 利 者 そ の 他 の 事 項
1	根抵当権設定	令和7年6月28日 第12457号	原因　令和7年6月28日設定 極度額　金1000万円 債権の範囲　輸出入業務委託取引 債務者　株式会社C 根抵当権者　B

付記1号	1番根抵当権変更	令和7年12月21日 第19987号	原因　令和7年11月28日合併 債務者　株式会社D

（a）登記の目的

「○番根抵当権変更」と記載します。

（b）登記原因及びその日付

年月日は、以下の日を記載します（Ⅰのテキスト第2編第2章第3節 9 2.（1）「吸収型・新設型の効力発生日」）。

・吸収合併　→　吸収合併契約で定めた効力発生日（上記申請例86はこちらです）

・新設合併　→　会社成立の日（商業登記の申請日）

原因は、吸収合併であっても新設合併であっても「合併」と記載します。合併が、債務者が変更された原因（法律行為）だからです。

（c）登記事項

変更後の事項として、存続会社・設立会社の名称・住所を記載します。

（d）申請人

以下の者の共同申請です（不登法60条）。

・登記権利者：根抵当権者

・登記義務者：設定者

合併を原因とする登記ですが、共同申請です。債務者は、権利の主体ではなく、登記事項の1つにすぎません。極度額や債権の範囲と同じレベルなのです。また、登記権利者（根抵当権者）と登記義務者（設定者）が存在しますので、共同申請の申請構造を採れます。

（e）添付情報

①登記原因証明情報（不登法61条、不登令別表25添付情報イ）

Ⅰのテキスト第1編第6章第2節 4 の「登記原因証明情報の提供が不要となる場合」に当たりませんので、登記原因証明情報を提供する必要があります。

具体的には、Ⅰのテキスト第2編第2章第3節 9 2.（3）①の情報（存続会社・設立会社の 登記事項証明書 または 会社法人等番号 ）が登記原因証明情報となります。提供する理由や考え方も同じです。

②登記識別情報（不登法22条本文）

　登記義務者である設定者の登記識別情報を提供します。共同申請だからです（Ⅰの
テキスト第1編第6章第3節 3 1.「登記識別情報の提供の要否の基本的な判断基準」）。

③印鑑証明書（不登令16条2項、18条2項）

　所有権を目的として設定された根抵当権の場合、登記義務者である設定者の印鑑証
明書を提供します（Ⅰのテキスト第1編第6章第4節 3 2.「『認印でよいか』『実印で
押印し印鑑証明書の提供が要求されるか』の判断基準」）。

　抵当権の債務者の変更の登記と異なり、根抵当権の債務者の変更の登記は、原則ど
おりの考え方です。根抵当権の債務者は、枠を決める4大事項の1つであるため、重
要な登記事項だからです。

④代理権限証明情報（不登令7条1項2号）

⑤会社法人等番号（不登令7条1項1号イ）

※住所証明情報は、提供しません。Ⅰのテキスト第1編第6章第5節 3 「住所証明情
　報の提供が要求される場合①～③」のいずれにも当たらないからです。

（f）登録免許税

　変更の登記として、不動産1個につき1000円です（登免法別表第1.1.（14））。

4 　会社分割（法人）

1．根抵当権者の会社分割

（1）実体（民法）

　たとえば、Aが所有している建物に債務者をAとする株式会社Bの根抵当権の設定
の登記がされています。株式会社Bが会社分割により、承継会社（吸収分割の場合）
または設立会社（新設分割の場合）である株式会社Cに権利義務を承継させました。

（a）原則

民法398条の10（根抵当権者又は債務者の会社分割）

1　元本の確定前に根抵当権者を分割をする会社とする分割があったときは、根抵当権は、分
　割の時に存する債権のほか、分割をした会社及び分割により設立された会社又は当該分割
　をした会社がその事業に関して有する権利義務の全部又は一部を当該会社から承継した
　会社が分割後に取得する債権を担保する。

　このとき、原則として、元本は確定しません（取引継続。民法398条の10第1項）。特に何もしなければ確定しないため（P88②）、会社分割にも指定根抵当権者の合意というものはありません。この場合には、以下の登記を申請するだけです（平13.3.30民二.867）。

1/1　株式会社Bから株式会社Cへの会社分割を原因とする根抵当権の一部移転の登記

　合併（P106～107（a））と異なり、根抵当権の"一部移転"の登記となるのは、権利義務を承継させた株式会社Bは消滅しないからです。株式会社Bは消滅しないため、会社分割後も、株式会社Cだけでなく、株式会社BもAと取引を継続します。この根抵当権は、下記の図の（ⅰ）の債権だけでなく、（ⅱ）の債権まで担保することになります（民法398条の10第1項）。（ⅱ）に「株式会社B」がいるのが、合併（P106～107（a））との違いです。

　（ⅱ）についてですが、吸収分割契約書・新設分割計画書の内容に関係なく、**法律上当然に株式会社Bと株式会社Cの債権を担保する根抵当権**となります（平13.3.30民二.867）。所有権や抵当権の場合、承継会社・設立会社に移転するのは、吸収分割契約書・新設分割計画書に「所有権や抵当権の被担保債権が承継される」と記載されている場合だけでした（Ⅰのテキスト第2編第2章第3節 [10] 1.、第3編第1章第2節 [3] 2.（1））。

　しかし、根抵当権の場合、会社分割後に株式会社Bと株式会社Cが融資をするなどということがあります。よって、根抵当権者が「無担保で融資をしてしまった」といったことが起こらないように、画一的にわかりやすくされているのです。

＊記述では、吸収分割契約書・新設分割計画書に「根抵当権は株式会社Cに移転しない」と記載される、または、根抵当権について何も記載されておらず、上記1/1の登記を申請することを判断できるかという出題（ひっかけ）が考えられます。あらかじめ、このような出題に備えておいてください。

（b）例外

この（b）の例外は、考え方も理由も、すべてP107（b）の合併と同じです。

上記（a）のとおり確定しないのが原則ですが、設定者Aは、確定を望むのであれば、元本の確定請求をすることができます（民法398条の10第3項、398条の9第3項本文）。これによって元本が確定します。Aからすると、株式会社Cが根抵当権者になることを想定していなかったからです。元本の確定時は、会社分割の効力発生時です（民法398条の10第3項、398条の9第4項。P89の「本節に共通するハナシ②」）。

ただし、この確定請求は、Aが会社分割を知った日から2週間が経過、または、会社分割を知らなくても会社分割の日から1か月が経過すると、できなくなってしまいます（民法398条の10第3項、398条の9第5項）。

この期間内に確定請求がされると、以下の登記を申請することになります。

1/2　株式会社Bから株式会社Cへの会社分割を原因とする根抵当権の一部移転の登記

2/2　確定を原因とする根抵当権の元本確定の登記（P136〜139 4 ）

（2）申請情報の記載事項

上記（1）（a）の場合の申請例をみていきます。

申請例87 —— 会社分割を原因とする根抵当権の一部移転の登記

＊事例は、上記（1）（a）の例に合わせています。

事例：Aが所有している建物に、乙区1番で極度額を 1000 万円とする株式会社Bの根抵当権の設定の登記がされている。株式会社B（会社法人等番号 2345-01-890123、代表取締役D）は、令和7年9月28日、株式会社C（会社法人等番号 3456-01-901232、代表取締役E）を設立する新設分割を計画した。この新設分割計画書には、この根抵当権は株式会社Cに移転しない旨が記載されている（＊）。その他の新設分割の手続も適法にされたため、令和7年12月5日、新設分割の商業登記がされた。

＊P114 で説明したとおり、このように「移転しない」と記載されていても、法律上当然に株式会社Cに根抵当権の一部が移転します。

登記の目的	1番根抵当権一部移転
原　　　因	令和7年12月5日会社分割
権　利　者	株式会社C
	（会社法人等番号　3456-01-901232）
	代表取締役　E
義　務　者	株式会社B
	（会社法人等番号　2345-01-890123）
	代表取締役　D
添付情報	登記原因証明情報（株式会社Cの登記事項証明書）
	登記識別情報（株式会社Bの乙区1番の登記識別情報）
	代理権限証明情報（株式会社Cの代表取締役E及び株式会社Bの代表取締役Dの委任状）
	会社法人等番号（株式会社C及び株式会社Bの会社法人等番号）
課税価格	金500万円
登録免許税	金1万円

権　利　部　（乙　区）　（所　有　権　以　外　の　権　利　に　関　す　る　事　項)			
順位番号	登記の目的	受付年月日・受付番号	権　利　者　そ　の　他　の　事　項
1	根抵当権設定	令和7年6月28日 第12457号	原因　令和7年6月28日設定 極度額　金1000万円 債権の範囲　金銭消費貸借取引 債務者　A 根抵当権者　株式会社B
付記1号	1番根抵当権一部移転	令和7年12月21日 第19987号	原因　令和7年12月5日会社分割 根抵当権者　株式会社C

　以下で説明する登記の目的、登記原因証明情報の内容および登録免許税を除いて、基本的にⅠのテキスト第3編第1章第2節3 2.（2）の会社分割を原因とする抵当権の移転の登記と同じです。

(a) 登記の目的

　「○番根抵当権一部移転」と記載します。

　P113～114（a）で説明したとおり、必ず分割会社と承継会社・設立会社の共有となりますので、登記の目的は「一部移転」となります。

（b）添付情報

・登記原因証明情報（不登法61条）

　Ⅰのテキスト第1編第6章第2節4の「登記原因証明情報の提供が不要となる場合」に当たりませんので、登記原因証明情報を提供する必要があります。

　具体的には、承継会社・設立会社の登記事項証明書または会社法人等番号が当たります。

※吸収分割契約書・新設分割計画書は、会社分割を原因とする抵当権の移転の登記（Ⅰのテキスト第3編第1章第2節3 2.（2）（d）①）と異なり、提供しません。吸収分割契約書・新設分割計画書の内容に関係なく、分割会社と承継会社・設立会社の共有となるからです（P114）。

（c）登録免許税

　極度額を分割後の共有者の数で割った額の2/1000です（登免法別表第1.1.（7））。

　上記申請例87でいうと、極度額（1000万円）を分割後の共有者の数（株式会社Bと株式会社Cの2社）で割った額（500万円）の2/1000、つまり、1万円となります。

2．債務者の会社分割
（1）実体（民法）

　たとえば、Aが所有している建物に債務者を株式会社CとするBの根抵当権の設定の登記がされています。株式会社Cが会社分割により、承継会社（吸収分割の場合）または設立会社（新設分割の場合）である株式会社Dに権利義務を承継させました。

（a）原則

> **民法398条の10（根抵当権者又は債務者の会社分割）**
> 2　元本の確定前にその債務者を分割をする会社とする分割があったときは、根抵当権は、分割の時に存する債務のほか、分割をした会社及び分割により設立された会社又は当該分割をした会社がその事業に関して有する権利義務の全部又は一部を当該会社から承継した会社が分割後に負担する債務を担保する。

　このとき、原則として、元本は確定しません（取引継続。民法398条の10第2項）。特に何もしなければ確定しないため（P88②）、会社分割にも指定債務者の合意という

ものはありません。この場合には、以下の登記を申請するだけです（平 13.3.30 民二.867）。

<u>1/1　株式会社Dを債務者に加える会社分割を原因とする根抵当権の債務者の変更の登記</u>

　合併（P109（a））と異なり株式会社Dを債務者に"加える"登記となるのは、権利義務を承継させた株式会社Cは消滅しないからです。株式会社Cは消滅しないため、会社分割後も、株式会社Dだけでなく、株式会社CもBと取引を継続します。この根抵当権は、下記の図の（ⅰ）の債務だけでなく、（ⅱ）の債務まで担保することになります（民法 398 条の 10 第 2 項）。（ⅱ）に「株式会社C」がいるのが、合併（P109（a））との違いです。

　（ⅱ）についてですが、吸収分割契約書・新設分割計画書の内容に関係なく、**法律上当然に株式会社Cと株式会社Dの債務を担保する根抵当権となります**（平 13.3.30 民二.867）。

　根抵当権の場合、会社分割後に株式会社Cと株式会社Dが融資を受けるなどということがあります。よって、根抵当権者が「無担保で融資をしてしまった」といったことが起こらないように、画一的にわかりやすくされているのです。

＊記述では、吸収分割契約書・新設分割計画書に「根抵当権によって担保される債務は株式会社Dに移転しない」と記載される（平成 16 年度）、または、根抵当権について何も記載されておらず（令和 3 年度）、上記 1/1 の登記を申請することを判断できるかという出題（ひっかけ）が考えられます。あらかじめ、このような出題に備えておいてください。

（b）例外

この（b）の例外は、考え方も理由も、すべて P110（b）の合併と同じです。

上記（a）のとおり確定しないのが原則ですが、設定者Aは、確定を望むのであれば、根抵当権者Bに対して、元本の確定請求をすることができます（民法 398 条の 10 第 3 項、398 条の 9 第 3 項本文）。これによって元本が確定します。Aからすると、株式会社Dが債務者になることを想定していなかったからです。元本の確定時は、会社分割の効力発生時です（民法 398 条の 10 第 3 項、398 条の 9 第 4 項。P89 の「本節に共通するハナシ②」）。

ただし、この確定請求は、Aが会社分割を知った日から 2 週間が経過、または、会社分割を知らなくても会社分割の日から 1 か月が経過すると、できなくなってしまいます（民法 398 条の 10 第 3 項、398 条の 9 第 5 項）。

この期間内に確定請求がされると、以下の登記を申請することになります。

1/2　株式会社Dを債務者に加える会社分割を原因とする根抵当権の債務者の変更の登記

2/2　確定を原因とする根抵当権の元本確定の登記（P136～139 4 ）

※確定請求ができない場合

債務者兼設定者である場合は、設定者は上記の確定請求ができません（民法 398 条の 10 第 3 項、398 条の 9 第 3 項ただし書）。

ex. 上記の例を少し変えて、設定者がAではなく、債務者である株式会社Cであったとします。この場合に、株式会社Cが会社分割により株式会社Dに権利義務を承継させても、設定者はBに確定請求をすることができません。

債務者兼設定者の場合、会社分割をしたのは設定者自身であるため、「株式会社Dが債務者になることを想定していませんでした」という理由が当たらないからです（P110 の「本節において設定者が確定請求ができるかどうかの判断基準」）。

（2）申請情報の記載事項

上記（1）（a）の場合の申請例をみていきます。

申請例88 ── 会社分割を原因とする根抵当権の債務者の変更の登記

*事例は、上記（1）（a）の例に合わせています。

事例：Aが所有している建物（甲区1番でA名義の所有権の保存の登記がされている）に、乙区1番で債務者を株式会社CとするBの根抵当権の設定の登記がされて

　　　　いる。株式会社Cは、令和7年9月28日、株式会社Dを設立する新設分割を計
　　　　画した。この新設分割計画書には、この根抵当権によって担保される債務は株
　　　　式会社Dに移転しない旨が記載されている（＊）。その他の新設分割の手続も適
　　　　法にされたため、令和7年12月5日、新設分割の商業登記がされた。
＊上記（1）（a）のとおり、このように「移転しない」と記載されていても、法律上当然に株式会社Cと株式
　会社Dの債務を担保する根抵当権となります。

登記の目的	1番根抵当権変更
原　　　因	令和7年12月5日会社分割
変更後の事項	債務者　株式会社C
	株式会社D　＊
権 利 者	B
義 務 者	A
添付情報	登記原因証明情報（株式会社Dの登記事項証明書）
	登記識別情報（Aの甲区1番の登記識別情報）
	印鑑証明書（Aの印鑑証明書）
	代理権限証明情報（B及びAの委任状）
登録免許税	金1000円

＊株式会社C・株式会社Dは法人ですが、会社法人等番号を提供する（申請情報に記載する）必要もありません
　し、代表者を記載する必要もありません。株式会社C・株式会社Dは、債務者であり、申請人となっている
　法人ではないからです（Ⅰのテキスト第1編第6章第7節[2]「会社法人等番号（代表者の資格を証する情報）
　の提供の要否の判断基準」、[3]「代表者の記載の判断基準」）。

権　利　部　（乙区）　（所　有　権　以　外　の　権　利　に　関　す　る　事　項）			
順位番号	登記の目的	受付年月日・受付番号	権　利　者　そ　の　他　の　事　項
1	根抵当権設定	令和7年6月28日 第12457号	原因　令和7年6月28日設定 極度額　金1000万円 債権の範囲　液体供給取引 債務者　株式会社C 根抵当権者　B
付記1号	1番根抵当権変更	令和7年12月21日 第19987号	原因　令和7年12月5日会社分割 債務者　株式会社C 　　　　株式会社D

（a）登記の目的

「○番根抵当権変更」と記載します。

（b）登記原因及びその日付

年月日は、以下の日を記載します（Ⅰのテキスト第2編第2章第3節⑨2.（1）「吸収型・新設型の効力発生日」）。

・吸収分割　→　吸収分割契約で定めた効力発生日
・新設分割　→　会社成立の日（商業登記の申請日。上記申請例88はこちらです）

原因は、吸収分割であっても新設分割であっても「会社分割」と記載します。会社分割が、債務者が変更された原因（法律行為）だからです。

（c）登記事項

変更後の事項として、分割会社および承継会社・設立会社の名称・住所を記載します。分割会社も記載するのは、会社分割後は、分割会社および承継会社・設立会社の債務を担保すること（P118（ⅱ））を明らかにするためです。

（d）申請人

以下の者の共同申請です（不登法60条）。

・登記権利者：根抵当権者
・登記義務者：設定者

（e）添付情報

①登記原因証明情報（不登法61条、不登令別表25添付情報イ）

Ⅰのテキスト第1編第6章第2節4の「登記原因証明情報の提供が不要となる場合」に当たりませんので、登記原因証明情報を提供する必要があります。

具体的には、承継会社・設立会社の登記事項証明書または会社法人等番号が当たります。

※吸収分割契約書・新設分割計画書は、提供しません。吸収分割契約書・新設分割計画書の内容に関係なく、分割会社と承継会社・設立会社の債務を担保する根抵当権となるからです（P118）。

②登記識別情報（不登法22条本文）

登記義務者である設定者の登記識別情報を提供します。共同申請だからです（Ⅰのテキスト第1編第6章第3節31.「登記識別情報の提供の要否の基本的な判断基準」）。

③印鑑証明書（不登令16条2項、18条2項）

　所有権を目的として設定された根抵当権の場合、登記義務者である設定者の印鑑証明書を提供します（Ⅰのテキスト第1編第6章第4節 3 2.「『認印でよいか』『実印で押印し印鑑証明書の提供が要求されるか』の判断基準」）。

　抵当権の債務者の変更の登記と異なり、根抵当権の債務者の変更の登記は、原則どおりの考え方です。根抵当権の債務者は、枠を決める4大事項の1つであるため、重要な登記事項だからです。

④代理権限証明情報（不登令7条1項2号）

⑤会社法人等番号（不登令7条1項1号イ）

※住所証明情報は、提供しません。Ⅰのテキスト第1編第6章第5節 3 「住所証明情報の提供が要求される場合①～③」のいずれにも当たらないからです。

（f）登録免許税

　変更の登記として、不動産1個につき1000円です（登免法別表第1.1.(14)）。

【根抵当権者または債務者の相続・合併・会社分割（確定前）の確定のまとめ】

		原則	例外	確定時
相続	根抵当権者	確定する	確定しない （指定根抵当権者・指定債務者の合意） ＊指定根抵当権者・指定債務者の合意の登記を相続開始から6か月以内にする必要あり	相続の効力発生時
	債務者			
合併	根抵当権者	確定しない	確定する （設定者の確定請求） ＊債務者である会社が合併または会社分割をしたときは確定請求不可	合併の効力発生時
	債務者			
会社分割	根抵当権者			会社分割の効力発生時
	債務者			

第7節 元本の確定

1 元本の確定とは？

元本の確定：根抵当権によって担保される被担保債権が最終的に特定されること

確定のイメージは「企業間の取引の停止」（根抵当権者と債務者との間の取引の停止）です。確定後の根抵当権は、極度額を除いて抵当権とほとんど同じ性質となります（P5⑤）。

2 確定事由と確定時期

1．10個の確定事由

元本の確定事由は以下の10個です。まず、以下の確定事由10個は、ソラで言えるレベルにする必要があります。

確定事由	確定時期
1．確定期日の到来（P11の4.、P76〜80⑤）	確定期日
2．設定者からの確定請求	確定請求が到達した時から2週間が経過した日
3．根抵当権者からの確定請求	確定請求が到達した日
4．根抵当権者自身の申立てに基づく競売・担保不動産収益執行・物上代位による差押え	申立てをした日
5．根抵当権者自身が滞納処分による差押えをした	差押えがされた日
6．第三者の申立てに基づく競売手続の開始または第三者による滞納処分の差押え	根抵当権者が、第三者の申立てに基づく競売手続の開始または第三者による滞納処分の差押えを知った日から2週間を経過した日
7．債務者または設定者の破産手続開始の決定	破産手続開始の決定を受けた日
8．根抵当権者または債務者に相続が開始した場合に、6か月以内に指定根抵当権者または指定債務者の合意の登記がされなかった（P89（a）、P98（a））	相続が開始した日（P89の「本節に共通するハナシ②」）
9．根抵当権者が合併または会社分割をした場合に、設定者から確定請求がされた（P107（b）、P115（b））	合併または会社分割の効力が発生した日（P89の「本節に共通するハナシ②」）

10. 債務者が合併または会社分割をした場合に、設定者から確定請求がされた（P110（b）、P119（b））	合併または会社分割の効力が発生した日（P89の「本節に共通するハナシ②」）

※民法に規定されている確定事由は、上記の 10 個です。よって、たとえば、単に根抵当権者と債務者との取引が終了しただけでは確定しません。しかし、上記の 10 個以外の場合に絶対に確定しないかというと、争いがあります。たとえば、以下のような場合にも確定するかは争いがあります。

・根抵当権者と設定者が、被担保債権の範囲を特定債権のみとする変更をした場合
・根抵当権者と設定者が、元本を確定させる契約をした場合

＊なお、上記1.と8.～10.はすでに学習しましたので、以下では、それ以外について説明をしていきます。

2. 設定者からの確定請求

> **民法398条の19（根抵当権の元本の確定請求）**
> 1　根抵当権設定者は、根抵当権の設定の時から3年を経過したときは、担保すべき元本の確定を請求することができる。この場合において、担保すべき元本は、その請求の時から2週間を経過することによって確定する。

（1）要件
　この2.の確定は、設定者が確定を望んでいる場合です。
　設定者は、以下の①および②の要件を充たせば、根抵当権者に対して確定請求をすることができます（民法398条の19第1項前段）。

①確定期日の合意をしていない（民法398条の19第3項）
　確定期日の合意があれば、「確定期日までは確定しない」と設定者も納得しているため、できないのです。確定期日の合意は、根抵当権者と設定者でします（P11の4.）。
②根抵当権の設定から3年を経過している（民法398条の19第1項前段）
　早く確定したほうが設定者に有利であり根抵当権者に不利である、というのが基本的な考え方でした（P79の「確定の基本的な考え方」）。よって、設定後すぐに確定請求ができてしまうと、設定者がすぐに確定請求をする可能性が考えられます。極端なハナシ、「根抵当権者が最初の融資などをする前に確定請求をしちゃおう」と考える設定者も現れかねません。そのため、「3年を経過」という要件があるのです。

（2）確定時期

　上記（1）の要件を充たしたうえで、設定者が根抵当権者に確定請求をすると、その請求の意思表示が根抵当権者に到達してから2週間が経過した日に確定します（民法398条の19第1項後段）。

　到達の時点で確定しないのは、根抵当権者が確定請求に気づかず「無担保で融資をしてしまった」といった事態が起こらないようにするためです。大きな銀行だと内部で文書を回すのも時間がかかるので、銀行によっては、すぐに融資部門に確定請求が知らされず、「気づかずに融資をしてしまった」ということがあり得るのです。

3．根抵当権者からの確定請求

> **民法398条の19（根抵当権の元本の確定請求）**
> 2　根抵当権者は、いつでも、担保すべき元本の確定を請求することができる。この場合において、担保すべき元本は、その請求の時に確定する。

（1）要件

　この3.の確定は、上記2.と逆に、根抵当権者が確定を望んでいる場合です。

　根抵当権者は、以下の要件を充たせば、設定者に対して確定請求をすることができます（民法398条の19第2項前段）。

・確定期日の合意をしていない（民法398条の19第3項）

　設定者からの確定請求（上記2.（1）①）と同じ理由です。確定期日の合意があれば、「確定期日までは確定しない」と根抵当権者も納得しているため、できないのです。確定期日の合意は、根抵当権者と設定者でします（P11の4.）。

※「根抵当権の設定から3年を経過している」という要件はなく、確定期日の合意をしていないのであれば、根抵当権者はいつでも確定請求ができます。早く確定したほうが設定者に有利である、というのが基本的な考え方です（P79の「確定の基本的な考え方」）。よって、根抵当権者から確定請求をする場合には、相手（設定者）の保護を考える必要はなく、いつでも確定請求ができるのです。

（2）確定時期

　上記（1）の要件を充たしたうえで、根抵当権者が設定者に確定請求をすると、その請求の意思表示が設定者に到達した日に確定します（民法398条の19第2項後段）。

　到達の時点で確定するのは、根抵当権者から確定請求をするため、設定者からの確定請求の場合（上記2．（2））と異なり、確定請求に気づかず「無担保で融資をしてしまった」などという事態が起こらないからです。

※根抵当権者または設定者が複数いる場合の確定請求

　上記2．の設定者からの確定請求、上記3．の根抵当権者からの確定請求について、根抵当権者または設定者が複数いる場合の問題をみていきます。根抵当権者または設定者が複数いる場合に、確定請求を「全員にしないといけないのか」「全員からしないといけないのか」という問題です。

| 思い出し方 |

　下記③の「設定者からの確定請求」は例外ですが、それ以外は「全員に」「全員から」しないといけないということです。
　ここは、③の「設定者からの確定請求」の理由が、③の「根抵当権者からの確定請求」には当たらない理由がよくわからない（矛盾があるように思える）ため、この思い出し方で思い出せるようにしてください。

事案		
①共有根抵当権 （根抵当権者が複数） B　C A	設定者からの 確定請求	根抵当権の共有者全員（BC）に対してしなければなりません。 確定の効果は、共有者全員のために生じるからです。
②不動産の共有 （設定者が複数） B A C	設定者からの 確定請求	設定者全員（AC）からしなければなりません（登研443P94）。 元本の確定は、共有物の変更行為（民法251条1項）と考えられるからです。 ── 民法Ⅱのテキスト第3編第3章第4節③2.（4）（a）
	根抵当権者からの確定請求	設定者全員（AC）に対してしなければなりません（登研698P257～261）。

③共同根抵当権 （設定者が複数） 　　　　　B 　A　　　　　C	設定者からの 確定請求	設定者のうち1人（AまたはC）からすればOKです。 1つの不動産の根抵当権に確定事由が生じた場合、他の不動産の根抵当権も確定するからです（民法398条の17第2項。P20～21（b））。
	根抵当権者からの確定請求	設定者全員（AC）に対してしなければなりません（登研698P257～261）。

4. 根抵当権者自身の申立てに基づく競売・担保不動産収益執行・物上代位による差押え

民法398条の20（根抵当権の元本の確定事由）

1　次に掲げる場合には、根抵当権の担保すべき元本は、確定する。

一　根抵当権者が抵当不動産について競売若しくは担保不動産収益執行又は第372条において準用する第304条の規定による差押え〔物上代位による差押え〕を申し立てたとき。ただし、競売手続若しくは担保不動産収益執行手続の開始又は差押えがあったときに限る。

（1）要件

　この4.の確定は、根抵当権者"自身"が動いた場合であるというのが、下記6.の確定との違いでポイントになります。

　根抵当権者が、根抵当権が設定されている不動産について、競売・担保不動産収益執行（＊1）・物上代位による差押え（＊2）を申し立て、これらの手続の開始または差押えがあると、確定します（民法398条の20第1項1号）。

＊1　「担保不動産収益執行」（民執法180条2号）は、民事執行法で学習します。
＊2　「物上代位による差押え」は、根抵当権者が設定者の不動産の賃料債権に対して差押えを申し立てたなどという場合です。── 民法Ⅱのテキスト第4編第5章第5節③3.

　これらの申立てを根抵当権者がしたということは、根抵当権者が強制的な換価の手続をとったということです。よって、取引などを終了させる意思を表したといえるのです。

　一度取引などを終了させる意思を表しましたので、これらの手続の開始または差押えがあった後に申立てを取り下げても、確定はひっくり返りません。

P129

（2）確定時期

　上記（1）の手続の申立てをした日に確定します（民法398条の20第1項1号本文）。上記（1）の手続の申立てをした時に、取引などを終了させる意思を表したといえるからです。

「
P130

5．根抵当権者自身が滞納処分による差押えをした

> ### 民法398条の20（根抵当権の元本の確定事由）
> 1　次に掲げる場合には、根抵当権の担保すべき元本は、確定する。
> 　二　根抵当権者が抵当不動産に対して滞納処分による差押えをしたとき。

（1）要件

　この5.の確定は、上記4.と同じく根抵当権者"自身"が動いた場合です。

　滞納処分による差押えなので、根抵当権者が財務省などの場合のハナシです。財務省が担保権者となるのは、たとえば、相続税の額が高額であるために財務省が相続税の納税を猶予する際、納税者の不動産に財務省の抵当権や根抵当権を設定させることがあります。根抵当権者である財務省などが、根抵当権が設定されている不動産について滞納処分による差押えをすると、確定します（民法398条の20第1項2号）。

（2）確定時期

　上記（1）の差押えをした時に確定します（民法398条の20第1項2号）。

6．第三者の申立てに基づく競売手続の開始または第三者による滞納処分の差押え

> ### 民法398条の20（根抵当権の元本の確定事由）
> 1　次に掲げる場合には、根抵当権の担保すべき元本は、確定する。
> 　三　根抵当権者が抵当不動産に対する競売手続の開始又は滞納処分による差押えがあったことを知った時から2週間を経過したとき。

（1）要件
（a）原則

　この6.の確定は、根抵当権者自身ではない"第三者"が動いた場合であるというのが、上記4.の確定との違いでポイントになります。

　根抵当権が設定されている不動産について、第三者（ex. 抵当権者、他の根抵当権者、一般債権者）が競売を申し立てたことにより競売手続が開始される、または、第三者が滞納処分による差押えをすると、それを根抵当権者が知ってから2週間が経過することにより確定します（民法398条の20第1項3号）。

　競売や滞納処分による差押えがされると、不動産の換価の手続に入るため、根抵当権の被担保債権を特定させ、優先額を確定させる必要があるので、確定するのです。

（b）例外

　上記（a）の場合においても、競売手続の開始または差押えの効力が消滅したときは、確定しなかったものとみなされます（民法398条の20第2項本文）。つまり、「やっぱり確定しなかった」とひっくり返るのです。

P127」

　この6.は、第三者が競売を申し立てるなどというハナシです。根抵当権者が取引などを終了させる意思を表したわけではありません。よって、換価の手続に入らないのであれば、上記4.（1）と異なり、確定がひっくり返るのです。

＝P132

（c）再例外

　上記（b）の場合においても、元本が確定したものとして、その根抵当権またはその根抵当権を目的とする権利を取得した者がいるときは、確定します（民法398条の20第2項ただし書）。この場合、もう1回ひっくり返り、確定となります。

　その根抵当権またはその根抵当権を目的とする権利を取得した者の権利取得がなかったことにならないようにするため（これらの者を保護するため）に、この再例外があります。

　2回もひっくり返り混乱したと思いますので、具体例で確認していきましょう。

ex. Aが所有している建物に債務者をAとするBの根抵当権が設定されています。
　（a）→Aの一般債権者Cの申立てにより、競売手続が開始されました。Bは、令和7年11月28日に、そのことを知りました。この場合、令和7年12月13日に確定するのが原則です。
　（b）→しかし、Cが、令和7年12月20日に、競売の申立てを取り下げました。この場合、基本的には確定しなかったことになります（ひっくり返ります）。
　（c）→もっとも、すでに確定したものとして、BがDにその根抵当権の被担保債権を譲渡し、それにより根抵当権が移転していたら（随伴性で）、確定します（もう1回ひっくり返ります）。

権 利 部 （甲 区） （所 有 権 に 関 す る 事 項）			
順位番号	登記の目的	受付年月日・受付番号	権 利 者 そ の 他 の 事 項
1	所有権保存	令和7年6月28日第12456号	所有者　A
(a) 2	差押	令和7年11月20日第18794号	原因　令和7年11月18日東京地方裁判所強制競売開始決定 債権者　C
(b) 3	2番差押登記抹消	令和7年12月22日第19998号	原因　令和7年12月20日取下

（(a)は順位番号2の行、(b)は順位番号3の行を指す）

権 利 部 （乙 区） （所 有 権 以 外 の 権 利 に 関 す る 事 項）			
順位番号	登記の目的	受付年月日・受付番号	権 利 者 そ の 他 の 事 項
1	根抵当権設定	令和7年6月28日第12457号	原因　令和7年6月28日設定 極度額　金1000万円 債権の範囲　買付委託取引 債務者　A 根抵当権者　B
付記1号	1番根抵当権元本確定	令和7年12月16日第19772号	原因　令和7年12月13日確定
(c) 付記2号	1番根抵当権移転	令和7年12月16日第19773号	原因　令和7年12月16日債権譲渡 根抵当権者　D

P128

（2）確定時期

　上記（1）（a）の競売手続の開始または滞納処分による差押えを根抵当権者が知ってから2週間が経過した日に確定します（民法398条の20第1項3号）。

　第三者が競売を申し立てるなどというハナシであり、根抵当権者は競売手続の開始などを知っているとは限りません。競売手続が開始された日などに確定してしまうと、確定に気づかず「無担保で融資をしてしまった」などという事態が起こってしまいます。よって、知ってから2週間が経過した日とされているのです。

※上記4.の確定か上記6.の確定かが問題となる事案

　上記4.の確定（根抵当権者自身の申立てに基づく競売による確定）に当たるか、上記6.の確定（第三者の申立てに基づく競売による確定）に当たるかが問題となる事案があります。上記4.の確定と上記6.の確定で何が違うかというと、「確定時期」です。

上記4.は競売などの申立てをした日に確定します（確定時期が早いです）が、上記6. は根抵当権者が競売手続の開始などを知った日から2週間を経過した日に確定します（確定時期が遅いです）。

①根抵当権の一部譲渡を受けた者がした競売の申立て
　たとえば、根抵当権者Bが、Cに根抵当権の一部を譲渡しました。この場合に、Cが競売を申し立てたとき、上記4.の確定に当たるでしょうか、それとも、上記6.の確定に当たるでしょうか。
　上記4.の確定に当たります（平9.7.31 民三.1301）。
　Cも根抵当権者ですので、「根抵当権者自身の申立てに基づく競売」といえるのです。
　よって、この場合には、「Bの知らないところで元本が確定し、Bが無担保で融資をしてしまった」ということも起こり得ます。Bには酷な結論です……。

②根抵当権の転根抵当権者または根抵当権の被担保債権の質権者がした競売の申立て
　たとえば、Bの根抵当権を目的としてCの転根抵当権（P57 の cf.）、または、Bの根抵当権の被担保債権を目的としてDの質権（P58 の cf.）が設定されています。この場合に、CまたはDが競売を申し立てたとき、上記4.の確定に当たるでしょうか、それとも、上記6.の確定に当たるでしょうか。
　上記6.の確定に当たります（平9.7.31 民三.1301）。
　CもDも根抵当権者ではありませんので、「第三者の申立てに基づく競売手続の開始」に当たるからです。

7．債務者または設定者の破産手続開始の決定

民法398条の20（根抵当権の元本の確定事由）

1　次に掲げる場合には、根抵当権の担保すべき元本は、確定する。
　四　債務者又は根抵当権設定者が破産手続開始の決定を受けたとき。

（1）要件

（a）原則

債務者または設定者が破産手続開始の決定を受けると、確定します（民法 398 条の20 第1項4号）。

債務者が破産すると、取引継続などができません。設定者が破産すると、上記6.と同じく不動産の換価の手続に入るため、根抵当権の被担保債権を特定させ、優先額を確定させる必要があります。よって、これらの場合には確定するのです。

（b）例外

上記（a）の場合においても、破産手続開始の決定の効力が消滅したときは、確定しなかったものとみなされます（民法 398 条の 20 第2項本文）。つまり、「やっぱり確定しなかった」とひっくり返るのです。

P129=

（c）再例外

上記（b）の場合においても、元本が確定したものとして、その根抵当権またはその根抵当権を目的とする権利を取得した者がいるときは、確定します（民法 398 条の20 第2項ただし書）。この場合、もう1回ひっくり返り、確定となります。

上記（a）～（c）の構造とその理由は、上記6．（1）（a）～（c）とまったく同じです。上記6.とこの7.の確定は、根抵当権者が取引などを終了させる意思を表したわけではない点が共通しているからです。

（2）確定時期

債務者または設定者が破産手続開始の決定を受けた日に確定します（民法 398 条の20 第1項4号）。根抵当権者が債務者または設定者の破産をすぐに知るとは限りませんので、「根抵当権者の知らないところで元本が確定し、根抵当権者が無担保で融資をしてしまった」ということも起こり得ます。ちょっと早すぎる確定時期です……。

3 　確定登記の要否

1．10 個の確定事由ごとの確定登記の要否

10 個の確定事由のいずれかが生じると、後記4でみる確定登記を申請することができます。しかし、この確定登記は、省略できる場合もあります。確定登記は、「確定後しかできない登記」との関係で問題となります。

具体的には P140 で説明しますが、確定後しかできない登記があります。確定後し

かできない登記は、以下のいずれかの場合しか登記できません（昭46.12.27民事三.960）。

ⅰ　登記記録上、確定していることが明らかである

　この場合は、確定登記をすることなく、確定後しかできない登記を申請できます。省略できるだけで、確定登記を申請しても構いません（＊）。

＊記述では、「申請件数を最少にして申請する」という注意事項があるのが通常なので、省略するのが正解となります。

ⅱ　元本確定の登記がされている

　上記ⅰに当たらなければ、確定後しかできない登記をするには、先に確定登記を申請する必要があります。登記官には形式的審査権しかないので、登記記録上確定していることが明らかでなければ、確定しているという判断ができないからです。

　10個の確定事由ごとに確定登記が必要か（上記ⅰに当たるか）を以下の表でみていきますが、この視点でご覧ください。

確定登記の要否の判断基準

　根抵当権が設定された不動産の登記記録だけをみて確定していることがわかるかが判断基準となります。

　「根抵当権が設定された不動産の登記記録だけをみて確定していることがわかるか」ですので、その不動産の登記記録に確定事由が記録されるかが判断基準となります。そこで、以下の3点を押さえておく必要があります。

①確定請求　　　　　→　登記されません

　確定請求は、根抵当権者と設定者の間で手紙を送ったりするだけだからです。

②差押え　　　　　　→　登記されます（物上代位による差押えを除きます）

③破産手続開始の決定　→　自然人である設定者が破産した場合のみ登記されます

確定事由	確定登記の要否
1．確定期日の到来	**不要**
	確定期日は登記されているので、その不動産の登記記録から明らかです。登記所にも、カレンダーはあります……。
2．設定者からの確定請求	**必要**
	確定請求がされたことは、登記されないからです（上記
3．根抵当権者からの確定請求	①）。

4．根抵当権者自身の申立てに基づく競売・担保不動産収益執行・物上代位による差押え	**競売・担保不動産収益執行　→　不要**
	その根抵当権者を「債権者」とする差押登記が登記されます（P133②）。
	物上代位による差押え　　→　必要
	これは賃料債権に対する差押えなどなので（P127の＊2）、不動産の登記記録には登記されません。民事執行法で学習しますが、不動産に対する執行ではなく、「債権執行」という債権に対する執行となります（民執法193条1項後段、2項）。
5．根抵当権者自身が滞納処分による差押えをした	**不要**
	その根抵当権者を「債権者」とする差押登記（ex.「債権者　財務省」）が登記されます（記録例711。P133②）。
6．第三者の申立てに基づく競売手続の開始または第三者による滞納処分の差押え	**必要**
	たしかに、差押登記は登記されます。しかし、根抵当権者がそれらをいつ知ったかは、登記記録からはわからないからです。根抵当権者は、P139のⅱで説明する知らせによって知ることになります。
7．債務者または設定者の破産手続開始の決定	**自然人債務者の破産　→　必要**　**法人債務者の破産　→　必要**
	債務者の不動産ではないため、破産手続開始決定の登記がされないからです（P133③）。
	自然人設定者の破産　→　不要　**法人設定者の破産　→　必要**
	破産手続開始決定の登記がされるからです（Ⅰのテキスト第2編第2章第2節⑧1.（1）（b）。P133③）。　法人の登記記録に登記され（Ⅰのテキスト第2編第2章第2節⑧1.（1）（b））、不動産の登記記録には登記されないからです（P133③）。
8．根抵当権者または債務者に相続が開始した場合に、6か月以内に指定根抵当権者または指定債務者の合意の登記がされなかった	**不要**
	根抵当権者または債務者の相続登記がされていますので、その登記原因日付により、相続が開始してから6か月が経過していることがわかります。登記所にも、カレンダーはあります……。

9. 根抵当権者が合併または会社分割をした場合に、設定者から確定請求がされた	必要
	確定請求がされたことは、登記されないからです（P133①）。
10. 債務者が合併または会社分割をした場合に、設定者から確定請求がされた	

※仮登記

＊この※は、第5編第2章（P249〜308）で仮登記を学習した後にお読みください。

　この1.の考え方は、根抵当権が仮登記であっても同じです（登研623P161など）。仮登記であっても、確定事由が生じた場合には、確定登記を申請できます。

　登記の形式が仮登記なだけであって、実体上は根抵当権は存在するため、確定することもあるからです。

　この確定登記は、仮登記ではなく、本登記（付記登記）によってされます（平14.5.30民二.1310）。順位保全のため（仮登記をする目的〔P250 2 〕）ではなく、単に確定したという事実を公示する登記なので、仮登記ではしないのです。

2. 純粋共同根抵当権

　純粋共同根抵当権の場合、1つの不動産の根抵当権に確定事由が生じると、他の不動産の根抵当権も確定します（民法398条の17第2項。P20〜21（b））。

　このとき、確定事由が生じた不動産の登記記録から確定が明らかである場合でも、他の不動産について確定後しかできない登記を申請するときは、その前提として確定登記をする必要があります（登研373P87、559P152）。

ex. Aが所有している甲土地とDが所有している乙土地に、Bの純粋共同根抵当権が設定されています。Bが甲土地の競売を申し立て、B名義の差押登記が甲土地に嘱託されました。甲土地は、登記記録から確定していることが明らかです（P134の4.）。その後、この根抵当権の

被担保債権がCに譲渡された場合、乙土地については、以下の登記を申請することになります。

1/2　確定を原因とする根抵当権の元本確定の登記（下記 4 ）
2/2　Cへの債権譲渡を原因とする根抵当権の移転の登記（P143～145 の2.）

　確定登記が必要かは、その不動産の登記記録だけをみて確定していることがわかるかで判断するからです（P133 の「確定登記の要否の判断基準」）。

4 申請情報の記載事項

申請例89 ── 第三者の申立てに基づく競売手続の開始による根抵当権の元本確定の登記

事例：Aが所有している建物に、乙区1番でBの根抵当権の設定の登記がされている。Aの一般債権者Cの申立てにより、この建物について競売手続が開始された。そして、令和7年11月13日、Bの元へ裁判所から債権届出の催告書が届いた。

登記の目的	1番根抵当権元本確定
原　　　因	令和7年11月28日確定
権　利　者	A
義　務　者	B
添付情報	登記原因証明情報（民事執行法の規定による催告を受けたことを証する情報）
	登記識別情報（Bの乙区1番の登記識別情報）
	代理権限証明情報（A及びBの委任状）
登録免許税	金1000円

権 利 部 （乙 区）　（所 有 権 以 外 の 権 利 に 関 す る 事 項）			
順位番号	登記の目的	受付年月日・受付番号	権 利 者 そ の 他 の 事 項
1	根抵当権設定	令和7年6月28日 第12457号	原因　令和7年6月28日設定 極度額　金1000万円 債権の範囲　貸付有価証券取引 債務者　A 根抵当権者　B
付記1号	1番根抵当権元本確定	令和7年11月28日 第19451号	原因　令和7年11月28日確定

　確定登記は、上記のように常に付記登記で登記されます（不登規3条2号。Ⅰのテキスト第1編第4章第3節 2 3.②ア）。確定登記には、利害関係人がいないからです。

１．登記の目的

「○番根抵当権元本確定」と記載します。

２．登記原因及びその日付

　年月日は、「P123～124 の表の確定時期の日付」を記載します。上記申請例 89 は、P123 の 6.に該当しますので、Ｂが、Ｃの申立てに基づく競売手続の開始を知った日（令和７年 11 月 13 日）から２週間を経過した日（令和７年 11 月 28 日）を記載します（＊）。

＊期間の計算方法は、**民法Ⅰのテキスト第２編第９章**をご覧ください。

　原因は、「確定」と記載します。確定が、元本が確定した原因（事実）だからです。

３．申請人

【原則（共同申請）】

登記権利者と登記義務者は入れ替わらない

　下記の例外のように単独申請になることはありますが、あくまで P79 の「確定の基本的な考え方」によるため、**登記権利者と登記義務者が以下の者から入れ替わることはとにかくありません**（不登法 60 条）。根抵当権者が確定を望むこともあるため（ex. 根抵当権者からの確定請求〔民法 398 条の 19 第２項前段〕）、「この場合は根抵当権者が登記権利者になるのかな？」と思わせるひっかけがありますので、ご注意ください。

・登記権利者：設定者
・登記義務者：根抵当権者

【例外（根抵当権者の単独申請）】

　以下の３つの確定登記は、根抵当権者が単独で申請できます（不登法 93 条本文）。

＊なお、以下の場合でも、設定者と共同して申請しても構いません。

i　根抵当権者からの確定請求に基づく確定登記（民法 398 条の 19 第２項。P133 の 3.）

ii　第三者の申立てに基づく競売手続の開始または第三者による滞納処分の差押えを根抵当権者が知った時から２週間を経過したことに基づく確定登記（民法 398 条の 20 第１項３号。P134 の 6.）

iii　債務者または設定者の破産手続開始の決定に基づく確定登記（民法 398 条の 20 第１項４号。P134 の 7.）

※ ii と iii は、その根抵当権またはその根抵当権を目的とする権利の取得の登記を確定登記と連件で申請する必要があります（不登法 93 条ただし書）。つまり、P129（ｃ）、

P132（c）の場合でなければならないということです。P129（c）、P132（c）の場合であれば、「確定」で決まりですので、P129（b）やP132（b）のようにひっくり返ることはないからです。

ex. 上記申請例89の事例において、すでに確定したものとして、BがDにその根抵当権の被担保債権を譲渡していた場合、以下の2件の登記を連件で申請し、1/2の登記は根抵当権者Bが単独で申請できます（これはP129〜130のex.と同じ事案となります）。

<u>1/2　確定を原因とする根抵当権の元本確定の登記</u>

この場合、申請人欄には、以下のように記載します。

「権利者　　A

　義務者　　（申請人）B」

本来は共同申請による登記なので、申請していない設定者Aも記載します（Iのテキスト第2編第2章第3節 8 2.（2）（b）「元が共同申請・合同申請なら申請していない者も記載」）。そして、実際に申請している根抵当権者Bに「（申請人）」と記載します。

<u>2/2　Dへの債権譲渡を原因とする根抵当権の移転の登記（P143〜145の2.）</u>

「1/2の確定がひっくり返ることはないですよ〜」という意味で、2/2の登記を連件で申請しています。

P137のⅰ〜ⅲの場合に根抵当権者が単独で申請できるのは、**設定者が夜逃げしている可能性**があり、設定者の登記申請の協力を得られない場合があるからです。

「他の確定事由の場合も設定者の夜逃げの可能性はあるんじゃ？」と思われたかもしれませんが、設定者の夜逃げを考えないといけないのは上記ⅰ〜ⅲの場合だけです。その理由を、P133〜135の表の確定事由ごとに説明します。

・1・4・5・8　→　そもそも確定登記が不要です（4.は原則としてですが）

・2・9・10　　→　設定者は確定請求をしていますので、夜逃げをしていません

4. 添付情報

①登記原因証明情報（不登法61条）

Iのテキスト第1編第6章第2節 4 の「登記原因証明情報の提供が不要となる場合」に当たりませんので、登記原因証明情報を提供する必要があります。

【原則（共同申請）】

共同申請なので、報告形式の登記原因証明情報で構いません。

【例外（根抵当権者の単独申請）】

単独申請ですので、以下の公的な情報に限定されます。

i　根抵当権者からの確定請求に基づく確定登記

　→　根抵当権者が確定請求をしたことを証する情報（不登令別表61添付情報）

　この確定請求は、配達証明付き内容証明郵便により行われたものでなければなりません（平15.12.25民二.3817）。

ii　第三者の申立てに基づく競売手続の開始または第三者による滞納処分の差押えを根抵当権者が知った時から2週間を経過したことに基づく確定登記

　→　民事執行法の規定による催告を受けたことを証する情報または国税徴収法の規定による通知を受けたことを証する情報（不登令別表62添付情報）

　競売手続が開始されると、裁判所が配当のために債権額などを把握する必要があるため、裁判所書記官は、登記された担保権者などに、「債権額などはいくらですか〜？」という債権届出の催告書を送ります（民執法49条2項、188条）。また、滞納処分の差押えがされると、税務署長などが担保権者などに通知をします（国税徴収法55条）。これらによって根抵当権者が競売手続の開始または滞納処分の差押えを知ることになりますので、これらの情報が登記原因証明情報となります（平10.10.23民三.2069）。

iii　債務者または設定者の破産手続開始の決定に基づく確定登記

　→　破産手続開始の決定があったことを証する情報（不登令別表63添付情報）

　官報が当たります。破産者は、官報に掲載されます（破産法32条1項、10条1項）。

②登記識別情報（不登法22条本文）

【原則（共同申請）】

　登記義務者である根抵当権者の登記識別情報を提供します。共同申請だからです（Iのテキスト第1編第6章第3節③1.「登記識別情報の提供の要否の基本的な判断基準」）。

【例外（根抵当権者の単独申請）】

※登記識別情報は、提供しません（不登法22条参照）。単独申請だからです（Iのテキスト第1編第6章第3節③1.「登記識別情報の提供の要否の基本的な判断基準」）。

③代理権限証明情報（不登令7条1項2号）

④会社法人等番号（不登令7条1項1号イ）

※印鑑証明書は、提供しません。共同申請でも、上記3.のとおり、所有権の登記名義人が登記義務者となることはないからです（Iのテキスト第1編第6章第4節③2.「『認印でよいか』『実印で押印し印鑑証明書の提供が要求されるか』の判断基準」）。

※住所証明情報は、提供しません。Iのテキスト第1編第6章第5節③「住所証明情報の提供が要求される場合①〜③」のいずれにも当たらないからです。

5．登録免許税

　付記登記として、不動産1個につき1000円です（登免法別表第1.1.（14））。

第8節　確定前根抵当権と確定後根抵当権

　根抵当権は、確定前と確定後で大きく顔が変わります。これまでにも出てきましたが、ここで「確定前根抵当権においてのみ認められること」「確定後根抵当権においてのみ認められること」「いずれでも認められること」をまとめます。

確定前根抵当権においてのみ認められること	確定後根抵当権においてのみ認められること
①**根抵当権の全部譲渡・一部譲渡・分割譲渡、譲渡を原因とする共有者の権利の移転**（民法398条の12第1項、398条の13、398条の12第2項、398条の14第2項）	①**被担保債権の債権譲渡・代位弁済による根抵当権の移転**（民法398条の7第1項）
被担保債権と切り離して根抵当権の枠だけを移転できるのは、随伴性のない確定前だけだからです。	被担保債権の移転に伴い根抵当権が移転するのは、随伴性のある確定後だけだからです。
②**債権の範囲の変更、債務者の変更（変更契約）**（民法398条の4第1項、2項）	②**債務者の変更（債務引受）、債権者または債務者の変更（更改）**（民法398条の7第2項、3項、4項後段）
枠を変更する意味があるのは、債権が特定していない確定前だけだからです。	債務の移転に伴い根抵当権に変更が生じるのは、随伴性のある確定後だけだからです。
③**確定期日の新設・変更（繰下げ・繰上げ・廃止）**（民法398条の6第4項）	③**根抵当権の譲渡・放棄・順位の譲渡・順位の放棄**（民法398条の11第1項本文）
確定期日の意味があるのは、確定前だけだからです。	確定前にも認めると、優先関係があまりに複雑になってしまうからです（P56の1.）。
④**優先の定め**（民法398条の14第1項ただし書） ※優先の定めのみ、例外的に、元本確定前に合意すれば、登記は確定後でもできます。 　上記①〜③は、登記も確定前にする必要があります（民法398条の4第3項、398条の6第4項）。	④**弁済を原因とする根抵当権の消滅** 　弁済によって被担保債権が消滅したことにより根抵当権が消滅するのは、付従性のある確定後だけだからです。
	⑤**減額請求による極度額の減額**（民法398条の21第1項）
	⑥**根抵当権の消滅請求による根抵当権の消滅**（民法398条の22第1項前段）
	これらは、P149〜151 3 と P151〜155 4 で説明します。

いずれでも認められること
①放棄を原因とする共有者の権利の移転（民法255条、264条本文）
放棄は法律上当然に効果が生じるからです。
②転抵当（民法398条の11第1項ただし書）、**転根抵当、順位変更、債権質入れ**
転抵当、転根抵当、順位変更は、上記の右の③と異なり、優先関係が複雑になる問題が生じないからです。これらは、根抵当権の優先枠を一緒に使ったりするハナシではありません。 　債権質入れは、P58①②で説明した理由によります。
③抵当権から順位の譲渡・順位の放棄を受けること（民法398条の15参照）
確定前根抵当権でもできるのは、順位の譲渡・順位の放棄をする抵当権には決まった債権が存在しており（抵当権の優先枠には問題はなく）、上記の右の③と異なり、優先関係が複雑になる問題が生じないからです。
④極度額の変更（民法398条の5）
確定後根抵当権でも認められるのは、確定後でも、極度額の意味はあるからです（確定後に生じた利息や損害金でも極度額までは担保されます。P10〜11の3.）。
⑤相続・合併・会社分割を原因とする根抵当権の移転・債務者の変更
確定前根抵当権だと第6節（P88〜122）の問題となります。しかし、確定後でも、相続・合併・会社分割が生じた場合には、根抵当権の移転・債務者の変更が生じます（会社分割は吸収分割契約書・新設分割計画書に「根抵当権の被担保債権・債務が承継される」と記載されている場合です）。相続・合併・会社分割の効果として、当然に生じるからです。
⑥放棄・解除を原因とする根抵当権の消滅
根抵当権（物権）自体を放棄・解除するというハナシなので、上記の右の④と異なり、付従性とは関係がないため、確定前根抵当権でも根抵当権が消滅します。 　このように、放棄・解除が原因なら確定前根抵当権でも消滅するため、担保物権の抹消の登記原因証明情報の内容を放棄証書や解除証書で統一してしまっている金融機関があるのです（Ⅰのテキスト第3編第1章第6節2 2.「Realistic 20」）。

第9節　確定後根抵当権

　根抵当権の最後に、本節では、確定後根抵当権に特有のハナシをみていきます。

本節で扱わない確定後根抵当権のハナシ

　本節で扱わない確定後根抵当権のハナシは、基本的に抵当権の知識で考えてください。P3の「根抵当権に特有の規定を学習していない知識」で説明したとおり、根抵当権は抵当権の一種だからです。

ex. 元本の確定後に、根抵当権の被担保債権のすべてが弁済されました。この場合の根抵当権の抹消の登記の申請情報は、Ⅰのテキスト第3編第1章第6節②の申請例65の弁済を原因とする抵当権の抹消の登記を少し変えたものになります。異なる箇所を青字にしました。登記の目的に「根」が加わるだけです。

登 記 の 目 的	1番根抵当権抹消
原　　　　因	令和7年11月28日弁済
権　利　者	A
義　務　者	B
添 付 情 報	登記原因証明情報（弁済証書）
	登記識別情報（Bの乙区1番の登記識別情報）
	代理権限証明情報（A及びBの委任状）
登録免許税	金1000円

1　債権譲渡・代位弁済

1．実体（民法）

民法398条の7（根抵当権の被担保債権の譲渡等）

1　元本の確定前に根抵当権者から債権を取得した者は、その債権について根抵当権を行使することができない。元本の確定前に債務者のために又は債務者に代わって弁済をした者も、同様とする。

　確定した後に、根抵当権者が根抵当権の被担保債権を譲渡すると（民法466条1項本文）、根抵当権も債権の譲受人に移転します（民法398条の7第1項前段）。
　また、債務者以外の第三者が債務者の代わりに根抵当権の被担保債権の弁済をする

と、根抵当権者からその第三者に根抵当権が移転します（民法501条1項、2項）。
　確定後根抵当権には、随伴性があるからです。── 民法Ⅱのテキスト第4編第1章第3節②

2．申請情報の記載事項

　確定後に債権譲渡がされると債権（一部）譲渡を原因とする債権の譲受人への根抵当権の（一部）移転の登記を、確定後に代位弁済がされると（一部）代位弁済を原因とする代位弁済をした第三者への根抵当権の（一部）移転の登記を申請できます。

申請例90 ── 債権一部譲渡を原因とする根抵当権の一部移転の登記

事例：Aが所有している建物に、乙区1番で債務者をA・極度額を1000万円・確定期日を令和7年11月20日とする（＊）Bの根抵当権の設定の登記がされている。この根抵当権の債権の範囲に含まれるBのAに対する債権は2000万円であるが、BとCは、令和7年11月28日、この債権のうち1500万円をBがCに売却する契約を締結した。令和7年11月29日、債権譲渡の事実を記載した内容証明郵便がAに到達した。

＊記述では、確定期日は登記記録にしか記載されていないのが通常です。登記記録の確定期日の記載から、確定期日が到来し元本が確定しているかを判断する必要があります。

登記の目的	1番根抵当権一部移転
原　　　因	令和7年11月28日債権一部譲渡
譲　渡　額	金1500万円
権　利　者	C
義　務　者	B
添　付　情　報	登記原因証明情報（根抵当権付債権譲渡契約書） 登記識別情報（Bの乙区1番の登記識別情報） 代理権限証明情報（C及びBの委任状）
課　税　価　格	金1000万円
登録免許税	金2万円

権利部 （乙区） （所有権以外の権利に関する事項）			
順位番号	登記の目的	受付年月日・受付番号	権利者その他の事項
1	根抵当権設定	令和7年6月28日 第12457号	原因　令和7年6月28日設定 極度額　金1000万円

			債権の範囲　割賦販売取引
			確定期日　令和7年11月20日
			債務者　A
			根抵当権者　B
付記1号	1番根抵当権一部移転	令和7年11月30日第19567号	原因　令和7年11月28日債権一部譲渡
			譲渡額　金1500万円
			根抵当権者　C

　以下で説明する課税価格を除いて、基本的にIのテキスト第3編第1章第2節②1.（2）の債権譲渡・代位弁済を原因とする抵当権の移転の登記と同じです。ただし、根抵当権ですので、登記の目的が「○番<u>根抵当権移転</u>」「○番<u>根抵当権一部移転</u>」となります。

・課税価格

　根抵当権の場合、極度額は限度額であるため、実際に存在する債権額が極度額より高いことも低いこともあります。よって、譲渡額・弁済額が極度額より高いことも低いこともあります。

　課税価格は、以下のとおりです。

	債権譲渡・代位弁済（債権の全部の譲渡・弁済）	債権一部譲渡・一部代位弁済（債権の一部の譲渡・弁済）
譲渡額・弁済額が極度額より高い場合	①極度額	②極度額
譲渡額・弁済額が極度額より低い場合	③極度額	④譲渡額・弁済額

　まず、いずれの場合でも、課税価格が<u>極度額</u>を超えることはありません。上記①②の場合も「極度額」が課税価格となります。債権額が極度額より高くても、優先枠は極度額が限度だからです（Iのテキスト第3編第1章第1節②6.「優先枠に課税」）。
ex. 上記申請例90は、上記②の場合です。譲渡額は「1500万円」ですが、課税価格は「1000万円」となります。なお、2000万の債権のうち1500万円を譲渡している債権一部譲渡ですので、登記の目的は「1番根抵当権<u>一部移転</u>」、登記原因及びその日付は「令和7年11月28日債権<u>一部譲渡</u>」と記載し、譲渡額も記載します。

　上記③は、譲渡額・弁済額が極度額より低いにもかかわらず、課税価格が「極度額」となります。債権の全部の譲渡・弁済であれば、債権の譲受人・代位弁済した第三者は根抵当権の優先枠を極度額まで使うことができるからです。確定後に生じたものでも利息や損害金は根抵当権で担保されますので（P10〜11 の3.）、譲渡額・弁済額が極度額より低くても、債権の譲受人・代位弁済した第三者が、極度額まで優先枠を使う可能性はあります。

　上記④は、譲渡額・弁済額が課税価格となります。債権の一部の譲渡・弁済なので、債権の譲受人・代位弁済した第三者が、1人で根抵当権の優先枠を使えるわけではないからです。

2 根抵当権の一部移転の登記の後に根抵当権の共有者の1人の債権が消滅した場合

1．実体（民法）

　根抵当権にも、抵当権の Iのテキスト第3編第1章第5節 1 4.と同種の問題があります。以下の ex.を基に、この問題を考えていきます。

＊人物関係などは、Iのテキスト第3編第1章第5節 1 4.の ex.に合わせています。

ex. Aが所有している建物に、乙区1番で債務者をA・極度額を1000万円とするBの根抵当権の設定の登記がされました。確定期日が到来し、この根抵当権の元本が確定しました。その後、BからCにこの根抵当権の債権の範囲に含まれる債権1000万円のうち 700万円が譲渡され、BからCへの根抵当権の一部移転の登記がされました。乙区1番でBの根抵当権の設定の登記、乙区1番付記1号でCへの根抵当権の一部移転の登記がされているという状態です。

（1）Bの債権のみが消滅した場合

　上記 ex.の場合に、Bの債権300万円のみがAの弁済により消滅し、Bの根抵当権の権利が消滅したとします。このとき、乙区1番のBの根抵当権の設定の登記を抹消するかですが、それをしてしまうと、乙区1番に付

記1号でくっついているCへの根抵当権の一部移転の登記も消えてしまいます。

　よって、「年月日Bの債権弁済」を登記原因及びその日付として、根抵当権者をCとする変更の登記を申請します（登研592P185）。

※抵当権の場合（Ⅰのテキスト第3編第1章第5節　1　4.（1）（a））と異なり、極度
　額の減額の変更の登記はしません。根抵当権の場合、根抵当権者がCのみになって
　も、債権は極度額まで担保されるからです。

（2）Cの債権のみが消滅した場合

　上記 ex.の場合に、Cの債権 700 万円のみがAの弁済により消滅し、Cの根抵当権
の権利が消滅したとします。このとき、申請する登記には、以下の2つの見解があり
ます。

①乙区1番付記1号のCへの根抵当権の一部移転の登記の抹消の登記を申請する（昭
　36.4.22 民事甲 954）

　抵当権は、この見解はダメでした（Ⅰ
のテキスト第3編第1章第5節　1　4.（1）
（b））。乙区1番の主登記のみとなり、
登記記録上 1000 万円の被担保債権を担保
する抵当権のように見えてしまうからで
した。

乙区		
1	1000	B
1-1	700	C

の登記の抹消によ
り 1000 万円の債
権を担保する根抵
当権のようにみえ
ても OK

　しかし、根抵当権は、Cの権利が消え
ても、極度額（1000 万円）まで担保されるため、この見解を採ることも可能なのです。

②「年月日Cの債権弁済」を登記原因及びその日付として、根抵当権者をBとする変
　更の登記を申請する（登研 410P83。上記（1）と同様の登記を申請するというこ
　とです）

一部移転の登記の後に共有者の1人の債権が消滅した場合のまとめ

　抵当権でも根抵当権でも、Bの債権の消滅でもCの債権の消滅でも、「年月日○○
の債権弁済」を登記原因及びその日付として変更の登記を申請します。
※「抵当権は債権額の変更の登記をするが、根抵当権は極度額の変更の登記をしない」
　という違いはあります。また、登記の目的の記載方法は違います。
※Cの債権が消滅した場合、根抵当権は、根抵当権の一部移転の登記の抹消の登記を
　申請するという見解も採れます。

2．申請情報の記載事項

　上記 1.（2）は2つの見解がありますので、上記 1.（1）の場合の申請情報の記載

事項をみていきます。

| 申請例91 | ── | 根抵当権の一部移転の登記の後に原根抵当権者の債権が弁済された場合の根抵当権の変更の登記 |

＊事例は、上記1.（1）に合わせています。

事例：Aが所有している建物に、乙区1番で債務者をA・極度額を 1000 万円・確定期日を令和7年 11 月 20 日とするBの根抵当権の設定の登記がされている。令和7年 11 月 28 日、BからCに、この根抵当権の債権の範囲に含まれる債権1000万円のうち 700 万円が譲渡され、根抵当権の一部移転の登記がされた。AはBに、令和7年 12 月 21 日、この根抵当権の被担保債権 1000 万円のうち 300 万円を弁済した。

登記の目的	1番根抵当権の根抵当権者をCとする変更
原　　因	令和7年 12 月 21 日Bの債権弁済
権利者	A
義務者	B
添付情報	登記原因証明情報（弁済証書）
	登記識別情報（Bの乙区1番の登記識別情報）
	代理権限証明情報（A及びBの委任状）
登録免許税	金 1000 円

権　利　部　（乙　区）　（所　有　権　以　外　の　権　利　に　関　す　る　事　項）			
順位番号	登記の目的	受付年月日・受付番号	権　利　者　そ　の　他　の　事　項
1	根抵当権設定	令和7年6月28日第12457号	原因　令和7年6月28日設定 極度額　金1000万円 債権の範囲　気体供給取引 確定期日　令和7年11月20日 債務者　A 根抵当権者　B
付記1号	1番根抵当権一部移転	令和7年11月28日第19451号	原因　令和7年11月28日債権一部譲渡 譲渡額　金700万円 根抵当権者　C
付記2号	1番根抵当権の根抵当権者をCとする変更	令和7年12月21日第19987号	原因　令和7年12月21日Bの債権弁済

（1）登記の目的

「○番根抵当権の根抵当権者を○○とする変更」と記載します。「○○」には、弁済を受けていない者（根抵当権者として残る者）を記載します。

（2）登記原因及びその日付

年月日は、「弁済された日」を記載します。

原因は、「○○の債権弁済」と記載します。「○○」には、弁済を受けた者を記載します。○○の債権の弁済が、根抵当権者が変更された原因（準法律行為）だからです。

（3）申請人

以下の者の共同申請です（不登法60条）。

・登記権利者：設定者（上記申請例91だとA。登研592P185）＊
＊設定者ではなく、弁済を受けていない根抵当権者（上記申請例91だとC）が登記権利者となれるという見解もあります（昭38.12.27民事甲3346）。この変更の登記により、Cが根抵当権の極度額をすべて使えるようになるからです。
・登記義務者：弁済を受けた根抵当権者（上記申請例91だとB。登研592P185）

Bが根抵当権者でなくなりますので、Bが登記義務者となることに争いはありません。

（4）添付情報

①登記原因証明情報（不登法61条、不登令別表25添付情報イ）

Iのテキスト第1編第6章第2節4の「登記原因証明情報の提供が不要となる場合」に当たりませんので、登記原因証明情報を提供する必要があります。

具体的には、弁済証書が当たります。

②登記識別情報（不登法22条本文）

登記義務者である根抵当権者の登記識別情報を提供します。共同申請だからです（Iのテキスト第1編第6章第3節3 1.「登記識別情報の提供の要否の基本的な判断基準」）。

③代理権限証明情報（不登令7条1項2号）

④会社法人等番号（不登令7条1項1号イ）

※印鑑証明書は、提供しません。所有権の登記名義人が登記義務者とならないからです（Iのテキスト第1編第6章第4節3 2.「『認印でよいか』『実印で押印し印鑑証明書の提供が要求されるか』の判断基準」）。

※住所証明情報は、提供しません。Ⅰのテキスト第1編第6章第5節 3 「住所証明情報の提供が要求される場合①～③」のいずれにも当たらないからです。

（5）登録免許税

変更の登記として、不動産1個につき1000円です（登免法別表第1.1.（14））。

3　極度額の減額請求

1．実体（民法）

> **民法398条の21（根抵当権の極度額の減額請求）**
> 1　元本の確定後においては、根抵当権設定者は、その根抵当権の極度額を、現に存する債務の額と以後2年間に生ずべき利息その他の定期金及び債務の不履行による損害賠償の額とを加えた額に減額することを請求することができる。

（1）意義

確定後根抵当権においては、設定者は、根抵当権者に対して、極度額を現に存する債務の額と以後2年間に生ずべき利息・損害金などを加えた額に減額することを請求できます（民法398条の21第1項）。

これは、設定者の一方的な意思表示により効果が生じる形成権です。 ＝P152

（2）趣旨

たとえば、被担保債権は100万円しかないが、極度額が1億円の場合、登記記録には「極度額　1億円」と記録されます。この登記記録を見た者は、「根抵当権者が1億円も優先して持っていくんだ……」と考え、この不動産を担保に融資をすることをためらいます。そこで、極度額を実際の債権額とその後の2年分の利息・損害金などに減額させる権利を設定者に与えているのです。これにより、設定者はこの不動産を担保に融資を受けることができるようになります。

根抵当権者としても、確定後は新たに元本債権は生じないため、文句はありません。このように、確定後は新たに元本債権が生じないことを根拠とするため、確定後根抵当権においてのみ認められるのです（P140⑤）。

※純粋共同根抵当権の場合

純粋共同根抵当権の場合、1つの不動産の根抵当権について極度額の減額請求がされると、他の不動産の根抵当権の極度額も減額されます（民法398条の21第2項）。 ＝P152

　純粋共同根抵当権の被担保債権は、「同一の債権」だからです（P18のⅰ）。

2. 申請情報の記載事項

　極度額の減額請求がされると、根抵当権の極度額の減額の変更の登記を申請できます。

申請例92 ── 減額請求を原因とする根抵当権の極度額の減額の変更の登記

事例：Aが所有している建物に、乙区1番で極度額を1億円・確定期日を令和7年11月20日とするBの根抵当権の設定の登記がされている。AはBに対して、令和7年11月27日、この根抵当権の極度額を、現に存する債務額および以後2年間に生じる利息・損害金の総額である104万円に減額すべき請求書を発し、令和7年11月28日にBに到達した。

登記の目的	1番根抵当権変更
原　　　因	令和7年11月28日減額請求
変更後の事項	極度額　金104万円
権 利 者	A
義 務 者	B
添 付 情 報	登記原因証明情報（極度額減額請求書等）
	登記識別情報（Bの乙区1番の登記識別情報）
	代理権限証明情報（A及びBの委任状）
登録免許税	金1000円

権　利　部　（乙　区）　（所　有　権　以　外　の　権　利　に　関　す　る　事　項）			
順位番号	登記の目的	受付年月日・受付番号	権　利　者　そ　の　他　の　事　項
1	根抵当権設定	令和7年6月28日 第12457号	原因　令和7年6月28日設定 極度額　金1億円 債権の範囲　工業所有権実施許諾取引 確定期日　令和7年11月20日 債務者　A 根抵当権者　B
付記1号	1番根抵当権変更	令和7年11月28日 第19451号	原因　令和7年11月28日減額請求 極度額　金104万円

　以下の点を除いて、P60〜64 の 2.の変更を原因とする根抵当権の極度額の変更の登記の【減額】と同じです（昭 46.12.27 民事三.960）。極度額の減額の変更の登記だからです。

（1）登記原因及びその日付

　年月日は、「減額請求の意思表示が根抵当権者に到達した日」を記載します。減額請求は、意思表示が根抵当権者に到達した時に生じる形成権だからです（P149（1））。よって、上記申請例 92 の登記原因日付は、令和 7 年 11 月 27 日ではなく、「令和 7 年 11 月 28 日」となります。

　原因は、「減額請求」と記載します。減額請求が、極度額が減額された原因（法律行為）だからです。

（2）添付情報

　以下のとおり、登記原因証明情報の内容が変わる点を除いて、基本的に P62〜64（5）の【減額】と同じです。

・登記原因証明情報（不登法 61 条、不登令別表 25 添付情報イ）
　具体的には、極度額減額請求書などが当たります。

4　根抵当権の消滅請求

1．実体（民法）

民法 398 条の 22（根抵当権の消滅請求）

1　元本の確定後において現に存する債務の額が根抵当権の極度額を超えるときは、他人の債務を担保するためその根抵当権を設定した者又は抵当不動産について所有権、地上権、永小作権若しくは第三者に対抗することができる賃借権を取得した第三者は、その極度額に相当する金額を払い渡し又は供託して、その根抵当権の消滅請求をすることができる。この場合において、その払渡し又は供託は、弁済の効力を有する。

（1）意義

　確定後根抵当権において残債務の額が極度額を超えるときは、下記（3）の者（物上保証人など）は、根抵当権者に対して、極度額に相当する金額を払い渡しまたは供託（＊）して、根抵当権の消滅請求をすることができます（民法 398 条の 22 第 1 項前段）。

＊詳しくは供託法で学習しますが、「供託」とは、債権者が弁済金を受け取らないなどの事情がある場合に、債務者が国（法務省の出先機関の法務局が供託を扱います）に金銭などを預けておくことです。

P149＝　　これも、物上保証人などの一方的な意思表示により効果が生じる形成権です。

※純粋共同根抵当権の場合
　　純粋共同根抵当権の場合、1つの不動産の根抵当権について根抵当権の消滅請求が

P149＝　されると、他の不動産の根抵当権も消滅します（民法398条の22第2項）。
　　純粋共同根抵当権の被担保債権は、「同一の債権」だからです（P18のi）。

（2）趣旨
　　たとえば、被担保債権は2000万円あるが極度額が1000万円の場合、物上保証人などは、1000万円を根抵当権者に払い渡すか供託して、根抵当権の消滅を請求できます。
　　「2000万円の債権があるのに、極度額の1000万円しかもらえずに根抵当権が消滅してしまうと、根抵当権者がかわいそうでは？」と思われたかもしれません。しかし、たとえ競売しても、物上保証人などの責任は極度額に限られます。根抵当権者が、その不動産から極度額を超えて回収できるわけではありません。物上保証人などは、不動産が競売される以外に「さらに払え！」と言われることはありません。物上保証人などの責任は、有限責任です。また、根抵当権者としても、競売の手間や費用を考えると、極度額に相当する額を得たほうがよいこともあります。

（3）消滅請求ができる者
　　この消滅請求は、できる者とできない者がいます。

消滅請求ができる者（○）	消滅請求ができない者（×）
①**物上保証人**（民法398条の22第1項前段） ②**根抵当権が設定された不動産の第三取得者** 　（民法398条の22第1項前段） 　上記（2）のとおり、これらの者の責任は極度額に限られるため、消滅請求をすることが認められます。	①**主たる債務者、保証人およびこれらの者の承継人**（民法398条の22第3項、380条） 　これらの者は債務全額を弁済する責任があるため、「極度額の支払で根抵当権を消して」なんて虫のよいことはできません。
③**根抵当権が設定された不動産について、地上権、永小作権または第三者に対抗することができる賃借権を取得した者**（民法398条の22第1項前段）	②**根抵当権が設定された不動産を停止条件付で取得した者**（停止条件の成否が未定である場合。民法398条の22第3項、381条）

これらの者も、利害関係を有するからです。	まだ所有権を取得していない者が消滅させられるのはおかしいからです。
	③後順位担保権者

2．申請情報の記載事項

　根抵当権の消滅請求がされると、根抵当権の抹消の登記を申請できます。

申請例93 ── 消滅請求を原因とする根抵当権の抹消の登記

事例：Ｃが所有している建物に、乙区1番でＡを債務者・極度額を 1000 万円・確定期日を令和7年 11 月 20 日とするＢの根抵当権の設定の登記がされている。この根抵当権の債権の範囲に含まれるＢのＡに対する債権は 2000 万円である。ＣはＢに対して、令和7年 11 月 27 日、1000 万円の支払とともに根抵当権の消滅請求書を発し、令和7年 11 月 28 日にＢに到達した。

登記の目的	1番根抵当権抹消
原　　　因	令和7年 11 月 28 日消滅請求
権 利 者	Ｃ
義 務 者	Ｂ
添 付 情 報	登記原因証明情報（根抵当権消滅請求書等）
	登記識別情報（Ｂの乙区1番の登記識別情報）
	代理権限証明情報（Ｃ及びＢの委任状）
登録免許税	金 1000 円

権　利　部　（乙　区）　（所　有　権　以　外　の　権　利　に　関　す　る　事　項）			
順位番号	登記の目的	受付年月日・受付番号	権　利　者　そ　の　他　の　事　項
1	根抵当権設定	令和7年6月28日第12457号	原因　令和7年6月28日設定 極度額　金 1000 万円 債権の範囲　消費寄託取引 確定期日　令和7年 11 月 20 日 債務者　Ａ 根抵当権者　Ｂ
2	1番根抵当権抹消	令和7年 11 月 28 日第19451号	原因　令和7年 11 月 28 日消滅請求

(1) 登記の目的

「○番根抵当権抹消」と記載します。

(2) 登記原因及びその日付

年月日は、「消滅請求の意思表示が根抵当権者に到達した日」を記載します。消滅請求は、意思表示が根抵当権者に到達した時に生じる形成権だからです（P152）。よって、上記申請例93の登記原因日付は、令和7年11月27日ではなく、「令和7年11月28日」となります。

原因は、「消滅請求」と記載します。消滅請求が、根抵当権が消滅した原因（法律行為）だからです。

(3) 申請人

以下の者の共同申請です（不登法60条）。

・登記権利者：設定者
・登記義務者：根抵当権者

根抵当権という設定者の負担が消滅する登記だからです。

(4) 添付情報

① 登記原因証明情報 （不登法61条、不登令別表26添付情報へ）

Ⅰのテキスト第1編第6章第2節 4 の「登記原因証明情報の提供が不要となる場合」に当たりませんので、登記原因証明情報を提供する必要があります。

具体的には、根抵当権消滅請求書などが当たります。

② 登記識別情報 （不登法22条本文）

登記義務者である根抵当権者の登記識別情報を提供します。共同申請だからです（Ⅰのテキスト第1編第6章第3節 3 1.「登記識別情報の提供の要否の基本的な判断基準」）。

③ 代理権限証明情報 （不登令7条1項2号）

④ 会社法人等番号 （不登令7条1項1号イ）

⑤ 承諾証明情報 （不登法68条、不登令別表26添付情報ト）

登記上の利害関係を有する第三者がいるときは、必ずその第三者が作成した承諾を証する情報などを提供する必要があります。抹消の登記だからです（不登法68条。Ⅰのテキスト第1編第6章第8節 2 1.①）。

たとえば、以下のⅰ〜ⅳの者が登記上の利害関係を有する第三者に当たります。

　以下のⅰ～ⅳの者は、**根抵当権を目的として権利を有している者**です。目的としている根抵当権が抹消されるため、根抵当権を目的とする権利は職権抹消されるからです（Ⅰのテキスト第2編第2章第2節[2]5.「職権抹消の基本的な考え方」）。

ⅰ　根抵当権の処分を受けている者

ⅱ　根抵当権の被担保債権の質権者

ⅲ　根抵当権を目的とする仮登記権利者

ⅳ　根抵当権付債権を目的とする差押債権者・仮差押債権者

※印鑑証明書は、提供しません。所有権の登記名義人が登記義務者とならないからです（Ⅰのテキスト第1編第6章第4節[3]2.「『認印でよいか』『実印で押印し印鑑証明書の提供が要求されるか』の判断基準」）。

※住所証明情報は、提供しません。Ⅰのテキスト第1編第6章第5節[3]「住所証明情報の提供が要求される場合①～③」のいずれにも当たらないからです。

（5）登録免許税

　抹消の登記として、不動産1個につき1000円です（登免法別表第1.1.（15））。

第3章　　　　　　先取特権の登記

　抵当権と根抵当権以外の担保物権は、記述で出題される確率がかなり低いです。よって、この第3章の先取特権と次の第4章の不動産質権は、択一対策として押さえてください。

1　登記される先取特権

　先取特権には、「一般の先取特権」「動産の先取特権」「不動産の先取特権」の3種類がありました。―― 民法Ⅱのテキスト第4編第3章第2節 1 　このうち、不動産登記の対象となるのは、「一般の先取特権」と「不動産の先取特権」です。一般の先取特権も含まれているのは、一般の先取特権は債務者の総財産を目的とするため、不動産にも成立するからです。―― 民法Ⅱのテキスト第4編第3章第2節 5 3.

　これらの先取特権が発生すると、先取特権の保存の登記を申請できます。

　なお、一般の先取特権は4種類、不動産の先取特権は3種類に分かれます。―― 民法Ⅱのテキスト第4編第3章第2節 2 2.、 4 2.　不動産登記では、不動産の先取特権は、民法と同じく「不動産の保存の先取特権」「不動産の工事の先取特権」「不動産の売買の先取特権」の3種類に分けて考える必要があります。また、不動産の工事の先取特権はさらに「新築」と「増築」で分けなければなりません。しかし、一般の先取特権は、試験的には分ける必要はありません。

2　申請情報の記載事項

　この 2 では、「不動産の工事の先取特権（新築）」以外の先取特権をみていきます。不動産の工事の先取特権（新築）のみ特殊なので、これは下記 3 で別の項目として説明します。

1．登記の目的

先取特権の種類に応じて、以下のように記載します。

先取特権の種類	登記の目的
一般の先取特権	一般先取特権保存
不動産の保存の先取特権	不動産保存先取特権保存
不動産の工事の先取特権（増築）	不動産工事先取特権保存
不動産の売買の先取特権	不動産売買先取特権保存

先取特権は、上記のように登記の目的に「保存」と記載します（Ⅰのテキスト第2編第1章□1「登記の目的に『保存』と記載する権利」）。先取特権は法定担保物権なので、抵当権や根抵当権のように人の行為（設定契約）で作り出す権利ではないからです。

2．登記原因及びその日付

先取特権の種類に応じて、以下のように記載します。

先取特権の種類	登記原因及びその日付
一般の先取特権	「年月日財産管理費用の先取特権発生」（共益の費用）、「令和○年○月から令和○年○月までの給料債権の先取特権発生」（雇用関係）など
不動産の保存の先取特権	年月日修繕費の先取特権発生
不動産の工事の先取特権（増築）	年月日増築請負の先取特権発生
不動産の売買の先取特権	年月日売買の先取特権発生

抵当権のように「年月日～」が2つあるわけではなく、1つです。上記の「年月日～」は、被担保債権の発生原因のみを記載するということです。先取特権は、法定担保物権であり、設定契約によって生じるものではないため、物権契約は記載しないのです。

3. 登記事項

*乙区の担保物権の登記の登記事項は、P166〜167 $\boxed{2}$ の表で比較しています。「何が登記事項となるか」は、P166〜167 $\boxed{2}$ の表を検索先として、比較しながら記憶してください。

（1）必要的登記事項（必ず記載する必要がある事項）

先取特権の種類	必要的登記事項	
一般の先取特権 （不登法83条1項1号、2号）	債権額	債務者の氏名または 名称および住所
不動産の保存の先取特権 （不登法83条1項1号、2号）	債権額	
不動産の工事の先取特権（増築） （不登法83条1項1号、2号、85条）	工事費用の予算額 *	
不動産の売買の先取特権 （不登法83条1項1号、2号）	債権額	

　　　　　　　　乙区に登記される担保物権は、「債権額（に相当するもの）」「債務者の氏名または名称および住所」が必要的登記事項となります（Ⅰのテキスト第3編第1章第1節 $\boxed{2}$ 3.（1）「乙区の担保物権の必要的登記事項」）

*不動産の工事の先取特権は、工事を始める前に登記しなければならないため（民法338条1項前段）、被担保債権は「工事費用の予算額」となります。── 民法Ⅱのテキスト第4編第3章第2節 $\boxed{4}$ 2.②

（2）任意的登記事項（定めがある場合には記載すべき事項）

※基本的に、先取特権に任意的登記事項はありません。先取特権は、法定担保物権であり法律上当然に発生しますので、「定めがある」ということがないからです。よって、たとえば、利息は登記事項となりません。「利息の定めをした」ということがないからです。

　ただし、不動産の売買の先取特権の保存の登記は、売買代金に利息があれば、それが登記事項となります。条文（民法328条）で「利息」を担保すると規定されているからです。── 民法Ⅱのテキスト第4編第3章第2節 $\boxed{4}$ 2.

4. 申請人

　以下の者の共同申請です（不登法60条）。

・登記権利者：先取特権者
・登記義務者：所有権の登記名義人（債務者）

5．添付情報

①登記原因証明情報（不登法61条、不登令別表42添付情報）

Ⅰのテキスト第1編第6章第2節4の「登記原因証明情報の提供が不要となる場合」に当たりませんので、登記原因証明情報を提供する必要があります。

②登記識別情報（不登法22条本文）

登記義務者である所有権の登記名義人（債務者）の登記識別情報を提供します。共同申請だからです（Ⅰのテキスト第1編第6章第3節3 1.「登記識別情報の提供の要否の基本的な判断基準」）。

※ただし、不動産の売買の先取特権の保存の登記は、登記識別情報を提供しません。
共同申請ですが、不要です（Ⅰのテキスト第1編第6章第3節3 1.「登記識別情報の提供の要否の基本的な判断基準」の例外）。不動産の売買の先取特権は、以下の2件の登記を申請します。

1／2　売主から買主への売買を原因とする所有権の移転の登記

2／2　売買の先取特権発生を原因とする売主（先取特権者）を登記権利者・買主を
　　　登記義務者とする先取特権の保存の登記

この1／2の登記と2／2の登記は、「1／2」「2／2」としていますが、同時申請による必要があります。—— 民法Ⅱのテキスト第4編第3章第2節4 2.③　よって、2／2の登記の時点で、買主にはまだ登記識別情報が通知されていないのです。買戻特約の登記（Ⅰのテキスト第2編第6章第1節2 5.※）と同じ考え方です。

③印鑑証明書（不登令16条2項、18条2項）

登記義務者である所有権の登記名義人（債務者）の印鑑証明書を提供します。所有権の登記名義人が登記義務者となるからです（Ⅰのテキスト第1編第6章第4節3 2.「『認印でよいか』『実印で押印し印鑑証明書の提供が要求されるか』の判断基準」）。

※ただし、不動産の売買の先取特権の保存の登記は、印鑑証明書を提供しません。これも、上記②※と同じ理由です。同時申請なので、2／2の登記の時点で、買主はまだ所有権の登記名義人となっていません。よって、「所有権の登記名義人が登記義務者となる場合」に該当しないのです。

④代理権限証明情報（不登令7条1項2号）

⑤会社法人等番号（不登令7条1項1号イ）

※住所証明情報は、提供しません。Ⅰのテキスト第1編第6章第5節3「住所証明情報の提供が要求される場合①〜③」のいずれにも当たらないからです。

※設計書は、提供しません。不動産工事の先取特権の保存の登記であってもです。

6. 登録免許税

債権額・工事費用の予算額の 4/1000 です（登免法別表第 1.1.（5））。

cf. 地上権の移転の登記と同時にする売買の先取特権の保存の登記の可否

売買の先取特権の保存の登記は、売買を原因とする地上権の移転の登記と同時にすることもできると解されています。売買の先取特権は、不動産を売買した場合だけでなく、地上権を売買した場合にも成立すると解されているからです。

3 不動産の工事の先取特権（新築）

1. 特殊な登記手続

不動産の工事の先取特権は、工事を始める前に登記しなければなりません（民法 338 条 1 項前段）。—— 民法Ⅱのテキスト第 4 編第 3 章第 2 節 4 2.② これは新築建物の工事でも同じです。新築建物の工事前ということは、建物の甲区はおろか表題部さえできていない段階で、先取特権の保存の登記をするということです。

この不動産の工事の先取特権の保存の登記は、新築する建物の設計書（図面を含む）の内容を証する情報を提供して申請し、表題部と甲区が仮に作られます（不登法 86 条 2 項）。これが、Ⅰのテキスト第 1 編第 4 章第 2 節 3 4.の例外②です。

表 題 部	（主である建物の表示）	調製	余 白	不動産番号	0111483935938

設計図を基に仮に作る

所在図番号	余 白		

所　在	新宿区新宿一丁目 1 番地	余 白	

① 種　類	② 構　造	③ 床 面 積 ㎡	原因及びその日付 ［登記の日付］
居宅	木造かわらぶき 2 階建	1 階 72 ｜ 55 2 階 60 ｜ 11	種類、構造及び床面積は設計書による ［令和 7 年 6 月 28 日］

権 利 部	（甲 区）	（所 有 権 に 関 す る 事 項）	
順位番号	登記の目的	受付年月日・受付番号	権 利 者 そ の 他 の 事 項
1	登記義務者表示	余 白	A 不動産工事の先取特権保存の登記により登記

権　利　部　（乙区）　（所　有　権　以　外　の　権　利　に　関　す　る　事　項）			
順位番号	登記の目的	受付年月日・受付番号	権　利　者　そ　の　他　の　事　項
1	不動産工事先取特権保存	令和7年6月28日 第12457号	原因　令和7年6月28日新築請負の先取特権発生 工事費用予算額　金1000万円 債務者　A 先取特権者　株式会社B工務店

　この後、建物の建築が完了したら、建物の所有者（上記の登記記録ではA）は、遅滞なく、所有権の保存の登記を申請しなければなりません（不登法87条1項）。上記の登記は、仮に作っているだけだからです。

2. 申請情報の記載事項

（1）登記の目的

　「不動産工事先取特権保存」と記載します。

（2）登記原因及びその日付

　「年月日新築請負の先取特権発生」と記載します。

　これも、被担保債権の発生原因のみを記載するということです。

（3）登記事項

＊乙区の担保物権の登記の登記事項は、P166～167 2 の表で比較しています。「何が登記事項となるか」は、P166～167 2 の表を検索先として、比較しながら記憶してください。

（a）必要的登記事項（必ず記載する必要がある事項）

・工事費用の予算額（不登法83条1項1号、85条）
・債務者の氏名または名称および住所（不登法83条1項2号）

　乙区に登記される担保物権なので、この2つは必要的登記事項となります（Ⅰのテキスト第3編第1章第1節 2 3.（1）「乙区の担保物権の必要的登記事項」）。

（b）任意的登記事項（定めがある場合には記載すべき事項）

※任意的登記事項（ex. 利息に関する定め、違約金の定め）はありません。先取特権は、法定担保物権であり法律上当然に発生しますので、「定めがある」ということがないからです。

（4）申請人

以下の者の共同申請です（不登法60条）。

・登記権利者：先取特権者
・登記義務者：所有権の登記名義人となる予定の債務者

　債務者は、まだ所有権の登記名義人となっていません。そのため、登記義務者の定義である「登記上、直接に不利益を受ける登記名義人」に当たりません（不登法2条13号。Iのテキスト第1編第5章第2節 2 1.（1））。しかし、他に登記義務者としてふさわしい者がいないため、所有権の登記名義人となる予定の債務者を登記義務者とみなすとされています（不登法86条1項前段）。

（5）添付情報

① 登記原因証明情報 （不登法61条、不登令別表43添付情報イ）

　Iのテキスト第1編第6章第2節 4 の「登記原因証明情報の提供が不要となる場合」に当たりませんので、登記原因証明情報を提供する必要があります。

② 新築する建物の設計書（図面を含む）の内容を証する情報 （不登令別表43添付情報ロ）

　上記1.のとおり、仮に表題部を作るため、そのために必要な情報を提供します。

③ 代理権限証明情報 （不登令7条1項2号）

④ 会社法人等番号 （不登令7条1項1号イ）

※登記識別情報は、提供しません（不登法86条1項後段）。共同申請ですが、不要です（Iのテキスト第1編第6章第3節 3 1.「登記識別情報の提供の要否の基本的な判断基準」の例外）。上記（4）のとおり、所有権の登記名義人となる予定の債務者が登記義務者となります。債務者はまだ所有権の登記名義人となっていないため、登記識別情報が通知されていません。よって、提供できないのです。

※印鑑証明書は、提供しません。登記義務者である債務者は、まだ所有権の登記名義人となっていません。よって、「所有権の登記名義人が登記義務者となる場合」に該当しないのです（Iのテキスト第1編第6章第4節 3 2.「『認印でよいか』『実印で押印し印鑑証明書の提供が要求されるか』の判断基準」）。

※住所証明情報は、提供しません。Iのテキスト第1編第6章第5節 3 「住所証明情報の提供が要求される場合①～③」のいずれにも当たらないからです。

（6）登録免許税

　工事費用の予算額の4/1000です（登免法別表第1.1.（5））。

不動産質権の登記

1 実体（民法）→登記

　金銭消費貸借契約などにより債権が発生した場合、その債権を担保するために、その債権の債権者（質権者）と不動産の所有者（設定者）が、不動産に質権を設定することができます（不動産質権）。質権の設定契約は要物契約ですので、不動産を質権者に引き渡す必要もあります（民法 344 条）。―― 民法Ⅱのテキスト第4編第4章第3節

　この場合、質権の設定の登記を申請できます。

※賃借権を目的とする質権

　賃借権の譲渡または賃借物の転貸ができる旨の特約のある賃借権を目的として質権を設定することもできます（昭 30.5.16 民事甲 929）。質権は債権などを目的とすることもできたとおり（―― 民法Ⅱのテキスト第4編第4章第4節）、質権の目的は広く認められるのです。よって、賃借権を目的として登記された転借権（P200～203 2 ）を目的として質権を設定するなんてこともできます（昭 30.5.16 民事甲 929 参照）。

　なお、賃借権の譲渡または賃借物の転貸ができる旨の特約がない場合は、賃貸人の賃借権の譲渡についての承諾証明情報を提供する必要があります。賃借権に質権を設定することは、賃借権の譲渡に相当するからです。

2 申請情報の記載事項

1．登記の目的

　「質権設定」と記載します。

2．登記原因及びその日付

　質権の設定の登記の登記原因及びその日付は、抵当権の設定の登記と同じく、「年月日○○年月日設定」となり、「年月日～」が2つあります。

　1つ目の「年月日～」は、「年月日金銭消費貸借」など被担保債権の発生原因（債権契約）を記載します。質権には付従性がありますので、被担保債権がまずあるからです。

　2つ目の「年月日～」は、「年月日設定」ですが、これは質権の設定契約（物権契約）を記載します。質権は約定担保物権なので、設定契約があるからです。

3．登記事項
＊乙区の担保物権の登記の登記事項は、P166〜167②の表で比較しています。「何が登記事項となるか」は、
　P166〜167②の表を検索先として、比較しながら記憶してください。

（1）必要的登記事項（必ず記載する必要がある事項）
①債権額（不登法83条1項1号）
②債務者の氏名または名称および住所（不登法83条1項2号）

　乙区に登記される担保物権なので、この2つは必要的登記事項となります（Ⅰのテキスト第3編第1章第1節②3．（1）「乙区の担保物権の必要的登記事項」）。

（2）任意的登記事項（定めがある場合には記載すべき事項）
①利息に関する定め（不登法95条1項2号）

②違約金の定め（不登法95条1項3号）
　「弁済期に返済しなかった場合は損害賠償として100万円を支払う」といった違約金の定めがあれば、登記事項となります。
　質権は、抵当権のように、遅延損害金の優先弁済の範囲が最後の2年分に制限される（民法375条2項）ということがありません。── **民法Ⅱのテキスト第4編第4章第1節**④1．（1）　よって、定期金的な性質を有する定め（「年○%」といった定め）に限定されないのです。

③損害賠償額の定め（不登法95条1項3号）

④債権に付した条件（不登法95条1項4号）
ex.「債権者Bが死亡したときは、債権が消滅する」

⑤付加一体物に及ばない旨の別段の定め（民法361条が準用する民法370条ただし書の別段の定め。不登法95条1項7号）
ex.「立木には、不動産質権の効力は及ばない」

⑥存続期間の定め（不登法95条1項1号）
　不動産質権は、存続期間の定めをすることができるため、存続期間の定めがあると登記事項となります。── **民法Ⅱのテキスト第4編第4章第3節**②3．

⑦被担保債権の範囲の変更の定め（民法346条ただし書の別段の定め。不登法95条1項5号）

　これは、質権の設定契約で被担保債権の範囲を変更した場合のその定めのことです。
── 民法Ⅱのテキスト第4編第4章第1節④1.（1）

⑧使用収益・管理費用についての定め（民法359条の別段の定め〔民法356条または民法357条に規定するものに限る〕。不登法95条1項6号）

　不動産質権は、質権者が不動産を使用収益し管理費用を負担するのが原則です。それについて特約ができ、特約がある場合にはそれが登記事項となります。── 民法Ⅱのテキスト第4編第4章第3節③

※弁済期

　弁済期は、登記事項とはなりません。

4．申請人

　以下の者の共同申請です（不登法60条）。

・登記権利者：不動産質権者
・登記義務者：設定者

　設定者が物上保証人である場合には、物上保証人が登記義務者となり、債務者は申請人にはなりません。

5．添付情報

　以下のとおり、登記原因証明情報の内容が変わる点を除いて、Ⅰのテキスト第3編第1章第1節②5.の抵当権の設定の登記の添付情報と同じです（提供するかどうかの理由も同じです）。

・登記原因証明情報（不登法61条、不登令別表46添付情報）
　具体的には、不動産質権設定契約書が当たります。

6．登録免許税

　債権額の4/1000です（登免法別表第1.1.（5））。

第4章までで乙区の担保物権の登記はひととおりみましたので、「設定（保存）の登記の登記原因及びその日付の書き方」（下記 1 ）と「登記事項」（下記 2 ）を比較してみます。これらは、比較したほうが記憶しやすいです。

1 設定（保存）の登記の登記原因及びその日付の書き方

	被担保債権の発生原因（債権契約）	設定契約（物権契約）
抵当権	年月日○○	年月日設定
根抵当権		年月日設定
先取特権	年月日○○	
不動産質権	年月日○○	年月日設定

担保物権には付従性があるため、基本的に記載します。しかし、確定前根抵当権は、決まった被担保債権がないため、記載しません。

約定担保物権である抵当権・根抵当権・不動産質権は、設定契約によって生じますので、記載します。法定担保物権である先取特権は、設定契約なく生じるため、記載しません。

2 登記事項

1. 必要的登記事項（必ず記載する必要がある事項）

	抵当権	根抵当権	先取特権	不動産質権
債権額	○ 債権額	○ 極度額	○ 債権額 工事費用の予算額	○ 債権額
債務者	○	○	○	○
債権の範囲	×	○	×	×

２．任意的登記事項（定めがある場合には記載すべき事項）

	抵当権	根抵当権	先取特権	不動産質権
利息	○	×	× 不動産の売買の 先取特権のみ○	○
違約金	×	×	×	○
損害賠償額	○	×	×	○
債権に付した条件	○	×	×	○
付加一体物に及ばない旨の別段の定め	○	○	×	○
抵当証券発行の定め	○	×	×	×
抵当証券発行の定めがあるときの元本または利息の弁済期または支払場所の定め	○	×	×	×
取扱店	○	○	×	×
確定期日	×	○	×	×
優先の定め	×	○ ※設定時は×	×	×
存続期間	×	×	×	○
被担保債権の範囲の変更の定め	×	×	×	○
使用収益・管理費用についての定め	×	×	×	○
弁済期	×	×	×	×

─第 **4** 編─

利用権の登記
（各論③）

第1章　地上権の登記

担保物権の登記が終わりましたので、次は利用権の登記をみていきます。

1　地上権の設定の登記

1．実体（民法）→登記

　設定者と地上権者との設定契約により、地上権者が工作物または竹木を所有するために設定者の土地を使える地上権を設定できます（民法265条）。また、土地・建物に設定された抵当権に基づく競売によって、法定地上権が成立することもあります（民法388条）。── **民法Ⅱのテキスト第3編第4章第1節 1 、 2 1.、第4編第5章第7節 3**

　この場合、地上権の設定の登記を申請できます。

2．申請情報の記載事項

申請例94 ── 地上権の設定の登記

事例：BとAは、令和7年6月28日、目的を建物所有・存続期間を50年・地代を1平方メートルにつき1年1万円・支払時期を毎年3月31日として、Aが所有している土地（甲区1番でA名義の所有権の保存の登記がされている）にBの地上権を設定する契約を締結した。この土地の課税標準の額は、1000万円である。

登 記 の 目 的	地上権設定
原　　　　因	令和7年6月28日設定
目　　　　的	建物所有
存 続 期 間	50年
地　　　　代	1平方メートル1年1万円
支 払 時 期	毎年3月31日
地 上 権 者	B
設 定 者	A
添 付 情 報	登記原因証明情報（地上権設定契約書）
	登記識別情報（Aの甲区1番の登記識別情報）
	印鑑証明書（Aの印鑑証明書）
	代理権限証明情報（B及びAの委任状）
課 税 価 格	金1000万円
登 録 免 許 税	金10万円

権 利 部 （乙 区） （所 有 権 以 外 の 権 利 に 関 す る 事 項)			
順位番号	登記の目的	受付年月日・受付番号	権 利 者 そ の 他 の 事 項
1	地上権設定	令和7年6月28日 第12457号	原因　令和7年6月28日設定 目的　建物所有 存続期間　50年 地代　1平方メートル1年1万円 支払時期　毎年3月31日 地上権者　B

（1）登記の目的

「地上権設定」と記載します。

（2）登記原因及びその日付

年月日は、「地上権の設定契約の成立日」を記載します。

原因は、「設定」と記載します。設定（契約）が、地上権が設定された原因（法律行為）だからです。

※法定地上権の場合

法定地上権が成立した場合も、当事者の申請により地上権の設定の登記をします。競売の際に裁判所書記官が嘱託によってする登記に含まれていないからです（民執法82条1項、188条）。

年月日は、「買受人が競売代金を納付した日」を記載します。民事執行法で学習することですが、競売による権利変動（所有権の移転など）は、買受人が競売代金を納付した時に生じるからです（民執法79条）。

原因は、「法定地上権設定」と記載します。法定地上権は法律上当然に成立するにもかかわらず登記の目的も登記原因も「設定」と記載するのは、民法388条に「地上権が設定されたものとみなす」と規定されているからです。

（3）登記事項

*利用権の登記の登記事項は、P222〜223の表で比較しています。「何が登記事項となるか」は、P222〜223の表を検索先として、比較しながら記憶してください。

（a）必要的登記事項（必ず記載する必要がある事項）

・設定の目的（不登法78条1号）

　地上権は地上権者が工作物または竹木を所有するための権利ですので、設定契約で定められた「建物所有」（工作物）、「竹木所有」（竹木）などの目的を登記します。

　工作物は、「建物所有」だけでなく、「ゴルフ場所有」（昭47.9.19民事三.447）や「スキー場所有」（昭58.8.17民三.4814）といった目的でも登記できます。民法265条の「工作物」は、土地の地上・地下に建設されるすべての施設を指すからです。

（b）任意的登記事項（定めがある場合には記載すべき事項）

①地代（不登法78条2号）

　地代の定めがあれば、「1平方メートル1年1万円」などと記載します。

　設定契約において、地上権の存続期間中は地代の増額をしない旨の特約がされている場合には、その特約も登記することができます（大判明40.3.12）。地上権の設定後に、設定者が所有権を譲渡したり地上権者が地上権を譲渡したりする可能性がありますので、所有権や地上権の譲受人（第三者）のために、このような特約は公示するべきだからです。

②地代の支払時期の定め（不登法78条2号）

　支払時期の定めがあれば、「毎年3月31日」などと記載します。

③存続期間（不登法78条3号）

　存続期間の定めがあれば、「○年」などと記載します。

（4）申請人

　以下の者の共同申請です（不登法60条）。

・登記権利者：地上権者

・登記義務者：設定者

　この地上権者と設定者は、地上権の設定契約をした地上権者と設定者のことです。

ex. BとAは、Aが所有している土地にBの地上権を設定する契約を締結しました。しかし、その登記がされないまま、土地がAからCに譲渡されました。この場合、CがBの地上権を承認しても、BとCは、AB間の地上権の設定契約を登記原因及びその日付として、地上権の設定の登記をすることはできません（登研533P41）。権利変動の過程は、忠実に公示するべきだからです。BとAが地上権の設定契約をしたのであって、BとCが地上権の設定契約をしたのではありません。

（5）添付情報

①登記原因証明情報（不登法61条、不登令別表33添付情報ニ）

　Ⅰのテキスト第1編第6章第2節 4 の「登記原因証明情報の提供が不要となる場合」に当たりませんので、登記原因証明情報を提供する必要があります。

　具体的には、地上権設定契約書が当たります。

②登記識別情報（不登法22条本文）

　登記義務者である設定者の登記識別情報を提供します。共同申請だからです（Ⅰのテキスト第1編第6章第3節 3 1.「登記識別情報の提供の要否の基本的な判断基準」）。

③印鑑証明書（不登令16条2項、18条2項）

　登記義務者である設定者の印鑑証明書を提供します。所有権の登記名義人である設定者が登記義務者となるからです（Ⅰのテキスト第1編第6章第4節 3 2.「『認印でよいか』『実印で押印し印鑑証明書の提供が要求されるか』の判断基準」）。

④代理権限証明情報（不登令7条1項2号）

⑤会社法人等番号（不登令7条1項1号イ）

※住所証明情報は、提供しません。Ⅰのテキスト第1編第6章第5節 3 「住所証明情報の提供が要求される場合①～③」のいずれにも当たらないからです。

（6）登録免許税

　不動産の価額の10/1000です（登免法別表第1.1.（3）イ）。

3．地上権の設定の登記の可否

　設定者と地上権者が地上権の設定契約をすれば、常に地上権の設定の登記ができるわけではありません。この3.では、どのような場合に地上権の設定の登記ができて、どのような場合にできないのかをみていきます。

可（○）	不可（×）
①**地上権の登記のある土地に重ねて区分地上権を設定すること**（民法 269 条の2第2項前段） ＊地上権者の承諾は必要です。 　区分地上権は、土地の上下の一定範囲しか使用しないため、排他性が緩和されているからです。── **民法Ⅱのテキスト第3編第4章第1節5 3.**	①**地上権の登記のある土地に重ねて地上権を設定すること**（昭 37.5.4民事甲 1262） 　地上権は、排他性のある（他人を排して独占できる）物権であるため、1つの土地に1つしか設定できないからです。── **民法Ⅱのテキスト第3編第4章第1節3**
	②**共有者の持分を目的として地上権を設定すること**（不登令 20 条8号。登研 191P72。昭 37.3.26 民事甲 844 参照） 　 **Realistic rule** 持分のみを目的として利用権を設定することはできません。 ex.　ＡＣが共有している土地がある場合に、Ａ持分のみを目的としてＢの地上権を設定することはできません。 　共有とは、たとえば、「Ｃが西側 45 ㎡、Ａが東側 45 ㎡」を所有しているわけではなく、ＣもＡも土地全体に権利があります。── **民法Ⅱのテキスト第3編第3章第4節3 2.「『30/90㎡』ではない」**　よって、Ａが利用権を設定すると、Ｃの土地の使用収益権を侵害することになってしまうのです。
②**地上権の設定の登記または地上権の設定の仮登記のある土地に、更に地上権の設定の仮登記をすること**（明 33.2.2民刑局長回答参照） 　仮登記は、第5編第2章（P249〜308）で説明しますが、仮登記が他の登記と抵触するかは、本登記の時点で考えます。よって、仮登記であれば、いくつでも設定することができます。	③**一筆の土地の一部について地上権の設定の登記をすること**（昭 35.3.31 民事甲 712。不登令 20 条4号。Ⅰのテキスト第3編第1章第1節3 2.「不動産の一部を目的とする登記の可否」） ※設定契約自体は可能です。── **民法Ⅱのテキスト第3編第4章第1節1「民法（実体）の基本的な考え方」**

4．区分地上権の設定の登記

（1）実体（民法）→登記

　地下鉄や電線を通すためなど、土地の上下の一定の範囲のみに地上権を設定したい場合、地下または地上の範囲を区切った、工作物を所有するための区分地上権を設定することができます（民法 269 条の2第1項前段）。── **民法Ⅱのテキスト第3編第4章第1節5**

区分地上権も、登記することができます。

（2）申請情報の記載事項

区分地上権の設定の登記は、地上権の設定の登記の申請情報の記載事項に、以下の青字にした事項が加わります（加わることがあります）。

申請例95 —— 区分地上権の設定の登記

登記の目的	地上権設定
原　　　因	令和7年6月28日設定
目　　　的	高架鉄道敷設
範　　　囲	**東京湾平均海面の上100メートルから上30メートルの間**
存続期間	50年
地　　　代	1平方メートル1年1万円
支払時期	毎年3月31日
特　　　約	**土地の所有者は高架鉄道の運行の障害となる工作物を設置しない**
地上権者	B
設定者	A
添付情報	登記原因証明情報（地上権設定契約書）
	登記識別情報（Aの甲区1番の登記識別情報）
	印鑑証明書（Aの印鑑証明書）
	代理権限証明情報（B及びAの委任状）
	承諾証明情報（Cの承諾書）
課税価格	金1000万円
登録免許税	金10万円

権　利　部　（乙　区）　（所　有　権　以　外　の　権　利　に　関　す　る　事　項）			
順位番号	登記の目的	受付年月日・受付番号	権　利　者　そ　の　他　の　事　項
1	地上権設定	令和6年6月28日 第11542号	原因　令和6年6月28日設定 目的　建物所有 地上権者　C
2	地上権設定	令和7年6月28日 第12457号	原因　令和7年6月28日設定 目的　高架鉄道敷設 範囲　東京湾平均海面の上100メートルから上30

				メートルの間
				存続期間　50年
				地代　1平方メートル1年1万円
				支払時期　毎年3月31日
				特約　土地の所有者は高架鉄道の運行の障害となる工作物を設置しない
				地上権者　B

※登記の目的は、「地上権設定」と記載し、「区分地上権設定」とは記載しません。区分地上権であることは、区分地上権の目的である地下または空間の上下の範囲（下記（a）ⅰ）を登記することによりわかるからです。

（a）登記事項
以下の2点が加わります（ⅱは加わることがあります）。

ⅰ　必要的登記事項（必ず記載する必要がある事項）
・区分地上権の目的である地下または空間の上下の範囲（不登法78条5号）
　「東京湾平均海面の上100メートルから上30メートルの間」などと記載します。
　区分地上権であるため、上下の範囲を登記する必要があるのです。
　地表を含めて、空間を上限、地下を下限とする定めをすることもできます（登研839P137）。
ex.「東京湾平均海面の上100メートルから下30メートルの間」

東京湾

※左右の範囲
　範囲として認められるのは、「上下」のみです。「左右」は、認められません。つまり、一筆の土地の一部分（ex. 西側30㎡）に、区分地上権の設定の登記をすることはできません（昭35.3.31民事甲712参照。登研224P72。不登令20条4号。Ⅰのテキスト第3編第1章第1節3 2.「不動産の一部を目的とする登記の可否」）。

ⅱ　任意的登記事項（定めがある場合には記載すべき事項）
・区分地上権の行使のための設定者の土地の使用の制限（不登法78条5号）
　「土地の所有者は高架鉄道の運行の障害となる工作物を設置しない」などと記載します。
　区分地上権であれば設定者も土地を使えますが、区分地上権者のジャマにならないよう、設定者の土地の使用の制限を設定契約で定めることができます（民法269条の

2第1項後段）。—— 民法Ⅱのテキスト第3編第4章第1節⑤4．その定めがあれば、登記事
項となります。

（b）添付情報

以下の添付情報が加わることがあります。

・承諾証明情報（不登令7条1項5号ハ）

　区分地上権は、その土地に地上権など利用権を有する者がいても設定できます。た
だし、その利用権を有する者の承諾が必要です（民法269条の2第2項前段）。—— 民
法Ⅱのテキスト第3編第4章第1節⑤3．たとえば、以下の者の承諾が必要となります（昭
41.11.14民事甲1907）。

承諾を要する者

①その土地を使用収益する権利を有する者
②上記①の権利を目的とする権利を有する者

承諾を要する者	承諾を要しない者
ⅰ　利用権者（地上権者、区分地上権者、永小作権者、地役権者、採石権者、賃借権者など〔＊〕。上記①） ＊配偶者居住権者も含まれると解されます。 　上記申請例95は、Ｃの地上権が設定されていますので、Ｃの承諾証明情報を提供しています。	ⅰ　所有権を目的とする担保権者 　上記①②のいずれにも該当しないからです。
ⅱ　利用権の仮登記名義人（上記①）	
ⅲ　使用収益しない旨の特約のない不動産質権者（上記①） 　不動産質権は、特約がなければ、不動産質権者が不動産を使用収益します（民法359条、356条）。—— 民法Ⅱのテキスト第4編第4章第3節③1．この場合、上記①に当たります。	ⅱ　使用収益しない旨の特約のある不動産質権者 　不動産質権は、特約で「設定者が不動産の使用収益をする」とすることができます（民法359条）。—— 民法Ⅱのテキスト第4編第4章第3節③3．この特約があれば、不動産質権者は不動産を利用しませんので、上記①に当たりません。
ⅳ　利用権を目的とする担保権者（上記②）	
ⅴ　利用権を目的とする差押債権者・仮差押債権者（上記②）	

※区分地上権の範囲を明らかにする「図面」を提供する必要はありません（昭41.11.14
　　民事甲1907）。区分地上権の範囲は"上下"ですので、「東京湾平均海面の上100メー
　　トルから下30メートルの間」など（上記（a）ⅰ）と記載するだけでわかるから
　　です。

「
P188

（3）区分地上権の設定の可否

　　区分地上権の設定ができるか、問題となる事案があります。

①竹木所有を目的とする区分地上権

　　普通の地上権と異なり、竹木所有を目的として区分地上権を設定することはできま
せん。

　　区分地上権は、「工作物」を所有するためにのみ設定できます（民法269条の2第
1項前段）。地下鉄や電線を通すためなどに創られた物権が区分地上権だからです。

　　また、範囲を「地下5ｍから地上15ｍまで」などとしても、竹木だと、根や枝がそ
の範囲よりも伸びるかもしれません（冗談みたいな理由ですが……）。

②階層的区分建物の特定階層を所有することを目的とする区分地上権

　　「階層的区分建物」とは、ビルなどのことです。ビルの特定階層（ex. 2階部分の
み）を所有することを目的として区分地上権の設定の登記をすることはできません
（昭48.12.24民三.9230）。

　　たしかに、階層的区分建物は工作物です。しかし、特定階層だけで独立した工作物
ではないため、特定階層を所有することを目的とすることは認められないのです。

　地上権者は、設定者の承諾なくしても、地上権を譲渡できます。地上権は物権だからです。—— 民法Ⅱのテキスト第3編第4章第1節③3.

　また、地上権者が死亡または消滅会社となる合併がされると、地上権は、相続人または存続会社（吸収合併の場合）・設立会社（新設合併の場合）に移転します（民法896条本文、会社法750条1項、752条1項、754条1項、756条1項）。

　上記のような原因で地上権が移転した場合、地上権の移転の登記をすることができます。地上権の移転の登記については、以下の知識を押さえてください。

　登記記録上、存続期間が満了してしまっている地上権について、存続期間を経過した後の日を登記原因日付とする地上権の移転の登記をすることができるでしょうか。
　できません（昭35.5.18民事甲1132）。
　登記記録から判明する実体は、「存続期間が満了しているため、地上権は消滅している」です。よって、このままでは、地上権が移転することはありません。登記官も、登記記録および申請情報・添付情報から判断できる事項については、実体上の審査をします（Ⅰのテキスト第1編第5章第3節②1.※）。
　したがって、この移転の登記をするには、存続期間を変更して存続期間の変更の登記をする必要があります（登研439P128）。

3 地上権の変更の登記・更正の登記

1. 実体（民法）→登記

　地上権が設定された後、設定者と地上権者との変更契約により、地上権の内容を変更することができます。

　この変更契約により地上権の登記事項に変更が生じた場合、地上権の変更の登記を申請できます。

　また、登記時から地上権の登記事項の一部に錯誤（間違い）または遺漏（モレ）がある場合、地上権の更正の登記を申請できます。

2. 申請情報の記載事項

（1）申請人

　地上権者と設定者との共同申請によりますが（不登法60条）、どちらが登記権利者または登記義務者となるかは、変更・更正の内容によって変わります。

─ Realistic 2　視点を固定する ─

　以下の表では、設定者にとって有利か（有利なら登記権利者になります）、不利か（不利なら登記義務者になります）という視点でみています。「地上権者にとって」という視点で考えてもいいのですが、いずれにしても視点を固定して毎回同じ視点から考えるようにしてください。毎回同じ視点から考えることで、記憶に残りやすくなりますし、本試験でもその思考が再現でき思い出せる確率が上がるからです。

登記事項	変更・更正の内容	登記権利者	登記義務者
存続期間	**短縮**　ex. 50年→30年	設定者	地上権者
	延長　ex. 30年→50年	地上権者	設定者
	存続期間が長くなると地上権の負担が長く続くため、短縮のほうが設定者に有利であり、延長のほうが設定者に不利です。		
地　代	**増額**　ex. 年100万円→年150万円	設定者	地上権者
	減額　ex. 年150万円→年100万円	地上権者	設定者
	地代が高くなると設定者の収益が増えるため、増額のほうが設定者に有利であり、減額のほうが設定者に不利です。		
区分地上権の範囲	**縮小** ex. 東京湾平均海面の上100メートルから上30メートルの間　→　東京湾平均海面の上50メートルから上30メートルの間	設定者	地上権者
	拡張 ex. 東京湾平均海面の上50メートルから上30メートルの間　→　東京湾平均海面の上100メートルから上30メートルの間	地上権者	設定者
	区分地上権の範囲が広がると設定者が使用できる範囲が狭まるため、縮小のほうが設定者に有利であり、拡張のほうが設定者に不利です。		
地上権⇔区分地上権（※）	地上権　→　区分地上権	設定者	地上権者
	区分地上権　→　地上権	地上権者	設定者
	区分地上権のほうが普通の地上権よりも設定者が使用できる範囲が広いため（普通の地上権は設定者が使用できる範囲はありません）、区分地上権への変更・更正のほうが設定者に有利であり、区分地上権でない地上権への変更・更正のほうが設定者に不利です。		

※このように、「地上権を区分地上権に」「区分地上権を地上権に」変更・更正する登記もできます（昭 41.11.14 民事甲 1907〔変更の登記について〕）。変更・更正の登記の仕方は、上下の「範囲」（P176 の i）を追加するまたは廃止する方法によって行います。

（2）添付情報

地上権の変更の登記・更正の登記は、以下の添付情報に注意してください。

・承諾証明情報（不登法 66 条、不登令別表 25 添付情報ロ）

登記上の利害関係を有する第三者がいるときは、付記登記によって登記するには、その第三者が作成した承諾を証する情報などを提供する必要があります。変更の登記・更正の登記だからです（不登法 66 条。I のテキスト第 1 編第 6 章第 8 節 2 1.※）。

たとえば、以下の者が登記上の利害関係を有する第三者に当たります。

地上権者に不利益になる登記 （上記（1）において、登記権利者：設定者・登記義務者：地上権者となる登記）	設定者に不利益になる登記 （上記（1）において、登記権利者：地上権者、登記義務者：設定者となる登記）
i　その地上権を目的とする担保権者	i　後順位の担保権者（仮登記名義人も含みます）
ii　その地上権を目的とする仮登記権利者	ii　後順位の所有権の仮登記権利者
iii　その地上権を目的とする差押債権者・仮差押債権者	iii　後順位の所有権の差押債権者・仮差押債権者

↑
「地上権者に不利益になる登記」ということは、地上権の価値が下がるということです。よって、**価値の下がる地上権を目的として権利を有している者**が当たります。

↑
「設定者に不利益になる登記」ということは、所有者にとって地上権の負担が増すということです。よって、将来的に所有権の登記名義人となる仮登記権利者の将来の負担が増加します（ii）。また、所有権の価値が下がり、競売価格が下落します（i・iii）。

4　地上権の抹消の登記

1．実体（民法）→登記

　地上権は、消滅時効、存続期間の満了などにより消滅します。―― 民法Ⅱのテキスト第3編第4章第1節④1.

　地上権が消滅すると、地上権の抹消の登記を申請できます。

2．申請情報の記載事項

（1）申請人

　以下の者の共同申請です（不登法60条）。

・登記権利者：設定者
・登記義務者：地上権者

（2）添付情報

　地上権の抹消の登記も、以下の添付情報に注意してください。

・承諾証明情報（不登法68条、不登令別表26添付情報ト）

　登記上の利害関係を有する第三者がいるときは、必ずその第三者が作成した承諾を証する情報などを提供する必要があります。抹消の登記だからです（不登法 68 条。Ⅰのテキスト第1編第6章第8節②1.①）。

　たとえば、その地上権を目的とする担保権者が登記上の利害関係を有する第三者に当たります。地上権を目的とする担保権者は、目的としている地上権が抹消されるため、職権抹消されるからです（Ⅰのテキスト第2編第2章第2節②5.「職権抹消の基本的な考え方」）。

　「存続期間満了」を登記原因とする場合でも、地上権を目的とする抵当権が登記されていれば、その抵当権者の承諾証明情報を提供する必要があります（登研439P128）。「存続期間が満了したことは登記記録から明らかだから、承諾なく職権抹消するよ」とはならないのです。

第2章　永小作権の登記

不動産登記法では、永小作権は、登記事項以外はほとんど出題されませんので、設定の登記を簡単に説明するのみにとどめます。

1 実体（民法）→登記

設定者と永小作人との設定契約により、永小作人が耕作または牧畜をするために設定者の土地を使える永小作権を設定できます（民法270条）。── **民法Ⅱのテキスト第3編第4章第2節**1、2 1.

この場合、永小作権の設定の登記を申請できます。

2 申請情報の記載事項

以下で説明する登記事項を除いて、基本的にP170〜173の2.の地上権の設定の登記の申請情報の記載事項と同じです。添付情報を提供する理由や考え方も同じです。ただし、永小作権ですので、登記の目的が「永小作権設定」、登記原因日付が「永小作権の設定契約の成立日」、申請人の登記権利者が「永小作人」、登記原因証明情報の内容が「永小作権設定契約書」となります。

・登記事項

＊利用権の登記の登記事項は、P222〜223の表で比較しています。「何が登記事項となるか」は、P222〜223の表を検索先として、比較しながら記憶してください。

【必要的登記事項（必ず記載する必要がある事項)】
・小作料（不登法79条1号）

小作料は、永小作権に必ず存在するからです。── **民法Ⅱのテキスト第3編第4章第2節**2 2.

【任意的登記事項（定めがある場合には記載すべき事項)】
①小作料の支払時期の定め（不登法79条2号）
②存続期間（不登法79条2号）
③永小作権の譲渡または土地の賃貸を禁止する旨の定め（民法272条ただし書の定め。不登法79条3号）── **民法Ⅱのテキスト第3編第4章第2節**3 1.
④永小作人の権利または義務に関する定め（不登法79条4号）
ex. 永小作権の内容を、耕作または牧畜のうちのどちらかに限定する定め

第3章　地役権の登記

　地役権は、「かなり変わった物権」であり、それが不動産登記にも現れています。登記の仕方も、他の権利とは少し違います。地役権は、民法と同じく、不動産登記法でもよく出題されるのですが、その辺りに理由があるのだと思われます。

1 地役権の設定の登記

1．実体（民法）→登記

　承役地の権利者と要役地の権利者との設定契約により、要役地の権利者が承役地を利用できる地役権を設定できます（民法 280 条）。── **民法Ⅱのテキスト第3編第4章第3節**1、21.

　この場合、地役権の設定の登記を申請できます。

※地役権者・設定者となれる者

　要役地の所有者と承役地の所有者は、もちろん地役権者と設定者になれます。

　しかし、それだけでなく、以下の者も地役権者と設定者になれます（昭 36.9.15 民事甲 2324、昭 39.7.31 民事甲 2700。登研 282P73）。

・要役地の地上権者、永小作権者、登記された賃借権者（地役権者になれます）
・承役地の地上権者、永小作権者、登記された賃借権者（設定者になれます）

　地役権は、要役地が承役地をどう"利用"するかという物権なので、実際に利用しているこれらの者が設定することができるのです。

＊このように地上権者なども地役権の設定の当事者となれますが、以下では、要役地の所有者と承役地の所有者が地役権の設定の当事者となる最も基本的な事例をみていきます。

2．申請情報の記載事項

| 申請例96 | ── 地役権の設定の登記

事例：BとAは、令和7年6月28日、Bが所有している甲土地を要役地（B名義の所有権の保存の登記がされている）・Aが所有している乙土地（甲区1番でA名義の所有権の保存の登記がされている）を承役地として、目的を通行・存続期間を 50 年・地代を1平方メートルにつき1年1万円・支払時期を毎年3月 31 日・範囲を東側4平方メートルと

甲　　　　乙

| B | A |

要役地　　承役地

する地役権を設定する契約を締結した。甲土地および乙土地は、同一の登記所の管轄区域内にある。

登記の目的	地役権設定
原 因	令和7年6月28日設定
目 的	通行
範 囲	東側4平方メートル
地役権者	B
設 定 者	A
添付情報	登記原因証明情報（地役権設定契約書）
	登記識別情報（Aの甲区1番の登記識別情報）
	印鑑証明書（Aの印鑑証明書）
	代理権限証明情報（B及びAの委任状）
	地役権図面
登録免許税	金1500円

【乙土地】（承役地）

権 利 部 （乙 区） （所 有 権 以 外 の 権 利 に 関 す る 事 項）			
順位番号	登記の目的	受付年月日・受付番号	権 利 者 そ の 他 の 事 項
1	地役権設定	令和7年6月28日 第12457号	原因　令和7年6月28日設定 目的　通行 範囲　東側4平方メートル 要役地　新宿区新宿一丁目2番 地役権図面第92号

　承役地の登記記録には、このように、地役権者が登記されるのではなく（不登法80条2項）、「要役地」が登記されます。これは、地役権の登記を考えるポイントになります。地役権者ではなく要役地を登記するのは、民法で説明した以下の考え方が不動産登記に現れているからです。── 民法Ⅱのテキスト第3編第4章第3節 1 ①

地役権に共通する視点

　地役権は、土地（要役地）のための物権であり、土地（要役地）にくっついている物権です。

　土地（要役地）のための物権なので、要役地を登記するのです。よって、地役権の設定の登記を申請しても、地役権者に登記識別情報は通知されません。地役権者が登記されないため、登記名義人となる者がいないからです（Ⅰのテキスト第1編第6章第3節2 1.（1）②の要件を充たしません）。

【甲土地】（要役地）

権　利　部　（乙　区）（所　有　権　以　外　の　権　利　に　関　す　る　事　項）			
順位番号	登記の目的	受付年月日・受付番号	権　利　者　そ　の　他　の　事　項
1	要役地地役権	余　白	承役地　新宿区新宿一丁目1番 目的　通行 範囲　東側4平方メートル 令和7年6月28日登記

　この要役地の登記は、登記官の職権によってされます（不登法80条4項、不登規159条1項）。よって、地役権の設定の登記は、要役地と承役地の管轄登記所が異なるときであっても、承役地を管轄する登記所に申請すればOKです。それで、要役地の登記は、登記官が職権でしてくれるからです。
　なお、要役地について権利部の所有権の登記がされていない場合、地役権の設定の登記をすることはできません（不登法80条3項。昭35.3.31民事甲712）。上記のように、要役地の乙区に「承役地」「目的」「範囲」が登記されるため（不登法80条4項、不登規159条1項）、その前提として甲区ができている必要があるんです。

（1）登記の目的
　「地役権設定」と記載します。

（2）登記原因及びその日付
　年月日は、「地役権の設定契約の成立日」を記載します（設定契約による場合）。
　原因は、「設定」と記載します（設定契約による場合）。設定（契約）が、地役権が設定された原因（法律行為）だからです。

（3）登記事項

*利用権の登記の登記事項は、P222～223の表で比較しています。「何が登記事項となるか」は、P222～223の表を検索先として、比較しながら記憶してください。

（a）必要的登記事項（必ず記載する必要がある事項）

①設定の目的（不登法80条1項2号）

　設定契約で定められた「通行」「日照の確保のため高さ何メートル以上の工作物を設置しない」（昭54.5.9民三.2863）「設定者は承役地に家屋工作物を設置しない」（送電線の保持を目的。昭33.4.10民事甲768）「水道管の埋設」（昭59.10.15民三.5157）などの目的を登記します。

②範囲（不登法80条1項2号）

　承役地のすべてに地役権を設定した場合でも、この登記事項は省略できず、「範囲全部」と登記しなければなりません。必要的登記事項だからです。

　承役地の一部に地役権を設定した場合に、範囲を「地役権図面のとおり」とすることはできず（登研453P124）、「範囲　東側4平方メートル」などと登記しなければなりません。必要的登記事項だからです。

③要役地の表示（不登法80条1項1号）

　要役地は、申請情報の末尾の不動産の表示に以下のように記載します。

P191

不動産の表示						
承役地			要役地			
所	在	新宿区新宿一丁目	所	在	新宿区新宿一丁目	
地	番	1番	地	番	2番	
地	目	宅地	地	目	宅地	
地	積	131.12平方メートル	地	積	231.51平方メートル	

（b）任意的登記事項（定めがある場合には記載すべき事項）

①民法281条1項ただし書の別段の定め（不登法80条1項3号）
②民法285条1項ただし書の別段の定め（不登法80条1項3号）
③民法286条の定め（不登法80条1項3号）

　これらは少し細かいハナシなので、六法で条文を軽く確認する程度で結構です。

（4）申請人

　以下の者の共同申請です（不登法60条）。

・登記権利者：地役権者（要役地の所有者）
・登記義務者：設定者（承役地の所有者）

P185 で説明したとおり、地役権の設定の登記を申請しても地役権者は登記されません（不登法80条2項）。しかし、申請人欄には地役権者を記載します（不登令3条1号）。登記記録に記録されなくても、申請人ではあるからです。

ただし、地役権者が複数いる場合でも、持分は記載しません（P16の「持分を記載しない権利を記憶する③」）。持分は、登記記録に記録するために記載しますので、登記記録に記録されない地役権者について持分を記載する意味はないからです。

※要役地の共有者の1人が時効により地役権を取得した場合の登記権利者

要役地の共有者の1人が時効によって地役権を取得すると、他の共有者も地役権を取得します（民法284条1項）。── 民法Ⅱのテキスト第3編第4章第3節3 2.（3）　地役権は、土地（要役地）にくっついている物権だからです（P185の「地役権に共通する視点」）。では、この場合、共有者の1人のみが登記権利者となり、設定者とともに地役権の設定の登記を申請できるでしょうか。

できます。

共有物の保存行為（民法252条5項）といえるからです（最判平7.7.18）。── 民法Ⅱのテキスト第3編第3章第4節3 2.（1）

ここで疑問に思った方がいるかもしれません。「他の共有者に有利な登記だけど、権利に関する登記には、『登記という対抗力を備えるかは各自の自由』という原則（Ⅰのテキスト第1編第4章第2節2 2.）がなかったっけ？」という疑問です。しかし、地役権者は登記されないので、地役権者名義の登記をしているわけではないのです。

（5）添付情報

基本的には、P173（5）の地上権の設定の登記と同じです（登記原因証明情報の内容は、地役権設定契約書となります）。提供する理由や考え方も同じです。

しかし、地役権の設定の登記においては、それらに加えて、以下の添付情報が必要になることがあります。

①地役権図面（不登令別表35 添付情報ロ）

P178
└

承役地の一部に地役権を設定した場合、図面がないと承役地のどの部分が地役権の対象となっているかわからないため、図面を提供する必要があります。区分地上権と違い上下ではないため、「東京湾平均海面の上100メートルから上30メートルの間」

188

などとできず、図面がないとわからないのです。この地役権図面は、登記所で保管され、誰でも、手数料を納付すれば、写しの交付を受けたり閲覧の請求をしたりすることができます（不登法 121 条 1 項、2 項、不登令 21 条 1 項）。

　どの部分が地役権の対象となるかを明らかにする趣旨ですので、承役地の全部に地役権を設定した場合は、図面の提供は不要です。対象が承役地の全部であることが明らかだからです。

②要役地の 登記事項証明書 （不登令別表 35 添付情報ハ）

　要役地と承役地の管轄登記所が異なるときに提供する必要があります。要役地の登記事項証明書を提供するのは、以下の 2 点を確認する必要があるからです。

・要役地について所有権の登記がされていること（P186）
・要役地の現在の所有権の登記名義人が登記権利者として申請していること

（6）登録免許税

　承役地の不動産 1 個につき 1500 円です（登免法別表第 1.1.（4））。

　地役権は承役地を排他的に使える（占有する）物権ではないため、他の利用権のように「不動産の価額の 10/1000」とはならないのです。

3．地役権の設定の登記の可否

　地役権も、承役地の所有者と要役地の所有者が地役権の設定契約をすれば、常に地役権の設定の登記ができるわけではありません。

可（○）	不可（×）
①地役権の登記がされている承役地に重ねて別の要役地のために地役権を設定すること（昭 38.2.12 民事甲 390、昭 43.12.27 民事甲 3671） 　すでに設定されている地役権の地役権者の承諾は不要です。 　地役権は承役地を排他的に使える（占有する）物権ではないため、複数の地役権を設定することができるのです。 ex. Bが所有している甲土地を要役地として、Aが所有している乙土地に通行地役権の設定の登記がされています。この場合に、Cが所有している丙土地を要役地として、Bの通行地役権と範囲が重なる通行地役権の設定の登記をすることもできます。排他性がないので、通行する場所が重なっても構わないのです。1 日中、その道の上にいるわけではありませんし……。	①承役地の共有者の持分を目的として地役権を設定すること 　持分のみを目的として利用権を設定することはできないからです（P174 の「Realistic rule」）。 ②要役地の共有者の持分のために地役権を設定すること

（登研309P77）

地役権は、土地（要役地）のための物権なので、人を単位とする持分のために設定することはできないのです（P185の「地役権に共通する視点」）。

②**賃借権の登記がされている土地を承役地として地役権を設定すること**（登研215P68）

上記①と同じ理由です。地役権は承役地を排他的に使える（占有する）物権ではないため、賃借権とも両立するのです。

③**一筆の土地の一部を承役地として地役権の設定の登記をすること**

（登研390P89。不登令20条4号。Ⅰのテキスト第3編第1章第1節32.「不動産の一部を目的とする登記の可否」例外）

他の権利は、不動産の一部に権利を設定したことを登記できませんが、地役権のみ例外的に登記できます。通行地役権など一部のみを目的とすることがあらかじめ想定されている物権だからです。

2　地役権の移転の登記

地役権の移転の登記は、この国には存在しません（昭35.3.31民事甲712）。── 民法Ⅱのテキスト第3編第4章第3節31.（3）

地役権は土地（要役地）にくっついている物権であるため（P185の「地役権に共通する視点」）、現在の要役地の所有者が地役権を行使できるからです。

また、承役地には「要役地」が登記されるだけであり（P185）、要役地の所有者は登記されません。要役地（土地自体）が移転することはありません。土地ですから……。よって、要役地の所有権が移転した場合、要役地については所有権の移転の登記をしますが、承役地については何も登記をしないのです（昭35.3.31民事甲712）。

3　地役権の変更の登記・更正の登記

1. 実体（民法）→登記

地役権が設定された後、地役権者と設定者との変更契約により、地役権の内容を変更することができます。

この変更契約により地役権の登記事項に変更が生じた場合、地役権の変更の登記を申請できます。

また、登記時から地役権の登記事項の一部に錯誤（間違い）または遺漏（モレ）が
ある場合、地役権の更正の登記を申請できます。

２．申請情報の記載事項
（１）申請人
　地上権と同じく、地役権の変更の登記・更正の登記についても、地役権者と設定者
のどちらが登記権利者・登記義務者になるかという問題があります。地役権の場合も、
地上権のP179～180（1）と同じく、どちらに有利か不利かで考えてください。
ex. 地役権の範囲の縮小　→　登記権利者：設定者、登記義務者：地役権者
　　設定者が承役地を使われる範囲が狭くなるからです。
　　地役権の範囲の拡大　→　登記権利者：地役権者、登記義務者：設定者
　　設定者が承役地を使われる範囲が広くなるからです。

（２）添付情報
　添付情報については、以下のものに注意してください。

・要役地の登記事項証明書（不登令別表36 添付情報ハ）
　要役地と承役地の管轄登記所が異なるときに提供する必要があります。申請人とな
る地役権者は、要役地の所有者です。そのことは承役地の登記記録からわからないた
め、「本当に地役権者ですよ～」という趣旨で提供します。

P187

　このように要役地の登記事項証明書を提供することはありますが、不動産の表示と
して要役地の表示を記載する必要はありません。すでに地役権の設定の登記がされて
いますので（P185）、要役地は登記記録から明らかだからです。

（３）登録免許税
　変更の登記・更正の登記として、不動産1個につき1000円です（登免法別表第1.
1.（14））。この不動産の個数は、承役地の数です。
ex. 要役地が一筆、承役地が二筆である場合、一の申請情報で（1件で）申請すると
　　きの登録免許税は「1000円×承役地二筆＝2000円」となります。

4　地役権の抹消の登記

1．実体（民法）→登記

　地役権は、消滅時効、存続期間の満了などにより消滅します。── 民法Ⅱのテキスト **第3編第4章第3節4**

　地役権が消滅すると、地役権の抹消の登記を申請できます。なお、承役地について地役権の抹消の登記を申請すると、要役地の地役権の登記（P186）は登記官の職権によって抹消されます（不登規159条3項）。

2．申請情報の記載事項

（1）登記の目的

　「○番地役権抹消」と記載します。

（2）登記原因及びその日付

　「年月日消滅時効」「年月日存続期間満了」などと記載しますが、変わった登記原因及びその日付があります。それは、「年月日要役地の所有権移転」です。

　これは、設定行為で「要役地を譲渡したら、地役権は消滅する」という特約をした場合に（民法281条1項ただし書）、要役地が譲渡されたときに地役権の抹消の登記をする場合の登記原因及びその日付です。── 民法Ⅱのテキスト第3編第4章第3節**3**1.（2）（b）　この特約（民法281条1項ただし書の別段の定め）がある場合は登記されるので（P187（b）①）、要役地が譲渡され要役地について所有権の移転の登記がされると、地役権が消滅したことが登記官に明らかとなり、職権で抹消されるようにも思えます。しかし、職権で抹消されず、共同で申請する必要があります。要役地と承役地とは別の不動産なので、登記官はそこまではみてくれないのです。P133と同じ考え方です。

（3）申請人

　以下の者の共同申請です（不登法60条）。
・登記権利者：設定者（承役地の所有者）
・登記義務者：地役権者（要役地の所有者）

※承役地の所有者が地役権に必要な土地の部分の所有権を放棄した場合

　こんなハナシがあります。

　要役地の所有者と承役地の所有者は、承役地の所有者が自己の費用で地役権の行使のために工作物の設置や修繕をする義務を負担する（負担してあげる）、という特約をすることができます（民法286条）。この特約がある場合、承役地の所有者は、い

つでも、地役権に必要な土地の部分の所有権を放棄して要役地の所有者に移転して、この義務を免れることができます（民法 287 条）。

ex. Bが所有している甲土地を要役地として、Aが所有している乙土地に通行地役権の設定の登記がされており、AがAの費用でBの通行のために道路を設置する、という特約がされています。この場合、Aは、Bの通行に必要な部分の乙土地の所有権を放棄してBに移転して、道路の設置義務を免れることができます。

こんな義務を負担するくらいなら放棄してやる！

　Aがこの放棄をすると、地役権の対象の部分である承役地の所有者がBとなります。よって、AからBに「民法第 287 条による放棄」を登記原因として、所有権の移転の登記をすることができます。地役権の対象の部分であった承役地の所有者がBとなりますので、地役権は混同で消滅します（民法 179 条 1 項本文）。この場合でも、地役権の登記は職権で抹消されないため、申請する必要があります。この地役権の抹消の登記の申請人は、登記権利者と登記義務者が同一人（B）となります。よって、申請人欄には「権利者兼義務者　B」などと記載します。

※要役地上の地上権者が地役権者である場合

　要役地の権利者も承役地の権利者も所有者である場合で説明してきましたが、地上権者などである場合もあります（P184※）。

　たとえば、要役地の地上権者が地役権者となっているときに、この地上権が消滅すると地役権も消滅します。この場合は、以下の者の共同申請により地役権の抹消の登記を申請します（不登法 60 条）。

・登記権利者：設定者（承役地の所有者等）
・登記義務者：地役権者（要役地の地上権者）

（4）添付情報

①登記原因証明情報（不登法 61 条、不登令別表 37 添付情報イ）

　Ⅰのテキスト第 1 編第 6 章第 2 節 4 の「登記原因証明情報の提供が不要となる場合」に当たりませんので、登記原因証明情報を提供する必要があります。

②登記識別情報（不登法 22 条本文）

　登記義務者である地役権者の登記識別情報を提供します。共同申請だからです（Ⅰのテキスト第 1 編第 6 章第 3 節 3 1.「登記識別情報の提供の要否の基本的な判断基

準」)。この登記識別情報は、地役権者が"要役地"の所有権の登記名義人になった際に通知された登記識別情報です。地役権の設定の登記をしても登記識別情報は通知されないため（P186）、要役地の所有権の登記識別情報を提供するのです。

③代理権限証明情報　（不登令7条1項2号）

④会社法人等番号　（不登令7条1項1号イ）

⑤承諾証明情報　（不登法68条、不登令別表37添付情報ハ）

　登記上の利害関係を有する第三者がいるときは、必ずその第三者が作成した承諾を証する情報などを提供する必要があります。抹消の登記だからです（不登法68条。Ⅰのテキスト第1編第6章第8節 2 1.①）。

　たとえば、以下の表の左の者が登記上の利害関係を有する第三者に当たります。

登記上の利害関係を有する第三者に当たる者	登記上の利害関係を有する第三者に当たらない者
・地役権の登記がされた（①）後に、要役地について抵当権の設定の登記がされている（②）場合の、要役地の抵当権者 要役地ですから、地役権があることはプラスになり、抵当権者は地役権付きの（プラスのある）土地であると期待して抵当権を設定しているからです。抵当権の効力は地役権に及ぶため（民法281条1項本文）、要役地を競売によって取得した買受人も地役権を行使できます。── **民法Ⅱのテキスト第3編第4章第3節 3** 1.(1)　よって、地役権があれば、要役地がそれだけ高く売れるのです。	・地役権の登記がされる（②）前に、要役地について抵当権の設定の登記、所有権の仮登記、差押登記がされている（①）場合の、要役地の抵当権者、所有権の仮登記権利者、差押債権者　（登研466P115） 左の場合と違い、抵当権の設定の登記、所有権の仮登記、差押登記（①）の時点で地役権がありませんので、抵当権者が地役権付きの（プラスのある）土地であると期待して抵当権を設定していたということはないからです。

⑥要役地の 登記事項証明書 （不登令別表 37 添付情報ロ）

　要役地と承役地の管轄登記所が異なるときに提供する必要があります。申請人となる地役権者は、要役地の所有者です。そのことは承役地の登記記録からわからないため、「本当に地役権者ですよ〜」という趣旨で提供します。

※印鑑証明書は、提供しません。所有権の登記名義人（要役地の所有者）が登記義務者となりますが、不要です（Ⅰのテキスト第 1 編第 6 章第 4 節 3 2.「『認印でよいか』『実印で押印し印鑑証明書の提供が要求されるか』の判断基準」の例外）。

※住所証明情報は、提供しません。Ⅰのテキスト第 1 編第 6 章第 5 節 3 「住所証明情報の提供が要求される場合①〜③」のいずれにも当たらないからです。

（5）登録免許税

　抹消の登記として、不動産 1 個につき 1000 円です（登免法別表第 1 . 1 .（15））。この不動産の個数は、承役地の数です。

ex. 要役地が一筆、承役地が二筆である場合、一の申請情報で（1 件で）申請するときの登録免許税は「1000 円×承役地二筆＝2000 円」となります。

第4章　賃借権の登記

1　賃借権の設定の登記

1. 実体（民法）→登記

　賃貸人と賃借人は、賃貸人が賃借人に不動産を使用収益させ、賃借人がこれに対してその賃料を支払い契約終了時に借りた不動産を返還する賃貸借契約を締結できます（民法601条）。── 民法Ⅲのテキスト第7編第5章第1節 1 、 4

　この場合、賃借権の設定の登記を申請できます。

2. 申請情報の記載事項

申請例97 ── 賃借権の設定の登記

事例：BとAは、令和7年6月28日、賃料を1月10万円・賃借権の存続期間を2年・敷金を10万円（BからAに交付されている）・賃借権の譲渡または賃借物の転貸ができる旨の特約をして、Aが所有している建物（甲区1番でA名義の所有権の保存の登記がされている）にBの賃借権を設定する契約を締結した。そして、AとBは、賃借権を登記する旨の合意をした（＊）。この建物の課税標準の額は、1000万円である。

＊賃借人は特約のない限り賃貸人に対する登記請求権を有さないため（大判大10.7.11）、この合意がなければ、Aは登記手続に応じる必要はありません。── 民法Ⅲのテキスト第7編第5章第3節 1 1.（2）（a）

登記の目的	賃借権設定
原　　　因	令和7年6月28日設定
賃　　　料	1月10万円
存 続 期 間	2年
敷　　　金	金10万円
特　　　約	譲渡、転貸ができる
賃 借 権 者	B
設 定 者	A
添 付 情 報	登記原因証明情報（賃貸借契約書）
	登記識別情報（Aの甲区1番の登記識別情報）
	印鑑証明書（Aの印鑑証明書）
	代理権限証明情報（B及びAの委任状）
課 税 価 格	金1000万円
登録免許税	金10万円

権 利 部 （乙 区） （所 有 権 以 外 の 権 利 に 関 す る 事 項）			
順位番号	登記の目的	受付年月日・受付番号	権 利 者 そ の 他 の 事 項
1	賃借権設定	令和7年6月28日 第12457号	原因　令和7年6月28日設定 賃料　1月10万円 存続期間　2年 敷金　金10万円 特約　譲渡、転貸ができる 賃借権者　B

（1）登記の目的

「賃借権設定」と記載します。

（2）登記原因及びその日付

年月日は、「賃借権の設定契約の成立日」を記載します。

原因は、「設定」と記載します。設定（契約）が、賃借権が設定された原因（法律行為）だからです。

（3）登記事項

*利用権の登記の登記事項は、P222〜223の表で比較しています。「何が登記事項となるか」は、P222〜223の表を検索先として、比較しながら記憶してください。

（a）必要的登記事項（必ず記載する必要がある事項）

・賃料（不登法81条1号）

「1月10万円」などと記載します。賃料は、賃借権の要素（マスト）となるものであるため、必要的登記事項です。要素（マスト）となるのは、賃借権を定義した条文（賃借権についての最初の条文）である民法601条に「賃料」と規定されているからです。── 民法Ⅱのテキスト第3編第4章第1節②2.「要素となるかの基本的な判断基準」

賃料の定めを登記できるかどうかの判断基準

賃料の定め方によって、その定め方で登記できるかが問題となります。判断基準は、第三者にとって明確かどうかです。他の登記も同じ考え方ですが、不動産登記の目的は公示ですから、当事者間の事情を知らない第三者がみても、明確である（登記記録だけをみて内容がわかる）必要があるんです。

登記できる（○）	登記できない（×）
①甲土地の賃借権について、「賃料　乙土地を使用収益する」（昭41.4.15民事三.193） 　賃料の内容が金銭ではありませんが、第三者からみて「賃貸人は乙土地を使用収益できるんだな」と明確なのでOKです（上記の「賃料の定めを登記できるかどうかの判断基準」）。	①甲土地と乙土地を貸賃した場合に、「賃料　甲土地、乙土地、合計金○円」（昭54.4.4民三電信回答） 　これだと、たとえば、一方の土地のみを購入する者が、その土地からいくらの賃料を得られるかがわからなくなってしまうからです（上記の「賃料の定めを登記できるかどうかの判断基準」）。
	②「賃料　契約時から5年間は年○円、6年目以後の分は双方協議のうえ定める」（昭41.9.29民事三.1010） 　第三者からすると、「当事者の協議なんて知るか！」というハナシです（上記の「賃料の定めを登記できるかどうかの判断基準」）。

（b）任意的登記事項（定めがある場合には記載すべき事項）

①存続期間（不登法81条2号）

　存続期間の定めがあれば、「○年」などと記載します。

　Bが賃借人である場合に、「存続期間　Bが死亡するまで」とすることもできます（昭38.11.22民事甲3116）。存続期間は、確定期限だけでなく、このような不確定期限とすることもできるからです。

②賃料の支払時期の定め（不登法81条2号）

　賃料の支払時期の定めがあれば、「毎月末日」などと記載します。

　賃料を前払いする旨の定め（ex.「前月末日」）があれば、それを登記できます（大判昭7.4.28）。賃料を前払いする旨の特約をすることができるからです（通常の賃貸借契約にはこの特約があります）。—— 民法Ⅲのテキスト第7編第5章第2節②1.（1）

③賃借権の譲渡または賃借物の転貸を許す旨の定め（不登法81条3号）

　この定めがあれば、「譲渡、転貸ができる」と記載します。賃借人が賃借権の譲渡または賃借物の転貸をするには、賃貸人の承諾が必要なのが原則です（民法612条1項）。—— 民法Ⅲのテキスト第7編第5章第3節②2.　それを賃貸人の承諾なくできるという特約であり、通常の賃借権とは異なるため、公示する必要があるのです。

　よって、この特約がない場合には、「譲渡、転貸ができない」とは登記しません。原則どおりだからです。

この定めがある場合、国は賃借権を目的として滞納処分による差押えの登記を嘱託することができます（東京地決昭 48.5.31）。この定めがあれば、賃借権に譲渡性があるので、賃借権を売っ払ってしまうことができるからです。

④敷金（不登法 81 条 4 号）
「金 10 万円」などと記載します。

⑤賃貸人が財産の処分につき行為能力の制限を受けた者または財産の処分の権限を
　有しない者である旨（不登法 81 条 5 号）
　被保佐人・被補助人（短期賃貸借の期間を超える賃貸借をすることについて補助人の同意を得ることを要する場合）または不在者の財産管理人など処分の権限を有しない者が賃貸借契約をする場合、短期賃貸借しかできません（民法 13 条 1 項 9 号、17 条 1 項、602 条）。── 民法 I のテキスト第 2 編第 2 章第 3 節 3 5.（1）※⑨、民法 III のテキスト第 7 編第 5 章第 5 節 1 1.（1）※　よって、そのことを公示する必要があるのです。「管理人　住所　○○の設定した賃借権」などと記載します（記録例 294）。

⑥土地の賃借権設定の目的が建物の所有である旨（不登法 81 条 6 号）
　建物の所有を目的とする土地の賃借権には、借地借家法が適用されます。── 民法 III のテキスト第 7 編第 5 章第 1 節 3 ②　借地借家法が適用されると賃借権の内容がかなり変わりますので、そのことを公示する必要があるのです。

（4）申請人
　以下の者の共同申請です（不登法 60 条）。
・登記権利者：賃借人
・登記義務者：賃貸人

（5）添付情報
　P173（5）の地上権の設定の登記と同じです（登記原因証明情報の内容は、賃貸借契約書となります）。提供する理由や考え方も同じです。

（6）登録免許税
　不動産の価額の 10/1000 です（登免法別表第 1.1.（3）イ）。

3. 賃借権の設定の登記の可否

　賃借権も、賃貸人と賃借人が賃貸借契約をすれば、常に賃借権の設定の登記ができるわけではありません。

可（○）	不可（×）
①賃借権の登記がされている不動産に重ねて賃借権を設定すること（昭30.5.21 民事甲 972。**同順位の複数の賃借権を設定することもできます**〔登研459P98〕） 　賃借権は、物権ではなく債権であるため、排他性（他人を排して独占できる物権の性質）がありません。── 民法Ⅱのテキスト第3編第4章第1節3「地上権と賃借権の違いを考える視点」　よって、複数の賃借権が成立するのです。	①**共有者の持分を目的として賃借権を設定すること**（昭48.10.13 民三.7694 参照） 　持分のみを目的として利用権を設定することはできないからです（P174の「Realistic rule」）。<hr>②**一筆の土地の一部について賃借権の設定の登記をすること**（昭35.3.31 民事甲 712。不登令20条4号。Ⅰのテキスト第3編第1章第1節3 2.「不動産の一部を目的とする登記の可否」） ※設定契約自体は可能です。── 民法Ⅱのテキスト第3編第4章第1節1「民法（実体）の基本的な考え方」、民法Ⅲのテキスト第7編第5章第1節4※

2 賃借権の移転の登記・賃借物の転貸の登記

1. 実体（民法）→登記

　賃借人は、賃借権の譲渡または賃借物の転貸を許す旨の定め（P198～199③）がある場合を除き、賃貸人の承諾を得ることで賃借権を譲渡または賃借物を転貸できます（民法612条1項）。── 民法Ⅲのテキスト第7編第5章第3節2 2.

　賃借権を譲渡した場合は賃借権の移転の登記を、賃借物を転貸した場合は転貸の登記を申請できます。

2. 申請情報の記載事項

（1）登記の目的

【賃借権の譲渡】

　「○番賃借権移転」と記載します。

【賃借物の転貸】

　「○番賃借権転貸」と記載します。

（2）登記原因及びその日付

【賃借権の譲渡】

「年月日売買」「年月日贈与」など具体的な譲渡の原因を記載します。

【賃借物の転貸】

「年月日転貸」と記載します。

　年月日は、賃借権の譲渡でも賃借物の転貸でも、「賃借権の譲渡・賃借物の転貸の契約の成立日」を記載します。この契約の後に賃貸人の承諾が得られた場合でも、登記原因日付は承諾の日とはなりません。賃貸人の承諾は、対抗要件であって効力発生要件ではないため、登記原因日付に影響を与えないからです。── **民法Ⅲのテキスト第7編第5章第3節②3.（1）**

（3）登記事項

【賃借権の譲渡】

※登記事項はありません（不登令別表40 申請情報）。抵当権や根抵当権の移転の登記などと同じ論理です。移転の登記は、その権利の権利者が変わるだけですから、登記事項を記載する必要はないのです。

【賃借物の転貸】

　賃借権の設定の登記と同じP197～199（3）の事項が登記事項となります（不登令別表39 申請情報、不登法81 条）。ただし、賃借人（転貸人）と転借人との間の転貸借契約の内容となります。

ex. AがBに建物を賃貸している場合に、BがAの承諾を得たうえでCにその建物を転貸したときは、転貸の登記においては、ＢＣ間の転貸借契約の内容のうち、P197～199（3）の事項が登記事項となります。

　ＡＢ間の賃貸借契約の内容は登記されていますが、ＢＣ間の転貸借契約の内容は登記されていないからです。

　このような理由ですので、たとえば、ＡＢ間の賃貸借契約の内容として賃借権の譲渡または賃借物の転貸を許す旨の定め（P198～199③）が登記されていても、ＢＣ間の転貸借契約の内容に賃借権の譲渡または賃借物の転貸を許す旨の定めがあるのであれば、それが転貸の登記の登記事項となります。ＡＢ間の契約とＢＣ間の契約は別物です。

転貸の登記の問題の Point

　転貸の登記についての問題は、**賃貸借契約と転貸借契約は別物である**という点がポイントになることが多いです。

201

(4) 申請人

【賃借権の譲渡】

以下の者の共同申請です（不登法60条）。

・登記権利者：賃借権の譲受人

・登記義務者：賃借権の譲渡人（賃借人）

【賃借物の転貸】

以下の者の共同申請です（不登法60条）。

・登記権利者：転借人

・登記義務者：賃借人（転貸人）

(5) 添付情報

①登記原因証明情報（不登法61条、不登令別表39添付情報イ、40添付情報イ）

　Ⅰのテキスト第1編第6章第2節4の「登記原因証明情報の提供が不要となる場合」に当たりませんので、登記原因証明情報を提供する必要があります。

【賃借権の譲渡】

　具体的には、賃借権売買契約書、賃借権贈与契約書などが当たります。

【賃借物の転貸】

　具体的には、賃借物転貸契約書が当たります。

②登記識別情報（不登法22条本文）

　登記義務者である賃借人の登記識別情報を提供します。共同申請だからです（Ⅰのテキスト第1編第6章第3節3 1.「登記識別情報の提供の要否の基本的な判断基準」）。

③代理権限証明情報（不登令7条1項2号）

④会社法人等番号（不登令7条1項1号イ）

⑤承諾証明情報（不登令7条1項5号ハ、不登令別表39添付情報ロ、40添付情報ロ）

　賃借権の譲渡または賃借物の転貸をするには賃貸人の承諾を得る必要があるため（民法612条1項）、賃貸人が作成した承諾を証する情報などを提供する必要があります。

※ただし、賃借権の譲渡または賃借物の転貸を許す旨の定め（P198〜199③）が登記されていれば、この承諾証明情報は不要となります。「譲渡、転貸ができる」と登記されていますので、賃貸人の承諾が不要であることが登記官に明らかだからです。

※印鑑証明書は、提供しません。所有権の登記名義人が登記義務者とならないからです（Ⅰのテキスト第1編第6章第4節3 2.「『認印でよいか』『実印で押印し印鑑証明書の提供が要求されるか』の判断基準」）。

※住所証明情報は、提供しません。Ⅰのテキスト第1編第6章第5節3「住所証明情報の提供が要求される場合①～③」のいずれにも当たらないからです。

（6）登録免許税
不動産の価額の10/1000です（登免法別表第1.1.（3）イ、ニ。相続・合併を原因とする賃借権の移転の登記は、不動産の価額の2/1000です〔登免法別表第1.1.（3）ロ〕）。

3 賃借権の変更の登記
賃借権の変更の登記については、誰が登記上の利害関係を有する第三者となるかを押さえてください。

賃借人に不利益になる登記 （ex. 賃料の増額の変更の登記）	賃貸人に不利益になる登記 （ex. 賃料の減額の変更の登記）
ⅰ その賃借権を目的とする質権者	ⅰ 後順位の担保権者（仮登記名義人も含みます）
ⅱ その賃借権を目的とする仮登記権利者	ⅱ 後順位の所有権の仮登記権利者
ⅲ その賃借権を目的とする差押債権者・仮差押債権者	ⅲ 後順位の所有権の差押債権者・仮差押債権者

考え方は、P181（2）と同じです。

※賃借権の賃料の増額の変更の登記における転借人の承諾の要否
賃借権の賃料を増額する賃借権の変更の登記を申請する場合に、転貸の登記がされているときでも、転借人の承諾は不要です（登研212P55）。

ex. AがBに建物を賃貸した後、AB間の変更契約により、賃料が1月15万円から1月20万円に変更されました。この場合に、BがCにこの建物を転貸しており、その転貸の登記がされているときも、Cの承諾は不要です。

AB間の契約とBC間の契約は別物であるため、AB間の賃料が増額されても、それによって当然にBC間の転貸料が増額されるわけではないからです（P201の「転貸の登記の問題のPoint」）。

4　賃借権の抹消の登記
1．実体（民法）→登記
　賃借権は、存続期間の満了、解除などにより消滅します。── **民法Ⅲのテキスト第7編第5章第5節**1
　賃借権が消滅すると、賃借権の抹消の登記を申請できます。

2．申請情報の記載事項
　賃借権の抹消の登記の申請情報の記載事項は、以下の知識を押さえてください。

・申請人
　以下の者の共同申請です（不登法60条）。
・登記権利者：賃貸人
・登記義務者：賃借人

3．転貸の登記がされている場合
　転貸の登記が付記登記（不登規3条5号。Ⅰのテキスト第1編第4章第3節2 3.①ウ）でされている賃借権の抹消の登記を申請する場合、その前提として、転貸の登記の抹消の登記を申請する必要があるでしょうか。
　必要ありません。
　転借人が作成した承諾を証する情報などが提供されれば、転貸の登記は登記官の職権で抹消されるからです（Ⅰのテキスト第2編第2章第2節2 5.「職権抹消の基本的な考え方」）。

5　賃借権の抵当権に優先する同意の登記
1．実体（民法）→登記
　登記をした賃借権について、賃借権より先順位で登記された抵当権者すべてが同意をし、その同意の登記をすれば、賃借権を先順位のすべての抵当権に優先させることができます（民法387条1項）。この同意の登記により不利益を受けるべき者（ex. 先順位抵当権を目的とした転抵当権者）がいる場合は、その者の承諾も必要です（民法387条2項）。── **民法Ⅱのテキスト第4編第5章第7節**2　なお、「登記をした賃借権」は、賃借権の仮登記でも構いません（登研686P403）。賃借権の登記が必要とされたのは、先順位の抵当権者に同意をするかしないかの判断をさせるために、賃借権の内容を登記で公示させる必要があるからです。登記によって賃借権の内容が公示されるのは仮登記でも同じなので、仮登記でも構わないんです。

これは登記が効力発生要件ですので、賃借権の抵当権に優先する同意の登記をすることにより、賃借権が抵当権に優先する効力が発生します。

２．申請情報の記載事項

申請例98 —— 賃借権の抵当権に優先する同意の登記

事例：Aが所有している建物に、乙区１番でBの抵当権、乙区２番でCの賃借権が設定されている。BはCに対して、令和７年11月28日、Cの賃借権がBの抵当権に優先することについて同意した。

登記の目的	２番賃借権の１番抵当権に優先する同意
原　　　因	令和７年11月28日同意
権　利　者	C
義　務　者	B
添 付 情 報	登記原因証明情報（賃借権の抵当権に優先する同意書）
	登記識別情報（Bの乙区１番の登記識別情報）
	代理権限証明情報（C及びBの委任状）
登録免許税	金2000円

権　利　部　（乙　区）　（所　有　権　以　外　の　権　利　に　関　す　る　事　項）			
順位番号	登記の目的	受付年月日・受付番号	権　利　者　そ　の　他　の　事　項
1 ③	抵当権設定	令和７年６月28日 第12457号	原因　令和７年６月28日金銭消費貸借同日設定 債権額　金1000万円 債務者　A 抵当権者　B
2 ③	賃借権設定	令和７年７月８日 第12987号	原因　令和７年７月８日設定 賃料　１月10万円 賃借権者　C
3	２番賃借権の１番抵当権に優先する同意	令和７年11月28日 第19451号	原因　令和７年11月28日同意

（1）登記の目的

「○番賃借権の○番抵当権、○番抵当権に優先する同意」などと記載します。

（2）登記原因及びその日付

年月日は、「先順位の抵当権者すべてが同意をした日と（いる場合には）同意の登記により不利益を受けるべき者の承諾があった日のうち遅い日（同意と承諾が揃った日）」を記載します。不利益を受けるべき者の承諾も効力発生要件であるため（民法387条2項。上記1.）、同意と承諾が揃って初めて効力が生じるからです。

原因は、「同意」と記載します。同意が、賃借権が抵当権に優先する原因（法律行為）だからです。

（3）申請人

以下の者の共同申請です（不登法60条）。

・登記権利者：賃借人
・登記義務者：先順位の抵当権者全員

賃借人が利益を受け、先順位の抵当権者全員が不利益を受けることが明らかですので、合同申請にはならず、共同申請となります。

（4）添付情報

①登記原因証明情報（不登法61条）

Ⅰのテキスト第1編第6章第2節4の「登記原因証明情報の提供が不要となる場合」に当たりませんので、登記原因証明情報を提供する必要があります。

具体的には、賃借権の抵当権に優先する同意書が当たります。

②登記識別情報（不登法22条本文）

登記義務者である先順位の抵当権者全員の登記識別情報を提供します。共同申請だからです（Ⅰのテキスト第1編第6章第3節3 1.「登記識別情報の提供の要否の基本的な判断基準」）。

③代理権限証明情報（不登令7条1項2号）
④会社法人等番号（不登令7条1項1号イ）
⑤承諾証明情報（不登令7条1項5号ハ）

同意の登記により不利益を受けるべき者の承諾は効力発生要件であるため（民法387条2項。P204〜205の1.）、同意の登記により不利益を受けるべき者がいる場合には、必ずその者が作成した承諾を証する情報などを提供しなければなりません。具体的には、以下の者が同意の登記により不利益を受けるべき者に当たります。

i 先順位の抵当権を目的とする権利を有する者
ex. 先順位の抵当権を目的とする転抵当権者、転根抵当権者、抵当権の被担保債権の質権者
ii 上記 i 以外に同意の登記により不利益を受けるべき者
ex. 先順位の抵当権から順位の譲渡または順位の放棄を受けた者

※印鑑証明書は、提供しません。所有権の登記名義人が登記義務者とならないからです（Ⅰのテキスト第1編第6章第4節 3 2.「『認印でよいか』『実印で押印し印鑑証明書の提供が要求されるか』の判断基準」）。
※住所証明情報は、提供しません。Ⅰのテキスト第1編第6章第5節 3 「住所証明情報の提供が要求される場合①～③」のいずれにも当たらないからです。

（5）登録免許税
　賃借権と抵当権1個につき 1000 円です（登免法別表第1.1.（9））。上記申請例 98 は、賃借権の数が1個・抵当権の数が1個なので 2000 円です。仮に賃借権の数が1個・抵当権の数が2個なら 3000 円となります。

3．賃借権の抵当権に優先する同意の登記がされた後に賃借人に有利な変更の登記をする場合
　上記2.の賃借権の抵当権に優先する同意の登記がされた後、賃料の減額の登記など賃借人に有利な変更の登記をする場合、先順位の抵当権者であった者は登記上の利害関係を有する第三者に当たるでしょうか。
　当たります（平 15.12.25 民二.3817）。
　賃借人に有利な変更の登記ということは、所有者には不利な登記です。賃料の減額であれば、所有者の賃料収入が減少します。そうすると、不動産が競売されたときの競売価格が下がり、抵当権者への配当が少なくなるおそれがあるのです。

― Realistic 3　考え方を思い出せないと解けない ―
　上記3.のような知識は、問題を解く際、単に結論を思い出そうとしても、「登記上の利害関係を有する第三者に当たるんだっけ？当たらないんだっけ？」となります。よって、毎回テキストを読む際、上記の考え方から思い出す練習をし、本試験での思考過程を準備してください。

第5章　借地借家法を根拠とする登記

1　借地借家法に貸し手を保護する規定がある

借地借家法は、原則として、強行規定により借り手を保護する民法の特別法です。

しかし、借地借家法の中には一部貸し手を保護する規定もあります。借地借家法の前身である借地法・借家法が過度に借り手を保護していたため、ゆり戻しがあり、借地借家法に一部貸し手を保護する規定が設けられたのです。── **民法Ⅱのテキスト第3編第4章第1節4「借地借家法とは？」**　本章では、それをみていきます。

借地（下記 2 ）と借家（下記 3 ）に分けてみていきます。

2　借地

借地借家法が適用される「借地権」とは、以下の①②のいずれかの権利のことです（借地借家法2条1号）。── **民法Ⅲのテキスト第7編第5章第1節 3 ①②**

①建物の所有を目的とする地上権
②建物の所有を目的とする土地の賃借権

1．借地借家法の原則 ── 借り手の保護規定

借り手を保護するため、借地借家法にはたとえば、借り手に有利な以下のような規定があります。

①借地権の存続期間の満了時に借地上に建物があり借り手が契約の更新を請求した場合、または、存続期間の満了後に借地上に建物があり借り手が土地の使用を継続した場合、契約が更新されたとみなされます（自動更新。借地借家法5条1項本文、2項）。
②建物が滅失したため設定者の承諾を得て建物を築造した場合、原則として借地権の存続期間が延長されます（借地借家法7条1項本文、2項本文）。
③借地権の存続期間が満了し契約の更新がない場合、借り手は土地の貸し手に対して、借地上に建てた建物の買取りを請求できます（借地借家法13条1項）。

借地権は、なかなか消滅しませんし（①②）、消滅する場合でも「私が建てたこの建物を買い取れ！」と言えるので（③）、借り手は相当保護されていますよね……。

2．借地借家法の例外 ── 貸し手の保護規定

（1）一般定期借地権

（a）意義・趣旨

　存続期間を 50 年以上として借地権を設定する場合には、P208 の①～③がない旨の特約をすることができます（借地借家法 22 条 1 項前段）。この特約がされた借地権を「一般定期借地権」といいます（単に「定期借地権」ということもあります）。

　「存続期間が長く借り手が 50 年以上も土地を使えるのなら、少しは貸し手に有利にしてもいっか」ということです。

（b）契約方法

　この特約は、公正証書などの書面または電磁的記録によってする必要があります（要式契約。借地借家法 22 条 1 項後段、2 項）。借地借家法の原則よりも借り手に不利な特約であるため、慎重に借り手の意思確認をする必要があるからです。

　ただし、「公正証書など」とあり、公正証書はあくまで例示ですから、書面または電磁的記録ですれば公正証書でなくても構いません（P210 の「公正証書に限定は事業用定期借地権の設定契約のみ」）。

（2）事業用定期借地権

（a）意義・趣旨

　この事業用定期借地権には、以下の①と②の 2 つの種類があります。

①借地借家法 23 条 1 項の事業用定期借地権

　以下の 2 つの要件を充たす借地権を設定する場合には、P208 の①～③がない旨の特約をすることができます（借地借家法 23 条 1 項）。

　ⅰ　専ら事業の用に供する建物（居住の用に供するものを除く）の所有を目的とする

　ⅱ　存続期間を 30 年以上 50 年未満とする

　30 年以上 50 年未満と、上記（1）の一般定期借地権より短いため、事業用に限定されています。事業用であれば借り手もプロですから、借り手を保護する必要性は低くなります。

②借地借家法 23 条 2 項の事業用定期借地権

　以下の 2 つの要件を充たす借地権を設定する場合には、"当然に" P208 の①～③などがない借地権となります（借地借家法 23 条 2 項）。

　ⅰ　専ら事業の用に供する建物（居住の用に供するものを除く）の所有を目的とする

　ⅱ　存続期間を 10 年以上 30 年未満とする

存続期間を10年以上30年未満とすると、"当然に"P208の①〜③などがなくなります。それは、借地借家法の原則では借地権の存続期間の最短期は30年であるため（借地借家法3条本文。── 民法Ⅲのテキスト第7編第5章第5節[1]1.（1））、30年未満である借地権は通常の借地権でないことが明らかだからです。

なお、転借地権として事業用定期借地権を設定することもできます（登研535P18）。

※「事業用」とは？

土地の地目が、宅地（建物を建てるための土地）でなく、雑種地（ex. ゴミ捨て場）や山林でも、事業用定期借地権を設定することができます。宅地が建物を建てるための土地ですが、借地権の設定契約の時点で建物がある必要はないため、宅地でなくても構わないのです。

ただし、社宅の所有を目的とする場合や賃貸マンションの所有を目的とする場合は、事業用定期借地権を設定することはできません。これらは、事業の一環ではあります。しかし、実際には居住用に使われるからです。

（b）契約方法

上記（a）の①でも②でも、事業用定期借地権の設定契約は、公正証書によってする必要があります（借地借家法23条3項）。公正証書に限定されているのは、存続期間が上記（1）の一般定期借地権より短く、借り手にかなり不利な契約であるため、厳格に借り手の意思確認をする必要があるからです。

> **公正証書に限定は事業用定期借地権の設定契約のみ**

この第5章の借地権・借家権は契約方法が問題となりますが、この第5章で契約方法が公正証書に限定されているのは事業用定期借地権の設定契約のみです（登研537P49）。

よって、たとえば、事業用定期借地権でも、"譲渡"契約や"変更"契約は、原則として公正証書による必要はありません（登研537P49）。

（c）申請情報の記載事項

事業用定期借地権の設定の登記の申請情報は、基本的には、地上権の場合はP170〜173の2.、賃借権の場合はP196〜199の2.でみた申請情報の記載事項と同じです。異なるのは、以下の申請例99と申請例100の青字にした箇所です。賃借権の例ですので、P196の申請例97と比較しながらご覧ください。

── 借地借家法23条1項の事業用定期借地権（賃借権）の設定の登記

登記の目的	賃借権設定
原　　　因	令和7年6月28日設定
目　　　的	**借地借家法第23条第1項の建物所有**
賃　　　料	1月10万円
存 続 期 間	40年
敷　　　金	金10万円
特　　　約	譲渡、転貸ができる
	借地借家法第23条第1項の特約
賃 借 権 者	B
設 定 者	A
添 付 情 報	登記原因証明情報（賃貸借契約書〔公正証書〕）
	登記識別情報（Aの甲区1番の登記識別情報）
	印鑑証明書（Aの印鑑証明書）
	代理権限証明情報（B及びAの委任状）
課 税 価 格	金1000万円
登録免許税	金10万円

── 借地借家法23条2項の事業用定期借地権（賃借権）の設定の登記

登記の目的	賃借権設定
原　　　因	令和7年6月28日設定
目　　　的	**借地借家法第23条第2項の建物所有**
賃　　　料	1月10万円
存 続 期 間	20年
敷　　　金	金10万円
特　　　約	譲渡、転貸ができる
賃 借 権 者	B
設 定 者	A
添 付 情 報	登記原因証明情報（賃貸借契約書〔公正証書〕）
	登記識別情報（Aの甲区1番の登記識別情報）
	印鑑証明書（Aの印鑑証明書）
	代理権限証明情報（B及びAの委任状）
課 税 価 格	金1000万円
登録免許税	金10万円

・**目的**

　専ら事業の用に供する建物の所有を目的とする場合に事業用定期借地権を設定できるので（P209①ⅰ、②ⅰ）、その旨を申請情報に記載します（不登法78条4号、81条7号）。

・**特約**

　借地借家法23条1項の事業用定期借地権は、特約を記載します（不登法78条3号、81条8号）。

　それに対して、借地借家法23条2項の事業用定期借地権は、特約を記載しません。特約をしなくても当然にP208の①〜③などがなくなるからです（P209〜210②）。

・**登記原因証明情報の内容**

　地上権の設定契約または賃借権の設定契約を公正証書でする必要があるため（P210（b））、公正証書の謄本を提供する必要があります（不登令別表33 添付情報ロ、38添付情報ロ）。

※数筆の土地の賃料を一括して定める内容の公正証書が作成されている場合

　数筆の土地に対する事業用定期借地権の設定契約において、数筆の土地の賃料を一括して定める内容の公正証書が作成されたとします。この場合、申請情報に一筆の土地ごとの賃料を記載し、これと併せて公正証書に記載された賃料の内訳に関する登記原因証明情報を提供すれば、その公正証書を変更することなく登記を申請できます（登研606P199）。

　申請情報に記載された賃料と内訳を記載した登記原因証明情報によって、明確な賃料の定めとなるからです（P197の「賃料の定めを登記できるかどうかの判断基準」）。

　（d）設定の登記をする前に所有権が移転した場合

　たとえば、Aを所有権の登記名義人とする土地について、Bの事業用定期借地権を設定する契約がされました。しかし、その登記をする前に、AからCへ所有権の移転の登記がされました。この場合、CがAB間の契約を承認すれば、AB間の契約の成立日を登記原因日付として、事業用定期借地権の設定の登記をすることができます（平17.7.28民二.1690）。

（3）建物譲渡特約付借地権

（a）意義・趣旨

借地権を消滅させるため、設定後 30 年以上を経過した日に借地上の借り手の建物を貸し手に相当の対価で譲渡するという特約をすることができます（借地借家法 24 条 1 項）。この特約がされた借地権を「建物譲渡特約付借地権」といいます。

建物を貸し手に相当の対価で引き取ってもらえますので、一般定期借地権や事業用定期借地権よりは、借り手に有利な借地権です。一般定期借地権や事業用定期借地権の借り手は、建物の買取りの請求（P208③）ができません（P209〜210）。

（b）契約方法

この特約は、公正証書などの書面によってする必要はありません（借地借家法 24 条参照）。一般定期借地権や事業用定期借地権よりは借り手に有利な借地権なので、そこまで慎重に借り手の意思確認が要求されないのです。

（4）一時使用目的の借地権

（a）意義・趣旨

臨時設備の設置その他一時使用のために借地権を設定したことが明らかな場合、存続期間が 30 年以上でなければならないという規定（借地借家法 3 条本文）が適用されず、P208 の①〜③などがない借地権となります（借地借家法 25 条）。これはたとえば、選挙事務所とするためのプレハブ小屋を設置するための借地権です。選挙期間が終われば、すぐに壊します。こんなすぐに壊すプレハブ小屋などのために、借地権が 30 年以上存続するのは貸し手に酷ですし、借り手に建物買取請求権（P208③）などを認める必要はないですよね。

（b）契約方法

この契約も、公正証書などの書面によってする必要はありません（借地借家法 25 条参照）。すぐに壊すプレハブ小屋などのためですから、慎重に借り手の意思確認をする必要がないからです。

3 借家

借地借家法が適用される「借家」とは、建物の賃貸借のことです（借地借家法1条）。
── 民法Ⅲのテキスト第7編第5章第1節 3 ③

1．借地借家法の原則 ── 借り手の保護規定

借り手を保護するため、借地借家法にはたとえば、以下のような規定があります。

・存続期間の定めがある建物の賃貸借において、貸し手または借り手が、存続期間の満了の1年前から6か月前までの間に更新をしない旨の通知などをしなければ、契約を更新したものとみなされます（自動更新。借地借家法26条1項本文）。

2．借地借家法の例外 ── 貸し手の保護規定

（1）定期建物賃貸借

（a）意義・趣旨

存続期間の定めがある建物の賃貸借において、上記1.の自動更新をしない旨の特約をすることができます（借地借家法38条1項）。この特約がされた建物の賃貸借を「定期建物賃貸借」といいます。

ex. 数年間の転勤の間だけ所有建物を賃貸に出す場合によく使われます。

（b）契約方法

この特約は、公正証書などの書面または電磁的記録によってする必要があります（要式契約。借地借家法38条1項前段、2項）。借地借家法の原則よりも借り手に不利な特約であるため、慎重に借り手の意思確認をする必要があるからです。

ただし、「公正証書<u>など</u>」とあり、公正証書はあくまで例示ですから、書面ですれば公正証書でなくても構いません（P210の「公正証書に限定は事業用定期借地権の設定契約のみ」）。

（2）取壊し予定の建物の賃貸借

（a）意義・趣旨

法令または契約により一定期間経過後に建物を取り壊すべきことが明らかな建物の賃貸借において、建物を取り壊すこととなる時に終了する旨の特約をすることができます（借地借家法39条1項）。この特約がされた建物の賃貸借を「取壊し予定の建物の賃貸借」といいます。

ex. 都市開発計画で、数年後に取り壊すことが決まっている建物の賃貸借で使われることがあります。

（b）契約方法

　この特約は、建物を取り壊すべき事由を記載した書面または電磁的記録によってする必要があります（要式契約。借地借家法39条2項、3項）。これも、借地借家法の原則よりも借り手に不利な特約であるため、慎重に借り手の意思確認をする必要があるからです。

　ただし、やはり公正証書でなくても構いません（P210 の「公正証書に限定は事業用定期借地権の設定契約のみ」）。

（3）一時使用目的の建物の賃貸借
（a）意義・趣旨

　一時使用のためということが明らかな建物の賃貸借には、借地借家法の借家の規定が適用されません（借地借家法40条）。これはたとえば、イベント展など数日や数か月しか使用しない建物の賃貸借です。こんなので借地借家法が適用されたら、貸し手に酷ですよね。

（b）契約方法

　この契約は、公正証書などの書面によってする必要はありません（借地借家法 40条参照）。イベント展などのためですから、慎重に借り手の意思確認をする必要がないからです。

第6章　配偶者居住権の登記

1　配偶者居住権の設定の登記

1．実体（民法）→登記

　被相続人の配偶者が被相続人の財産に属した建物に相続開始の時に居住していた場合、配偶者は以下の①〜③のいずれかの方法で配偶者居住権を取得できます（民法1028条1項柱書本文）。── 民法Ⅲのテキスト第10編第6章 1

①遺産分割によって配偶者居住権を取得するものとされた（民法1028条1項1号）
②配偶者居住権が遺贈の目的とされた（民法1028条1項2号）
　被相続人と配偶者との間で締結した死因贈与契約でも、配偶者居住権は成立します（令2.3.30民二.324）。死因贈与については、原則として遺贈の規定が準用されるからです（民法554条）。
③遺産分割の請求を受けた家庭裁判所が配偶者居住権を取得する旨を定めた（民法1029条）
※特定財産承継遺言
　特定財産承継遺言で配偶者居住権を取得させることはできません（令2.3.30民二.324）。配偶者居住権は、被相続人の死後に生じる権利であり、被相続人が有していた権利ではないため、「承継（相続）させる」旨の遺言である特定財産承継遺言によっては生じないのです。被相続人が有していなかった権利を「承継（相続）させる」のはおかしい、ということです。

　配偶者居住権は登記でき（不登法3条9号）、居住建物の所有者には登記義務があります（民法1031条1項）。登記が対抗要件となります（民法1031条2項、605条）。配偶者居住権は原則として配偶者の終身の間（死ぬまで）存続する（民法1030条本文）、つまり、通常は長期間存続する権利なので、登記によって第三者に公示するべきと考えられたのです。
　よって、配偶者居住権が成立した場合には、配偶者居住権の設定の登記を申請できます。

＊配偶者短期居住権（民法1037条）は、登記できません。配偶者短期居住権は、短期間しか存続しない暫定的な権利なので、登記によって第三者に公示する必要はないと考えられたのです。

2. 申請情報の記載事項

申請例101 ── 配偶者居住権の設定の登記

事例：ＡＢ夫婦が居住している建物を所有しているＡ（甲区１番でＡ名義の所有権の保存の登記がされている）は、令和7年6月28日、死亡した。Ａの相続人は、妻Ｂ、子Ｃのみである。ＢとＣとの間で、令和7年11月28日、この建物をＣが単独で相続し、Ｂが配偶者居住権を取得する旨の遺産分割協議が成立した。配偶者居住権の存続期間は定められなかった。この建物の課税標準の額は、1000万円である。

この場合、以下の２件の登記を申請することになります（令2.3.30民二.324）。

1/2　ＡからＣへの相続を原因とする所有権の移転の登記

配偶者居住権の設定の登記の前提として、居住建物の所有者への相続や遺贈を原因とする所有権の移転の登記、相続人名義の所有権の保存の登記をする必要があります。配偶者居住権は、配偶者以外の者が居住建物の所有者にならないと成立しない権利だからです。なお、配偶者以外の者が居住建物の所有者になるのであれば、配偶者も所有者であっても構いません。つまり、配偶者以外の者と配偶者が居住建物を共有する場合も、配偶者居住権は成立します。「配偶者は共有者なのだから、配偶者居住権は不要なのでは？」と思われたかもしれませんが、配偶者居住権があれば、他の共有者から共有物分割請求をされても居住建物から追い出されないので、成立する意味があります。

2/2　遺産分割を原因とするＢの配偶者居住権の設定の登記

1/2の登記は、Ⅰのテキスト第２編第２章第３節 1 2.の申請例16のような登記となりますが、その記載は省略して、ここでは2/2の申請情報を示し、その記載事項の説明をします。

登記の目的	配偶者居住権設定
原　　　因	令和7年11月28日遺産分割
存続期間	配偶者居住権者の死亡時まで
配偶者居住権者	Ｂ
設 定 者	Ｃ
添 付 情 報	登記原因証明情報（遺産分割協議書）
	登記識別情報（Ｃの甲区２番の登記識別情報）
	印鑑証明書（Ｃの印鑑証明書）
	代理権限証明情報（Ｂ及びＣの委任状）
課 税 価 格	金1000万円
登録免許税	金2万円

権　利　部　（甲　区）　（所　有　権　に　関　す　る　事　項）			
順位番号	登記の目的	受付年月日・受付番号	権　利　者　そ　の　他　の　事　項
1	所有権保存	令和6年6月28日 第11784号	所有者　A
2	所有権移転	令和7年12月5日 第19451号	原因　令和7年6月28日相続 所有者　C

権　利　部　（乙　区）　（所　有　権　以　外　の　権　利　に　関　す　る　事　項）			
順位番号	登記の目的	受付年月日・受付番号	権　利　者　そ　の　他　の　事　項
1	配偶者居住権 設定	令和7年12月5日 第19452号	原因　令和7年11月28日遺産分割 存続期間　配偶者居住権者の死亡時まで 配偶者居住権者　B

（1）登記の目的

「配偶者居住権設定」と記載します（令2.3.30民二.324）。

「設定」と記載することに違和感を覚えるかもしれません。たしかに、配偶者居住権は設定契約によって成立する権利ではありません。しかし、居住建物の所有者の登記義務を定めた民法1031条1項に「設定の登記」とあるため、「設定」と記載します。

（2）登記原因及びその日付

（a）登記原因日付

i　遺産分割協議によって配偶者居住権を取得するものとされた場合

年月日は、「遺産分割協議の成立日」を記載します（令2.3.30民二.324）。

ii　配偶者居住権が遺贈の目的とされた場合

年月日は、「遺贈の効力が発生した日（民法985条）」を記載します（令2.3.30民二.324）。

死因贈与で成立した場合は、「贈与者が死亡した日」を記載します（令2.3.30民二.324）。

iii　遺産分割の請求を受けた家庭裁判所が配偶者居住権を取得する旨を定めた場合

年月日は、「家庭裁判所の審判確定日」を記載します（令2.3.30民二.324）。

（b）登記原因

i　遺産分割協議によって配偶者居住権を取得するものとされた場合

「遺産分割」と記載します（令2.3.30民二.324）。

ii　配偶者居住権が遺贈の目的とされた場合

「遺贈」と記載します（令2.3.30民二.324）。

死因贈与で成立した場合は、「死因贈与」と記載します（令2.3.30民二.324）。

iii　遺産分割の請求を受けた家庭裁判所が配偶者居住権を取得する旨を定めた場合

「遺産分割」と記載します（令2.3.30民二.324）。

（3）登記事項

＊利用権の登記の登記事項は、P222〜223の表で比較しています。「何が登記事項となるか」は、P222〜223の表を検索先として、比較しながら記憶してください。

（a）必要的登記事項（必ず記載する必要がある事項）

・存続期間（不登法81条の2第1号）

【存続期間について別段の定めがない場合】

　「存続期間　配偶者居住権者の死亡時まで（or 令和○年○月○日から配偶者居住権者の死亡時まで）」と記載します（令2.3.30民二.324）。

【存続期間について別段の定めがある場合】

　「存続期間　令和○年○月○日から○年（or 令和○年○月○日から令和○年○月○日まで）又は配偶者居住権者の死亡時までのうち、いずれか短い期間」と記載します（令2.3.30民二.324）。

　配偶者居住権は配偶者が死亡すると消滅するため（民法1036条、597条3項）、「又は」以下の記載も必要となります。

（b）任意的登記事項（定めがある場合には記載すべき事項）

・第三者に居住建物の使用または収益をさせることを許す旨の定め（不登法81条の2第2号）

　この定めがあれば、「特約　第三者に居住建物の使用又は収益をさせることができる」と記載します（令2.3.30民二.324）。

　配偶者が第三者に居住建物の使用または収益をさせるには、居住建物の所有者の承

諾が必要なのが原則です（民法1032条3項）。── 民法Ⅲのテキスト第10編第6章 3　それを居住建物の所有者の承諾なくできるという定めであり、通常の配偶者居住権とは異なるため、公示する必要があるのです。

　よって、この定めがない場合には、登記しません。原則どおりだからです。

（4）申請人
（a）遺産分割協議によって配偶者居住権を取得するものとされた場合・配偶者居住権が遺贈の目的とされた場合
以下の者の共同申請です（不登法60条。令2.3.30民二.324）。

・登記権利者：配偶者
・登記義務者：居住建物の所有者

（b）家庭裁判所が遺産分割の審判により配偶者居住権を取得する旨を定めた場合
　家庭裁判所の審判書に居住建物の所有者が登記をすべき旨が記載されていれば、配偶者が単独で申請できます（不登法63条1項。令2.3.30民二.324）。家庭裁判所の審判があるからです。

（5）添付情報
（a）遺産分割協議によって配偶者居住権を取得するものとされた場合・配偶者居住権が遺贈の目的とされた場合
　基本的にP173（5）の地上権の設定の登記と同じです（登記原因証明情報の内容は、遺産分割協議書 または 遺言書 などとなります）。提供する理由や考え方も同じです。

（b）家庭裁判所が遺産分割の審判により配偶者居住権を取得する旨を定めた場合
＊単独申請による場合、提供する添付情報および添付情報の内容が変わるのですが、これはP331〜335の4.で説明します。

（6）登録免許税
　不動産の価額の2/1000です（登免法別表第1.1.（3の2））。

2　配偶者居住権の移転の登記
　配偶者居住権の移転の登記は、存在しません（令2.3.30民二.324）。

　配偶者居住権は、譲渡することができません（民法1032条2項）。── 民法Ⅲのテキスト第10編第6章 3　また、配偶者居住権は一身専属権なので（民法896条ただし書）、相続の対象にもなりません。よって、配偶者居住権が第三者に移転することはないんです。

３ 配偶者居住権の変更の登記

配偶者居住権の登記事項（ex. 存続期間）に変更が生じた場合、配偶者居住権の変更の登記を申請できます（令2.3.30民二.324）。

４ 配偶者居住権の抹消の登記

１．実体（民法）→登記

配偶者居住権は、存続期間の満了、配偶者の死亡などにより消滅します。

配偶者居住権が消滅すると、配偶者居住権の抹消の登記を申請できます。

２．申請情報の記載事項

配偶者居住権の抹消の登記の申請情報は、以下のようになります。以下の申請例は、配偶者が死亡した場合の例です。

申請例102 —— 配偶者居住権の抹消の登記

登記の目的	１番配偶者居住権抹消
原　　　因	令和8年6月28日死亡による消滅（＊）
権　利　者	C
義　務　者	亡B相続人　C
添 付 情 報	登記原因証明情報（Bの戸籍一部事項証明書等）
	登記識別情報（Bの乙区１番の登記識別情報）
	代理権限証明情報（Cの委任状）
	一般承継証明情報（Bの戸籍全部事項証明書等、Cの戸籍一部事項証明書等）
登録免許税	金1000円

＊存続期間の満了によって消滅した場合は、「年月日存続期間満了」と記載します（令2.3.30民二.324）。

配偶者は死亡したため申請できないので、配偶者の相続人が一般承継人による申請（不登法62条。P418〜425）により申請します。よって、一般承継証明情報 も提供します。

なお、上記のように死亡によって配偶者居住権が消滅した場合は、不動産登記法69条（P404）の規定に基づき、居住建物の所有者が単独で抹消の登記を申請することもできます（令2.3.30民二.324）。

第7章　利用権の登記事項のまとめ

　利用権をひととおりみましたので、利用権の登記事項を比較します。「何が登記事項となるか」は、以下の表を検索先としてください。

　なお、第6章までで扱わなかった「採石権」も登記事項は試験で問われます。「採石権」とは、他人の土地において岩石および砂利を採取する物権です（採石法4条1項、3項）。採石法で規定されている物権ですが、登記できます。

※記号の意味は、以下のとおりです。
◎：必要的登記事項（必ず申請情報に記載する必要がある事項）
○：任意的登記事項（定めがある場合には申請情報に記載すべき事項）
×：登記事項とならないもの

	地上権	永小作権	地役権	賃借権	配偶者居住権	採石権
①設定の目的	◎	×	◎	× 建物所有目的の土地の賃貸借は◎	×	×
②地代など	○ 地代	◎ 小作料	×	◎ 賃料	×	○ 採石料
③支払時期	○	○	×	○	×	○
④存続期間	○	○	×	○	◎	◎
⑤範囲	× 区分地上権は◎	×	◎	×	×	×
⑥その他	○ 区分地上権の行使のための設定者の土地の使用の制限	○ 永小作権の譲渡または土地の賃貸を禁止する旨の定め	◎ 要役地の表示	○ 賃借権の譲渡または賃借物の転貸を許す旨の定め	○ 第三者に居住建物の使用または収益をさせることを許す旨の定め	○ 採石権の内容

	地上権	永小作権	地役権	賃借権	配偶者居住権	採石権
		○ 永小作人の権利義務に関する定め	○ 民法281条1項ただし書の別段の定め	○ 敷金		
			○ 民法285条1項ただし書の別段の定め	○ 賃貸人が処分の権限を有しない者等である旨		
	○ 借地借家法関係		○ 民法286条の定め	○ 借地借家法関係		

　上記の表は、青線で区切った「上」と「下」に分けて記憶してください。青線の「上」には必要的登記事項がありますが、「下」にはありません。その区切りです。

　最もよく出る青線の「上」については、思い出し方があります。以下の４点さえ記憶すれば、理論的にすべて思い出せることになります（「建物所有目的の土地の賃貸借は◎」「区分地上権は◎」は除きます）。

ⅰ　「◎」は、以下の「雪やこんこ　あられやこんこ」の歌い出しで始まる『雪（ゆき）』という童謡の替え歌で記憶する
「地上〜、目〜的、永賃料（＊）、採石、配偶者、期間、地役、目的・範囲・要役地」
（ちじょう〜、もく〜てき、えいちんりょう、さいせき、はいぐうしゃ、きかん、ちえき、もくてき・はんい・ようえきち）
＊「永小作権」「賃借権」「小作料」「賃料」の「永」「賃」「料」をとっています。
ⅱ　①の設定の目的と⑤の範囲は、「◎」でなければ「×」
ⅲ　②の地代などと③の支払時期は、地役権と配偶者居住権のみ「×」
ⅳ　④の存続期間は、地役権のみ「×」

第8章　利用権者が所有権を取得した場合

　これは、所有権の移転の登記のハナシです。しかし、フツーの所有権の移転の登記と異なり、利用権者が所有権を取得したというちょっと変わったハナシです。

　地上権、永小作権、賃借権、配偶者居住権または採石権の設定の登記がされている不動産があったとします。これらの利用権の権利者が不動産の所有権を取得した場合、利用権者に対して所有権の移転の登記をします。この際の登録免許税の税率に特例があります。

　この場合、所有権の移転の登記の税率の100分の50、つまり、半分で済みます（登免法17条4項）。利用権の設定の登記の際にすでに不動産の価額の10/1000や2/1000の登録免許税を納付しているため、半分で済むのです。

ex1. 地上権者が地上権の設定の登記がされている土地を売買で取得した場合の所有権の移転の登記の登録免許税は、不動産の価額の10/1000（＝20/1000×50/100）となります。

ex2. 賃借権者が賃借権の設定の登記がされている土地を相続により取得した場合の所有権の移転の登記の登録免許税は、不動産の価額の2/1000（＝4/1000×50/100）となります。

　「所有権の移転の登記の税率の100分の50」ですから、相続・合併を原因とする所有権の移転の登記だと、「20/1000」の半分ではなく、「4/1000」の半分になる点にご注意ください。

　登録免許税の減税を受けた場合はその根拠条文を記載する必要があるため（不登規189条3項）、登録免許税欄に「（登録免許税法第17条第4項）」と記載する必要があります。

― 第 **5** 編 ―

全登記に関係する登記 （総論②）

| 第1章 | 信託の登記 |

　「所有権」「担保物権」「利用権」と各登記をみてきました。ここからは、総論（すべての登記に関係する分野）に戻ります。この第5編では、基本的に全登記に関係する登記をみていきます。

第1節　信託とは？

1　意義

　「信託」とは、簡単にいうと、その名のとおり「『信』用して『託』すこと」です。

　「投資信託」といった言葉を聞いたことがないでしょうか。投資信託とは、投資家がファンド会社などに資金を預け、ファンド会社などが預かったその資金を運用し、投資家が運用益を得る金融商品です。

　このように、信託の対象は不動産に限られるわけではありませんが、みなさんは不動産登記法における信託を学習しますので、「不動産」を信託した場合のハナシをみていきます。まあ、「投資信託の不動産バージョン」くらいにイメージしてください。

　信託は、正確には以下のとおり定義されます。

信託：以下の①～③のいずれかの方法により（信託法3条）、特定の者が一定の目的
　　　（専らその特定の者の利益を図る目的を除く）に従い財産の管理（保存・利用・
　　　改良）または処分およびその他のその一定の目的の達成のために必要な行為を
　　　すべきものとすること（信託法2条1項）
①信託契約の締結（下記 4 1.）
②遺言信託（下記 4 2.）
③自己信託（下記 4 3.）

2　信託の主要な登場人物

　信託の主要な登場人物を、以下の例を使ってみていきましょう。

ex. Aは、都心の一等地に広大な土地を所有していますが、定年退職後は地方に移住しました。この都心の土地を活用するため、AはB信託銀行との間で、B信託銀行に土地の運用を任せ（形式的にですがB信託銀行に所有権を移転します）、B信託銀行はAの息子Cにその収益の一部を支払う旨の契約を締結しました。

　この場合のA、B、Cを以下のようにいいます。

A：委託者（信託をする者。信託法2条4項）

B：受託者（財産の管理などをする者。信託法2条5項）

C：受益者（信託による受益権を有する者。信託法2条6項）

　上記ex.は、Aが息子Cのために信託をした「委託者≠受益者」の事例ですが、Aが自分のために信託をする「委託者＝受益者」でも構いません。自分が収益を得るための資産運用だと、「委託者＝受益者」のパターンになります。

— Realistic 4　家族信託 —

　いま、「家族信託」が増えてきています。家族信託とは、たとえば、高齢の親を委託者かつ受益者、子を受託者とする信託です。主に親が認知症になったときの対策として、事前に家族信託をします。認知症になると、介護費用の調達のために親名義の不動産を売りたい場合に売る

ことがかなり難しくなる、といった問題が生じることがあります。成年後見制度を利用しても、不動産の売却は簡単にはできません。そこで、認知症になる前に子を受託者として権限を与えておけば、柔軟な対応ができるんです。

---

③ 信託財産

　信託財産：受託者に属する財産であって、受託者が信託により管理または処分をすべき一切の財産（信託法2条3項）

　上記②の ex.だと、Aが所有している土地が信託財産となります。AからB信託銀行に、この土地の所有権が移転します。しかし、あくまで信託のために所有権が移転するという形をとるだけなので（形式的なハナシなので）、この土地はB信託銀行の固有財産とは区別されます。「固有財産」とは、信託財産ではない受託者の財産（通常の財産）です（信託法2条8項）。たとえば、B信託銀行の経営が悪化しても、B信託銀行の債務のためにこの土地が競売されるといったことはありません。当たり前ですよね。

④ 信託の方法

　信託をする方法には、以下の3つがあります。

1．信託契約の締結（信託法3条1号）

委託者と受託者の契約による方法です。上記 $\boxed{2}$ の ex.が、この方法による信託です。

2．遺言信託（信託法3条2号）

遺言で信託をすることもできます。遺言で信託をする場合、遺言で受託者を指定するか、遺言に受託者の指定がないときまたは指定された者が受託者にならないときには、利害関係人の申立てにより裁判所が受託者を選任します（信託法6条1項）。委託者が、生前に受託者と「死後の財産の管理を頼む」と話し合っておき、遺言で受託者を指定するのが普通です。

※所有権の移転以外の方法

上記 $\boxed{2}$ の ex.は、委託者が受託者に財産を譲渡する（所有権を移転する）信託です。しかし、上記1．と2．の信託は、所有権の移転に限りません。たとえば、以下のような信託も可能です（信託法3条1号、2号）。

ex1. 委託者の土地に、受託者の地上権を設定する。

ex2. 委託者の不動産に、受託者の担保権を設定する（セキュリティトラスト）。

「セキュリティトラスト」とは、被担保債権と担保権を切り離す信託です。たとえば、C銀行、D銀行、E銀行が、大企業である株式会社Aに同時に融資をし、Aが所有している不動産に同順位の抵当権を設定しようとしているとします。多額の融資であると、このように複数の銀行が協力して融資をすることがあります。この場合に、通常の抵当権を設定してしまうと、それぞれの銀行が独自の判断で抵当権を実行できてしまい、意図していない時期に不動産が競売されてしまう可能性があります。そこで、被担保債権と担保権を切り離し、債権者を受益者（C銀行、D銀行、E銀行）、抵当権者を受託者（信託会社などがなります）とします（委託者は、設定者です）。それぞれの銀行が勝手に抵当権を実行できないよう、抵当権者を信託会社など別の者とするのです。

規制緩和

信託法は、平成18年に大きな改正がされました。改正のテーマは、「規制緩和」です。平成18年といえば、小泉さん・竹中さんの時代ですから。上記のセキュリティ

228

トラストは、債権者と担保権者が異なることになり、債権の付従性に反しますが、規制緩和の一環として平成18年の改正で認められました。

3. 自己信託（信託法3条3号）

（1）自己信託とは？

これは、「委託者＝受託者」である信託のことです。「自分に財産を託して何の意味があるの？」と思われると思います。これは、たとえば、幼児、障がいのある子、つまり、財産を自分で管理できない者に財産を贈与する代わりに使います。幼児や障がいのある子ですので、通常の贈与をしてしまうと危ないのです。浪費癖のある子に贈与をするのが不安であるため、自己信託を使うこともあります。

（2）自己信託の方法

自己信託は、公正証書その他の書面または電磁的記録（データ）に記載・記録する方法によってする必要があります（信託法3条3号）。書面または電磁的記録が要求される要式行為なのです。

自己信託は、脱法行為、具体的には詐害行為目的に利用されるおそれがあるからです。信託財産は、受託者の固有財産と区別されます（上記 3）。よって、強制執行を受けそうな財産を自己信託の信託財産としてしまえば、強制執行を免れることができてしまうのです。

（3）効力発生日

そのため、自己信託の効力発生日は、以下の日となります。

①公正証書、公証人の認証を受けた書面または電磁的記録によってされる場合
→　公正証書などの作成日（信託法4条3項1号）

②上記①以外の書面または電磁的記録によってされる場合
→　受益者に対して確定日付ある証書による通知がされた日（信託法4条3項2号）
公正証書や公証人の認証がありませんので、脱法行為のおそれが強くなります。受益者に利益を渡さない脱法行為を防止するため、受益者に確実に知らせる確定日付ある証書（内容証明郵便など）による通知が要求されているのです。

第2節　信託の登記

1 信託の登記の方法

> **不動産登記法98条（信託の登記の申請方法等）**
> 1　信託の登記の申請は、当該信託に係る権利の保存、設定、移転又は変更の登記の申請と同時にしなければならない。
> **不動産登記令5条（一の申請情報による登記の申請）**
> 2　信託の登記の申請と当該信託に係る権利の保存、設定、移転又は変更の登記の申請とは、一の申請情報によってしなければならない。

　信託をすると、受託者に所有権が移転したり、受託者の抵当権が設定されたりしますので、受託者への「所有権の移転の登記」や受託者の「抵当権の設定の登記」をします。しかし、それだけだと通常の所有権の移転や抵当権の設定と変わらなくなってしまいます。所有権の移転であれば、あくまで信託のために所有権が移転するという形をとるだけで、受託者の固有財産となったわけではありません。そこで、「所有権の移転の登記」や「抵当権の設定の登記」に加え、「信託の登記」というものを同時に一の申請情報で（1件で）申請します（不登法98条1項、不登令5条2項）。

P243
　自己信託の場合は、「信託財産となった旨の登記」と「信託の登記」を同時に一の申請情報で（1件で）申請します（不登法98条1項、不登令5条2項）。自己信託の場合も登記をするのは、受託者の固有財産が信託財産に属するものに変わったことを公示する必要があるからです。

2 申請情報の記載事項

　……といわれても、イメージが湧かないですよね。以下の申請例103で、同時に一の申請情報で（1件で）申請するイメージをつかんでください。「所有権の移転の登記」と「信託の登記」を一の申請情報に記載している、かなり変わった登記です。

申請例103 ── 信託を原因とする所有権の移転の登記および信託の登記

事例：AとBは、令和7年6月28日、Aが所有している土地（甲区1番でA名義の所有権の保存の登記がされている）の所有権をAがBに移転する旨の信託契約を締結した。この土地の課税標準の額は、1000万円である。

登記の目的	所有権移転及び信託
原　　因	令和7年6月28日信託
権 利 者	B
義 務 者	A
添 付 情 報	登記原因証明情報（信託契約書）
	登記識別情報（Aの甲区1番の登記識別情報）
	印鑑証明書（Aの印鑑証明書）
	住所証明情報（Bの住民票の写し）
	代理権限証明情報（B及びAの委任状）
	信託目録情報（信託目録に記録すべき事項を記載した書面）
課 税 価 格	金1000万円
登録免許税	金4万円
ただし、所有権の移転の登記については、登録免許税法第7条第1項第1号の規定により免除　＊	

＊この「ただし、」以下も、申請情報に記載する必要があります。登録免許税が免除される場合、その根拠条文を記載する必要があるからです（不登規189条2項）。

権 利 部 （甲 区） （所 有 権 に 関 す る 事 項）			
順位番号	登記の目的	受付年月日・受付番号	権 利 者 そ の 他 の 事 項
1	所有権保存	令和6年6月28日 第11542号	所有者　A
2	所有権移転	令和7年6月28日 第12456号	原因　令和7年6月28日信託 受託者　B
	信託	余　白	信託目録第102号

※登記の方法

　上記の登記記録のように、「所有権移転」の登記だけでなく「信託」の登記もされます。「信託」の登記には、「信託目録第102号」と記録されています。この信託目録に信託の登記の登記事項が記録されています。信託の登記の登記事項は、P233〜234の3.のとおり11項目ありますが（不登法97条1項）、信託契約などでは細かく定めるのが通常なので、十数ページにわたることもあります。それをすべて登記記録に記載してしまうと、登記記録が見づらくなってしまうため、「信託の内容は信託目録をみてね」という形になっているのです（不登法97条3項）。信託目録は、不動産の登記事項証明書を請求するときの請求書に、信託目録も記載するように記載すると、登記事項証明書に記載されます（不登規193条1項5号、197条3項）。

　上記の登記をすると、受託者Bに登記識別情報が通知されます。「受託者　B」と登記されているとおり、Bは登記名義人となるからです。

　上記のように登記がされた後、錯誤を原因として登記原因を「信託」から「売買」とする更正の登記の申請をすることはできるでしょうか。

　できません（登研483P157）。

　登記原因の更正は、原則としてできました（Ⅰのテキスト第2編第4章 4 1.）。しかし、「信託」から「売買」への更正は、信託財産から固有財産への更正であり、別物となってしまうため、認められません。

※自己信託の場合の登記の方法

　自己信託の場合の「信託財産となった旨の登記」と「信託の登記」も、主登記によってされます。

＊信託には様々な種類がありますが、「所有権の移転」「抵当権の設定」「自己信託」に絞ってみていきます。

1．登記の目的

【所有権の移転】

　「所有権移転及び信託」と記載します。

【抵当権の設定】

　「抵当権設定及び信託」と記載します。

【自己信託】

　「信託財産となった旨の登記及び信託」と記載します。

　信託の登記を同時に一の申請情報で（1件で）申請するため、いずれも「及び信託」と記載するのです。

2．登記原因及びその日付

【所有権の移転・抵当権の設定】

　年月日は、「信託契約の成立日」などを記載します。

　原因は、「信託」と記載します。

　※抵当権の設定は、「年月日金銭消費貸借年月日信託」などと記載します。

【自己信託】

　年月日は、「公正証書などの作成日」（P229①）または「受益者に対して確定日付ある証書による通知がされた日」（P229②）を記載します。これらの日が、自己信託の

効力発生日だからです。
　原因は、「自己信託」と記載します。

3．登記事項

　以下の①〜⑪の事項が登記事項であり、信託目録に記録されることになります（不登法97条3項）。

①委託者、受託者および受益者の氏名または名称および住所（不登法97条1項1号）
　信託の主要な登場人物は、もちろん登記事項となります。
　では、権利能力なき社団を受益者として信託の登記をすることができるでしょうか。できません（昭59.3.2民三.1131）。
　「権利能力なき社団は不動産の登記名義人にはなれないから、信託の受益者にしちゃおう」と脱法行為として使われるおそれがあるからです。権利能力なき社団は、抵当権の債務者になることはできました（Ⅰのテキスト第3編第1章第1節②3．(1)② i ）。これは"債務者"であるため、「登記名義人になる代わりに……」ということにはなりません。しかし、信託は受益者のためにしますので、「登記名義人になる代わりに……」といえるのです。
②受益者の指定に関する条件または受益者を定める方法の定めがあるときは、その定め（不登法97条1項2号）
　上記①の受益者が最初の時点では具体的に決まっておらず、「こういった人（ex. 震災の復興に貢献してくれた人）に収益をあげたい」という信託もOKです。
③信託管理人がいるときは、その氏名または名称および住所（不登法97条1項3号）
　「信託管理人」とは、受益者が現に存しない場合に置くことができ、将来の受益者のために裁判上または裁判外の行為をする者です（信託法123条、125条1項本文）。信託は、受益者のためにします。しかし、上記②のように、受益者が具体的に決まっていない場合があります。その場合に、受託者が悪さをしないよう将来の受益者のために受託者を見張るというのが信託管理人のイメージです。
④受益者代理人がいるときは、その氏名または名称および住所（不登法97条1項4号）
　「受益者代理人」も、受益者のために裁判上または裁判外の行為をします（信託法139条1項本文）。上記③の信託管理人と何が違うかというと、受益者がいる点です。受益者がいるのですが、あまりに受益者が多いような場合に受益者の代理人となる者が、受益者代理人です。

⑤受益証券発行信託であるときは、その旨（不登法97条1項5号）

　受益者の権利である受益権を証券化した場合のハナシです（信託法185条1項）。受益証券があると、受益証券によって受益者がドンドン変わっていくことになります。

⑥受益者の定めのない信託であるときは、その旨（不登法97条1項6号）

　これは、「目的信託」といわれます。

ex.　「収益を震災の復興のために使ってくれ」と目的だけを定め、受益者を決めない
　　信託をすることができます。

※上記②～⑥の場合には、受益者は登記されません（不登法97条2項）。

⑦公益信託であるときは、その旨（不登法97条1項7号）

⑧信託の目的（不登法97条1項8号）

⑨信託財産の管理方法（不登法97条1項9号）

⑩信託の終了の事由（不登法97条1項10号）

⑪その他の信託の条項（不登法97条1項11号）

4. 申請人

　「所有権の移転の登記」などと「信託の登記」を一の申請情報に記載していますが、申請人については、これらの登記を分けて考える必要があります。

（1）「所有権の移転の登記」など

【所有権の移転・抵当権の設定】

　以下の者の共同申請です（不登法60条）。

・登記権利者：受託者（上記申請例103だとB）

・登記義務者：委託者（上記申請例103だとA）

【自己信託】

　自己信託の信託財産となった旨の登記は、受託者の単独申請です（不登法98条3項）。「委託者＝受託者」であり、委託者と受託者が別々にいるわけではないからです。

　なお、受託者が複数いても、持分は記載しません（P16の「持分を記載しない権利を記憶する④」）。受託者の固有財産となるわけではないので、受託者が複数いても、信託財産は合有とされるからです（信託法79条）。

（2）「信託の登記」

【所有権の移転・抵当権の設定・自己信託】

　いずれも、受託者の単独申請です（不登法98条2項）。上記申請例103は、信託の

登記については、Bが単独で申請しているということなのです。

Realistic rule
　信託の登記は、当事者の申請によりすべきときは、受託者の単独申請によります。

※代位による登記
　受託者が信託の登記をしない場合、委託者または受益者が代位によって信託の登記を申請できます（不登法99条）。
　上記（1）の所有権の移転の登記などしかしないと、受託者の固有財産のように登記されることになってしまいます。そうすると、委託者または受益者は、受託者から不動産を譲り受け所有権の移転の登記を得た者などに、「それは信託財産だ！」という主張ができなくなってしまうからです。
　代位による登記は、代位原因証明情報というものを提供します（P368）。この場合には、信託契約書など、委託者または受益者であることを証する情報が当たります。しかし、これに加え、登記の目的の不動産が信託財産であることを証する情報まで提供する必要はありません。不動産が信託財産であることは、登記原因証明情報の内容からわかるからです。

5．添付情報
　上記申請例103のように、基本的には通常の登記の添付情報と同じです。自己信託の変更の登記は、上記申請例103の添付情報のうち、「住所証明情報（Bの住民票の写し）」は提供しません。受託者への所有権の移転の登記ではないからです。
　ただし、信託目録情報（不登令別表65添付情報ハ）も提供する必要があります。これは、登記官が信託目録を作成することができるように（不登法97条3項）、上記3.の内容を記載した情報です。

6．登録免許税
（1）「所有権の移転の登記」など
【所有権の移転】
　非課税です（登免法7条1項1号）。形式的に受託者に所有権の移転の登記をするだけで、実質的な所有者（委託者）に変更がないからです。
【抵当権の設定】
　債権額の4/1000です（登免法別表第1.1.（5））。債権者と抵当権者が分かれているだけで、普通に抵当権を設定しているからです（P228の図をご覧ください）。

P243

【自己信託】

変更の登記として、不動産1個につき1000円です（登免法別表第1.1.（14））。
＊非課税であるという説もあります。

（2）「信託の登記」

【所有権の移転】

不動産の価額の4/1000です（登免法別表第1.1.（10）イ）。

【抵当権の設定】

債権額の2/1000です（登免法別表第1.1.（10）ロ）。

※なお、抵当権の信託の"仮登記"は、債権額の1/1000です（登免法別表第1.1.（12）ホ（2））。

【自己信託】

不動産の価額の4/1000です（登免法別表第1.1.（10）イ）。

3 持分の信託後に持分放棄がされた場合

たとえば、AC共有の不動産のA持分について、Bを受託者とするA持分全部移転および信託の登記がされました。その後、Cが自己の持分を放棄した場合、どのような登記を申請するべきでしょうか。

Bに対して、「C持分全部移転及び信託」の登記を一の申請情報で（1件で）申請します（昭33.4.11民事甲765）。

実質的には、Cの持分は共有者Aに帰属します。しかし、持分放棄を原因とする持分の移転の登記は登記記録上の共有者に対してしかできないというルールがありますので（Iのテキスト第2編第2章第2節 3 3.「Realistic rule ①」）、BへのC持分全部移転の登記をします。そして、Bの固有財産になったわけではないので、信託の登記もする必要があります。

4 所有権の保存の登記と信託の登記

上記 2 ではみませんでしたが、所有権の保存の登記と信託の登記を同時に一の申請情報で（1件で）申請する場合もあります（不登法98条1項、不登令5条2項）。

ex. 区分建物について、表題部所有者Aを委託者・Bを受託者とする信託契約が締結されたときは、Bは、自らを受託者とする「所有権保存及び信託」の登記を単独で申請できます。

所有権の保存の登記は、単独申請によります（不登法74条）。そして、信託の登記も受託者の単独申請によるからです（不登法98条2項。P235の「Realistic rule」）。

第3節　受託者の変更

1　受託者の任務の終了

　受託者の任務は、信託契約が終了した場合などはもちろんですが、それ以外にも以下の事由によって終了します（信託法56条1項）。

①受託者である個人の死亡

　受託者の相続人が受託者の地位を承継しません。委託者は、受託者を信用して財産を任せたのであって、受託者の相続人に任せる意図はないからです。

②受託者である個人が後見開始または保佐開始の審判を受けたこと

③受託者が破産手続開始の決定を受けたこと

　②③の場合は、他人の財産を扱う資格がないと考えられるからです。

④受託者である法人が合併以外の理由により解散したこと

　合併を理由とする解散の場合は、存続会社（吸収合併の場合）または設立会社（新設合併の場合）が受託者の地位を承継します。

⑤受託者の辞任

⑥受託者の解任

⑦信託行為において定めた事由

2　受託者の変更の登記

1．申請する登記

　受託者の任務が終了し信託が終了しない場合に申請する登記は、以下の2つに分かれます。

①受託者が交代的に変更した場合

　これはたとえば、受託者Bの任務が終了し、新たに受託者Dが就任した場合です（信託法75条1項、2項）。この場合、BからDに、「受託者の変更による権利の移転の登記」をします。信託された不動産は、受託者名

義で登記されます（P231）。よって、受託者がBからDに変わったのであれば、BからDに移転の登記をするのです。これも、形式的な移転の登記ですが。

②複数いる受託者のうちの1人の任務が終了した場合

　これはたとえば、受託者B
Dがいる場合に、Bのみの任
務が終了した場合です（信託
法86条4項本文）。この場合、
受託者をDのみとする「受託
者の任務終了による権利の変
更の登記」をします。受託者

が「BD」から「Dのみ」となるため、変更の登記をするのです。

　受託者についての登記がされると、登記官は信託目録の記録を変更します（不登法
101条）。受託者は信託目録に記録されている事項であるため（P233①）、信託目録を
書き換えるわけです。

2. 申請情報の記載事項

　申請例104 ── 受託者が交代的に変更した場合の登記

登記の目的	所有権移転
原　　因	令和7年10月28日受託者変更
権　利　者	D
義　務　者	B
添付情報	登記原因証明情報（Bの任務の終了とDの選任を証する書面）
	登記識別情報（Bの甲区2番の登記識別情報）
	印鑑証明書（Bの印鑑証明書）
	住所証明情報（Dの住民票の写し）
	代理権限証明情報（D及びBの委任状）
登録免許税	登録免許税法第7条第1項第3号の規定により免除

申請例105 ── 複数いる受託者のうちの１人の任務が終了した場合の登記

登記の目的	２番合有登記名義人変更
原　　　因	令和７年10月28日受託者Ｂ任務終了
変更後の事項	受託者　Ｄ
権 利 者	Ｄ
義 務 者	Ｂ
添 付 情 報	登記原因証明情報（Ｂの任務の終了を証する書面）
	登記識別情報（Ｂの甲区２番の登記識別情報）
	印鑑証明書（Ｂの印鑑証明書）
	代理権限証明情報（Ｄ及びＢの委任状）
登録免許税	登録免許税法第７条第１項第３号の規定により免除

（1）登記の目的

【受託者が交代的に変更した場合】（P237の1.①）

　「所有権移転」「○番抵当権移転」などと記載します。移転の登記をするからです。

【複数いる受託者のうちの１人の任務が終了した場合】（P238②）

　「○番合有登記名義人変更」と記載します。変更の登記をするからです。「合有」と記載するのは、受託者が複数いる場合の信託財産は、合有とされるからです（信託法79条。P234（1））。

（2）登記原因及びその日付

【受託者が交代的に変更した場合】（P237の1.①）

　年月日は、原則として「旧受託者の任務が終了した日」を記載します。新受託者が就任した日とならないのは、新受託者が就任したときは、旧受託者の任務が終了した時に、旧受託者から権利義務を承継したものとみなされるからです（信託法75条1項）。受託者のいない空白期間をなかったことにするためです。

　原因は、「受託者変更」などと記載します（平19.9.28民二.2048）。

【複数いる受託者のうちの１人の任務が終了した場合】（P238②）

　年月日は、「受託者の任務が終了した日」を記載します。

　原因は、「受託者Ｂ任務終了」などと記載します（平19.9.28民二.2048）。

（3）変更後の事項

【複数いる受託者のうちの１人の任務が終了した場合】（P238②）

　この場合は、上記申請例105のように残存する受託者を記載します。

（4）申請人
（a）原則
以下の者の共同申請です（不登法60条）。

・登記権利者：新受託者（P237の1.①）または残存する受託者（P238②）
・登記義務者：任務が終了した受託者

（b）例外
受託者の任務が、P237 1 の事由のうち、以下の事由により終了した場合、新受託者（上記1.①）または残存する受託者（上記1.②）が単独で申請できます（不登法100条）。

①受託者である個人の死亡
②受託者である個人が後見開始または保佐開始の審判を受けたこと
③受託者が破産手続開始の決定を受けたこと
④受託者である法人が合併以外の理由により解散したこと
⑤P237⑥の解任のうち裁判所または主務官庁の解任命令

　上記の場合、任務が終了した受託者が協力できないまたは協力しないと考えられるからです。また、上記の事由はいずれも公文書で証することができるため（←これが単独申請ができる場合の共通点です）、真正を担保できるからでもあります。

（5）添付情報
　添付情報は、登記原因証明情報の内容にご注意ください。上記（4）（b）の単独申請の場合、受託者の任務が終了したことを証する市町村長、登記官その他の公務員が職務上作成した情報（【受託者が交代的に変更した場合】は新たに受託者が選任されたことを証する情報も）を提供する必要があります（不登令別表66添付情報、67添付情報）。

　単独申請ですので、公文書が要求されるわけです（Ⅰのテキスト第1編第6章第2節 3 「公文書に限定されるかどうかの基本的な判断基準」）。

（6）登録免許税
非課税です（登免法7条1項3号）。

第4節　信託の変更

　P233～234 の 3.の登記事項に変更が生じた場合、受託者は、原則として遅滞なく信託の変更の登記を申請しなければなりません（不登法 103 条 1 項）。P233～234 の 3.の登記事項は信託目録に記録されるため忘れがちですが、信託の登記の登記事項です。よって、たとえば、以下のような変更の登記があります。
ex1. 委託者の変更の登記
ex2. 受益者の変更の登記
※受託者の変更は、第 3 節の登記によります。

　信託の変更の登記は、受託者の単独申請によります。信託の登記だからです（P235 の「Realistic rule」）。
　受託者が申請しない場合は、委託者または受益者が代位によって信託の変更の登記を申請できます（不登法 103 条 2 項、99 条）。

　信託の変更の登記がされると、登記官は信託目録の記録を変更します（不登規 176 条 3 項）。信託目録に記録されている事項であるため、信託目録を書き換えるわけです。

第5節　信託財産の処分・信託財産の原状回復

1 信託財産の処分・信託財産の原状回復

1．信託財産の処分

委託者が、不動産ではなく金銭を受託者に預け、「この金銭で不動産を購入して、その不動産を信託財産にしてね」という信託もあります。これが「信託財

産の処分」です。この場合に、受託者が不動産を購入したら、「売主（第三者）から受託者への所有権の移転の登記」と「信託の登記」を申請します。信託の登記もする必要があるのは、信託財産である金銭で購入した不動産なので、受託者の固有財産になったわけではないからです。

2．信託財産の原状回復

受託者が任務を怠ったことにより信託財産に変更が生じたときは、受益者は、受託者に対して信託財産の原状の回復を請求できます

（信託法40条1項2号）。これが「信託財産の原状回復」です。たとえば、受託者が信託財産である不動産を勝手に第三者に売ってしまった場合、受益者は受託者に「取り戻せ」と請求できます。この場合、「第三者から受託者への所有権の移転の登記」と「信託の登記」を申請します。これも信託の登記もする必要があるのは、この不動産は信託財産であったので、原状回復をしても受託者の固有財産になるわけではないからです。

上記のように、信託財産の処分と信託財産の原状回復は異なるハナシです。ではなぜ同じ節でみているかというと、「第三者から受託者への所有権の移転の登記」と「信託の登記」を申請するという点が共通し、以下でみるとおり、申請人なども同じだからです。

2　申請人

1．第三者から受託者への所有権の移転の登記

以下の者の共同申請です（不登法 60 条）。

・登記権利者：受託者

・登記義務者：第三者

受託者が申請しない場合は、受益者が受託者に代位して申請することができます。

2．信託の登記

受託者の単独申請です（不登法 98 条 2 項）。信託の登記だからです（P235 の「Realistic rule」）。

受託者が申請しない場合は、委託者または受益者が代位によって信託の登記を申請できます（不登法 99 条）。

上記 1.と 2.の登記は、同時に一の申請情報で（1 件で）申請しなくても構いません（昭 41.10.31 民事甲 2970、平 19.9.28 民二.2048）。P230 1 と異なり、信託の登記とは関係のない第三者が申請人となるからです。

P230
」

3　登録免許税

1．第三者から受託者への所有権の移転の登記

通常の所有権の移転の登記と同じです。売買を原因とする所有権の移転の登記は、不動産の価額の 20/1000 です（登免法別表第 1.1.（2）ハ）。実質的な所有者が、第三者から委託者に変わるからです。

P235
」

2．信託の登記

不動産の価額の 4/1000 です（登免法別表第 1.1.（10）イ）。

第6節　信託の抹消

1　信託の抹消の登記の方法

　信託財産に属する不動産に関する権利が、以下の①～③の事由により信託財産に属しないこととなった場合、「移転の登記」「変更の登記」「抹消の登記」と「信託の登記の抹消の登記」を同時に一の申請情報で（1件で）申請します（不登法104条1項、不登令5条3項）。

①移転
ex1. 信託の目的達成などにより信託が終了した場合（信託法163条、164条）、信託財産は信託法182条の規定により、受益者や委託者などに移転します。
ex2. 信託財産である不動産を売却することが信託の目的である場合があります。この場合に、受託者が不動産を第三者に売却したときは、その不動産の所有権は第三者に移転し、第三者の固有財産となります。
②変更
　この例は、第7節の②（P247～248）で説明します。
③消滅
ex. 抵当権の設定の登記および信託の登記がされている場合に（ex. P228のex2.のセキュリティトラスト）、債務者が被担保債権のすべてを弁済した場合は、抵当権が消滅します。

2　申請情報の記載事項

申請例106 ── 弁済を原因とする抵当権の抹消の登記および信託の抹消の登記

登記の目的	1番抵当権抹消及び信託登記抹消
原　　　因	抵当権抹消　　令和7年11月28日弁済
	信託登記抹消　信託終了
権 利 者	A
義 務 者	B（信託抹消登記申請人）
添付情報	登記原因証明情報（弁済による抵当権の消滅と信託の終了を証する書面）
	登記識別情報（Bの乙区1番の登記識別情報）
	代理権限証明情報（A及びBの委任状）
登録免許税	金1000円

　以下、ポイントを説明します。

1．登記原因及びその日付
（1）移転の登記・変更の登記・抹消の登記
　「年月日売買」「年月日弁済」などと記載します。

（2）信託の登記の抹消の登記
　「信託目的の達成」「信託財産の処分」「信託財産の消滅」「信託終了」などと記載します。

2．申請人
（1）移転の登記・変更の登記・抹消の登記
　原則として、登記権利者と登記義務者の共同申請です（不登法60条）。

（2）信託の登記の抹消の登記
　受託者の単独申請です（不登法 104 条2項）。信託の登記だからです（P235 の「Realistic rule」）。

3．添付情報
① 登記原因証明情報 （不登法61条）
② 登記識別情報 （不登法22条本文）
　受託者が登記義務者となる場合に、受託者の登記識別情報を提供します。
③ 印鑑証明書 （不登令16条2項、18条2項）
　所有権の登記名義人が登記義務者となる場合に、登記義務者の印鑑証明書を提供します。
④ 住所証明情報 （不登令別表30 添付情報ハ）
　所有権の移転の登記をする場合に、登記権利者の住所証明情報を提供します。
⑤ 代理権限証明情報 （不登令7条1項2号）
⑥ 会社法人等番号 （不登令7条1項1号イ）

4．登録免許税

（1）移転の登記・抹消の登記

【移転の登記】

・原則

　通常の所有権の移転の登記と同じ（不動産の価額の 20/1000 など）です。

・例外

　委託者のみが信託財産の元本の受益者である信託の登記がされている不動産についての受託者から受益者への所有権の移転の登記は、非課税です（登免法7条1項2号）。この場合は、受託者に預けていた信託財産が委託者に戻っただけで、実質的な所有者（委託者）は最初から変更がないからです。

(P235（1））

「行き」も非課税で（P235（1））、「帰り」も非課税なわけです。

【抹消の登記】

　抹消の登記として、不動産1個につき 1000 円です（登免法別表第1．1．(15)）。なお、下記（2）の抹消の登記と同時に一の申請情報で（1件で）申請しますが、不動産が1個であれば「2000 円」とはならず、「1000 円」です。2つの抹消の登記ですが、抹消の登記の課税標準は「不動産の個数」だからです。

（2）信託の登記の抹消の登記

　抹消の登記として、不動産1個につき 1000 円です（登免法別表第1．1．(15)）。

第7節　信託における権利の変更の登記の特則

　以下の表の権利の変更の登記については、申請人について特則があります（不登法104条の2第2項）。

	事案	申請人
①受託者の固有財産 ↓ 信託財産	不動産に関する権利が、受託者の固有財産に属する財産から信託財産に属する財産となった場合です。	**登記権利者：受益者** **登記義務者：受託者**
②信託財産 ↓ 受託者の固有財産 （※1）	不動産に関する権利が、信託財産に属する財産から受託者の固有財産に属する財産となった場合です。	**登記権利者：受託者** **登記義務者：受益者**（※2）
③一の信託の信託財産 ↓ 他の信託の信託財産	不動産に関する権利が、一の信託の信託財産に属する財産から他の信託の信託財産に属する財産となった場合です。	**登記権利者** **：他の信託の受益者および受託者** **登記義務者** **：一の信託の受益者および受託者** （※2）

　上記①～③は、利益相反行為となり、原則として制限されます（信託法31条1項1号、2号）。しかし、受益者の承認を得たときなどは、することができます（信託法31条2項）。裁判所の許可は不要です。

　これも、規制が緩和された点です（P228～229の「規制緩和」）。

　上記①～③は、いずれも登記名義人は受託者のままです。よって、「権利の変更の登記」を申請します。しかし、なんと申請人として「受益者」が出てきます。

受益者を重要視

　受益者は、現在の登記名義人でも前登記名義人でもありません。登記事項の1つです。しかし、**受益者は重要視**されています。信託は受益者のためにするからです。

　そして、受託者の固有財産か信託財産か、どの信託の信託財産かは、受益者に最も影響があるため、受益者を申請人として関与させることにしたのです。

　なお、上記①〜③は、「権利の変更の登記」と併せて「信託の登記」（上記①③）または「信託の登記の抹消の登記」（上記②）をします。これらの登記の申請は、同時に一の申請情報で（1件で）申請します（不登法 104 条 1 項、104 条の 2 第 1 項、不登令 5 条 3 項、4 項）。

※1　信託の登記の後に所有権の移転の仮登記を受けた第三者の承諾の要否

　上記②の信託財産を受託者の固有財産とする変更の登記を申請する場合、信託の登記の後に所有権の移転の仮登記を受けた第三者の承諾を証する情報を提供する必要はありません（昭 41.12.13 民事甲 3615）。

　この変更の登記の実質は、所有権の移転の登記だからです。変更の登記では登記上の利害関係を有する第三者が存在し得ますが、移転の登記には存在しません（Ⅰのテキスト第 1 編第 6 章第 8 節 2 1.）。

　また、信託の終了によって信託関係は将来に向かってのみ消滅するので、信託の登記の後にされた所有権の移転の仮登記の効力にはなんらの影響も及ぼさないからでもあります。

※2　受益者の登記識別情報

　受益者が登記義務者となる場合がありますが、この場合には、登記識別情報の提供を要しません（不登法 104 条の 2 第 2 項後段）。受益者は登記名義人ではないので、そもそも登記識別情報を有していないからです。

　この場合、受益者の印鑑証明書を提供する必要があると解されているので、それによって登記義務者である受益者の意思確認がされることになります。

第2章　仮登記

第1節　仮登記とは？

1　意義

「仮」とついていて、自動車の仮免許みたいですよね。一人前ではないという点では、同じです。そのため、通常の登記よりも手続が緩和されているところがあります。

仮登記には、以下の2種類があり、それぞれ通常の登記ができない事情があります。

1号仮登記

不動産登記法105条1号に規定されているため、俗に「1号仮登記」といわれます。この1号仮登記は、以下のいずれかの事情がある場合にできます（不登規178条）。

・登記識別情報を提供できない

・登記原因についての第三者の許可、同意または承諾を証する情報を提供できない

2号仮登記

不動産登記法105条2号に規定されているため、俗に「2号仮登記」といわれます。この2号仮登記は、以下の事情がある場合にできます。

・権利変動の前提となる事情は生じているが、まだ権利変動は生じていない

権利変動を公示するのが不動産登記ですが、これは基本的に「債権レベル」「権利変動レベル」「手続レベル」に分けることができます。1号仮登記と2号仮登記の違いは、この3つのうち、どこのレベルまでクリアーしているかです。

・1号仮登記

「債権レベル」「権利変動レベル」はクリアーしていますが、「手続レベル」をクリアーしていません。

・2号仮登記

「債権レベル」はクリアーしていますが、「権利変動レベル」「手続レベル」をクリアーしていません。

2　趣旨 —— 仮登記をする目的

仮登記は、順位を保全するためにします。

たとえば、Aが所有している農地をBに売却し、農地法所定の許可も得ました（＊）。
＊農地の売買は、農業委員会（市町村に置かれる行政委員会）や都道府県知事などの許可がなければ所有権の移転の効果が生じません（農地法3条本文など）。登記申請の際も、農地法所定の許可書を提供する必要があります（不登令7条1項5号ハ）。詳しくはⅠのテキスト第1編第6章第9節⑤で説明しますが、農地が農家でない者に移転し、農地がなくなってしまうことを防ぐために、このようなルールになっています。

しかし、Bは、農地法所定の許可書を家のどこに置いたかわからなくなりました。この場合に、AがCに所有権の移転の登記をしたり、Dに抵当権の設定の登記をしたりすると、BはCやDに対抗できなくなります（民法177条）。そこで、仮登記（この例の場合は1号仮登記）をしておけば、順位を保全できます。この例でいえば、農地法所定の許可書が見つかり仮登記に基づいて本登記をするときに、Cへの所有権の移転の登記やDの抵当権の設定の登記を抹消できるのです。

「本登記」とは、通常の登記ができる要件を充たしたときにする、仮登記に基づく登記です。本登記は、仮登記の順位によります（不登法106条）。

仮登記は、このように順位保全が目的ですから、所有権の移転の仮登記であっても、二重に登記することができます（明32.7.7民刑1184、明33.2.2民刑局長回答。登研394P254）。極端な例ですが、私は、100個ほどの仮登記がされた登記記録をみたことがあります。誰かの嫌がらせでしょうか……。

3　1号仮登記

1．意義

不動産登記法105条（仮登記）

仮登記は、次に掲げる場合にすることができる。

一　第3条各号に掲げる権利〔登記できる権利〕について保存等〔保存、設定、移転、変更、処分の制限又は消滅〕があった場合において、当該保存等に係る登記の申請をするために登記所に対し提供しなければならない情報であって、第25条第9号の申請情報と併せて提供しなければならないものとされているもの〔添付情報〕のうち法務省令で定めるもの〔登記識別情報、又は、第三者の許可、同意若しくは承諾を証する情報〕を提供することができないとき。

1号仮登記：権利変動は生じているが、以下の手続上の不備がある場合にできる登記（不登法105条1号、不登規178条）

・登記識別情報を提供できない
・登記原因についての第三者の許可、同意または承諾を証する情報を提供できない

2. 申請情報の記載事項

申請例107 ── 1号仮登記

事例：Aは、令和7年7月1日、所有している農地をBに売却し、令和7年7月8日、農地法所定の許可を得た。しかし、Bは、農地法所定の許可書を家のどこに置いたかわからなくなった。この農地の課税標準の額は、1000万円である。

登記の目的	所有権移転仮登記
原　　因	令和7年7月8日売買
権 利 者	B
義 務 者	A
添 付 情 報	登記原因証明情報（売買契約書）
	印鑑証明書（Aの印鑑証明書）
	代理権限証明情報（B及びAの委任状）
課 税 価 格	金1000万円
登録免許税	金10万円

権　利　部　（甲　区）　（所　有　権　に　関　す　る　事　項）			
順位番号	登記の目的	受付年月日・受付番号	権　利　者　そ　の　他　の　事　項
1	所有権保存	令和6年6月28日 第11542号	所有者　A
2	所有権移転仮登記	令和7年7月15日 第13254号	原因　令和7年7月8日売買 権利者　B
	余　白	余　白	余　白

※席を用意

　仮登記は、上記のように余白の欄が設けられます。これは、後にされる本登記が座る「席」、いわばレストランの「予約済みの貼り紙」です。仮登記は、順位を保全するためのものですので（上記[2]）、仮登記がされた順位に席を用意しておく必要があるのです。仮登記名義人Bからすると、「そこの席は、あとで私が座るからね〜」（「予約済みだからね〜」）ということです。

（1）登記の目的

「所有権移転仮登記」「Ａ持分全部移転仮登記」「共有者全員持分全部移転仮登記」「所有権保存仮登記」などと記載します。所有権以外の場合は、「抵当権設定仮登記」「根抵当権設定仮登記」「一般先取特権保存仮登記」「地上権設定仮登記」などと記載します。

１号仮登記は、すでに権利変動が生じていますので、これまで学習してきた通常の登記の登記の目的の最後に「仮登記」をつけるだけで構わないのです。

（2）登記原因及びその日付

年月日は、「所有権が移転した日」などを記載します。

原因は、「売買」「贈与」などと記載します。

１号仮登記は、すでに権利変動が生じていますので、これまで学習してきた通常の登記の登記原因及びその日付と同じとなります。

（3）登記事項

登記事項がある登記（ex. 抵当権の設定の仮登記）であれば、これまで学習してきた通常の登記の登記事項（ex. 債権額、債務者など）を記載します。

（4）申請人

　仮登記の申請構造

仮登記の申請構造は、基本的にこの（4）で説明する考え方となります（2号仮登記であっても同じです）。

（a）原則

以下の者の共同申請です（不登法60条）。
・登記権利者：仮登記権利者（上記申請例107だとＢ）
・登記義務者：仮登記義務者（上記申請例107だとＡ）

（b）例外

仮登記は、以下の①または②に当たれば、仮登記権利者（上記申請例107だとＢ）が単独で申請できます（不登法107条1項）。仮登記は、一人前ではない登記なので、通常の登記よりも申請構造が緩和され、単独申請が広く認められているのです。

①仮登記義務者の承諾がある ── 仮登記義務者の協力がある場合

仮登記義務者（上記申請例107だとＡ）が「単独で仮登記を申請していいよ」と承諾をすれば、仮登記権利者（上記申請例107だとＢ）が単独で申請できます。

②仮登記を命じる処分がある ── 仮登記義務者の協力がない場合

　「仮登記を命じる処分」とは、仮登記権利者（上記申請例107だとB）の申立てにより裁判所がする処分です（不登法108条1項）。「裁判所」と聞くと大変そうに思えますが、これは通常の判決を得るよりも簡単に得られます。通常の判決は「証明」をする必要がありますが、この処分は「疎明」で構いません（不登法108条2項）。「証明」「疎明」は民事訴訟法で学習しますが、裁判官が「確かだろう」と思う心証が、証明は約80％以上であるのに対し、疎明は約60％以上でOKといったイメージです。

　仮登記を命じる処分は、裁判所に申し立てますが、不動産の所在地を管轄する地方裁判所の専属管轄（＊）です（不登法108条3項）。不動産の事件なので、実際に不動産がある地域の裁判所が扱ったほうがよいからです。

＊「専属管轄」も民事訴訟法で学習しますが、原則としてそれ以外の裁判所に申立てができないということです（民訴法13条1項）。

（5）添付情報

仮登記の添付情報

　仮登記の添付情報も、基本的にこの（5）で説明する考え方となります（2号仮登記であっても同じです）。

①登記原因証明情報（不登法61条、不登令別表68添付情報イ、不登令7条1項5号ロ（2））

　Ⅰのテキスト第1編第6章第2節4の「登記原因証明情報の提供が不要となる場合」に当たりませんので、登記原因証明情報を提供する必要があります。

【原則】（上記（4）（a）、（b）①）

　具体的には、これまで学習してきた通常の登記の登記原因証明情報（ex. 売買契約書）と同じとなります。

【仮登記を命じる処分がある】（上記（4）（b）②）

　具体的には、仮登記を命ずる処分の決定書の正本となります（不登令7条1項5号ロ（2））。

②印鑑証明書（不登令16条2項、18条2項）

【共同申請】（上記（4）（a））

　所有権の登記名義人が登記義務者となる仮登記の場合、登記義務者の印鑑証明書を提供します（Ⅰのテキスト第1編第6章第4節3 2.「『認印でよいか』『実印で押印し印鑑証明書の提供が要求されるか』の判断基準」）。

仮登記において不要となるのは登記識別情報ですので、ご注意ください。印鑑証明書は、通常の登記と同じ考え方（所有権の登記名義人が登記義務者となるか）です。
【単独申請】（P252〜253（4）（b）①、②）
※印鑑証明書は、提供しません。所有権の登記名義人が登記義務者とならないからです（Ⅰのテキスト第1編第6章第4節3 2.「『認印でよいか』『実印で押印し印鑑証明書の提供が要求されるか』の判断基準」）。単独申請ですので、登記義務者はいません。
③代理権限証明情報（不登令7条1項2号）
④会社法人等番号（不登令7条1項1号イ）
⑤承諾証明情報（不登令別表68添付情報ロ）
【単独申請】（P252〜253（4）（b）①）
　仮登記義務者の承諾に基づいて仮登記権利者が単独で申請する場合に、仮登記義務者が作成した承諾を証する情報を提供します。
※登記識別情報、および、登記原因についての第三者の許可、同意または承諾を証する情報は、提供しません（昭39.3.3民事甲291）。これらの情報を提供できない場合にするのが、1号仮登記だからです。
※住所証明情報は、提供しません。Ⅰのテキスト第1編第6章第5節3「住所証明情報の提供が要求される場合①〜③」のいずれにも当たらないからです。住所証明情報は、本登記の際に要求されます（P283④）。

（6）登録免許税
　相続・合併以外を原因とする所有権の移転の仮登記の登録免許税は、不動産の価額の10/1000です（登免法別表第1.1.（12）ロ（3））。

所有権の移転に関する仮登記の登録免許税の判断基準
　この後、相続・合併以外を原因とする所有権の移転に関する仮登記の登録免許税として、「不動産の価額の10/1000」と「不動産1個につき1000円」の2つが出てきます。この判断基準は、以下のとおりです。
①物権（所有権）を目的とする仮登記　→　不動産の価額の10/1000
②債権を目的とする仮登記　　　　　　→　不動産1個につき1000円
　この1号仮登記は物権（所有権）を目的とするため、不動産の価額の10/1000です。債権を目的とする仮登記は、P275〜276（e）で説明します。

※それ以外の登記の登録免許税は、Ⅰのテキスト第1編第7章3 3.の表をご覧ください。

4　2号仮登記

1．意義

> **不動産登記法105条（仮登記）**
> 仮登記は、次に掲げる場合にすることができる。
> 二　第3条各号に掲げる権利〔登記できる権利〕の設定、移転、変更又は消滅に関して請求権（始期付き又は停止条件付きのものその他将来確定することが見込まれるものを含む。）を保全しようとするとき。

　2号仮登記：権利変動の前提となる事情は生じているが、まだ権利変動は生じていない場合にできる登記（不登法105条2号）

　権利変動の前提となる事情は、以下の3つがあります。以下の3つが2号仮登記をする要件ですが、（3）は不動産登記法105条2号には明記されていません。

（1）将来その権利変動を生じさせる「請求権」が発生している（不登法105条2号）

ex. 不動産の売買予約が成立した場合の所有権移転請求権。売買予約ですから、まだ請求権があるだけです。

（2）請求権が「始期付き」、「停止条件付き」または「将来確定することが見込まれる」（不登法105条2号かっこ書）

　請求権が「始期付き」、「停止条件付き」とは、たとえば、売買予約自体に始期や停止条件が付いている場合です。

ex. 農地を農地法所定の許可を条件に売却する旨の売買予約が成立した場合の停止条件付所有権移転請求権（昭32.4.22民事甲793）

　請求権が「将来確定することが見込まれる」とは、請求権が発生する基本関係があり、将来にある法定条件が加わることによって発生する請求権のことです（大決大6.7.18）。……といわれてもわかりにくいと思いますので、これも具体例で確認しましょう。以下のex.では、「基本関係」「将来の法定条件」に「（　　　）」をつけています。

ex1. 一定時期までに金銭消費貸借契約を締結（将来の法定条件）すべき約定のもとに、これを担保するためにあらかじめ抵当権設定契約（基本関係）をした場合の抵当権設定請求権（大判昭6.2.27）

ex2. 保証人が抵当権者との間の保証契約（基本関係）をした場合の将来の代位弁済（将来の法定条件）による抵当権移転請求権（昭32.2.21民事甲365参照）

ex3. 選択債権（基本関係）の一方が不動産の所有権の移転である場合の債権者の所有権移転請求権（不動産の所有権の移転を選択することが将来の法定条件）

（3）権利変動そのものが始期付きまたは停止条件付きである

これは、権利変動自体に始期や停止条件が付いている場合です。

ex1. 贈与者の死亡時を始期とする死因贈与契約が成立した場合の始期付所有権移転（登研352P104）

ex2. 売買代金の完済時に所有権が移転するとする売買契約が成立した場合の条件付所有権移転（昭58.3.2民三.1308）

上記（1）〜（3）は複雑なので、イメージを説明します。上記（1）〜（3）は、権利変動への近さでいうと、右の図のようになります。

| 債権レベル | ⇨ | 権利変動レベル |
| （2）（1） | | （3） |

（2）が、権利変動から最も遠いです。（1）の請求権に始期や停止条件が付いているからです。（3）が、権利変動に最も近いです。始期が到来するまたは停止条件が成就すれば、権利変動が生じるからです。

2. 申請情報の記載事項

申請例108 —— 2号仮登記（請求権）

＊P255（1）の仮登記についての事例です。

事例：AはBとの間で、令和7年7月8日、所有している建物について売買予約契約を締結した。この建物の課税標準の額は、1000万円である。

登記の目的	所有権移転請求権仮登記
原　　因	令和7年7月8日売買予約
権 利 者	B
義 務 者	A
添 付 情 報	登記原因証明情報（売買予約契約書）
	印鑑証明書（Aの印鑑証明書）
	代理権限証明情報（B及びAの委任状）
課 税 価 格	金1000万円
登録免許税	金10万円

権　利　部　（甲　区）　（所　有　権　に　関　す　る　事　項）			
順位番号	登記の目的	受付年月日・受付番号	権　利　者　そ　の　他　の　事　項
1	所有権保存	令和6年6月28日 第11542号	所有者　A
2	所有権移転請求権 仮登記	令和7年7月8日 第12987号	原因　令和7年7月8日売買予約 権利者　B
	余　白	余　白	余　白

（1）登記の目的

【将来その権利変動を生じさせる「請求権」が発生している】（P255（1））

　「所有権移転請求権仮登記」などと記載します。

　まだ権利変動が生じておらず、請求権しか生じていませんので、「請求権」をつけます。また、仮登記なので、最後に「仮登記」とつけます。

【請求権が「始期付き」、「停止条件付き」または「将来確定することが見込まれる」】（P255〜256（2））

　「始期付所有権移転請求権仮登記」「条件付所有権移転請求権仮登記」などと記載します。

　「所有権移転請求権」などが始期付きや停止条件付きなので、「所有権移転請求権」などに「始期付」や「条件付」とつけるわけです。また、仮登記なので、最後に「仮登記」とつけます。

【権利変動そのものが始期付きまたは停止条件付きである】（P256（3））

　「始期付所有権移転仮登記」「条件付所有権移転仮登記」などと記載します。

　請求権ではありませんので、「請求権」とは記載しません。始期の到来または停止条件の成就で所有権移転などが生じますので、「所有権移転」などに「始期付」や「条件付」とつけるわけです。また、仮登記なので、最後に「仮登記」とつけます。

（2）登記原因及びその日付

【将来その権利変動を生じさせる「請求権」が発生している】（P255（1））

　年月日は、「予約契約の成立日」などを記載します。

　原因は、「売買予約」「贈与予約」などと記載します。

　まだ権利変動が生じておらず、請求権しか生じていませんので、「予約」となります。

【請求権が「始期付き」、「停止条件付き」または「将来確定することが見込まれる」】
(P255〜256（2））

年月日は、「予約契約の成立日」などを記載します。

原因は、「売買予約（条件　農地法第3条の許可）」などと記載します。

「所有権移転請求権」などが停止条件付きなどですので、「予約」となり、「（　　）」で停止条件などを記載します。

【権利変動そのものが始期付きまたは停止条件付きである】(P256（3））

年月日は、「契約の成立日」などを記載します。

原因は、「売買（始期　令和○年○月○日)」(記録例569)「贈与（始期　Aの死亡)」
(登研352P104)「売買（条件　売買代金完済)」(昭58.3.2民三.1308) などと記載します。

請求権ではありませんので、「予約」とは記載しません。権利変動が始期付きまたは停止条件付きですので、「（　　）」で始期や停止条件を記載します。

（3）登記事項

登記事項がある登記（ex. 抵当権設定請求権の仮登記）であれば、これまで学習してきた通常の登記の登記事項（ex. 債権額、債務者など）を記載します。

（4）申請人

これも仮登記ですので、申請構造はP252〜253（4）と同じです（P252 の「仮登記の申請構造」)。

（5）添付情報

これも仮登記ですので、添付情報はP253〜254（5）と同じです（P253 の「仮登記の添付情報」)。

（6）登録免許税

相続・合併以外を原因とする所有権の移転に関する2号仮登記の登録免許税は、不動産の価額の10/1000 です（登免法別表第1.1.（12）ロ（3))。

物権（所有権）を目的とする仮登記だからです（P254 の「所有権の移転に関する仮登記の登録免許税の判断基準」)。

※それ以外の登記の登録免許税は、Ⅰのテキスト第1編第7章3 3.の表をご覧ください。

5　1号仮登記・2号仮登記の可否

　売買（予約）や贈与（予約）であれば、1号仮登記も2号仮登記も問題なくできます。しかし、登記原因や登記によっては、1号仮登記・2号仮登記ができない場合があります。判断基準は、以下のとおりです。1号仮登記・2号仮登記それぞれの事情（要件）があり得るかということが、判断基準になるということです。

判断基準

【1号仮登記ができるか】
登記識別情報または登記原因についての第三者の許可、同意または承諾を証する情報を要することがある登記か

【2号仮登記ができるか】
権利変動の前提となる事情（請求権など）が生じているか

	1号仮登記	2号仮登記
①財産分与を登記原因とする所有権の移転に関する仮登記	**できる**	**できない** （昭57.1.16 民三.251〔所有権移転請求権仮登記について〕）
	登記識別情報または登記原因についての第三者の許可、同意または承諾を証する情報（農地法所定の許可書）を要することがある登記だからです（Ⅰのテキスト第2編第2章第2節2.申請例12、第1編第6章第9節2.表の左⑥）。	財産分与は、離婚が成立しなければ、何の権利（請求権など）も発生しないからです。 なお、条件付所有権移転仮登記はできると解されています。住宅ローンの返済が残っており、名義変更に銀行の承諾が得られないときなどにします。
②真正な登記名義の回復を登記原因とする所有権の移転に関する仮登記	**できる** （登研574P109）	**できない** （登研574P109）
	登記識別情報または登記原因についての第三者の許可、同意または承諾を証する情報（農地法所定の許可書）を要することがある登記だからです（Ⅰのテキスト第2編第2章第2節2.申請例15、第1編第6章第9節2.表の左⑪）。	実体上、所有権は登記権利者にあります（Ⅰのテキスト第2編第2章第2節1.）。よって、権利変動が生じていない2号仮登記（P249）のハナシにならないのです。

	1号仮登記	2号仮登記
③民法第646条第2項による移転を登記原因とする所有権の移転の仮登記	**できる** 登記識別情報または登記原因についての第三者の許可、同意または承諾を証する情報（農地法所定の許可書）を要することがある登記だからです（Iのテキスト第1編第6章第9節⑤2.表の左⑩）。 なお、受任者が取得した原因が「競売による売却」であっても、することができます（登研529P161）。 これは、受任者が委任者から委託されて（代理権はなし）、競売によって不動産を取得した後、受任者から委任者に所有権の移転の仮登記をする場合のハナシです。 委任者 ①委託（代理権なし） ③646・2による移転 受任者　←　債務者 ②競売による買受け	
④譲渡担保を登記原因とする所有権の移転に関する仮登記	**できる** （昭32.1.14民事甲76） - - - - - - 登記識別情報または登記原因についての第三者の許可、同意または承諾を証する情報（農地法所定の許可書）を要することがある登記だからです（Iのテキスト第1編第6章第9節⑤2.表の左⑬）。	**できない** （昭32.1.14民事甲76〔所有権移転請求権仮登記について〕） - - - - - - 譲渡担保は、譲渡担保契約の締結によって譲渡担保権者に所有権が移転しています。よって、権利変動が生じていない2号仮登記（P249①）のハナシにならないのです。
⑤相続を原因とする所有権の移転に関する仮登記	**できない** （昭57.2.12民三.1295） - - - - - - 登記識別情報も登記原因についての第三者の許可、同意または承諾を証する情報も要することがない登記だからです（Iのテキスト第2編第2章第3節①2.申請例16、第1編第6章第9節⑤2.表の右①）。	**できない** （昭32.3.27民事甲596参照） - - - - - - 相続は、開始しなければ（被相続人が死亡しなければ）、推定相続人に何の権利（請求権など）も発生しないからです。

	1号仮登記	2号仮登記
⑥強制認知（認知の訴え）の裁判の確定前における所有権移転請求権の仮登記		**できない** （昭32.3.27民事甲596）
	強制認知（認知の訴え）の裁判（民法787条。—— **民法Ⅲのテキスト第9編第4章第1節**2**2.（3）**）の確定前の認知請求権者（非嫡出子など）には、まだ何の権利（請求権など）も発生していないからです。そのため、所有権移転請求権の仮登記を命じる処分を得ても、2号仮登記をすることはできません。	
⑦遺贈を登記原因とする所有権の移転に関する仮登記	**できる** （受遺者が相続人以外の者である場合）	**できない** （登研352P104〔所有権移転請求権仮登記について〕）
	登記識別情報または登記原因についての第三者の許可、同意または承諾を証する情報（農地法所定の許可書）を要することがある登記だからです（Ⅰのテキスト第2編第2章第3節2**2.**申請例18・19、第1編第6章第9節5**2.**表の左③）。	遺贈は、相続が開始しなければ（被相続人が死亡しなければ）、受遺者に何の権利（請求権など）も発生しないからです。
	この遺贈のハナシは、配偶者居住権にも当てはまります。遺産分割、遺贈、死因贈与を原因として配偶者居住権の仮登記をすることはできますが（令2.3.30民二.324）、相続開始前に遺贈を原因とする2号仮登記はできないと解されています（登研872P34。死因贈与が原因なら可能です〔令2.3.30民二.324〕）。	
⑧会社分割を登記原因とする所有権の移転に関する仮登記	**できる** （登研647P137）	**できない** （登研647P137）
	登記識別情報を要することがある登記だからです（Ⅰのテキスト第2編第2章第3節10**2.**申請例31）。	会社分割は、会社分割の効力が生じなければ、承継会社・設立会社に何の権利（請求権など）も発生しないからです。
⑨抵当権の順位変更の仮登記	**できない** （登研313P63）	
	順位変更は、登記が効力発生要件であるため、通常の登記以外は認められないからです。	

	1号仮登記	2号仮登記
⑩売買予約を登記原因とする所有権移転請求権の仮登記がされている工場財団に属している土地についての同一の売買予約を登記原因とする所有権移転請求権の仮登記		**できる** （登研536P123）
	わかりにくい事案ですが、こんなハナシです。工場財団について売買予約を登記原因とする所有権移転請求権の仮登記がされています。その工場財団に属する土地について、同一の売買予約を登記原因とする所有権移転請求権の仮登記ができるということです。 　一見、意味がなさそうに思えますが、工場財団に6か月以内に抵当権の設定の登記がされないと、工場財団にした所有権の保存の登記の効力が失われます（工場抵当法10条。Ⅰのテキスト第3編第1章第8節③3.（1））。その場合に備えて、土地について仮登記をする意味があるのです。	
⑪根抵当権の極度額の変更の仮登記	**できる**	**できる** （昭41.3.29民事三.158）
	登記識別情報を要することがある登記だからです（P60の申請例76）。	変更予約契約をすることができるので、請求権が生じることがあるからです。 なお、仮登記ですが、利害関係人が作成した承諾を証する情報などを提供する必要があります（昭41.3.29民事三.158）。本登記が付記登記しか存在しないため（P59の2.）、仮登記も付記登記でする必要があるからです。
⑫信託を登記原因とする所有権の移転に関する仮登記	**できる** （昭34.9.15民事甲2068参照）	**できない** （登研508P172〔所有権移転請求権仮登記について〕）
	登記識別情報を要することがある登記だからです（P230〜231の申請例103）。	信託は、契約の締結によって受託者に所有権が移転しています。よって、権利変動が生じていない2号仮登記（P249[1]）のハナシになりません。

第2節　仮登記の処分の登記

　この仮登記の処分とは、仮登記された物権（1号仮登記）または債権（2号仮登記）を処分（売却など）することです。仮登記がされた後のハナシです。

　以下の4つのパターンがあります。

①1号仮登記（所有権）の移転（下記 1 1.）

②1号仮登記（所有権）の移転請求権（下記 1 2.）

③2号仮登記（所有権移転請求権や条件付所有権）の移転（下記 2 1.）

④2号仮登記（所有権移転請求権）の移転請求権（下記 2 2.）

　この分野は苦手な方が多いのですが、ポイントは、**処分を受けた者が"実体上"「物権を取得しているのか」、それとも「債権を取得しているのか」**ということです。よって、まず、それぞれの箇所の（1）で説明する「実体」を理解できるかがポイントになります。

1　1号仮登記の処分

1．1号仮登記（所有権）の移転

（1）実体（民法）→登記

　たとえば、Aが所有している土地について、Bへの売買を原因とする所有権の移転の仮登記（1号仮登記）がされました。その後、BからCへその土地が売却された場合、Bから

　Cに「仮登記所有権移転の仮登記」というものを申請できます。

　ポイントは、右の図のように、**実体上、所有権が「A→B→C」と移転し、Cは所有権（物権）を取得している**ことです。しかし、Bの登記が仮登記ですので、Cへの移転の登記も仮登記となります。

（2）申請情報の記載事項

＊事例は、上記（1）の例に合わせています。

申請例109 ── **1号仮登記（所有権）の移転**

事例：Aが所有している土地をBに売却し、Bへの所有権の移転の仮登記（1号仮登記）が甲区2番でされた。その後の令和7年10月28日、BはCに、この土地を売却した。この土地の課税標準の額は、1000万円である。

登記の目的	2番仮登記所有権移転の仮登記
原　　　因	令和7年10月28日売買
権 利 者	C
義 務 者	B
添 付 情 報	登記原因証明情報（売買契約書）
	印鑑証明書（Bの印鑑証明書）
	代理権限証明情報（C及びBの委任状）
課 税 価 格	金1000万円
登録免許税	金10万円

権　利　部　（甲　区）　（所　有　権　に　関　す　る　事　項）			
順位番号	登記の目的	受付年月日・受付番号	権　利　者　そ　の　他　の　事　項
1	所有権保存	令和6年6月28日 第11542号	所有者　A
2	所有権移転仮登記	令和7年7月15日 第13254号	原因　令和7年7月8日売買 権利者　B
	余　白	余　白	余　白
3	2番仮登記所有権 移転の仮登記	令和7年10月28日 第17864号	原因　令和7年10月28日売買 権利者　C
	余　白	余　白	余　白

※登記の形式

この登記は、以下の形式でされます（昭36.12.27民事甲1600）。

・主登記

所有権を目的とする登記だからです。

・仮登記

Bの登記が仮登記であるため、登記記録上、Cに確定的に所有権を移転させることができないからです。

本節の「主登記か付記登記か」「通常の登記か仮登記か」の判断基準

・主登記か付記登記か

所有権を目的とする登記　　→　主登記

所有権以外を目的とする登記　→　付記登記

・通常の登記か仮登記か
　確定的に移転している　　→　　通常の登記
　確定的に移転していない　→　　仮登記

（a）登記の目的

「○番仮登記所有権移転の仮登記」と記載します。

「○番仮登記所有権」が、Bの所有権のことです。登記済みであり、複数の仮登記が登記されていることもあるので、「○番」とつけます。

そのBの所有権がCに移転した仮登記ですので、「移転の仮登記」とします。

（b）登記原因及びその日付

年月日は、「所有権が移転した日」を記載します。

原因は、「売買」などと記載します。

Cへの所有権移転（権利変動）は生じていますので、これまで学習してきた通常の登記の登記原因及びその日付と同じとなります。

（c）申請人

これも仮登記ですので、申請構造はP252～253（4）と同じです（P252の「仮登記の申請構造」）。

なお、仮登記権利者はC、仮登記義務者はBとなります。

（d）添付情報

これも仮登記ですので、添付情報はP253～254（5）と同じです（P253の「仮登記の添付情報」。昭39.8.7民事甲2736）。

（e）登録免許税

不動産の価額の10/1000です（登免法別表第1.1.（12）ロ（3））。

物権（所有権）を目的とする仮登記だからです（P254の「所有権の移転に関する仮登記の登録免許税の判断基準」）。Bの所有権を目的とする仮登記です（P263（1）の図をご覧ください）。

（3）この後に本登記をする方法

上記のように、Cへの仮登記所有権移転の仮登記がされた後、本登記ができるようになったときは、以下の登記を以下の順で申請します。

<u>1/2　AからBへの所有権の移転の登記（本登記。第4節⬚1⬚）</u>

・登記権利者：B

・登記義務者：A

<u>2/2　BからCへの所有権の移転の登記（本登記。第4節⬚1⬚）</u>

・登記権利者：C

・登記義務者：B

　実体上、所有権が「A→B→C」と移転しているため（P263（1））、登記記録にもそれを反映させるのです。以下の登記記録の矢印が所有権の変動の流れです。

権　利　部　（甲　区）　（所　有　権　に　関　す　る　事　項）			
順位番号	登記の目的	受付年月日・受付番号	権　利　者　そ　の　他　の　事　項
1	所有権保存	令和6年6月28日 第11542号	所有者　A
2	所有権移転仮登記	令和7年7月15日 第13254号	原因　令和7年7月8日売買 権利者　B
1/2	所有権移転	令和7年11月28日 第19451号	原因　令和7年7月8日売買 所有者　B
3	2番仮登記所有権 移転の仮登記	令和7年10月28日 第17864号	原因　令和7年10月28日売買 権利者　C
2/2	所有権移転	令和7年11月28日 第19452号	原因　令和7年10月28日売買 所有者　C

2．1号仮登記（所有権）の移転請求権

（1）実体（民法）→登記

　たとえば、Aが所有している土地について、Bへの売買を原因とする所有権の移転の仮登記（1号仮登記）がされました。その後、BとCとの間で、その土地の売買予約契約がされた場合、

BからCに「仮登記所有権の移転請求権の仮登記」というものを申請できます。

　ポイントは、右の図のように、**実体上、所有権が「A→B」と移転し、CはBの所有権を目的とした請求権（債権）を取得している**ことです。Cは、所有権（物権）は取得していません。

（2）申請情報の記載事項

*事例は、上記（1）の例に合わせています。

申請例110 —— 1号仮登記（所有権）の移転請求権

事例：Aが所有している土地をBに売却し、Bへの所有権の移転の仮登記（1号仮登記）が甲区2番でされた。その後の令和7年10月28日、BはCとの間で、この土地について売買予約契約を締結した。この土地の課税標準の額は、1000万円である。

登 記 の 目 的	2番仮登記所有権の移転請求権仮登記
原　　　　因	令和7年10月28日売買予約
権　利　者	C
義　務　者	B
添 付 情 報	登記原因証明情報（売買予約契約書）
	印鑑証明書（Bの印鑑証明書）
	代理権限証明情報（C及びBの委任状）
課 税 価 格	金1000万円
登録免許税	金10万円

権　利　部　（甲　区）　（所　有　権　に　関　す　る　事　項）			
順位番号	登記の目的	受付年月日・受付番号	権 利 者 そ の 他 の 事 項
1	所有権保存	令和6年6月28日 第11542号	所有者　A
2	所有権移転仮登記	令和7年7月15日 第13254号	原因　令和7年7月8日売買 権利者　B
	余　白	余　白	余　白
3	2番仮登記所有権の 移転請求権仮登記	令和7年10月28日 第17864号	原因　令和7年10月28日売買予約 権利者　C
	余　白	余　白	余　白

※登記の形式

この登記は、以下の形式でされます（P264〜265の「本節の『主登記か付記登記か』『通常の登記か仮登記か』の判断基準」）。

・主登記

所有権を目的とする登記だからです。

・仮登記
　Cに確定的に権利が移転しているわけではないからです。

（a）登記の目的
　「○番仮登記所有権の移転請求権仮登記」と記載します。
　「○番仮登記所有権」が、Bの所有権のことです。登記済みであり、複数の仮登記が登記されていることもあるので、「○番」とつけます。
　そのBの所有権を目的としてCが移転請求権を取得した仮登記ですので、「の移転請求権仮登記」とします。

（b）登記原因及びその日付
　年月日は、「予約契約の成立日」などを記載します。
　原因は、「売買予約」「贈与予約」などと記載します。
　まだCへの所有権移転（権利変動）は生じておらず、請求権しか生じていませんので、「予約」となります。

（c）申請人
　これも仮登記ですので、申請構造はP252～253（4）と同じです（P252の「仮登記の申請構造」）。
　なお、仮登記権利者はC、仮登記義務者はBとなります。

（d）添付情報
　これも仮登記ですので、添付情報はP253～254（5）と同じです（P253の「仮登記の添付情報」）。

（e）登録免許税
　不動産の価額の10/1000です（登免法別表第1. 1.（12）ロ（3））。
　物権（所有権）を目的とする仮登記だからです（P254の「所有権の移転に関する仮登記の登録免許税の判断基準」）。Bの所有権を目的とする仮登記です（P266（1）の図をご覧ください）。

（3）この後に本登記をする方法
　上記のように、Cへの仮登記所有権の移転請求権の仮登記がされた後、本登記ができるようになったときは、以下の登記を以下の順で申請します。

<u>1/2　AからBへの所有権の移転の登記（本登記。第4節[1]）</u>

・登記権利者：B

・登記義務者：A

<u>2/2　BからCへの所有権の移転の登記（本登記。第4節[1]）</u>

・登記権利者：C

・登記義務者：B

　実体上、所有権が「A→B→C」と移転するため（P266（1））、登記記録にもそれを反映させるのです。以下の登記記録の矢印が所有権の変動の流れです。

順位番号	登記の目的	受付年月日・受付番号	権利者その他の事項	
1	所有権保存	令和6年6月28日 第11542号	所有者　A	
2	所有権移転仮登記	令和7年7月15日 第13254号	原因　令和7年7月8日売買 権利者　B	
	所有権移転	令和7年11月28日 第19451号	原因　令和7年7月8日売買 所有者　B	1/2
3	2番仮登記所有権の 移転請求権仮登記	令和7年10月28日 第17864号	原因　令和7年10月28日売買予約 権利者　C	
	所有権移転	令和7年11月28日 第19452号	原因　令和7年11月28日売買 所有者　C	2/2

権　利　部　（甲　区）　（所　有　権　に　関　す　る　事　項）

2　2号仮登記の処分

1．2号仮登記（所有権移転請求権や条件付所有権）の移転

（1）実体（民法）→登記

　たとえば、Aが所有している建物について、Bへの売買予約を原因とする所有権移転請求権の仮登記（2号仮登記）がされました。その後、BからCへその移転請求権が売却された場合、BからCに

「所有権移転請求権の移転の登記」というものを申請できます。

　ポイントは、右の図のように、**実体上、所有権がAにとどまっており、CはAの所有権を目的とするBの請求権（債権）を取得している**ことです。Cは、所有権（物権）は取得していません。

（2）申請情報の記載事項

*事例は、上記（1）の例に合わせています。

申請例111 ── 2号仮登記（所有権移転請求権）の移転

事例：AとBとの間で、Aが所有している建物について売買予約契約が締結され、B
　　　への所有権移転請求権の仮登記（2号仮登記）が甲区2番でされた。その後の
　　　令和7年10月28日、BはCに、その移転請求権を売却した。

登記の目的	2番所有権移転請求権の移転
原　　　因	令和7年10月28日売買
権 利 者	C
義 務 者	B
添 付 情 報	登記原因証明情報（売買契約書）
	登記識別情報（Bの甲区2番の登記識別情報）
	印鑑証明書（Bの印鑑証明書）
	代理権限証明情報（C及びBの委任状）
登録免許税	金1000円

権　利　部　（甲　区）　（所　有　権　に　関　す　る　事　項）			
順位番号	登記の目的	受付年月日・受付番号	権　利　者　そ　の　他　の　事　項
1	所有権保存	令和6年6月28日 第11542号	所有者　A
2	所有権移転請求権 仮登記	令和7年7月8日 第12987号	原因　令和7年7月8日売買予約 権利者　B
	余　白	余　白	余　白
付記1号	2番所有権移転請 求権の移転	令和7年10月28日 第17864号	原因　令和7年10月28日売買 権利者　C

　上記は、B単有の所有権移転請求権の仮登記がされており、BがCにその移転請求
権を売却した事例ですが、BC共有の所有権移転請求権の仮登記がされており、Bが
その移転請求権を放棄した場合、BからCに放棄を登記原因とする移転請求権（持分）
の移転の付記登記をします（昭35.2.5民事甲285）。移転請求権が放棄された場合、
移転請求権の持分は共有者に帰属するからです（民法255条）。

※登記の形式

　この登記は、以下の形式でされます（昭36.12.27民事甲1600。P264～265の「本節

の『主登記か付記登記か』『通常の登記か仮登記か』の判断基準」）。

・付記登記

　所有権以外を目的とする登記だからです。Bの請求権（債権）を目的とする登記です。上記（1）の図をご覧ください。

・通常の登記

　Cに確定的にBの請求権（債権）が移転しているからです。上記（1）の図をご覧ください。

※対抗要件

　上記の申請例111の事例は、売買予約上の権利の譲渡、つまり、債権譲渡です。債権譲渡ということは、第三者に対抗するため、確定日付のある証書による通知または承諾（民法467条2項）が必要でしょうか。

　不要です。上記の付記登記で第三者に対する対抗要件となり、確定日付のある証書による通知または承諾は不要となります（最判昭35.11.24）。不動産の権利に関する対抗要件はできる限り登記によるべきである、という考えによります。

本節のうちこの2号仮登記の移転のみ特殊

　本節の4つの登記（P263①〜④）のうち、この2号仮登記（所有権移転請求権や条件付所有権）の移転のみ特殊です。この登記のみ、上記のとおり通常の登記だからです。仮登記ではないので、「仮登記だから、こうなる」という理屈が通らないのです。

（a）登記の目的

　「○番所有権移転請求権の移転」と記載します（条件付所有権の移転の場合は、「○番条件付所有権の移転」と記載します）。

　「○番所有権移転請求権」が、Bの請求権（債権）のことです。登記済みであり、複数の仮登記が登記されていることもあるので、「○番」とつけます。

　そのBの請求権（債権）がCに移転したため、「の移転」とします。Bの請求権（債権）が確定的にCに移転しており、仮登記ではないため、「仮登記」とはしません。

（b）登記原因及びその日付

　年月日は、「請求権（や条件付所有権）が移転した日」を記載します。

　原因は、「売買」などと記載します。

　Bの請求権（債権）が確定的にCに移転した原因であるため、「売買予約」などとはしません。

（c）申請人

以下の者の共同申請です（不登法60条）。

・登記権利者：移転請求権の移転を受けた者（C）
・登記義務者：仮登記名義人（B）

P252〜253（b）の単独申請は認められません。仮登記ではなく通常の登記であるため、P252の「仮登記の申請構造」の考え方は当てはまりません。

（d）添付情報

仮登記ではなく通常の登記であるため、P253の「仮登記の添付情報」の考え方は当てはまりません。

①登記原因証明情報（不登法61条）

　Ⅰのテキスト第1編第6章第2節4の「登記原因証明情報の提供が不要となる場合」に当たりませんので、登記原因証明情報を提供する必要があります。

　具体的には、売買契約書などが当たります。

②登記識別情報（不登法22条本文）

　登記義務者である仮登記名義人（B）の登記識別情報を提供します（昭39.8.7民事甲2736）。仮登記ではなく通常の登記であるため、提供する必要があります。なお、Bの登記は仮登記ですが、登記名義人になっていますので、Bには登記識別情報が通知されています。

③印鑑証明書（不登令16条2項、18条2項）

　登記義務者である仮登記名義人（B）の印鑑証明書を提供します（Ⅰのテキスト第1編第6章第4節3 2.「『認印でよいか』『実印で押印し印鑑証明書の提供が要求されるか』の判断基準」）。

④代理権限証明情報（不登令7条1項2号）

⑤会社法人等番号（不登令7条1項1号イ）

※住所証明情報は、提供しません。Ⅰのテキスト第1編第6章第5節3「住所証明情報の提供が要求される場合①〜③」のいずれにも当たらないからです。Cは、所有権の登記名義人になったわけではないため、固定資産税を課されません。

（e）登録免許税

付記登記として、不動産1個につき1000円です（登免法別表第1.1.（14））。

（3）この後に本登記をする方法

　上記のように、Cへの所有権移転請求権の移転の登記がされた後、Cが移転請求権を行使すると、以下の登記を申請します。

1/1　AからCへの所有権の移転の登記（本登記。第4節1）

・登記権利者：C

・登記義務者：A

　この1件のみです。所有権移転請求権はCに確定的に移転しているため（P269（1）の図をご覧ください）、Cがこの請求権を行使します。そうすると、実体上、所有権が「A→C」と移転するため、登記記録にそれを反映させるのです。以下の登記記録の矢印が所有権の変動の流れです。

権　利　部　（甲　区）　（所　有　権　に　関　す　る　事　項）			
順位番号	登記の目的	受付年月日・受付番号	権　利　者　そ　の　他　の　事　項
1	所有権保存	令和6年6月28日 第11542号	所有者　A
2	所有権移転請求権 仮登記	令和7年7月8日 第12987号	原因　令和7年7月8日売買予約 権利者　B
	所有権移転	令和7年11月28日 第19452号	原因　令和7年11月28日売買 所有者　C
付記1号	2番所有権移転請 求権の移転	令和7年10月28日 第17864号	原因　令和7年10月28日売買 権利者　C

1/1

　このように、元々はBの仮登記の余白だったところをCが埋めるのです。

2．2号仮登記（所有権移転請求権）の移転請求権
（1）実体（民法）→登記

　たとえば、Aが所有している建物について、Bへの売買予約を原因とする所有権移転請求権の仮登記（2号仮登記）がされました。その後、BとCとの間で、その移転請求権の売買予約契約がされた場

合、BからCに「所有権移転請求権の移転請求権の仮登記」というものを申請できます。

　移転請求権が2つも出てきて頭が痛くなりそうですが……、実体の確認からいきましょう。

　ポイントは、上の図のように、**実体上、所有権がAにとどまっており、CはBの請求権（債権）を目的とした請求権（債権）を取得している**ことです。Cは、所有権（物権）は取得していません。

（2）申請情報の記載事項
＊事例は、上記（1）の例に合わせています。

申請例112 ── 2号仮登記（所有権移転請求権）の移転請求権

事例：AとBとの間で、Aが所有している建物について売買予約契約が締結され、Bへの所有権移転請求権の仮登記（2号仮登記）が甲区2番でされた。その後の令和7年10月28日、BはCとの間で、この移転請求権について売買予約契約を締結した。

登記の目的	2番所有権移転請求権の移転請求権仮登記
原　　　因	令和7年10月28日売買予約
権　利　者	C
義　務　者	B
添付情報	登記原因証明情報（売買予約契約書）
	印鑑証明書（Bの印鑑証明書）
	代理権限証明情報（C及びBの委任状）
登録免許税	金1000円

権　利　部　（甲　区）　（所　有　権　に　関　す　る　事　項）			
順位番号	登記の目的	受付年月日・受付番号	権　利　者　そ　の　他　の　事　項
1	所有権保存	令和6年6月28日 第11542号	所有者　A
2	所有権移転請求権 仮登記	令和7年7月8日 第12987号	原因　令和7年7月8日売買予約 権利者　B
	余白	余白	余白
付記1号	2番所有権移転請求 権の移転請求権仮 登記	令和7年10月28日 第17864号	原因　令和7年10月28日売買予約 権利者　C
	余白	余白	余白

※登記の形式

この登記は、以下の形式でされます（昭36.12.27民事甲1600。P264～265の「本節の『主登記か付記登記か』『通常の登記か仮登記か』の判断基準」）。

・付記登記

所有権以外を目的とする登記だからです。Bの請求権（債権）を目的とする登記です。上記（1）の図をご覧ください。

・仮登記

Cに確定的に権利が移転しているわけではないからです。

（a）登記の目的

「○番所有権移転請求権の移転請求権仮登記」と記載します。

「○番所有権移転請求権」が、Bの請求権（債権）のことです。登記済みであり、複数の仮登記が登記されていることもあるので、「○番」とつけます。

そのBの請求権（債権）を目的としてCが移転請求権を取得した仮登記ですので、「の移転請求権仮登記」とします。

（b）登記原因及びその日付

年月日は、「予約契約の成立日」などを記載します。

原因は、「売買予約」「贈与予約」などと記載します。

まだCへの移転請求権の移転は生じておらず、請求権しか生じていませんので、「予約」となります。

（c）申請人

これは仮登記ですので、申請構造はP252～253（4）と同じです（P252の「仮登記の申請構造」）。

なお、仮登記権利者はC、仮登記義務者はBとなります。

（d）添付情報

これは仮登記ですので、添付情報はP253～254（5）と同じです（P253の「仮登記の添付情報」）。

（e）登録免許税

付記登記として、不動産1個につき1000円です（登免法別表第1.1.（14））。

債権（請求権）を目的とする仮登記だからです（P254の「所有権の移転に関する

仮登記の登録免許税の判断基準」)。Bの債権（請求権）を目的とする仮登記です（P273
（1）の図をご覧ください）。

（3）この後に本登記をする方法

　上記のように、Cへの所有権移転請求
権の移転請求権の仮登記がされた後、ま
ず、CがBに対して移転請求権を行使し、
BのAに対する所有権移転請求権を確定
的にCに移転させます（右の図の①）。そ

して、Cがその所有権移転請求権を行使することにより、所有権が「A→C」と移転
します（右の図の②）。この場合、以下の登記を以下の順で申請します。

1/2　BからCへの所有権移転請求権の移転の登記（本登記）

・登記権利者：C

・登記義務者：B

2/2　AからCへの所有権の移転の登記（本登記。第4節 1 ）

・登記権利者：C

・登記義務者：A

　所有権は「A→C」と移転しますが、その前提としてBの所有権移転請求権を確定
的にCに移転させる1/2の登記が必要となります。所有権の変動の流れは、以下の
登記記録の矢印のとおりです。

権 利 部 　（甲 区）　（所 有 権 に 関 す る 事 項）			
順位番号	登記の目的	受付年月日・受付番号	権 利 者 そ の 他 の 事 項
1	所有権保存	令和6年6月28日 第11542号	所有者　A
2	所有権移転請求権 仮登記	令和7年7月8日 第12987号	原因　令和7年7月8日売買予約 権利者　B
	所有権移転	令和7年11月28日 第19452号	原因　令和7年11月28日売買 所有者　C
付記1号	2番所有権移転請求 権の移転請求権仮 登記	令和7年10月28日 第17864号	原因　令和7年10月28日売買予約 権利者　C
	2番所有権移転請求 権の移転	令和7年11月28日 第19451号	原因　令和7年11月28日売買 権利者　C

2/2

1/2

【登記の形式のまとめ】

本節の最後に、4つの仮登記の処分の登記の形式をまとめておきます。

	主登記か 付記登記か	通常の登記か 仮登記か
①1号仮登記（所有権）の移転 　　（上記11.）	主登記	仮登記
②1号仮登記（所有権）の移転請求権 　　（上記12.）	主登記	仮登記
③2号仮登記（所有権移転請求権や条件付所有 　権）の移転 　　（上記21.）	付記登記	通常の登記
④2号仮登記（所有権移転請求権）の移転請求権 　　（上記22.）	付記登記	仮登記

第3節　仮登記の変更の登記・更正の登記

　仮登記の変更の登記・更正の登記は、記述で出題される確率がかなり低いです。よって、択一対策として必要な事項のみを説明していきます。

1　実体（民法）→登記

　仮登記がされた後、変更契約などにより、仮登記された権利の内容が変更されることがあります。

ex. 抵当権の設定の仮登記がされた後、抵当権者と設定者の変更契約で、利息を変更することができます。

　このような場合、仮登記の変更の登記を申請できます。

　また、登記時から仮登記の登記事項の一部に錯誤（間違い）または遺漏（モレ）がある場合、仮登記の更正の登記を申請できます。

　抵当権の設定の仮登記の利息の定めが間違っていた場合の更正の登記などはもちろんできますが、以下の更正の登記もできます（登研130P42）。

	更正前	➡ 更正後
①	1号仮登記 ex. 登記原因「売買」	2号仮登記 ex. 登記原因「売買予約」
②	2号仮登記 ex. 登記原因「売買予約」	1号仮登記 ex. 登記原因「売買」
③	1号仮登記 ex. 登記原因「売買」	1号仮登記 ex. 登記原因「贈与」
④	2号仮登記 ex. 登記原因「売買予約」	2号仮登記 ex. 登記原因「贈与予約」

　1号仮登記と2号仮登記の間の更正の登記も、**すべてのパターンの更正ができる**ということです。

2　申請人

1．原則

　仮登記権利者と仮登記義務者の共同申請です（不登法60条）。

ex1. Aが所有している建物について、B単有名義の所有権移転請求権の仮登記がされ
　　　ています。これをBC共有名義にする更正の登記を申請する場合、以下の者の共
　　　同申請によります（登研384P79）。

・登記権利者：C

・登記義務者：A・B

　　　Ⅰのテキスト第2編第4章 2 4．（2）（a）①と同じ考え方です。Aも、Cへの
　　　登記義務を果たすため、出てくる必要があります。

ex2. Aが所有している建物について、BC共有名義の所有権移転請求権の仮登記がさ
　　　れています。これをB単有名義にする更正の登記を申請する場合、以下の者の共
　　　同申請によります。

・登記権利者：B

・登記義務者：A・C

　　　Ⅰのテキスト第2編第4章 2 4．（2）（a）②と同じ考え方です。Aも、Bへの
　　　持分の登記義務を果たすため、出てくる必要があります。

2．例外

　仮登記の変更の登記・更正の登記は、余白が設けられない通常の登記でされます。
しかし、"仮登記の"変更の登記・更正の登記であるため、P252～253（b）の不動産登
記法107条1項の規定が適用されます。よって、以下の場合には、仮登記権利者が単
独で申請できます（昭42.8.23民事甲2437）。

①仮登記義務者の承諾がある ―― 仮登記義務者の協力がある場合
②仮登記を命じる処分がある ―― 仮登記義務者の協力がない場合

第4節　仮登記に基づく本登記

　仮登記は本登記をするためにしておいたものですので、手続レベル（1号仮登記）または権利変動レベル（2号仮登記）の問題がクリアーできたら（P249[1]）、本登記をします。たとえば、1号仮登記であれば、家のどこに置いたかわからなくなっていた農地法所定の許可書が見つかった、2号仮登記であれば、買主が所有権移転請求権を行使したといった場合に、本登記を申請できます。この本登記は、P251※のたとえでいうと、「予約済みの席に座ること」です。

　「所有権に関する仮登記に基づく本登記」（下記[1]）と「所有権以外の権利の仮登記に基づく本登記」（下記[2]）に分けてみていきます。

1 所有権に関する仮登記に基づく本登記

> **不動産登記法 109 条（仮登記に基づく本登記）**
> 1　所有権に関する仮登記に基づく本登記は、登記上の利害関係を有する第三者（本登記につき利害関係を有する抵当証券の所持人又は裏書人を含む。以下この条において同じ。）がある場合には、当該第三者の承諾があるときに限り、申請することができる。
> 2　登記官は、前項の規定による申請に基づいて登記をするときは、職権で、同項の第三者の権利に関する登記を抹消しなければならない。

1．申請情報の記載事項

申請例113 ── 仮登記に基づく本登記

事例：Aは、令和7年7月1日、所有している農地をBに売却し、令和7年7月8日、農地法所定の許可を得た。しかし、Bは、農地法所定の許可書を家のどこに置いたかわからなくなったため、Bへの所有権の移転の仮登記（1号仮登記）が甲区2番でされた。Aは、令和7年10月28日、この農地をCに売却し、Cへの所有権の移転の登記がされた。その後、Bは、農地法所定の許可書をみつけた。この農地の課税標準の額は、1000万円である。

登記の目的	所有権移転（2番仮登記の本登記）
原　　　因	令和7年7月8日売買
権 利 者	B
義 務 者	A
添付情報	登記原因証明情報（売買契約書）
	登記識別情報（Aの甲区1番の登記識別情報）
	印鑑証明書（Aの印鑑証明書）
	住所証明情報（Bの住民票の写し）
	代理権限証明情報（B及びAの委任状）
	承諾証明情報（Cの承諾書）
	許可証明情報（農地法所定の許可書）
課税価格	金1000万円
登録免許税	金10万円（登録免許税法第17条第1項）

権　利　部　（甲　区）　（所　有　権　に　関　す　る　事　項）			
順位番号	登記の目的	受付年月日・受付番号	権 利 者 そ の 他 の 事 項
1	所有権保存	令和6年6月28日 第11542号	所有者　A
2	所有権移転仮登記	令和7年7月15日 第13254号	原因　令和7年7月8日売買 権利者　B
	所有権移転	令和7年11月28日 第19451号	原因　令和7年7月8日売買 所有者　B
3	所有権移転	令和7年10月28日 第17864号	原因　令和7年10月28日売買 所有者　C
4	3番所有権抹消	余　白	2番仮登記の本登記により令和7年11月28日 登記

　仮登記に基づく本登記は、上記の甲区2番のように、仮登記の余白にされます。「予約済みの席に座った」ということです。

（1）登記の目的

　「所有権移転（○番仮登記の本登記）」などと記載します。1号仮登記でも2号仮登記でも、この書き方で構いません。

（2）登記原因及びその日付

　年月日は、「所有権が移転した日」を記載します。1号仮登記の本登記であれば、仮登記の登記原因日付（上記申請例113だと令和7年7月8日）と同じ日となります。1号仮登記は、仮登記の時点で所有権の移転（権利変動）が生じているからです（P249 $\boxed{1}$）。それに対して、2号仮登記の本登記であれば、仮登記の登記原因日付と異なる日となります。2号仮登記は、仮登記の時点で所有権の移転（権利変動）が生じていないからです（P249 $\boxed{1}$）。

　原因は、「売買」「贈与」などと記載します。2号仮登記の本登記であっても、本登記の時点では所有権の移転（権利変動）が生じているため、「予約」とはしません。

（3）申請人

　以下の者の共同申請です（不登法60条）。

・登記権利者：仮登記権利者（上記申請例113だとB）
・登記義務者：仮登記義務者（上記申請例113だとA）

P293

　登記義務者は、仮登記義務者から所有権の移転の登記がされていても、仮登記義務者となります。上記申請例113では、AからCに所有権の移転の登記がされており、登記申請時点の所有権の登記名義人はCですが、登記義務者は仮登記義務者であるAとなります。Cは申請人とならないため、下記（4）（b）で説明する登記上の利害関係を有する第三者となるわけです。

　P252〜253（b）の単独申請は認められません。仮登記ではなく本登記であるため、P252の「仮登記の申請構造」の考え方は当てはまりません。

※所有権移転請求権の仮登記について一部移転の登記がされている場合

　ちょっと変わったハナシです。所有権移転請求権の仮登記について一部移転の登記がされている場合とは、P270の甲区2番付記1号の登記が、Cへの一部移転の登記であった場合です。この場合、本登記は、仮登記権利者の全員（BC）が同時に申請する必要があります（昭35.5.10民事三.328）。

　余白が甲区2番の1つしかないため、BとCがバラバラに本登記を申請すると余白が足りなくなってしまうからです。

（4）添付情報
（a）必要となる添付情報
　仮登記ではなく本登記であるため、P253 の「仮登記の添付情報」の考え方は当てはまりません。

①登記原因証明情報（不登法61条）

　Ⅰのテキスト第1編第6章第2節4の「登記原因証明情報の提供が不要となる場合」に当たりませんので、登記原因証明情報を提供する必要があります。

　具体的には、売買契約書、贈与契約書などが当たります。

②登記識別情報（不登法22条本文）

　登記義務者である仮登記義務者（上記申請例113だとA）の登記識別情報を提供します。仮登記ではなく本登記であるため、提供する必要があります。

③印鑑証明書（不登令16条2項、18条2項）

　登記義務者である仮登記義務者（上記申請例113だとA）の印鑑証明書を提供します（Ⅰのテキスト第1編第6章第4節3 2.「『認印でよいか』『実印で押印し印鑑証明書の提供が要求されるか』の判断基準」）。

④住所証明情報（不登令別表30 添付情報ハ）

　Ⅰのテキスト第1編第6章第5節3「住所証明情報の提供が要求される場合②」に当たるため、提供します。所有権の登記名義人となりますので、固定資産税を課されます。

⑤代理権限証明情報（不登令7条1項2号）

⑥会社法人等番号（不登令7条1項1号イ）

⑦承諾証明情報（不登法109条1項、不登令別表69 添付情報イ）

　登記上の利害関係を有する第三者がいるときは、必ずその第三者が作成した承諾を証する情報などを提供する必要があります（Ⅰのテキスト第1編第6章第8節2 1.④）。

　抵当権について抵当証券が発行されているときに、抵当証券の所持人または裏書人が登記上の利害関係を有する第三者となる場合は、その抵当証券も提供する必要があります（不登法109条1項かっこ書、不登令別表69 添付情報ロ）。

　具体的に誰が登記上の利害関係を有する第三者に当たるかは、かなり長いハナシとなりますので、別途項目を設け、下記（b）で説明します。

⑧許可証明情報、同意証明情報、承諾証明情報（不登令7条1項5号ハ）

　仮登記ではなく本登記であるため、登記原因についての第三者の許可、同意または承諾を要するのであれば、これらの情報を提供する必要があります。

　具体的には、上記申請例113の農地法所定の許可書などが当たります。

（b）登記上の利害関係を有する第三者（不登法 109 条 1 項）

「
P295
　　上記申請例 113 では、Bの仮登記の後に所有権の移転の登記を受けたCが、登記上の利害関係を有する第三者に当たります（※）。Cの登記は、Bの仮登記に基づく本登記がされることにより、登記官の職権で抹消されます（不登法 109 条 2 項）。Bは、このCの登記のように、仮登記の後にされた登記に対抗できるように仮登記をしていたため（P250 2 ）、仮登記に対抗できない登記は登記官の職権で抹消されるのです。Cも、仮登記があるため、職権で抹消される可能性は覚悟しています。

※"登記上の"利害関係を有する第三者ですから、Cが所有権の移転を受けただけで、所有権の移転の登記を受けていなければ関係ありません（Ⅰのテキスト第3編第1章第6節 2 4.⑤「登記上の利害関係を有する第三者の基本的な考え方」）。

登記上の利害関係を有する第三者に該当するかの基本的な判断基準

　　基本的には、仮登記の後にされた仮登記に対抗できない権利の登記名義人が、登記上の利害関係を有する第三者に当たります。しかし、これだけでは少し不正確です。

　　登記上の利害関係を有する第三者に当たるのは、仮登記に対抗できない権利（※）の登記名義人のうち、以下の①〜③の者を除いた者です。

※仮登記に対抗できる権利（ex. 仮登記よりも前に登記された抵当権の設定の登記）は、本登記がされても、登記官の職権により抹消されません。

①仮登記を目的とする権利の登記名義人（下記 ⅰ）

　　仮登記を目的としているため、仮登記がより強力な本登記になれば嬉しいからです。

②現在の登記名義人でない者（下記 ⅱ）

　　現在、その不動産について権利を有していない（もう関係ない）からです。

③申請人となる者（下記 ⅲ）

　　申請している時点で、本登記に承諾していると考えられるからです。

ⅰ　仮登記を目的とする権利の登記名義人（上記①）

ex. 仮登記を目的とする抵当権者（※）・差押債権者・仮差押債権者・仮処分債権者（昭48.7.21 民三.5608）

　　これらの権利者は、目的としている仮登記が本登記になれば嬉しいからです。

※所有権移転仮登記（1号仮登記）や条件付所有権移転仮登記（2号仮登記。P256
　（3）。昭39.2.27民事甲204参照）を目的として抵当権を設定でき、以下の登記記
　録のように、その登記もできます（＊）。1号仮登記は所有権であるため、所有権
　移転仮登記は抵当権の目的となるからです。また、条件付きの権利は処分できるた
　め（民法129条 ── 民法Ⅰのテキスト第2編第8章第2節 4 2.）、条件付所有権移転仮登
　記も抵当権の目的となるからです。

＊2号仮登記でも、所有権移転請求権仮登記（P255（1））を目的として抵当権を設定することはできません。
　これは、単なる債権であり、条件付きの権利でもないからです。この考え方は、抵当権の順位の譲渡や順位
　の放棄にも当てはまります。条件付抵当権設定仮登記について順位の譲渡や順位の放棄をした旨の登記はで
　きますが（昭30.11.29民事甲2514〔順位の譲渡について〕）、抵当権設定請求権仮登記について順位の譲渡や
　順位の放棄をした旨の登記はできません。

権　利　部　（甲　区）　（所　有　権　に　関　す　る　事　項）			
順位番号	登記の目的	受付年月日・受付番号	権　利　者　そ　の　他　の　事　項
1	所有権保存	令和6年6月28日 第11542号	所有者　A
2	所有権移転仮登記	令和7年7月8日 第12987号	原因　令和7年7月8日売買 権利者　B
	余　白	余　白	余　白

権　利　部　（乙　区）　（所　有　権　以　外　の　権　利　に　関　す　る　事　項）			
順位番号	登記の目的	受付年月日・受付番号	権　利　者　そ　の　他　の　事　項
1	甲区2番仮登記所 有権の抵当権設定 仮登記	令和7年7月8日 第12988号	原因　令和7年7月8日金銭消費貸借同日設定 債権額　金1000万円 債務者　B 権利者　C
	余　白	余　白	余　白

　仮登記を目的とした抵当権であるため、上記のように、抵当権も仮登記となります。

ⅱ　現在の登記名義人でない者（P284②）

ex. 以下のように、Aが所有していた土地について、B名義の仮登記がされた後、C
　への所有権の移転の登記、Dへの所有権の移転の登記がされました。Bの仮登記
　に基づく本登記を申請するとき、Cは登記上の利害関係を有する第三者に当たり
　ません（昭37.7.30民事甲2117）。Cは、もう関係ないからです。

権　利　部　（甲　区）　（所　有　権　に　関　す　る　事　項）			
順位番号	登記の目的	受付年月日・受付番号	権　利　者　そ　の　他　の　事　項
1	所有権保存	令和6年6月28日 第11542号	所有者　A
2	所有権移転仮登記	令和7年7月8日 第12987号	原因　令和7年7月8日売買 権利者　B
	余　白	余　白	余　白
3	所有権移転	令和7年7月12日 第13215号	原因　令和7年7月12日売買 所有者　C
4	所有権移転	令和7年10月28日 第17864号	原因　令和7年10月28日売買 所有者　D

ⅲ　申請人となる者（P284③）

（ⅰ）相続・合併を原因とする所有権の移転の登記を受けた者

ex. 以下のように、Aが所有していた土地について、B名義の仮登記がされた後、Cへの相続を原因とする所有権の移転の登記がされました。Bの仮登記に基づく本登記を申請するとき、Cは登記上の利害関係を有する第三者に当たりません。Cは、Aの本登記をすべき義務を承継しているため、仮登記に基づく本登記の登記義務者となるからです。これは、Cへの移転の原因が、合併であっても同じです（Ⅰのテキスト第2編第2章第3節⑨1.「相続≒合併」）。

権　利　部　（甲　区）　（所　有　権　に　関　す　る　事　項）			
順位番号	登記の目的	受付年月日・受付番号	権　利　者　そ　の　他　の　事　項
1	所有権保存	令和6年6月28日 第11542号	所有者　A
2	所有権移転仮登記	令和7年7月8日 第12987号	原因　令和7年7月8日売買 権利者　B
	余　白	余　白	余　白
3	所有権移転	令和7年10月2日 第15142号	原因　令和7年7月12日相続 所有者　C

　この場合の仮登記に基づく本登記の登記義務者はCとなりますが、Cが提供すべき登記識別情報は、被相続人Aの登記識別情報ではなく、甲区3番の相続登記の際にCに通知された登記識別情報です（登研432P128、458P96）。

（ii）同一人が所有権の移転の仮登記を受けた後に根抵当権の設定の登記を受けている場合

ex. かなり変わった事案ですが、以下のように、Aが所有している土地について、B名義の所有権の移転の仮登記がされた後、Bの根抵当権の設定の登記がされたことがありました。Bが、所有権の移転の仮登記と根抵当権の設定の登記を受けたということです。Bに所有権が移転していますので、実体上はおかしいです。しかし、登記記録上はAが所有権の登記名義人であるため、このような登記も可能です。この場合に、Bの仮登記に基づく本登記を申請するとき、根抵当権者Bは登記上の利害関係を有する第三者に当たりません（昭46.12.11民事三.532）。Bの根抵当権の設定の登記は職権抹消されますが、Bは申請している時点で本登記に承諾しているといえるからです。

権 利 部 （甲 区） （所 有 権 に 関 す る 事 項）			
順位番号	登記の目的	受付年月日・受付番号	権 利 者 そ の 他 の 事 項
1	所有権保存	令和6年6月28日 第11542号	所有者 A
2	所有権移転仮登記	令和7年7月8日 第12987号	原因 令和7年7月8日売買 権利者 B
	余白	余白	余白

権 利 部 （乙 区） （所 有 権 以 外 の 権 利 に 関 す る 事 項）			
順位番号	登記の目的	受付年月日・受付番号	権 利 者 そ の 他 の 事 項
1	根抵当権設定	令和7年7月8日 第12988号	原因 令和7年7月8日設定 極度額 金1000万円 債権の範囲 支払承諾取引 債務者 A 根抵当権者 B

※仮登記に対抗できる権利

P284①～③についてみてきましたが、続いて、P284※の「仮登記に対抗できる権利」に当たるかをみていきます。

・所有権の移転の仮登記の前に登記された抵当権に基づく所有権の移転の仮登記の
　後にされた差押登記

　頭が痛くなる見出しですが……、以下の順で登記がされた場合に、仮登記に基づく
本登記を申請するとき、差押登記の登記名義人が登記上の利害関係を有する第三者に
当たるか、ということです。

　　抵当権の設定の登記（下記①）
　　　　　↓
　　所有権の移転の仮登記（下記②）
　　　　　↓
　　上記の抵当権に基づく差押登記（下記③）

権 利 部 （甲区） （所 有 権 に 関 す る 事 項）			
順位番号	登記の目的	受付年月日・受付番号	権 利 者 そ の 他 の 事 項
1	所有権保存	令和7年6月28日 第12456号	所有者　A
2	所有権移転仮登記 ②	令和7年7月8日 第12987号	原因　令和7年7月8日売買 権利者　B
	余白	余白	余白
3	差押 ③	令和7年10月28日 第17864号	原因　令和7年10月26日東京地方裁判所担保不動産競売開始決定 債権者　C

権 利 部 （乙区） （所 有 権 以 外 の 権 利 に 関 す る 事 項）			
順位番号	登記の目的	受付年月日・受付番号	権 利 者 そ の 他 の 事 項
1	抵当権設定 ①	令和7年6月28日 第12457号	原因　令和7年6月28日金銭消費貸借同日設定 債権額　金1000万円 債務者　A 抵当権者　C

　差押登記の登記名義人（上記の登記記録の「債権者　C」）は、登記上の利害関係
を有する第三者に当たります（昭41.6.17民事甲1763）。

　Ⅰのテキスト第２編第５章第２節 2 4.⑥※の先例（昭35.8.4民事甲1976）と同じ
考え方です。Cの乙区１番の抵当権は、Bの仮登記に対抗できるため、残ります。よ
って、Cは、抵当権に基づいて、再度、競売の申立てができます。しかし、登記上の

利害関係を有する第三者に当たるかは形式的に判断されるため、Bの仮登記の後に登記された差押登記は職権抹消されます。

・所有権の移転の仮登記の前に登記された抵当権について所有権の移転の仮登記の後に付記登記で抵当権の変更の登記がされている場合

これも見出しだけだと頭が痛くなりますが……、以下の順で登記がされた場合に、仮登記に基づく本登記を申請するとき、抵当権の登記名義人が登記上の利害関係を有する第三者に当たるか、ということです。

抵当権の設定の登記（下記①）
↓
所有権の移転の仮登記（下記②）
↓
上記の抵当権について付記登記で抵当権の変更の登記（下記③）

権利部　（甲区）　（所有権に関する事項）			
順位番号	登記の目的	受付年月日・受付番号	権利者その他の事項
1	所有権保存	令和7年6月28日 第12456号	所有者　A
2	所有権移転仮登記　②	令和7年7月8日 第12987号	原因　令和7年7月8日売買 権利者　B
	余白	余白	余白

権利部　（乙区）　（所有権以外の権利に関する事項）			
順位番号	登記の目的	受付年月日・受付番号	権利者その他の事項
1	抵当権設定　①	令和7年6月28日 第12457号	原因　令和7年6月28日金銭消費貸借同日設定 債権額　金1000万円 損害金　年5% 債務者　A 抵当権者　C
付記1号	1番抵当権変更　③	令和7年10月28日 第17864号	原因　令和7年10月28日変更 損害金　年10%

抵当権者Cは、登記上の利害関係を有する第三者に当たりません（ただ、抵当権の変更の登記が主登記でされていれば、登記上の利害関係を有する第三者に当たります）。

　たしかに、抵当権の変更の登記はBの仮登記の後で登記されていますが、付記登記でされているため、Bの仮登記に対抗できるからです。付記登記の順位は、主登記の順位によります（不登法4条2項。Iのテキスト第1編第4章第3節②2.）。

　また、抵当権の変更の登記を付記登記でする際に、Bは承諾をしています。

　上記は、抵当権の変更の登記の例ですが、この考え方は、たとえば、根抵当権の変更の登記（極度額の増額の変更の登記など）にも当てはまり、同じ結論（登記上の利害関係を有する第三者に当たらない）となります。

（5）登録免許税

　相続・合併以外を原因とする所有権の移転に関する仮登記に基づく本登記の登録免許税は、不動産の価額の10/1000です（登免法17条1項、登免法別表第1．1．（2）ハ）。

　仮登記の際にすでに不動産の価額の 10/1000 の登録免許税を納付しているため、20/1000 から 10/1000 を引いた「10/1000」となります。

　登録免許税の減税を受けた場合はその根拠条文を記載する必要があるため（不登規189条3項）、P281の申請例113のように「（登録免許税法第17条第1項）」と記載する必要があります。よって、「登録免許税法第17条第1項」の条文番号は記憶する必要があります。「10/1000がいない（17・1）」というゴロ合わせで記憶してください。

※登録免許税法17条4項と17条1項の双方に当たる場合

　登録免許税法 17 条4項は、利用権の登記名義人が所有権を取得した場合の所有権の移転の登記は、通常の所有権の移転の登記の税率の100分の50（半分）となるというハナシでした（P224）。では、登録免許税法17条4項と上記の登録免許税法17条1項の双方に当たる場合は、どうなるでしょうか。以下のような場合です。

ex. 地上権の登記名義人であり、かつ、売買を原因とする所有権の移転の仮登記の登記名義人であるBが、この仮登記に基づく本登記を申請する場合が当たります。

　この場合、登録免許税法 17 条4項を適用してから1項が適用されます。よって、税率は、「20/1000×50/100－10/1000＝0」となります（昭42.7.26民事三.794）。課税標準に税率（この場合は「0」）をかけた額が1000円に満たないときは登録免許税は1000円となりますので、登録免許税の額は1000円となります（登免法19条。Iのテキスト第1編第7章③1．（2）（b）ⅱ）。

　利用権の設定の登記の際にすでに10/1000の登録免許税を納付しており、さらに仮登記の際にすでに10/1000の登録免許税を納付しているからです。

2．本登記の前提としての仮登記の更正の登記

　上記1.でみてきた仮登記に基づく本登記をする前提として、仮登記の更正の登記（第3節）が必要となる場合があります。

　「仮登記と本登記を合わせろ！」ということです。本登記は仮登記の余白にされるため、あまりに仮登記とかけ離れた本登記がされると不自然だからです。

（1）登記原因の関連性

　たとえば、「代物弁済予約」を登記原因とする所有権移転請求権の仮登記がされています。この場合に、「売買」を登記原因とする仮登記に基づく本登記を申請するときは、以下の登記を申請する必要があります（昭34.11.13民事甲2438、昭55.9.19民三.5618）。

1／2　登記原因の「代物弁済予約」を「売買予約」とする更正の登記
2／2　仮登記に基づく本登記

　仮登記と本登記の登記原因は、以下の関係である必要があるからです（上記の「考え方」）。

・1号仮登記　→　仮登記原因と本登記原因が同一
　1号仮登記は、すでに権利変動が生じているため、仮登記の段階で、「売買」など権利変動が生じた登記原因となります（P252（2））。
・2号仮登記　→　仮登記原因と本登記原因が関連している（ex.「売買予約」と「売買」、「代物弁済予約」と「代物弁済」）

　これは、本登記手続を命じる判決に基づいて本登記をする場合であっても、同じです。P325の1.で説明しますが、判決は、登記申請意思を擬制するものであって、仮登記と本登記の関係性とは関係ないからです。

（2）農地が宅地になった場合

　地目が田である農地について、農地法第3条の許可を条件とする条件付所有権の移転の仮登記がされました。その後、その仮登記の登記原因日付よりも前の日付の登記原因日付で、地目を宅地とする変更の登記（表示に関する登記）がされました。この場合、以下の登記を申請する必要があります（昭40.12.7民事甲3409）。

1/2　「条件付所有権移転仮登記」（2号仮登記）を「所有権移転仮登記」（1号仮
　　　登記）とする更正の登記
2/2　仮登記に基づく本登記
　仮登記をした時点で農地ではなかったので、条件（農地法第3条の許可）は不要で
した。また、仮登記の時点で、すでに所有権が移転していたことになります。よって、
1号仮登記に更正してからでないと本登記ができないのです（上記の「考え方」）。

※農地について農地法所定の許可を条件とする条件付所有権の移転の仮登記（2号仮
　登記。P256（3））をすべきところ、誤って売買予約を原因とする所有権移転請求
　権の仮登記（2号仮登記。P255（1））がされました。しかし、その農地が非農地
　となり、仮登記権利者が所有者となりました。この場合は、以下の登記を申請でき
　ます（最判昭52.10.11 参照）。
1/1　仮登記に基づく本登記
　条件が不要となったため、そのまま本登記ができるのです。

3. 対抗力
　仮登記の段階では、対抗力はありません（最判昭 32.6.18、最判昭 38.10.8）。仮登
記は、順位を保全するためだけの登記だからです。
ex. 建物の仮登記名義人は、仮登記のままでは、その建物を占有している第三者に対
　　して明渡しを請求することはできません（最判昭 38.10.8）。

　仮登記の段階では対抗力はありませんが、本登記をすると、以下の時にさかのぼっ
て対抗力が生じます。
・1号仮登記　→　仮登記をした時（大判昭 8.3.28）
・2号仮登記　→　権利変動が生じた時（ex. 条件付所有権の移転の仮登記であれ
　　　　　　　　　　ば、条件が成就した時。最判昭 31.6.28）。
　2号仮登記は、仮登記の時点では権利変動が生じていないからです。

4. 誤って通常の登記を申請してしまった場合
　仮登記に基づく本登記は、仮登記の余白にされます。
　しかし、登記の目的に、「（○番仮登記の本登記）」な
どと記載せず、単に「所有権移転」と記載すると、仮登
記の余白ではなく、新たな順位番号で通常の所有権の移
転の登記がされてしまいます。この場合に、仮登記に基

づく本登記とする更正の登記をすることができるでしょうか。

できません（昭36.3.31民事甲773）。

新たな順位番号でされた通常の所有権の移転の登記が誤っているとはいえないからです。所有権が移転していることを公示しているのは同じですから。

2 所有権以外の権利の仮登記に基づく本登記

続いて、所有権以外の権利の仮登記に基づく本登記をみていきます。

1．申請人

以下の者の共同申請です（不登法60条）。

P282
↲

・登記権利者：仮登記権利者
・登記義務者：仮登記義務者、または、現在の所有権の登記名義人（昭37.2.13民事三.75）

ex. 以下のように、Aが所有していた（①）土地について、B名義の抵当権の設定の仮登記（②）がされた後、Cへの所有権の移転の登記（③）、Dの抵当権の設定の登記（④）がされました。Bの仮登記に基づく本登記を申請するとき、登記権利者はBですが、登記義務者はAでもCでも構いません（昭37.2.13民事三.75）。

権　利　部　（甲　区）　（所　有　権　に　関　す　る　事　項）			
順位番号	登記の目的	受付年月日・受付番号	権　利　者　そ　の　他　の　事　項
1	所有権保存 ①	令和6年6月28日 第11542号	所有者　A
2	所有権移転 ③	令和7年10月28日 第17864号	原因　令和7年10月28日売買 所有者　C

権　利　部　（乙　区）　（所　有　権　以　外　の　権　利　に　関　す　る　事　項）			
順位番号	登記の目的	受付年月日・受付番号	権　利　者　そ　の　他　の　事　項
1	抵当権設定仮登記 ②	令和7年7月8日 第12987号	原因　令和7年7月8日金銭消費貸借同日設定 債権額　金1000万円 債務者　A 権利者　B
	余　白	余　白	余　白

2	抵当権設定 ④	令和7年10月28日 第17865号	原因　令和7年10月28日金銭消費貸借同日設定 債権額　金800万円 債務者　C 抵当権者　D

　下記2.（1）で説明しますが、所有権に関する仮登記に基づく本登記と異なり、Bの仮登記（上記②）の後に登記されたCの登記（上記③）は、仮登記に基づく本登記がされても職権で抹消されません。よって、Cは、登記上の利害関係を有する第三者とはならず、登記義務者となることができるのです。

※抵当権の抹消の仮登記の後に抵当権の移転の登記がされている場合

　たとえば、以下のように、B名義の抵当権（①）について抵当権の抹消の仮登記（②）がされた後、Cへの債権譲渡を原因とする抵当権の移転の登記（③）がされました。抵当権の抹消の仮登記に基づく本登記を申請するとき、登記権利者は所有権の登記名義人ですが、登記義務者はBでもCでも構いません（昭37.10.11民事甲2810）。

権　利　部　（乙区）（所　有　権　以　外　の　権　利　に　関　す　る　事　項）			
順位番号	登記の目的	受付年月日・受付番号	権 利 者 そ の 他 の 事 項
1	抵当権設定 ①	令和7年6月28日 第12457号	原因　令和7年6月28日金銭消費貸借同日設定 債権額　金1000万円 債務者　A 抵当権者　B
付記1号	1番抵当権移転 ③	令和7年10月28日 第17865号	原因　令和7年10月28日債権譲渡 抵当権者　C
2	1番抵当権抹消 仮登記 ②	令和7年7月8日 第12987号	原因　令和7年7月8日放棄
	余　白	余　白	余　白

　なお、Bが登記義務者となる場合は、Cが作成した承諾を証する情報などを提供する必要があります（昭37.10.11民事甲2810）。Cが現在の抵当権者であるため、Cの承諾なしに抵当権を抹消することはできないからです。

2. 登記上の利害関係を有する第三者の承諾
（1）原則
　所有権に関する仮登記に基づく本登記と異なり、登記上の利害関係を有する第三者

は存在せず、その承諾は不要です（不登法109条1項参照）。

　上記1.の ex.の抵当権の設定の仮登記で考えていきましょう。抵当権の設定の本登記を望むBとしては、乙区1番で抵当権の設定の本登記がされれば問題ありません。所有権の登記名義人がCに変わっていても構いません。また、乙区2番でDの抵当権の設定の登記がされていますが、抵当権は同時に2個以上存在しても構いませんので、抹消する必要はありません。よって、CもDも、登記上の利害関係を有する第三者とはならないのです。

（2）例外

　所有権以外の権利の仮登記に基づく本登記でも、抹消の仮登記（1号仮登記）または抹消請求権の仮登記（2号仮登記）に基づく本登記であれば、登記上の利害関係を有する第三者がいるときは、必ずその第三者が作成した承諾を証する情報などを提供する必要があります（不登法68条）。抹消の本登記ですので、不動産登記法109条1項（P280）ではなく、不動産登記法68条（Ⅰのテキスト第1編第6章第8節[2]1.①）を根拠として要求されるのです。

ex. 転抵当権が設定されている抵当権の抹消の仮登記に基づく本登記を申請する場合、転抵当権者が作成した承諾を証する情報などを提供する必要があります。抵当権が抹消されるため、それを目的としている転抵当権も職権で抹消されてしまうからです。

― Realistic 5　立法ミス？ ―

　上記（2）の例外に、地上権や永小作権の設定の仮登記に基づく本登記などが記載されていないことに疑問を持った方がいるかもしれません。地上権や永小作権などは、1つの土地に1つしか設定できないため（P174の表の右の①）、後順位で地上権や永小作権の設定の登記がされていれば、抹消しなければなりません。しかし、このことは規定されていません。これは立法ミスではないかともいわれています。

　法律は人間が作りますので、完璧ではないんです……。

---

3. 登録免許税

　利用権の設定・移転に関する仮登記に基づく本登記は、通常の登記の半分（5/1000など）で済みます（登免法17条1項）。仮登記の際に半分を納付しているからです。

　それに対して、乙区の担保物権の設定・移転に関する仮登記に基づく本登記は、通常の登記と同じです（4/1000など）。仮登記の際に不動産1個につき1000円の登録免許税しか納付していないからです。

第5節　仮登記の抹消の登記

> **不動産登記法110条（仮登記の抹消）**
> 　仮登記の抹消は、第60条の規定〔共同申請の規定〕にかかわらず、仮登記の登記名義
> 人が単独で申請することができる。仮登記の登記名義人の承諾がある場合における当該
> 仮登記の登記上の利害関係人も、同様とする。

1 実体（民法）→登記

　仮登記がされた後、その登記原因に以下の事由があった場合、仮登記の抹消の登記
を申請できます。仮登記を命じる処分（P253②）によってされた仮登記でも、申請に
よって抹消できます（明34.1.17民刑）。
①無効
②取消しまたは解除がされた

2 申請情報の記載事項

　仮登記の抹消の登記は、まず不動産登記法110条に規定されている申請構造（申請
人）を把握するのが最も大事です。申請構造（申請人。下記3.）を軸に、申請情報の
記載事項をみていきましょう。

申請例114 ── 仮登記の抹消の登記

事例：Aが所有している農地をBに売却したが、Bは、農地法所定の許可書を家のど
　　　こに置いたかわからなくなったため、Bへの所有権の移転の仮登記（1号仮登
　　　記）が甲区2番でされた。その後、Cの抵当権の設定の登記がされた。Aは、
　　　令和7年11月28日、催告をしてもBが売買代金を支払わなかったため、売買
　　　契約を解除した。AとBが仮登記の抹消の登記を申請した。

登記の目的	2番所有権移転仮登記抹消
原　　因	令和7年11月28日解除
権利者	A
義務者	B
添付情報	登記原因証明情報（解除証書）
	登記識別情報（Bの甲区2番の登記識別情報）
	印鑑証明書（Bの印鑑証明書）
	代理権限証明情報（A及びBの委任状）
登録免許税	金1000円

権　利　部　（甲　区）　（所　有　権　に　関　す　る　事　項）			
順位番号	登記の目的	受付年月日・受付番号	権　利　者　そ　の　他　の　事　項
1	所有権保存	令和6年6月28日 第11542号	所有者　A
2	所有権移転仮登記	令和7年7月8日 第12987号	原因　令和7年7月8日売買 権利者　B
	余白抹消	余白抹消	余白抹消
3	2番仮登記抹消	令和7年11月28日 第19451号	原因　令和7年11月28日解除

権　利　部　（乙　区）　（所　有　権　以　外　の　権　利　に　関　す　る　事　項）			
順位番号	登記の目的	受付年月日・受付番号	権　利　者　そ　の　他　の　事　項
1	抵当権設定	令和7年10月28日 第17865号	原因　令和7年10月28日金銭消費貸借同日設定 債権額　金800万円 債務者　D 抵当権者　C

1. 登記の目的

たとえば、以下のように記載します。

・所有権についての1号仮登記　→　「○番 所有権移転仮登記 抹消」
・所有権についての2号仮登記　→　「○番 所有権移転請求権仮登記 抹消」など
　　　　　　　　　　　　　　　順位番号　仮登記の登記の目的　　抹消

「仮登記の登記の目的」を記載します。その抹消ですので「抹消」と記載します。また、登記済みですので冒頭に「順位番号」を記載します。

2. 登記原因及びその日付

「年月日放棄」「年月日解除」「年月日権利混同」（ex. 所有権の登記名義人が仮登記名義人を相続した場合。登研65P30、155P48、360P92）などと記載します。

3. 申請人

仮登記の抹消の登記は、共同申請（下記①）以外にも、単独申請が広く認められています（下記②③）。仮登記は、一人前ではない登記なので、通常の登記よりも申請構造が緩和され、単独申請が広く認められているのです。

　なお、以下の説明で出てくる「登記上の利害関係を有する第三者」とは、仮登記に基づく本登記をすることについての利害関係人のことです。所有権に関する仮登記に基づく本登記だと、P284～290（ｂ）で「当たる」とされた者です。上記申請例114の事案だと、Ｂの仮登記に基づく本登記がされると職権抹消される、抵当権者Ｃが当たります。

*以下、上記申請例114の人物関係で説明します。

①以下の者の共同申請（不登法60条）

・登記権利者：抹消によって登記上直接に利益を受ける者

　「抹消によって登記上直接に利益を受ける者」とは、仮登記義務者（Ａ）だけでなく、登記上の利害関係を有する第三者（Ｃ）も当たります。

・登記義務者：仮登記名義人（Ｂ）

②仮登記名義人（Ｂ）の単独申請（不登法110条前段）

　登記名義を失う仮登記名義人が自ら不利益を受ける登記を申請するのならば、真正な登記であると考えられるからです。

③仮登記名義人（Ｂ）の承諾がある場合における、登記上の利害関係を有する第三者の単独申請（不登法110条後段）

　この「登記上の利害関係を有する第三者」は、広く解されており、Ｃはもちろん、仮登記義務者（Ａ）も当たります（登研461P117）。

　登記名義を失う仮登記名義人の承諾があるため、真正な登記であると考えられるからです。

　ということで、ＡもＢもＣも単独申請ができます。ＡとＣは上記③により、Ｂは上記②によります。

※なお、仮登記でなくても認められる判決による登記（不登法63条1項。本編第4章）による単独申請は、仮登記の抹消の登記でも、もちろん認められます。仮登記名義人（Ｂ）を相手方として訴えを提起することになりますが、仮登記義務者（Ａ）だけでなく、登記上の利害関係を有する第三者（Ｃ）も訴えを提起することができます。登記上の利害関係を有する第三者も、申請人となることができるからです（上記①③）。

4．添付情報

① 登記原因証明情報 （不登法 61 条）

　Ⅰのテキスト第1編第6章第2節 4 の「登記原因証明情報の提供が不要となる場合」に当たりませんので、登記原因証明情報を提供する必要があります。

　具体的には、 解除証書 などが当たります。

② 登記識別情報 （不登法 22 条本文、不登令 8 条 1 項 9 号）

【共同申請・仮登記名義人の単独申請】（P298 の①②）

　仮登記名義人（B）の登記識別情報を提供します。仮登記名義人の単独申請の場合にも提供するのは（不登令8条1項9号）、Ⅰのテキスト第1編第6章第3節 3 1.「登記識別情報の提供の要否の基本的な判断基準」の例外です。仮登記名義人であることを確認する必要があるため、提供します。

【仮登記名義人の承諾がある場合における、登記上の利害関係を有する第三者の単独申請】（P298 の③）

※登記識別情報は、提供しません。登記識別情報を有している仮登記名義人（B）が申請人とならないからです。

③ 印鑑証明書 （不登令 16 条 2 項、18 条 2 項）

【共同申請・仮登記名義人の単独申請】（P298 の①②）

　所有権に関する仮登記の場合、仮登記名義人（B）の印鑑証明書を提供します。仮登記名義人の単独申請の場合にも提供するのは、Ⅰのテキスト第1編第6章第4節 3 2.「『認印でよいか』『実印で押印し印鑑証明書の提供が要求されるか』の判断基準」の例外です（不登規48条5号、47条3号イ（5）、49条2項4号参照）。仮登記名義人の意思確認をするため、提供します。

【仮登記名義人の承諾がある場合における、登記上の利害関係を有する第三者の単独申請】（P298 の③）

※印鑑証明書は、提供しません。不利益を受ける仮登記名義人（B）が申請人とならないからです。

④ 代理権限証明情報 （不登令 7 条 1 項 2 号）

⑤ 会社法人等番号 （不登令 7 条 1 項 1 号イ）

⑥ 承諾証明情報 （不登令別表 26 添付情報ト、70 添付情報ロ、ハ）

【共同申請・仮登記名義人の単独申請】（P298 の①②）

　登記上の利害関係を有する第三者がいるときは、必ずその第三者が作成した承諾を証する情報などを提供する必要があります。抹消の登記だからです（不登法 68 条。Ⅰのテキスト第 1 編第 6 章第 8 節 2 1.①）。

　具体的には、**仮登記を目的とする権利を有している者**です。目的としている仮登記が抹消されるため、仮登記を目的とする権利は職権抹消されるからです（Ⅰのテキスト第 2 編第 2 章第 2 節 2 5.「職権抹消の基本的な考え方」）。

ex. 所有権の移転の仮登記を目的として設定された抵当権の設定の仮登記の登記名義人（P285 ※）

【仮登記名義人の承諾がある場合における、登記上の利害関係を有する第三者の単独申請】（P298 の③）

　上記の【共同申請・仮登記名義人の単独申請】の場合の承諾証明情報に加え、仮登記名義人（B）が作成した承諾を証する情報などを提供する必要があります（不登令別表 70 添付情報ロ）。仮登記名義人（B）の承諾に基づいてする登記だからです。

※住所証明情報は、提供しません。Ⅰのテキスト第 1 編第 6 章第 5 節 3 「住所証明情報の提供が要求される場合①～③」のいずれにも当たらないからです。

5．登録免許税

　抹消の登記として、不動産 1 個につき 1000 円です（登免法別表第 1．1．(15)）。

cf. 本登記のみの抹消の登記の可否

　本登記のみ抹消すべきときは、本登記のみの抹消の登記をすることもできます。

ex. 売買予約を登記原因とする所有権移転請求権の仮登記がされた後、仮登記権利者が売買を完結する意思表示をしたことにより、仮登記に基づく本登記がされました。しかし、その意思表示に錯誤があったときは、登記の目的を「○番所有権本登記抹消」、原因を「錯誤」として、本登記のみの抹消の登記をします（記録例615）。

第6節　仮登記担保の登記

> **仮登記担保契約に関する法律1条（趣旨）**
> 　　この法律は、金銭債務を担保するため、その不履行があるときは債権者に債務者又は第
> 　　三者に属する所有権その他の権利の移転等をすることを目的としてされた代物弁済の予
> 　　約、停止条件付代物弁済契約その他の契約で、その契約による権利について仮登記又は
> 　　仮登録のできるもの（以下「仮登記担保契約」という。）の効力等に関し、特別の定めを
> 　　するものとする。

1　仮登記担保とは？

　仮登記"担保"というくらいですから、これは「担保」（仮登記を利用した担保権）で
す。仮登記担保は、民法に規定されていない非典型担保です。非典型担保が認められ
た背景は、民法Ⅱのテキスト第4編第7章第1節で説明しました。**民法Ⅱのテキスト第4編第7章
第1節に記載した「非典型担保の歴史」**に仮登記担保を当てはめて説明します。
＊「仮登記担保」は、「担保仮登記」ということもあります。「仮登記担保」が実体上の言い方で、「担保仮登
　記」が手続上の言い方です。

①典型担保に使いにくいところがあったので、それをカバーする非典型担保が生まれ
　た（担保権者が創り出したので、基本的に担保権者に有利な制度となった）
　　抵当権などの典型担保は、担保物権を実行するのに競売などをする必要があります。
しかし、仮登記担保は、担保権者名義の仮登記をしておき、担保権の実行はこの仮登
記を本登記にすることで完了します。
　↓
②非典型担保は担保権者が創り出したものなので、暴利行為が横行した
　　たとえば、100万円の債権しかないのに、1000万円相当の不動産を担保に取り、100
万円の返済がされない場合に1000万円相当の不動産を取り上げる（仮登記を本登記
にする）という暴利行為が横行しました。
　↓
③暴利行為を防止するため、法律や判例によって**設定者を保護する方向で修正が加え
　られた**（担保権者に「清算義務」を課した）
　　「仮登記担保契約に関する法律」が、昭和53年に制定されました。この法律に、
担保権者に清算義務が課せられることが明記されました。「清算義務」とは、上記の
例でいえば、「100万円の債権しかないわけだから、不動産の価値1000万円から100
万円を引いた900万円は、設定者に返しなさい」ということです。

基本事例

＊この第6節は、この基本事例をもとにみていきます。

　Aは、令和2年7月20日、弁済期日を令和7年7月20日としてBから100万円を借り受け、その担保として所有している1000万円相当の建物にB名義の条件付所有権の移転の仮登記（2号仮登記）をした。その後、この建物にC名義の抵当権の設定の登記がされた。

権 利 部 （甲 区） （所 有 権 に 関 す る 事 項）			
順位番号	登記の目的	受付年月日・受付番号	権 利 者 そ の 他 の 事 項
1	所有権保存	令和1年6月28日 第10514号	所有者　A
2	条件付所有権 移転仮登記	令和2年7月20日 第10651号	原因　令和2年7月20日代物弁済（条件　令和2 年7月20日金銭消費貸借の債務不履行） 権利者　B
	余　白	余　白	余　白

権 利 部 （乙 区） （所 有 権 以 外 の 権 利 に 関 す る 事 項）			
順位番号	登記の目的	受付年月日・受付番号	権 利 者 そ の 他 の 事 項
1	抵当権設定	令和2年10月28日 第15135号	原因　令和2年10月28日金銭消費貸借同日設定 債権額　金1000万円 債務者　A 抵当権者　C

　甲区2番の原因は、以下の意味です。

「令和2年7月20日」に「代物弁済」契約を締結した。その代物弁済契約には条件が付いており、その「条件」は、「令和2年7月20日」に締結した「金銭消費貸借」契約について「債務不履行」があることである。

　Aが、令和2年7月20日に締結した金銭消費貸借契約の債務100万円を弁済期（令和7年7月20日）に返済しなかった場合、Bは仮登記担保を実行する（仮登記を本登記にする）ことができます。ただし、清算義務が課せられていますので（上記③）、すぐに本登記にすることはできません。その手続をみていきます。

　まず、仮登記担保の契約から実行までの流れのチャート図を示します。仮登記担保はどの段階のハナシかを意識することが重要なので、後記の説明を読む際は、以下のチャート図に何度も戻ってきてください。

【仮登記担保の契約から実行までの流れ】

AとBの仮登記担保の設定契約（代物弁済予約 or 停止条件付代物弁済契約。下記2）　R2.7.20

Aの債務不履行（上記の契約上の所有権の移転の日。下記3 1.）　R7.7.21

BがAに仮登記担保の実行を通知・清算金見積額を通知（下記3 2.）　R7.7.22

2か月間（清算期間。下記3 2.）

Bに所有権移転（法律上の権利の移転日。下記3 2.）　R7.9.23

＜Cが承諾しなかった＞（下記4 2.）　　　＜Cが承諾した＞（下記4 1.）

Cが清算金を差押え→Bが清算金を供託（下記4 2.）　R7.10.2

1か月間（Cが競売をするかを待つ期間。下記4 2.）

R7.11.3

仮登記に基づく本登記が可能

受戻し可能↓5年以内

R12.9.22

2　仮登記担保の設定契約

　仮登記担保契約に関する法律が適用され、この第6節のハナシとなる（清算義務などが課せられる）のは、以下の①②の要件を充たす③の契約です（仮登記担保法1条）。

①金銭債務を担保するため
②金銭債務に不履行があるときに、設定者から債権者に所有権などが移転などする
③―ⅰ　代物弁済予約
　―ⅱ　停止条件付代物弁済契約（上記の基本事例）　　など

3　所有権の移転

1．債務不履行

　Aが令和7年7月20日の弁済期日に100万円を返済しなかった場合、Bは仮登記担保を実行できます（仮登記を本登記にできます）。

　ただし、暴利行為を防ぐため清算義務が課せられていますので、すぐに本登記にすることはできません。Bは、下記2.の清算義務を果たす必要があります。

2．清算義務

　Bは、Aに、清算金の見積額（1000万円〔建物の価額〕−100万円〔債務額〕＝900万円）を通知する必要があります（仮登記担保法2条1項）。（＊）
＊清算金がない場合は、その旨を通知します（仮登記担保法2条1項かっこ書）。

　この通知がAに到達した日から2か月を経過しなければ、AからBに建物の所有権が移転しません（仮登記担保法2条1項）。令和7年7月22日にAにこの通知が到達すると、Bに建物の所有権が移転するのは令和7年9月23日となります。
　「2か月」は、Aに与えられた弁済の機会です。Aは、この期間内に弁済をすれば、建物の所有権を失わずに済みます。

　仮登記担保契約に関する法律が適用される仮登記の場合、このように2か月の清算期間が必要となります。よって、仮登記に基づく本登記（下記5）の登記原因日付は、最低限、仮登記の登記原因日付として登記されている日から2か月の期間経過後の日である必要があります。2か月の期間経過前の日だと、却下されます（昭54.4.21民三.2592）。上記の基本事例は、仮登記の登記原因日付が「令和2年7月20日」ですので、仮登記に基づく本登記の登記原因日付は「令和2年9月21日」以降である必要

があるということです。実際にはもっと後の日付となりますが、理論上最も早い日付が「令和2年9月21日」ということです。すぐに債務不履行となり、すぐに清算金の見積額を通知すれば、絶対にあり得なくはない日付ですから。

※非金銭債務を担保する仮登記の場合

　代物弁済予約に基づく仮登記の場合、仮登記に基づく本登記の申請において、非金銭債務を担保するためになされたものであることを証する情報を提供すれば、仮登記の登記原因日付から2か月を経過していなくても、登記が受理されます（昭54.4.21民三.2592）。

　仮登記担保契約に関する法律が適用され清算義務が課せられるのは、金銭債務を担保するための契約です（上記2①）。上記の基本事例は停止条件付代物弁済契約（上記2③—ⅱ）なので、「条件」（金銭消費貸借の債務不履行）が登記され、金銭債務を担保するための契約であることが、登記記録上明らかです。しかし、代物弁済予約（上記2③—ⅰ）だと、登記の目的に「所有権移転請求権仮登記」、原因に「年月日代物弁済予約」と登記されるだけで、金銭債務を担保するための契約であることが、登記記録上必ずしも明らかではありません。商品引渡債務のための代物弁済予約かもしれません。金銭債務を担保するためでなければ、仮登記担保契約に関する法律が適用されず、清算義務が課せられませんので、上記の情報を提供すれば、仮登記の登記原因日付から2か月を経過している必要がなくなるのです。

4　登記上の利害関係を有する第三者の権利の抹消

　所有権に関する仮登記に基づく本登記ですので、本登記をすると、仮登記の後に登記されたCの抵当権など登記上の利害関係を有する第三者の権利は職権で抹消されます（不登法109条。P284〜290（b））。このように、他の担保権者の権利などを抹消できるのも、仮登記担保のメリットです。

1．原則

　Cが承諾証明情報（P283⑦）を作成すれば、何の問題もありません。

2．例外

　しかし、Cが承諾証明情報を作成しない場合があります。記述で仮登記担保が出題される場合には、おそらくこの事案設定になると思います。記述では、以下のような事案となると思われます。

Aは、Bに、900万円の清算金の支払
請求権を有しています。この支払請求
権をCが差し押さえました。CはAの
債権者であるため、Aが有する清算金
の支払請求権を差し押さえることがで
きるのです（仮登記担保法4条1項）。
この場合に、Bは清算金を供託するこ
とができます（仮登記担保法7条1項）。

Bが清算金を供託した日から1か月を経過すれば、Cの承諾に代え、以下の情報を
承諾証明情報として、仮登記に基づく本登記をすることができます（仮登記担保法18
条本文）。上記の差押え・供託を証するわけです。
・清算金に対してCが差押えをしたことを証する情報
　　→　差押命令謄本（裁判所が発した債権の差押命令の謄本です）
・Bが清算金を供託したことを証する情報
　　→　供託書正本（供託がされると供託官が発行するもので〔供託規18条1項など〕、
　　　　　　　　　　供託された証明書となります）

Bが清算金を供託した日から1か月を経過していなければ、上記の情報を提供する
ことによる仮登記に基づく本登記の申請は却下されます。この1か月は、Cなどが気
が変わり競売を選択するかを待つ期間です。本来は競売によって債権者に配当すべき
ですので、Cなどが清算金の見積額900万円に納得できず競売をするのであれば、仮
登記に基づく本登記はできず、競売が優先されるのです（仮登記担保法15条1項、
18条ただし書）。
1か月を経過しても競売の開始決定がされていないのであれば、「Cなどは清算金
の見積額900万円で納得したんだ」ということで、仮登記に基づく本登記ができるの
です。CがAの有する清算金の支払請求権を差し押さえ、Bが令和7年10月2日に
清算金を供託した場合、競売の開始決定がされていないのであれば、令和7年11月
3日以降に仮登記に基づく本登記ができます。

5　申請情報の記載事項

　上記の基本事例の仮登記に基づく本登記の申請情報は、以下の青字にした箇所を除き、P280～281 の申請例113 と同じです。仮登記に基づく本登記だからです。

　以下の申請情報は、Ｃの抵当権の抹消については、Ｃが承諾を証する情報を作成せず、清算金の差押え・供託がされた上記 4 2.の場合のものです。

申請例115 ── 担保仮登記に基づく本登記

登記の目的	所有権移転（2番仮登記の本登記）
原　　　因	令和7年9月23日代物弁済
権 利 者	Ｂ
義 務 者	Ａ
添付情報	登記原因証明情報（代物弁済契約書）
	登記識別情報（Ａの甲区1番の登記識別情報）
	印鑑証明書（Ａの印鑑証明書）
	住所証明情報（Ｂの住民票の写し）
	代理権限証明情報（Ｂ及びＡの委任状）
	承諾証明情報（差押命令謄本及び供託書正本）
課税価格	金1000万円
登録免許税	金10万円（登録免許税法第17条第1項）

　ポイントは、以下の3点です。

・登記原因日付は、ＢがＡに清算金の見積額900万円を通知した令和7年7月22日から2か月が経過した「令和7年9月23日」である
・承諾証明情報は、Ｃが作成しないため、差押命令謄本と供託書正本となる
・登記申請は、Ｂが清算金を供託した令和7年10月2日から1か月が経過した「令和7年11月3日」からできる

6　受戻し

1．意義

　Bに所有権が移転しても、Aは、清算金の支払を受けるまでは、債権額100万円を提供して所有権の受戻しを請求できます（仮登記担保法11条本文）。これを「受戻権」といいます。この受戻権は、形成権（一方的な意思表示によって法律効果を発生させられる権利）であると解されています。

　Aが弁済を怠った後ですが、Aに目的物の所有権を取り戻すチャンスを与えているのです。

　ただし、清算期間が経過した時から5年が経過したとき、または、第三者が所有権を取得したときは、Aは受戻権を行使できなくなります（仮登記担保法11条ただし書）。上記の基本事例だと、令和7年9月23日が清算期間が経過した時ですので、令和12年9月23日になるとAは受戻権を行使できなくなります。また、Bから第三者が建物の所有権を取得した場合も、受戻権を行使できなくなります。

　Aがいつでも受戻権を行使できるとなると、Bや第三者に酷だからです。

2．登記

　受戻権が適法に行使された場合、仮登記に基づく本登記がされているかどうかに応じて、以下のとおり申請する登記が変わります（昭54.4.21民三.2592）。

①仮登記に基づく本登記がされていない場合

　担保仮登記の抹消の登記を申請します。登記原因及びその日付は、「年月日受戻しによる失効」であり、登記原因日付は受戻しの意思表示がBに到達した日となります。受戻権は形成権だからです。

②仮登記に基づく本登記がされている場合

　BからAへの所有権の移転の登記を申請します。登記原因及びその日付は、「年月日受戻し」であり、登記原因日付はこれも受戻しの意思表示がBに到達した日となります。受戻権は形成権だからです。

この名変登記は地味にみえますが、記述で名変登記を申請するかしないかの判断を間違えると大減点をくらうことがあります。不動産登記法の中で最も重要な分野ですので、絶対に理解・記憶してください。

不動産登記法64条（登記名義人の氏名等の変更の登記又は更正の登記等）

1　登記名義人の氏名若しくは名称又は住所についての変更の登記又は更正の登記は、登記名義人が単独で申請することができる。

1　名変登記とは？

1. 意義

名変登記：登記名義人の氏名（名称）・住所の変更の登記または更正の登記

「名変登記」は実務上の呼び方であり、正確には「登記名義人の氏名（名称）・住所の変更の登記または更正の登記」のことです。

登記名義人は、以下の事項が登記記録に記録されます（不登法59条4号）。

自然人	氏名（戸籍上の氏名）	住所（住民票上の住所）※
法人	名称（法人の登記記録上の名称）	住所（法人の登記記録上の住所）※

※住所はどこまで登記するか？

住所は番地までを登記すればOKです。マンションなどの場合に、マンション名や部屋番号まで登記するかは申請人の任意です（昭40.12.25民事甲3710）。

ex. 「新宿区新宿三丁目3番地リアリスティックリバーサイド503号室」に住んでいる者の住所を、「新宿区新宿三丁目3番地」とだけ登記してもOKです。

よって、たとえば、添付情報として提供した印鑑証明書には番地までしか記載されておらず、登記記録にはマンション名や部屋番号まで記録されていても、同一の住所として扱われます（昭40.12.25民事甲3710）。

登記された登記名義人が婚姻、商号変更、住所移転などをし、氏名（名称）・住所が変わる場合があります。

登記された後に氏名（名称）・住所が変わった場合には、その変更の登記を申請できます。

　登記申請時点で氏名（名称）・住所が誤っていた場合（ex. 登記申請時点で氏名〔名称〕・住所が変わっていたにもかかわらず変更前の氏名〔名称〕・住所で登記してしまった場合）には、その更正の登記を申請できます。

※登記名義人自体が変わった場合

　名変登記は、あくまで氏名（名称）・住所が変わったまたは間違っていたというハナシです。たとえば、AからBに所有権が移転した場合に、AからBへの名変登記はできません。この場合は、AからBへの所有権の移転の登記をします。

2.「登記名義人」とは？

> **不動産登記法2条（定義）**
> 　十一　登記名義人　登記記録の権利部に、次条各号に掲げる権利〔登記することができる権利〕について権利者として記録されている者をいう。

　登記記録に氏名（名称）・住所が記録されている者のすべてが登記名義人であるわけではありません。

登記名義人に当たる者	登記名義人に当たらない者
①Ⅰのテキスト第1編第4章第1節の登記できる権利の権利者（不登法2条11号） ex. 所有権の登記名義人、抵当権の登記名義人、根抵当権の登記名義人	①表題部所有者（※1）
	②すでに抹消された登記の名義人
	③現に効力を有しない登記の名義人（登研346P91） ex. 前登記名義人
②仮登記権利者	
③差押債権者・仮差押債権者・仮処分債権者	④乙区の担保物権の債務者（※2）

※1　表題部所有者の氏名（名称）・住所に変更または錯誤・遺漏がある場合

　表題部所有者（権利部に所有権の登記がされるまで表題部に記録される所有者。不登法2条10号）の氏名（名称）・住所に変更または錯誤・遺漏がある場合には、変更証明情報や更正証明情報を提供すれば、以下の登記を申請できます（登研213P71、352P103）。
1/1　所有権の保存の登記
　表題部所有者の氏名（名称）・住所の変更の登記または更正の登記をする必要はありません。表題部所有者は、登記名義人ではないからです。

※2　乙区の担保物権の債務者の氏名（名称）・住所の変更の登記または更正の登記

　乙区の担保物権の債務者は、登記名義人ではないため、この第3章の名変登記の対象にはなりません。しかし、乙区の担保物権の債務者の氏名（名称）・住所に変更または錯誤・遺漏がある場合には、以下の者の共同申請により、債務者の氏名（名称）・住所の変更の登記または更正の登記を申請できます（昭46.10.4民事甲3230。登研144P51）。

・登記権利者：担保権者（抵当権者、根抵当権者など）
・登記義務者：設定者

　この第3章の名変登記ではなく、登記事項である債務者の変更の登記または更正の登記として申請するわけです。

　申請例は、以下のようになります。

申請例116 ── 抵当権の債務者の変更の登記（住所の変更の登記）

登記の目的	1番抵当権変更
原　　　因	令和7年6月28日住所移転
変更後の事項	債務者の住所　横浜市中区羽衣二丁目2番地　＊1
権 利 者	B
義 務 者	A
添 付 情 報	登記原因証明情報（Aの住民票の写し）
	登記識別情報（Aの甲区1番の登記識別情報）
	代理権限証明情報（B及びAの委任状）　＊2
登録免許税	金1000円

＊1　根抵当権の債務者の住所の変更の登記または更正の登記であれば、債務者の氏名または名称も記載する
　　必要があると解されています（登研345P80、456P128。これに反対の見解が登研389P123）。
＊2　所有権を目的として設定された根抵当権の債務者の氏名（名称）・住所の変更の登記または更正の登記で
　　あれば、登記義務者である設定者の印鑑証明書も提供する必要があります（昭46.10.4民事甲3230。登研
　　432P129）。

　なお、この登記を申請する前に、抵当権（根抵当権）が消滅した場合、以下の登記のみを申請できると解されています。
1/1　抵当権（根抵当権）の抹消の登記

　債務者の氏名（名称）・住所の変更の登記または更正の登記をしても、どうせすぐに抵当権（根抵当権）は抹消されてしまうため、省略できると解されているのです。

3．名変登記の義務化

（1）申請義務

（a）意義・趣旨

　所有権の登記名義人の氏名（名称）・住所について変更があったときは、所有権の登記名義人は、変更があった日から2年以内に、名変登記を申請しなければなりません（不登法76条の5）。

　平成29年の調査によると、不動産登記から所有者の所在の確認ができない土地が九州の土地の面積に相当するくらい存在し、そのうち、約33.6％が住所の変更の登記がされていない土地であることが明らかになりました。そこで、名変登記が義務化されました。

　「所有権」に限られるのは、所有者不明不動産を生じさせないことを目的としてできた規定だからです。

（b）罰則

　単に「2年以内に登記申請をしろ」という規定だけでは、申請しない人が多いと考えられます。そこで、正当な理由がないのに2年以内の登記申請を怠ると5万円以下の過料に処せられるという罰則規定も設けられました（不登法164条2項）。この罰則によって、登記義務を課したことの実効性を図っています。

（2）職権登記

　上記（1）のように、登記義務が課せられたのですが、登記申請をする人はあまり増えないと考えられます。不動産を購入した場合には「自分の名義にしないと」と思いますが、引っ越しをした場合に「不動産の住所の変更の登記もしよう」などとはなかなか思いません。

　そこで、登記官が、所有権の登記名義人の氏名（名称）・住所について変更があったと認めるべき場合には、名変登記を職権ですることができるという規定もできました（不登法76条の6本文）。自然人である登記名義人の情報は住基ネット、法人である登記名義人の情報は商業登記を通じて取得することが想定されています。

　ただし、所有権の登記名義人が自然人であるときは、所有権の登記名義人の申出が必要です（不登法76条の6ただし書）。DVの被害者など、現在の氏名・住所を公示すべきでない者もいるからです。法人が含まれていないのは、法人は商業登記で名称・住所が公開されているので、申出は不要だろうと考えられたからです。

＊この3.の改正規定は、令和8年4月1日に施行されます。

申請例117 —— 名変登記（住所の変更の登記）

事例：ある建物に、甲区1番でA名義の所有権の保存の登記がされている。Aは、令和7年6月28日、横浜市中区羽衣二丁目2番地に住所を移転した。

登記の目的	1番所有権登記名義人住所変更
原　　　因	令和7年6月28日住所移転
変更後の事項	住所　横浜市中区羽衣二丁目2番地
申　請　人	A
添付情報	登記原因証明情報（Aの住民票の写し）
	代理権限証明情報（Aの委任状）
登録免許税	金1000円

_権 利 部　（甲 区）　（所 有 権 に 関 す る 事 項）_			
順位番号	登記の目的	受付年月日・受付番号	権 利 者 そ の 他 の 事 項
1	所有権保存	令和6年6月28日 第11542号	所有者　<u>新宿区新宿一丁目2番地</u> A
付記1号	1番登記名義人住所変更	令和7年6月28日 第12456号	原因　令和7年6月28日住所移転 住所　横浜市中区羽衣二丁目2番地

1．登記の目的

　「○番所有権登記名義人氏名変更」、「○番抵当権登記名義人名称変更」、「○番根抵当権登記名義人住所更正」などと記載します。これは、以下の4つの項目からなり、4つの組み合わせで登記の目的ができます。

①順位番号	②権利	③氏名（名称）・住所	④変更・更正
○番 （登記済みだからです）	所有権登記名義人	氏名	変更
	抵当権登記名義人	名称	
	根抵当権登記名義人　　　など	住所	更正

２．登記原因及びその日付

【変更の登記】

・年月日

　年月日は、「氏名（名称）・住所が変更された日」を記載します。離婚届を提出した日、商号変更の効力発生日、住所を移転した日などが当たります。

※住所が数次に移転している場合

　たとえば、不動産の所有者Ａが、横浜市中区羽衣二丁目２番地に住所を移転した後、大阪市中央区中央一丁目１番地に住所を移転するなど、数回にわたって住所を移転していることがあります。この場合、以下の登記を申請できます（昭32.3.22民事甲423参照）。

1／1　住所移転を原因とする住所を大阪市中央区中央一丁目１番地とする変更の登記

　登記原因日付は最後の住所移転（大阪市への住所移転）の年月日、変更後の住所は最後の住所（大阪市中央区中央一丁目１番地）のみを記載すればOKです。

　横浜市への住所移転（1／2）と大阪市への住所移転（2／2）の２件に分けて申請する必要はありません。登記記録では、横浜市への住所移転は公示されないことになります。

名変は権利変動ではない

　今まで学習してきた登記と異なり、名変は権利変動ではありません。Ｉのテキスト第１編第１章で説明した基本の図に戻って考えてみましょう。最初に、右のような図を示しました。

　「権利変動」とは、所有権（権利）が移転した（変動）などというハナシです。しかし、名変は、権利者の氏名（名称）・住所が変わっ

たというハナシであり、権利（所有権など）は動いていないのです（P310※）。よって、「権利変動の過程を忠実に登記する」というハナシにならず、中間省略登記が問題なく認められるのです。

　そのため、たとえば、新宿区新宿一丁目２番地で登記された不動産の所有者Ａが、横浜市中区羽衣二丁目２番地に住所を移転した後、再び新宿区新宿一丁目２番地に住所を移転し

た場合（登記記録上の住所に戻ってきた場合）、住所の変更の登記を申請する必要はありません（登研379P91）。

所有権が「A→B→A」と移転したのであれば、所有権の移転の過程を公示する必要がありますが、名変は権利変動ではないため、過程を公示する必要がないからです。

・原因

原因は、氏名（名称）・住所が変更された原因に応じて、以下のとおり変わります。

氏名（名称）・住所が変更された原因	登記原因
①自然人の氏名が変わった場合	「氏名変更」
婚姻、離婚などの原因に関係なく「氏名変更」と記載します（記録例617〔注〕1）。氏名は、プライバシーに関わる問題が多いからです（離婚など……）。	
②会社の商号が変わった場合	「商号変更」
特例有限会社が商号変更をして株式会社に移行した場合も、「商号変更」と記載します。 会社が組織変更をした場合には、「組織変更」と記載します。 これらは会社法・商業登記法で学習しますが、これらの場合に名称の変更の登記をするのは、これらはいずれも会社の種類が変わっただけで、他の会社に所有権などを移転したといったハナシではないからです。自然人でいえば、婚姻して氏名が変わったのと同じレベルなのです。	
③自然人が住所を移転した場合	「住所移転」
④会社が本店を移転した場合	「本店移転」
⑤住居表示が実施された場合	「住居表示実施」
⑥行政区画が変更された場合	「行政区画変更」「区制施行」（＊）「町名変更、地番変更」（登研524P168）など ＊政令指定都市になると、行政区が設けられ、住所に「○○区」が追加されます。
上記⑤の住居表示の実施と上記⑥の行政区画の変更は、Ⅰのテキスト第1編第7章 7 ④⑤で説明します。	

【更正の登記】

・年月日

年月日は、記載しません（昭39.5.21民事三.425）。

氏名（名称）・住所に間違い（錯誤）またはモレ（遺漏）があったわけですが、ある時点から間違いまたはモレが生じたというわけではなく、最初から間違いまたはモレがあったため、登記原因日付といえる日がないからです。

・原因

　原因は、原則として、以下のとおり記載します。

・氏名（名称）・住所に間違いがあった場合　→　　「錯誤」

・氏名（名称）・住所にモレがあった場合　　→　　「遺漏」

3．登記事項

【変更の登記】

　変更後の事項として、変更後の氏名（名称）・住所を記載します。

【更正の登記】

　更正後の事項として、正しい氏名（名称）・住所を記載します。

　変更後の事項も更正後の事項も、「氏名　後藤雅典」「商号　リアリスティックカンパニー株式会社」「住所　横浜市中区羽衣二丁目2番地」「本店　東京都新宿区新宿一丁目1番1号」などと記載します。

　共有者の名変登記の場合は、「共有者○○の氏名　後藤雅典」などと記載します。共有の場合、どの者についての名変登記かを明らかにする必要があるからです。

　変更の登記でも更正の登記でも、所有権の登記名義人についての名変登記である場合には、上記に加えて以下の事項も記載します。

・所有権の登記名義人が法人であるとき

　　→　法人識別事項（会社法人等番号など。不登令別表23申請情報ロ）

・所有権の登記名義人が国内に住所を有しないとき

　　→　国内連絡先事項（Ⅰのテキスト第1編第3章 3 ①。不登令別表23申請情報ハ）

4．申請人

　登記名義人の単独申請です（不登法64条1項）。

　名変登記は現在の氏名（名称）・住所を公示する登記であり、誰かが不利益を受けることはないからです。また、下記5.①でみますとおり公文書が提供されるため、登記の真正は担保されます。

5．添付情報

①登記原因証明情報（不登法61条、不登令別表23添付情報）

　単独申請ですので、公文書が要求されています（不登令別表23添付情報。Ⅰのテキスト第1編第6章第2節 3 「公文書に限定されるかどうかの基本的な判断基準」）。

　具体的には、以下の表の情報などが当たります。

自然人	氏名の変更・更正	戸籍一部事項証明書 および（本籍地入りの）住民票の写し（または住民票コード）など（登研536P175） 住民票の写し（住民票コード）も提供するのは、戸籍には住所は記載されないため、戸籍だけだと、同姓同名の別人である可能性があるからです。 ※住民票から氏名の変更の事実が明らかになれば、住民票の写し（または住民票コード）のみの提供で構いません（昭40.9.24民事甲2824）。たとえば、住民票に「婚姻届出」の旨が記載されて、婚姻により氏を変更したことが住民票から明らかになるといったことがあります。
	住所の変更・更正	住民票の写し、戸籍の附票、住民票除票の写しなど ※住民票コードを提供した場合は、登記原因証明情報が不要となります（不登令9条、不登規36条4項。Ⅰのテキスト第1編第6章第2節 4「登記原因証明情報の提供が不要となる場合④―ⅰ」）。
法人	名称の変更・更正	登記事項証明書 または 会社法人等番号（平27.10.23民二.512）
	住所の変更・更正	登記事項証明書 ※会社法人等番号を提供した場合は、登記原因証明情報が不要となります（不登令9条、不登規36条4項。Ⅰのテキスト第1編第6章第2節 4「登記原因証明情報の提供が不要となる場合④―ⅱ」）。

② 代理権限証明情報（不登令7条1項2号）
③ 会社法人等番号（不登令7条1項1号イ）
※登記識別情報は、提供しません（不登法22条参照）。単独申請だからです（Ⅰのテキスト第1編第6章第3節 3 1.「登記識別情報の提供の要否の基本的な判断基準」）。
※印鑑証明書は、提供しません。所有権の登記名義人が登記義務者とならないからです（Ⅰのテキスト第1編第6章第4節 3 2.「『認印でよいか』『実印で押印し印鑑証明書の提供が要求されるか』の判断基準」）。単独申請ですので、登記義務者はいません。
※住所証明情報は、提供しません。Ⅰのテキスト第1編第6章第5節 3「住所証明情報の提供が要求される場合①～③」のいずれにも当たらないからです。上記①で登記原因証明情報の内容として住民票の写しなどが出てきましたが、これは登記原因証明情報であり、住所証明情報ではありません。

※複数の名変登記を一の申請情報で（1件で）申請する場合

P429〜431 の 2.で説明しますが、同一の登記名義人の名変登記であれば、複数の名変登記を一の申請情報で（1件で）申請できます（不登規 35 条 8 号）。

ex. 不動産の所有者Aが、登記後に住所を移転しました。また、登記申請時点で、Aの氏名が誤って登記されていました。この場合、Aの住所の変更の登記と氏名の更正の登記を一の申請情報で（1件で）申請できます。この場合、申請情報には以下のように記載します。

登記の目的「○番所有権登記名義人住所、氏名変更、更正」

* 「住所、氏名変更、更正」の記載に違和感を感じたと思います。しかし、「住所」と「氏名」は住所を先に（記録例 623、625、628）、「変更」と「更正」は変更を先に記載するため（記録例 625）、このようになります。

登記原因及びその日付「年月日住所移転

　　　　　　　　　　　　錯誤　　　　　　」

変更更正後の事項　　「住所　横浜市中区羽衣二丁目2番地

　　　　　　　　　　　氏名　後藤雅典　　　　　　　　」

6. 登録免許税

変更の登記または更正の登記として、不動産1個につき 1000 円です（登免法別表第1.1.（14）。P431※も参照）。

3　前提としての名変登記

上記 2 で名変登記の申請情報の記載事項をみましたが、記述で大減点をくらうかどうか決まるのは、「名変登記を申請するかしないか」を判断できるかどうかです。その判断基準を、この 3 で説明します。よって、この 3 が最も重要です。集中していきましょう。

1. 原則
（1）名変登記を申請する場面

名変登記は、他の登記（ex. 所有権の移転の登記）をする前提として申請するのが通常です。

他の登記を申請する場合に、その他の登記の申請情報の申請人欄に記載する登記名義人の氏名（名称）・住所に変更または錯誤・遺漏があるときは、他の登記を申請する前提として名変登記を申請しなければ、他の登記の申請は却下されます（不登法 25 条 7 号）。よって、以下のように申請します。

1/2　名変登記

2/2　他の登記（ex. 所有権の移転の登記）

（2）前提として名変登記が要求される理由

　ここでは、まず登記官の目線から考えてください。

　登記記録に登記名義人として記録されている者の氏名（名称）・住所が申請情報の申請人欄に記載されている登記の申請がされた場合、登記記録と申請情報の氏名（名称）・住所が一致していないと、登記官は「お前ダレ？」となります。名変登記を考えるにあたっては、この「お前ダレ？」という登記官

の視点が非常に重要になりますので、常に「お前ダレ？」となるかを考えてください。

　逆に、申請人の目線からいうと、登記記録に登記名義人として記録されている者の氏名（名称）・住所を申請情報の申請人欄に記載する登記を申請するときは、登記記録の氏名（名称）・住所と現在の氏名（名称）・住所を一致させてからでないと申請できないということです。

　申請情報には、現在（登記申請時点）の氏名（名称）・住所を記載します（Ⅰのテキスト第2編第2章第2節 6 2.「申請情報に記載すべき氏名（名称）・住所は今の？過去の？」）。よって、登記記録の氏名（名称）・住所と異なる場合は、先に登記記録の氏名（名称）・住所を現在の氏名（名称）・住所に直さないといけないのです。

※判決書正本・和解調書・調停調書などがあれば名変登記を省略できるか？

　判決書正本・和解調書・調停調書などに、申請情報の申請人欄に記載する現在の氏名（名称）・住所と登記記録の氏名（名称）・住所が併記されている場合でも、前提としての名変登記を省略できる理由にはなりません（登研611P171、476P140）。

　上記のとおり、登記官は、申請情報の申請人欄と登記記録を照合しますので、判決書正本・和解調書・調停調書などがあっても関係ないのです。

（3）具体例

まだわかりにくいですよね。具体例でみてみましょう。

ex1. 登記義務者の前提としての名変登記

　不動産の所有者Aがその不動産をBに売却した場合、AからBに所有権の移転の登記を申請することになります。この場合に、Aが登記名義を備えた後に氏名を変更しているときは、以下の登記を申請することになります。

1/2　氏名変更を原因とするAの氏名の変更の登記

2/2　AからBへの売買を原因とする所有権の移転の登記

　1/2の登記をしないと、2/2の申請情報の登記義務者Aと登記記録の所有権の登記名義人Aの氏名が異なり、「お前ダレ？」となってしまうからです。

※所有権の移転の登記において登記権利者の名変登記が要求される場合

　上記ex1.のように、所有権の移転の登記においては、登記義務者の名変登記が要求されるのが通常です。しかし、登記権利者の名変登記が要求されることもあります。それは、「共有物分割」または「持分放棄」を登記原因とする持分の移転の登記の場合です（登研573P123、473P151）。

　これらの登記は、登記記録上の共有者である者が登記権利者・登記義務者となる必要があります（Ⅰのテキスト第2編第2章第2節 3 3.「Realistic rule①」）。登記権利者の氏名（名称）・住所が登記記録上の氏名（名称）・住所と異なっていると、登記官は、登記記録上の共有者であると判断できないのです。

ex2. 登記権利者の前提としての名変登記

　株式会社Aが所有している不動産に設定された株式会社Bの抵当権の被担保債権の全部が債務者により弁済された場合、抵当権の抹消の登記を申請することになります。この場合に、株式会社Aが登記名義を備えた後に住所を移転しているときは、以下の登記を申請することになります（登研512P157）。

1/2　本店移転を原因とする株式会社Aの住所の変更の登記

2/2　弁済を原因とする抵当権の抹消の登記

　1/2の登記をしないと、2/2の申請情報の登記権利者株式会社Aと登記記録の所有権の登記名義人株式会社Aの住所が異なり、「お前ダレ？」となってしまうからです。

ex3. 合同申請の前提としての名変登記

　Aが所有している不動産に設定されたBの抵当権とCの抵当権の順位を変更する合意がBC間で成立した場合、順位変更の登記を申請することになります。この場合に、Bの住所が登記申請時から誤って登記されているときは、以下の登記を申請することになります（登研670P199～203参照）。

1/2　錯誤を原因とするBの住所の更正の登記

2/2　合意を原因とする順位変更の登記

　1/2の登記をしないと、2/2の申請情報の申請人Bと登記記録の抵当権の登記名義人Bの住所が異なり、「お前ダレ？」となってしまうからです。

2. 例外 ── 前提としての名変登記を省略できる場合

（1）変更証明情報による省略

（a）省略できる登記

　上記1.のとおり、前提としての名変登記はするのが原則ですが、省略できる場合があります。以下の①または②に当たり、P323（b）で説明する変更証明情報を提供した場合です。

①所有権以外の権利の抹消の登記をする前提としての登記義務者の名変登記（昭31.10.17民事甲2370）

　所有権以外の権利は、オールマイティーな物権である所有権と比べると重要性が低くなります。そして、抹消の登記の前提としての登記義務者（抹消される登記の登記名義人）の名変登記であれば、申請してもすぐに抹消されてしまいます。よって、省略できるとされています。

ex. 株式会社Aが所有している不動産に設定された株式会社Bの抵当権の被担保債権の全部が債務者により弁済された場合、抵当権の抹消の登記を申請することになります。この場合に、株式会社Bが登記名義を備えた後に住所を移転しているときは、以下の登記を申請できます（昭31.9.20民事甲2202）。

1/1　弁済を原因とする抵当権の抹消の登記

　「所有権以外の権利」（抵当権）の「抹消」の登記をする前提としての「登記義務者」（抵当権者）の名変登記は省略できるからです。

　なお、この「所有権以外の権利」には、買戻権も含まれます（登研460P105）。よって、買戻権の抹消の登記をする前提としての登記義務者（買戻権者）の名変登記も省略できます。

②所有権に関する仮登記の抹消の登記をする前提としての**登記義務者**の名変登記（昭
　32.6.28民事甲1249）
　　所有権は、重要な権利であるため、上記①で除かれており、所有権の抹消の登記を
する前提としての登記義務者（所有者）の名変登記は省略できません（登研350P75）。
　　しかし、仮登記は一人前ではない登記なので重要性が低く、所有権でも仮登記であ
れば前提としての名変登記を省略できるとされています。

※仮登記でも、"抹消"の登記の前提としての登記義務者の名変登記に限られる点にご
　注意ください。たとえば、以下の名変登記は省略できません。
ex. Aが所有している不動産に、Bの条件付所有権の移転の仮登記が登記されていま
　　す。Bの仮登記の条件が成就した場合、仮登記に基づく本登記を申請することに
　　なります。この場合に、Bの氏名が登記申請時から誤って登記されているときは、
　　以下の登記を申請することになります（昭38.12.27民事甲3315）。
1/2　錯誤を原因とするBの氏名の更正の登記
2/2　仮登記に基づく本登記
　　なお、Bではなく、Aの氏名が登記申請時から誤って登記されているときも、やは
り2/2の登記の前提として1/2として「錯誤を原因とするAの氏名の更正の登記」
を申請する必要があります（登研215P68）。

cf. 同一人であることを証する情報の提供による前提としての名変登記の省略
　　上記①②は、「変更証明情報」を提供することによる前提としての名変登記の省略
ですが、「同一人であることを証する情報」を提供することによる前提としての名変
登記の省略もあります。

①相続を原因とする権利の移転の登記をする前提としての被相続人の名変登記（明33.
　4.28民刑414。登研133P46）
②合併を原因とする権利の移転の登記をする前提としての消滅会社の名変登記

　　被相続人・消滅会社は、死亡・消滅しています。よって、名変を公示する必要性は
高くはないからです。
　　また、相続・合併を原因とする権利の移転の登記は、単独申請であり、申請人欄に
登記義務者として被相続人・消滅会社を記載しないことも理由の1つです。
　　ここも、相続と合併で同じ扱いがされているところです（Ⅰのテキスト第2編第2
章第3節⑨1.「相続≒合併」）。

※被相続人の名変登記でも、相続人以外の者への遺贈を原因とする権利の移転の登記
　の前提としての被相続人の名変登記は省略できませんので、ご注意ください（登研
　380P81。昭43.5.7民事甲1260参照）。
ex. 不動産の所有者Aがその不動産を相続人ではないBに遺贈する遺言を残して死亡
　　した場合、AからBに所有権の移転の登記を申請することになります。この場合に、
　　Aが登記名義を備えた後に住所を移転しているときは、以下の登記を申請すること
　　になります。

1/2　住所移転を原因とするAの住所の変更の登記
　　この登記は、遺言執行者または相続人が申請します（登研145P44）。
2/2　AからBへの遺贈を原因とする所有権の移転の登記
　　上記①②と異なり、2/2の遺贈を原因とする所有権の移転の登記は、申請情報の
申請人欄に登記義務者として被相続人を記載するからです（Iのテキスト第2編第2
章第3節 2 2.申請例18、19）。
　　ただし、受遺者が相続人である場合の遺贈を原因とする所有権の移転の登記の前提
としての被相続人の名変登記は、同一人であることを証する情報を提供することによ
って省略できるという見解が、法務局が発表した申請例で示されています。受遺者が
相続人であっても、申請情報の申請人欄に登記義務者として被相続人を記載します
（Iのテキスト第2編第2章第3節 2 2.申請例20）。よって、上記の相続人以外の者
への遺贈を原因とする権利の移転の登記と整合性が取れていません。

（b）変更証明情報（同一人であることを証する情報）とは？
＊試験的には「変更証明情報」と「同一人であることを証する情報」の違いを知る必要はありませんので、併せ
てみていきます。
　　これは、「前提としての名変登記をしていないけど、実は同じ人なんですよ〜」と
いう趣旨で提供する情報です。

　　変更証明情報（同一人であることを証する情報）の具体的な内容は、基本的にP316
〜317①の表に掲載した情報となります。
　　申請情報には、以下のように記載します。

・P321〜322の①または②の登記（抵当権の抹消の登記など）
ex.「添付情報　　変更証明情報（住民票の写し）」
・P322のcf.の①または②の登記（相続登記など）
ex.「添付情報　　同一人であることを証する情報（住民票の写し）」

（2）ＤＶ・ストーカー行為等・児童虐待の被害者

権利の移転の登記（ex. 所有権の移転の登記）において、登記義務者の住所に変更がある場合でも、登記義務者がいわゆるＤＶ防止法に規定する被害者として支援措置を受けている者であるときは、権利の移転の登記の前提として、登記義務者の住所の変更の登記を省略できます（平25.12.12民二.809）。ストーカー行為等や児童虐待の被害者も、同じです（平27.3.31民二.196）。

ＤＶの被害者を例に説明します。奥さんがＤＶの被害に遭った場合、シェルター（といっても通常のアパートなどですが）という所に隠れます。ダンナに見つからないようにするためです。この場合に、住所の変更の登記をしてしまうと、登記記録にシェルターの住所（現在の住所）が記録され、ダンナに見つかってしまいます。ＤＶの加害者が被害者を見つけようとする執念はすごいです……。つまり、この（2）は、加害者に見つからないようにするための特別な扱いなのです。

このように、住所の変更の登記を省略して権利の移転の登記をする場合、以下の情報を提供する必要があります。住所を移転した旨は登記記録には記録されませんが、登記官には伝える必要があるからです。また、特例に当たることも証する必要があります。
・登記義務者の住所の変更があったことを証する市町村長その他の公務員が職務上作成した情報（住民票の写しなど。公務員が職務上作成した情報がない場合にあっては、これに代わるべき情報）
・支援措置を受けていることを証する情報

4　前登記名義人の名変

前登記名義人が申請人となり、その前登記名義人に名変が生じている場合があります。以下のような場合です。

ex. ＡからＢに売買を原因とする所有権の移転の登記がされましたが、ＡＢ間の売買契約が無効であった場合、ＡからＢへの所有権の移転の登記の抹消の登記を申請することになります。この場合に、Ａの住所が登記記録上の住所から移転しているときは、以下の登記を申請することになります（登研463P83）。

1/2　錯誤を原因とする所有権の移転の登記の抹消の登記

Ａは前登記名義人です。現に効力を有しない登記の名義人は登記名義人に当たらず（P310の表の右の③）、名変登記はできません（Ⅰのテキスト第1編第4章第4節）。Ａの住所が移転していることは、変更証明情報を提供して証します（登研463P83）。

2/2　住所移転を原因とするＡの住所の変更の登記

上記1/2の抹消の登記によりＡが登記名義人になったので、名変登記ができます。

判決による登記

不動産登記法63条（判決による登記等）

1　第60条〔共同申請〕、第65条又は第89条第1項（同条第2項（第95条第2項において準用する場合を含む。）及び第95条第2項において準用する場合を含む。）〔合同申請〕の規定にかかわらず、これらの規定により申請を共同してしなければならない者の一方に登記手続をすべきことを命ずる確定判決による登記は、当該申請を共同してしなければならない者の他方が単独で申請することができる。

1　判決による登記とは？

1．意義

　これまで、「この登記の登記権利者は○○で、登記義務者は○○で」などと説明してきました。「この登記は○○が申請しなければならない」と決まっているわけです。しかし、その一部の者が登記申請に協力しない場合、登記を望む者は、その協力しない者を相手方として訴えを提起し、登記申請意思を擬制（＊）する確定判決を得ることで、申請に協力しない者の協力なしに申請することができます（不登法63条1項）。

＊「擬制」とは、「～でないものを～として扱う」という意味です。

ex. Aが、所有している建物をBに売却しました。しかし、AがBへの所有権の移転の登記に協力しません。この場合、Bは、Aを相手方として訴えを提起し、以下のような確定判決を得ることで、単独でAからBへの所有権の移転の登記を申請することができます。

　「Aは、別紙物件目録記載の建物について、○年○月○日売買を原因とする所有権移転登記手続をせよ。」

2．判決による登記の種類

（1）共同申請

　上記1．のex.は、登記権利者（買主）が登記義務者（売主）を相手方として訴えを提起する典型的なパターンです。しかし、それだけでなく、登記権利者が登記申請に協力しない場合、登記義務者が、登記権利者を相手方として訴えを提起し、登記申請意思を擬制する確定判決を得ることで、単独で申請することもできます（不登法63条1項）。登記請求権は、登記義務者にもあるからです（登記引取請求権。最判昭36.11.24）。

ex1. Aが、所有している建物をBに売却しました。しかし、Bが所有権の移転の登記に協力しません。この場合、Aは、Bを相手方として訴えを提起し、登記申請意

　　　思を擬制する確定判決を得ることで、単独でAからBへの所有権の移転の登記を
　　　申請することができます。買主であるBが登記に協力しない理由としては、「固
　　　定資産税を払いたくない（固定資産税の請求は登記記録上の所有者にきます）」
　　　「借金があり、登記名義を移すと差押えをされる」といったことが考えられます。
ex2. Aが所有している建物に、Bの根抵当権の設定の登記がされています。この根抵
　　　当権の元本が確定しました。しかし、登記権利者Aが元本確定の登記に協力しま
　　　せん。元本確定の登記は、設定者が登記権利者、根抵当権者が登記義務者となり
　　　ます（P137）。この場合、Bは、Aを相手方として訴えを提起し、登記申請意思
　　　を擬制する確定判決を得ることで、単独で元本確定の登記を申請することができ
　　　ます（昭54.11.8民三.5731、昭55.3.4民三.1196）。登記義務者である根抵当権者
　　　が確定を望むこともあるので、このような事態も考えられます。

※前提としての分筆の登記

　　たとえば、Aが所有している土地の一部をBに売却しました。しかし、Aが分筆の
登記およびBへの所有権の移転の登記に協力しません。この場合、Bは、所有権の移
転の登記手続を命じる判決だけでなく、分筆の登記を命じる判決も得る必要があるで
しょうか。
　　この場合に必要となるのは、所有権の移転の登記手続を命じる判決のみです。
　　所有権の移転の登記手続を命じる判決があれば、Bは、所有権移転登記請求権を保
全するため、代位による登記によってAに代位して分筆の登記を申請できるからです。
BがAに代位して分筆の登記を申請できるのは、分筆の登記はAが申請できる登記だ
からです（不登法39条1項。P369の「代位による登記の可否の基本的な判断基準」）。

（2）単独申請

　　単独申請の登記の申請人が登記申請をしない場合に、他の者が、その申請をしない
者を相手方として訴えを提起し、単独で申請することもできます。
ex. A名義で所有権の保存の登記がされている建物があります。しかし、実際は、B
　　がこの建物を所有しています。しかし、Aが所有権の保存の登記の抹消の登記を
　　申請しません。所有権の保存の登記の抹消の登記は、所有権の保存の登記の登記
　　名義人の単独申請によります（Ⅰのテキスト第2編第5章第1節②3.）。この場
　　合、Bは、Aを相手方として訴えを提起し、以下のような確定判決を得ることで、
　　単独でA名義の所有権の保存の登記の抹消の登記を申請することができます（昭
　　28.10.14民事甲1869）。
　「Aは、別紙物件目録記載の建物について、A名義の所有権保存登記の抹消登記手
　　続をせよ。」

（3）合同申請

合同申請の登記の申請人が登記申請をしない場合に、他の申請人が、その申請をしない者を相手方として訴えを提起して、申請することもできます（不登法63条1項）。

ex. 乙区1番でBの抵当権、乙区2番でCの抵当権、乙区3番でDの抵当権の登記がされている場合に、B、CおよびDの合意によって、「第1　3番抵当権　第2　1番抵当権　第3　2番抵当権」と順位を変更することにしました。しかし、Bが順位変更の登記に協力し

ません。この場合、CまたはDは、Bを相手方として訴えを提起し、登記申請意思を擬制する確定判決を得ることで、順位変更の登記を申請することができます。

登記申請意思をすべて用意する

どの登記について考えるときも、**必要な登記申請意思をすべて用意できているか**を考える必要があります。この判決による登記は、登記申請の意思を表示してくれない者がおり、その代わりに判決で用意するというハナシですので、この不動産登記法の根本的な考え方を学ぶことができます。

ex1. 上記（3）のex.の順位変更の登記に必要な登記申請意思は、「B」「C」「D」の意思です。しかし、訴えの相手方はBだけでした。Bを相手方として訴えを提起するだけで、以下のように登記申請意思が用意されるからです。

「C」「D」：申請で登記申請意思が用意

「B」　　　：判決で登記申請意思が用意

もし、Cも申請しないのであれば、Cの登記申請意思を用意するため、Dは、Cも訴えの相手方とする必要があります。

ex2. Aが所有している建物に、Aを債務者とするBの根抵当権の設定の登記がされています。この根抵当権の元本が確定しました。その後、Aの保証人Cが、Aの代わりに、この根抵当権の被担保債権の全額を弁済しました。この場合、以下の者が以下の登記を申請することになります。

1/2　確定を原因とする根抵当権の元本確定の登記

・登記権利者：A

・登記義務者：B

2/2　Cへの代位弁済を原因とする根抵当権の移転の登記

・登記権利者：C
・登記義務者：B

　しかし、AとBが登記に協力しません。この場合、Cは、以下の2つの訴えを提起し、登記申請意思を擬制する確定判決を得ることで、単独で上記1/2と2/2の登記を申請することができます（昭55.3.4民三.1196）。

（訴え1）Bに代位して、Aに元本確定の登記の登記申請を命じる訴えを提起する
（訴え2）Bに根抵当権の移転の登記の登記申請を命じる訴えを提起する

　これで、以下の登記申請意思がすべて用意されたからです。

1/2　確定を原因とする根抵当権の元本確定の登記

「A」：判決で登記申請意思が用意
「B」：代位で登記申請意思が用意（昭54.11.8民三.5731。P364〜375）

2/2　Cへの代位弁済を原因とする根抵当権の移転の登記

「C」：申請で登記申請意思が用意
「B」：判決で登記申請意思が用意

2　申請情報の記載事項

申請例118 ── 判決による登記

事例：Aは、令和7年7月8日、所有している建物（甲区1番でA名義の所有権の保存の登記がされている）をBに売却した。しかし、AがBへの所有権の移転の登記に協力しない。そこで、Bは、Aを相手方として訴えを提起し、以下の確定判決を得た。この建物の課税標準の額は、1000万円である。

「Aは、別紙物件目録記載の建物について、令和7年7月8日売買を原因とする所有権移転登記手続をせよ。」

登記の目的	所有権移転
原　　　因	令和7年7月8日売買
権　利　者	（申請人）B
義　務　者	A
添 付 情 報	登記原因証明情報（判決書正本及び確定証明書）
	住所証明情報（Bの住民票の写し）
	代理権限証明情報（Bの委任状）
課 税 価 格	金1000万円
登録免許税	金20万円

権 利 部 （甲 区） （所 有 権 に 関 す る 事 項）			
順位番号	登記の目的	受付年月日・受付番号	権 利 者 そ の 他 の 事 項
1	所有権保存	令和7年6月28日 第12456号	所有者　A
2	所有権移転	令和7年12月21日 第19987号	原因　令和7年7月8日売買 所有者　B

判決による登記は原型の登記を修正する登記

　上記申請例118は、売買を原因とする所有権の移転の登記の判決による登記であり、以下の説明も、この登記を基にしていきます。しかし、これはあくまで例にすぎません。試験で、どの登記が問われるかはわかりません。そこで意識していただきたいのが、判決による登記は原型の登記を修正する登記であり、どのように修正しているのかを身につけるということです。判決による登記による修正の仕方を身につけ、本試験では以下のように思考することになります。

=P366
P407
P421

①原型の登記を思い出す
ex. 上記申請例118では売買を原因とする所有権の移転の登記（Ⅰのテキスト第2編
　　第2章第2節 1 2.の申請例7）
②上記①の登記を判決による登記によって修正する

1．登記の目的

　「所有権移転」など原型の登記の登記の目的を記載します。
　判決による登記だからといって修正しません。登記の目的は、「権利が　こう変動しました」ということを記載しますが、判決があるからといって、権利の変動の内容が変わるわけではないからです。

2．登記原因及びその日付

　判決に登記原因及びその日付が記載されているかどうかによって、登記原因及びその日付の記載の仕方が変わります。
　なお、以下の説明で「判決の主文、事実または理由」という表現が出てきます。判決文は、「主文（結論部分）」「事実」「理由」などの項目ごとに分けて記載されるのですが（民訴法253条1項）、詳しくは民事訴訟法で学習しますので、現時点では、

「判決文に書かれているかどうかが問題となるんだ」くらいの認識で結構です。

（1）判決の主文、事実または理由中に登記原因及びその日付が明記されているとき

「年月日売買」など原型の登記の登記原因及びその日付を記載します。

（2）判決の主文、事実または理由中で、登記原因は明らかとされているが、登記原因日付が明らかでないとき

「年月日不詳売買」などと記載します（昭34.12.18民事甲2842）。

権利変動の効力発生日がわからなくなるため「年月日不詳」は好ましくはありませんが、判決があるため、登記できます。

（3）判決の主文、事実または理由中に登記原因及びその日付が明記されていないとき

「年月日判決」と記載します（昭29.5.8民事甲938）。年月日は、判決の確定日を記載します。

これも好ましくはありませんが、判決があるため、登記できます。

3．申請人

被告を除いた者による申請となります。

上記申請例118では、登記権利者Bの単独申請となります。なお、本来は共同申請による登記ですので、申請していない登記義務者Aも申請人欄には記載します（Ⅰのテキスト第2編第2章第3節 8 2.（2）（b）「元が共同申請・合同申請なら申請していない者も記載」）。実際に申請しているのはBのみなので、Bに「（申請人）」と記載します。

※被告が登記申請に協力することの可否

判決を得た場合であっても、被告が登記申請に協力してもOKです。

P351＝

上記申請例118において、BはAに対する判決を得ましたが、Aが登記申請に協力するのであれば、BとAが共同して申請しても構いません。元々は被告も申請すべき登記なので、被告が登記申請をするのは何の問題もないからです。「確定判決を取られたので観念して申請する」「原告と被告が判決確定後に仲良くなった」などの理由で被告が登記申請に協力することも、たまにあります。

4．添付情報

（1）必要となる添付情報

①登記原因証明情報（不登法61条、不登令7条1項5号ロ（1））

　Ⅰのテキスト第1編第6章第2節 4 の「登記原因証明情報の提供が不要となる場合」に当たりませんので、登記原因証明情報を提供する必要があります。

　具体的には、判決書正本および確定証明書となります。判決は、確定していなければなりません。控訴や上告でひっくり返るかもしれないような判決に基づいて登記をすることはできないからです。判決について更正決定がされている場合は、更正決定についての確定証明書も提供する必要があります（登研420P99）。「更正決定」とは、判決に不動産の表示などの明白な誤りがある場合に判決を訂正する裁判所の判断です（民訴法257条）。なお、判決書正本は当事者に送達されるのですが（民訴法255条1項）、送達を証する送達証明書は提供する必要はありません。

　登記原因証明情報は詳細に検討する必要があるため、別途項目を設け、下記（2）でさらに詳しく説明します。

②住所証明情報

　判決による登記においても、上記申請例118のように住所証明情報が必要となる登記が原型であれば、提供する必要があります（昭37.7.28民事甲2116）。

　なお、登記権利者が被告である場合でも（ex. P325〜326のex1.）、必要です。

─ Realistic 6　他人の住所証明情報を取れる？ ─

　「登記権利者が被告である場合でも、住所証明情報の提供は必要である」ということで、「登記権利者は、協力してくれないのでは？」と思ったかもしれません。

　しかし、たとえば、住民票の写しは、本人でなくても利害関係人であれば取得できます。実際に、消費者金融は、定期的に債務者の住民票の写しを取得し、住所が変わっていないか（逃げていないか）を調べています。

---

③代理権限証明情報（不登令7条1項2号）

④会社法人等番号（不登令7条1項1号イ）

⑤許可証明情報、同意証明情報、承諾証明情報（不登令7条1項5号ハ、7条1項6号）

【判決書に第三者の許可、同意または承諾があることが示されていない場合】

　原則どおり、提供する必要があります（登研586P189）。

【判決書に第三者の許可、同意または承諾があることが示されている場合】

　提供する必要はありません（昭22.10.13民事甲840、平6.1.17民三.373）。裁判所が

第三者の許可、同意または承諾を確認したことが、登記官に明らかだからです。

※登記識別情報は、提供しません（不登法22条、不登令8条1項柱書ただし書）。判決があるからです。

※印鑑証明書は、提供しません。これも、判決があるからです。

（2）登記原因証明情報
（a）判決に限られるか？

　ここまで、登記申請に協力しない者に対しての判決を取る例で説明してきました。しかし、判決だけでなく、確定判決と同様の効力があると認められるものであれば、判決の代わりとなります。

判断基準

　以下の表のように、判決の代わりとなるものとならないものがありますが、基本的に以下の判断基準で考えてください。

①判決の代わりとなるのは、**裁判所で作成される文書**である

②ただし、裁判所で作成される文書でも、**後でひっくり返る確率が高いものはダメ**

＊以下の表の用語は、民事訴訟法・民事執行法・民事保全法で学習するものです。よって、民事訴訟法・民事執行法・民事保全法の学習後に理解していただければ結構です。

判決の代わりとなるもの（○）	判決の代わりとならないもの（×）
①**和解調書**（民訴法267条。明33.1.17民刑、明35.7.1民刑637。上記の「判断基準①」） 　訴訟中に和解することができます（民訴法89条）。実際にもよくあります。 　和解調書に誤りがあり更正決定がされた場合、**更正決定書**および**確定証明書**も必要となります。 　なお、民事保全手続において和解することもでき、民事保全手続で作成された和解調書も判決の代わりとなります。民事保全手続でされた和解も、確定判決と同一の効力を有するからです（民保法7条、民訴法267条）。	①**転付命令**（昭6.10.21民事1028） 　「転付命令」とは、裁判所主導で、債務者の債権を債権者に譲渡することです（民執法159条1項）。 　転付命令は、裁判所で作成される文書であり、後でひっくり返る確率が低いのですが、判決の代わりとなりません（上記の「判断基準」の例外）。転付命令の場合、債権者の申請ではなく、裁判所書記官の嘱託によって登記がされるからです（民執法164条1項）。
②**認諾調書**（民訴法267条。上記の「判断基準①」） 　「認諾」とは、訴訟中に被告が原告の請求をすべて認めることです。簡単にいうと、被告が「100%負けです」と認めることです。	②**公証人作成の公正証書**（明35.7.1民刑637。上記の「判断基準①」） 　公正証書は、裁判所ではなく、公証役場で作成される文書です。

判決の代わりとなるもの（○）	判決の代わりとならないもの（×）
③確定した執行決定のある仲裁判断（昭29.5.8民事甲938。上記の「判断基準①」） 　「仲裁」とは、当事者双方が仲裁人という人に判断を任せ、その仲裁人の判断に従う紛争解決手続です。非公開で行われるため、企業秘密を知られたくない企業間の紛争などで使うメリットがあります。	③仮処分決定（上記の「判断基準②」） 　「仮処分」は、訴訟前または訴訟中に行う仮の保全手続です（P345〜362）。仮の保全手続であるため、ひっくり返る確率が高いです。
④調停調書（昭29.1.6民事甲2560。上記の「判断基準①」） 　「調停」とは、裁判官と調停委員を交えた、裁判所で行う話し合いのようなものです。	④仮執行宣言付判決（上記の「判断基準②」） 　「仮執行宣言」とは、確定していない判決に強制執行を認めるものです。なんと、確定していないにもかかわらず「仮」に「執行」（競売など）ができちゃうのです。確定していないため、ひっくり返る確率が高いです。
⑤家庭裁判所の調停調書・審判書（上記の「判断基準①」） 　たとえば、Iのテキスト第2編第2章第2節6の「家庭裁判所での調停または家庭裁判所の審判による財産分与」が当たります。	
⑥確定した執行判決のある外国裁判所の判決（上記の「判断基準①」）	

（b）判決などの内容

　確定判決や上記（a）の判決の代わりとなるものがあれば、常に判決による登記ができるわけではありません。

登記ができるかの判断基準

　登記手続をすべきことを内容とするものである必要があります。登記所に対する登記申請意思を判決などで用意するのが判決による登記ですので、登記手続をすべきことを内容とするものでなければ、登記申請意思が用意されたといえないからです。

ⅰ　確定判決

　判決には、主に以下の3種類があります。

①給付判決：「〜をしろ」「〜をするな」と被告に命じる判決
ex. 「被告は、別紙物件目録記載の建物について、○年○月○日売買を原因とする所有権移転登記手続をせよ。」（給付判決の主文）

②確認判決：原告と被告との間で法律関係を確認する判決
ex.「原告が、別紙物件目録記載の建物につき、所有権を有することを確認する。」(確認判決の主文)
③形成判決：法律関係を変動させる判決
ex.「原告と被告とを離婚する。」(形成判決の主文)

　このうち、判決による登記ができるのは、給付判決のみです (明33.9.24民刑1390。大判明44.12.22)。登記手続をすべきことを内容とするのは、給付判決だけだからです (上記の「登記ができるかの判断基準」)。

　登記手続をすべきことを内容とするものである必要がありますので、以下のような判決に基づいて判決による登記をすることはできません。
ex.「被告は原告より金1000万円を受領し当該不動産を
　　原告に売り戻すべし」との確定判決 (明33.9.24民刑
　　1390)。「売り戻すべし」と命じているだけで、登記手
　　続をすべきことを内容としていないからです。

ii　判決の代わりとなるもの
　判決の代わりとなるものにおいても、以下のように、登記手続をすべきことを内容とするものである必要があります (上記の「登記ができるかの判断基準」)。

「被告は、別紙物件目録記載の建物について、○年○月○日売買を原因とする所有権
　移転登記手続をする。」

　基本的に判決ではありませんので、「登記手続をせよ。」ではなく、「登記手続をする。」となりますが、登記手続をすべきことを内容とするものである点は同じです。
　よって、以下のような記載では、判決による登記をすることはできません。
ex1.「被告は、原告に対して、所有権移転登記手続に必要な書類を交付する。」との
　　　和解調書 (昭56.9.8民三5484)。書類を交付するだけで、登記手続をすべきこ
　　　とを内容としていないからです。
ex2.「被告が甲土地を取得する代償として、被告の所有する乙建物を無償で被告が原
　　　告に譲渡する。」との遺産分割の調停調書 (登研740P147～153)。「譲渡する」と
　　　合意しているだけで、登記手続をすべきことを内容としていないからです。

※登記手続の相手方が選択的である場合

たとえば、「被告は、原告または原告の指定する者に対し、別紙物件目録記載の建物について、◯年◯月◯日代物弁済を原因とする所有権移転登記手続をする。」との和解調書により、原告または原告に指定された者が、判決による登記をすることはできません（昭 33.2.13 民事甲 206）。

「原告"または"原告の指定する者」では、登記手続の相手方が特定されていないため、登記申請意思が用意されたといえないからです。

5．登録免許税

原型の登記と同じです。判決による登記によって申請人や添付情報は変わりますが、している登記は原型の登記と変わらないからです。

3 判決と中間省略登記

「A→B→C」と所有権が移転した場合に、Bをすっ飛ばして「A→C」の所有権の移転の登記をする中間省略登記は、原則として認められていません。── 民法Ⅱのテキスト第3編第1章第3節 4 5.（1）（c）ⅰ

しかし、判決で中間省略登記を命じている場合は、中間省略登記をすることができます。判決という裁判所のお墨付きがあるからです。

ただし、もう少し分析的にみる必要があり、以下のとおり2つに分けて考える必要があります。

1．中間省略登記を命じる判決の主文に登記原因の明示がある場合

「主文」とは、判決の結論が記載される判決で最も重要な部分です（民訴法 253 条1項1号）。その主文に登記原因の明示があれば、下記2.と異なり、「相続」「遺贈」「死因贈与」を登記原因とする登記であっても、省略することができます。「売買」などを登記原因とする登記も、もちろん省略できます。

ex. Aが、所有している建物をBに売却しました。AからBへの所有権の移転の登記をする前に、Bが死亡し、CがBを相続しました。そして、Cが登記手続を求めてAを相手方として訴えを提起しました。この判決の主文に「Aは、Cに対して、別紙物件目録記載の建物について、◯年◯月◯日売買を原因とする所有権移転登記手続をせよ。」と記載されていれば、Cは、単独でAからCへの所有権の移転の登記を申請することができます（昭 35.2.3 民事甲 292）。AからCに売却され

　　たわけではないので、登記記録が権利変動の過程を公示したものになりません。
　　しかし、登記手続を命じた登記原因の明示がある判決の主文があるため、認められ
　　ます。

2．中間省略登記を命じる判決の主文に登記原因の明示がなく、判決の理由中に記載された登記原因及びその日付が最終の登記原因及びその日付である場合

　　何をいっているのか、わかりにくいですね……。まず、この2.は、上記1.と異なり、
判決の主文に登記原因の明示がなく、判決の理由に記載された登記原因及びその日付
を登記原因及びその日付として申請する場合のハナシです。
　　この場合、中間および最終の登記原因に「相続」「遺贈」「死因贈与」のいずれかが
含まれなければ、中間省略登記ができます（昭39.8.27民事甲2885）。「中間および最
終の登記原因」という言い方がわかりにくいですが、要は、どこかに「相続」「遺贈」
「死因贈与」のいずれかがあったら、中間省略登記はダメということです。
ex. 上記1.のex.において、主文に登記原因が明示されていなければ、AからCへの所
　　有権の移転の登記を申請することはできません。
　　どこかに「相続」「遺贈」「死因贈与」があるとダメな理由として、以下のことがい
われています。
①「売買」などであれば、A、BおよびCで「『A→B→C』の売買を『A→C』の
　　売買に変えちゃおう」と合意することが考えられます。しかし、「相続」「遺贈」「死
　　因贈与」は、当事者間の合意で変更できる法律関係ではないと考えられます。
②中間省略登記の登記請求権が発生するには、A、BおよびCの3者の合意が必要で
　　す（最判昭40.9.21）。── 民法Ⅱのテキスト第3編第1章第3節 4 5.（1）（c）ⅱ② 　しか
　　し、「相続」「遺贈」「死因贈与」があるということは、死亡している者がいるとい
　　うことです。死亡している者は合意できないため、3者の合意ができません。

　　どこにも「相続」「遺贈」「死因贈与」がなければ、中間省略登記ができます。
ex. 「A→B→C」と所有権が移転した場合に、「A→B」「B→C」の移転原因がい
　　ずれも売買であれば、主文に登記原因が明示されていなくても、AからCへの所
　　有権の移転の登記手続を命じる判決に基づいてAからCへの所有権の移転の登記
　　を申請することができます。理由に記載された最終（「B→C」）の登記原因及び
　　その日付が、登記原因及びその日付となります（昭39.8.27民事甲2885）。つまり、
　　「B→C」の登記原因及びその日付で、「A→C」の登記をすることになります。
　　これも、登記記録が権利変動の過程を公示したものになりません。

4 当事者が死亡している場合の判決の当事者

登記申請をすべきであった当事者が死亡している場合に、誰が訴えを提起するべきか、誰を相手方として訴えを提起するべきか、という問題があります。

1．登記権利者側の相続

たとえば、Aが所有している建物についてAからBに売買を原因とする所有権の移転の登記がされた後、Aが死亡し、CおよびDがAを相続しました。その後、AB間の売買が錯誤により取り消されました。しかし、Bが所有権の移転の登記の抹消の登記に協力しません。この場合、Cは、単独でBを相手方として訴えを提起し、所

有権の移転の登記の抹消の登記手続を命じる確定判決を得て、抹消の登記を申請できます。

P418〜419（1）で説明しますが、登記権利者側の相続であるため、保存行為（民法252条5項）といえるからです。── 民法Ⅱのテキスト第3編第3章第4節 3 2.（1）

2．登記義務者側の相続

たとえば、Aが所有している建物をBに売却しました。Bへの所有権の移転の登記をする前に、Aが死亡し、CおよびDがAを相続しました。しかし、CおよびDが所有権の移転の登記に協力しません。この場合、Bは、CおよびDの双方を相手方として訴えを提起する必要があります（昭33.5.29民事甲1086）。

P419（2）で説明しますが、登記義務者側の相続であるため、登記義務を相続人全員（CおよびD）が承継しているからです。

※一般承継証明情報

相続人全員（CおよびD）を被告とする必要がありますが、相続人全員を被告としているかを確認するため、一般承継証明情報（戸籍全部事項証明書等）を提供する必要があります（登研382P80）。

ただし、判決の理由の記載から相続人全員が被告となっていることが明らかなときは、その判決を一般承継証明情報とすることができます（登研 382P80、548P166）。裁判所が確認したことが、登記官に明らかだからです。

5 執行文の要否

判決による登記をする際に、「執行文」というものが必要かという問題があります。

1．執行文

（1）強制執行の原則

民事執行法で学習する内容となりますが、強制執行（不動産の強制競売など）をするには、「被告は、原告に対し、100万円を支払え。」などという判決があるだけではダメで、その判決に「執行文」というものを付与してもらう必要があります（民執法25条本文）。「100万円を支払え。」という判決があっても、判決があった後に、被告が「訴訟に負けちゃったから払うか……」と考え、原告に100万円を支払っているかもしれません。その場合は、被告は強制執行されるいわれはありません。そこで、原告は、判決を出した裁判所の裁判所書記官に「執行文」を付与してもらわなければ、強制執行の申立てができないとされているのです。

「執行文」とは、「この判決に基づいて強制執行をしていいよ」というお墨付きのようなものなのです。

（2）判決による登記の原則

しかし、判決による登記をするには、原則として執行文が不要です（民執法177条1項本文）。

登記手続を命じる判決が確定する、または、登記手続をすべきことを内容とする裁判上の和解などが成立すると、判決の確定時または和解などの成立時に意思表示があったものとみなされます。よって、わざわざ強制執行するということが不要なのです。「登記をすることは強制執行なのでは？」と思われたかもしれませんが、登記は権利関係を公示する手続にすぎず、強制執行ではありません。

（3）判決による登記の例外

（a）執行文が必要となる判決など

ただし、判決による登記であっても、例外的に、以下の①～③の場合には、執行文が必要となります。

①債務者の意思表示が債権者の証明すべき事実の到来にかかるとき

ex. 「Aは、別紙物件目録記載の土地について、農地法の許可を得ることを条件として、〇年〇月〇日売買を原因とする所有権移転登記手続をせよ。」といった確定判決や和解調書などに基づいて判決による登記をする場合には、執行文の付与を受ける必要があります（昭40.6.19民事甲1120）。

②債務者の意思表示が反対給付との引換えにかかるとき

ex. 「Aは、別紙物件目録記載の建物について、BがAに1000万円を支払うのと引換えに、○年○月○日売買を原因とする所有権移転登記手続をせよ。」といった確定判決や和解調書などに基づいて判決による登記をする場合には、執行文の付与を受ける必要があります。

③債務者の意思表示が債務者の証明すべき事実のないことにかかるとき

ex. 「Aは、AがBに対して1000万円を支払わないときは、代物弁済として別紙物件目録記載の建物の所有権を移転し、所有権移転登記手続をせよ。」といった確定判決や和解調書などに基づいて判決による登記をする場合には、執行文の付与を受ける必要があります。

　上記①～③は、判決などに条件などがついている場合です。これらの場合、執行文が付与された時に、意思表示をしたものとみなされます（民執法177条1項ただし書）。これらの場合に、条件などを無視して登記を認めてしまっては、Aがかわいそうなので、条件が成就しているかなどを裁判所書記官が確認したうえで執行文を付与するとされているのです。

（b）手続の流れ

　上記（a）の①～③の場合、登記をするために以下の手続を経ることになります。

　農地法所定の許可書や領収書などは、登記所ではなく、裁判所書記官に提出する点にご注意ください（民執法27条1項、177条2項）。

※判決の確定後に農地から宅地へ地目変更の登記がされている場合

　P338①の ex.のハナシですが、判決の確定後に、対象の土地が農地でなくなり、宅地へ地目変更の登記がされている場合、執行文の付与を省略できるでしょうか。

　この場合でも、執行文の付与は必要です（登研562P133）。

　判決に「農地法の許可を得ることを条件として」と記載されているので、執行文なしに登記を認めることはできないからです。判決の文言を重視するわけです。

2．承継執行文

（1）承継執行文とは？

　ちょっと変わった執行文があります。「承継執行文」というものです。

　原告が勝訴判決を得たとして、それに基づく登記をする前に原告または被告に特定承継または包括承継が生じることがあります。たとえば、敗訴した被告が、登記をする前に死んでしまったような場合です。このとき、再度、被告の相続人を相手方として訴えを提起し直さないといけないとなると、それまでの訴訟の苦労がムダになってしまいます。

　そこで、「承継執行文」という制度があります。この承継執行文の付与を受ければ、原告または被告の特定承継人または包括承継人を債権者または債務者として登記の申請ができます（民執法27条2項）。

　基準時

　特定承継または包括承継がいつ生じても、承継執行文の付与を受けることによって判決による登記ができるわけではありません。

　事実審の口頭弁論の終結時が基準時となります。

・事実審の口頭弁論の終結「前」に特定承継または包括承継が生じた
　→　原則として、判決は紙切れ（意味のないもの）となってしまいます。関係ない者を相手方として訴えを提起したことになってしまうからです。

・事実審の口頭弁論の終結「後」に特定承継または包括承継が生じた
　→　承継執行文の付与を受けることによって、判決による登記ができる可能性があります。

　「事実審」ですが、訴訟は「事実審」と「法律審」に分かれます。「事実審」とは、原則として1審と2審のことであり、事実関係および法律関係について審理します。

「法律審」とは、原則として3審のことであり、法律関係のみについて審理します。

「口頭弁論」とは、ざっくりいうと、裁判所の法廷で、「私は100万円を貸したんだ」などと主張したり、それを証明するために証人尋問をしたりする、判決を言い渡す前の場面です。「口頭弁論の終結時」とは、審理が尽くされ、裁判官が「次回判決です」と言う時のことです。

　事実審の口頭弁論の終結時まで、原告と被告は言いたいことを言えるので、この時点が基準時となるのです。

（2）承継執行文による判決による登記の可否

　以下、いずれも問題となるのは、事実審の口頭弁論の終結「後」に特定承継または包括承継が生じた場合です。事実審の口頭弁論の終結「前」であれば、その判決は単なる紙切れになってしまいます（昭31.12.14民事甲2831。上記の「基準時」）。

（a）移転の登記
i　登記義務者に承継が生じた場合
（i）特定承継

　たとえば、Aが所有している建物について、Bへの所有権の移転の登記手続を命じる判決が確定しました。しかし、その事実審の口頭弁論の終結後に、AがCにその建物を売却しました。そして、AからCへの売買を原因とする所有権の移転の登記がされました。この場合、Bは、この判決にCに対する承継執行文の付与を受ければ、CからBへの所有権の移転の登記を申請することができるでしょうか。

　できません（最判昭41.6.2）。

　Bは、判決を得ていますが、これはAを起点にBとCに二重譲渡がされた事案です。不動産の二重譲渡は、原則として登記を備えた者が勝ちます。── 民法Ⅱのテキスト第3編第1章第3節④1.　「判決があるからBの勝ちでは？」と思われたかもしれませんが、「判決があれば、登記がなくても第三者に対抗できる（民法177条は関係なくなる）」というルールはありません。この訴訟はAB間の訴訟であり、Cは被告になっていません。よって、BとCとの関係は、民法177条で決まるのです。

（ⅱ）包括承継

　たとえば、Aが所有している建物について、Bへの所有権の移転の登記手続を命じる判決が確定しました。しかし、その事実審の口頭弁論の終結後に、Aが死亡し、Aの子CがAを相続しました。そして、AからCへの相続を原因とする所有権の移転の登記がされました。この場合、Bは、この判決にCに対する承継執行文の付与を受ければ、CからBへの所有権の移転の登記を申請することができるでしょうか。

　できます。

　被相続人と相続人は「イコールとして」（同じ人のように）扱われ、相続人は民法177条の第三者ではありませんので、Cは相続登記をしてもBに対抗できないからです。── 民法Ⅱのテキスト第3編第1章第3節 4 3.（1）②

　なお、Cに所有権は移転していないため、本来であればCへの相続登記を抹消すべきです。しかし、便宜CからBへの登記が認められます（昭37.3.8民事甲638参照）。

※相続登記がされていない場合

　上記の例において、Cへの相続登記がされていなかったとします。この場合、Bが、承継執行文の付与を受けずにAからBへの所有権の移転の登記（判決による登記）を申請すれば、この申請は受理されるでしょうか。

　受理されると考えられます。

　Bが単独で判決による登記を申請すると、原則として形式的審査権しかない登記官には、Aに相続が生じていることがわからないからです。

　ただし、これは好ましいハナシではありません。登記義務者に相続が生じたので、本来は承継執行文の付与を受けるべきです。もちろん、承継執行文の付与を受けて申請しても構いません。

　相続のハナシをしてきましたが、「相続」が「合併」に変わっても、この（ⅱ）のハナシは同じです（Ⅰのテキスト第2編第2章第3節 9 1.「相続≒合併」）。

ii 登記権利者に承継が生じた場合

登記権利者の承継は、上記 i の登記義務者の承継と異なり、特定承継も包括承継も同じ考え方ですので、併せてみていきます。

たとえば、Aが所有している建物について、Bへの所有権の移転の登記手続を命じる判決が確定しました。しかし、その事実審の口頭弁論の終結後に、BがCにその建物を売却した、または、Bが死亡しBの子CがBを相続しました。この場合、Cは、この判決に承継執行文の付与を受ければ、直接にAからCへの所有権の移転の登記を申請することができるでしょうか。

できません（昭44.5.1民事甲895）。

中間省略登記を認めることになってしまうからです。

「判決があれば中間省略登記ができるんじゃなかったの？」と思われたかもしれませんが、P335〜336 3 は中間省略登記を命じる判決があるため、中間省略登記が認められるのです。しかし、ここでの判決は、「A→B」の登記手続を命じる判決であり、「A→C」の登記手続を命じる判決ではありません。

よって、この場合、以下の登記を申請することになります。

1／2　AからBへの所有権の移転の登記（判決による登記）

この登記は、以下のとおり、CがBの代わりに申請できます。

・特定承継　→　Cが代位による登記（P364〜375）によりBに代位してBへの所有権の移転の登記を申請する

・包括承継　→　Cが一般承継人による申請（不登法62条。P418〜425）によりBへの所有権の移転の登記を申請する

なお、この1／2の登記の申請において、承継執行文は不要です（昭44.5.1民事甲895）。判決に記載された原告であるBへの移転の登記をするため、判決の当事者と申請情報の登記権利者に不一致はないからです。

2／2　BからCへの所有権の移転の登記

（b）抹消の登記

抹消の登記の考え方

　抹消の登記手続を命じる判決が出た後、当事者に承継が生じ、承継執行文の付与を受けて抹消の登記（判決による登記）ができるかは、抹消の登記の原因から考えます。つまり、実体上その登記の無効を第三者に対抗できるかを考える（民法から考える）ことになります。

　以下の事例で考えていきます。

　たとえば、Aが所有している建物について、Bへの所有権の移転の登記がされた後、Bに対して所有権の移転の登記の抹消の登記手続を命じる判決が確定しました。しかし、その事実審の口頭弁論の終結後に、BがCにその

建物を売却しました。そして、BからCへの売買を原因とする所有権の移転の登記がされました。この場合、Aは、この判決にCに対する承継執行文の付与を受ければ、BからCへの所有権の移転の登記の抹消の登記、および、AからBへの所有権の移転の登記の抹消の登記を申請することができるでしょうか。

①AB間の所有権の移転の原因である売買契約が解除された場合

　この場合、Aは、Cに対する承継執行文の付与を受けて、抹消の登記を申請できません。

　Cは、解除後に登場した第三者となります。よって、AとCは、登記を備えたほうが勝つことになるからです。── 民法Ⅲのテキスト第6編第4章第4節 2 2.

②民法94条2項類推適用の事案の場合

　これは、たとえば、Aが、自分が所有している建物について、Bが勝手にB名義に所有権の移転の登記をしたことを知ったが、固定資産税を支払いたくなかったので、そのまま放置しており、その事情を知らないCがBからこの建物を買い受けたといった場合です。

　この場合、Aは、Cに対する承継執行文の付与を受けて、抹消の登記を申請できません。

　民法94条2項が類推適用される場合、Aは、Cに所有者だと主張できないからです（最判昭45.4.16、最判昭48.6.28）。── 民法Ⅰのテキスト第2編第5章第2節 3 5.

仮処分の登記

1 処分制限の登記

1. 意義

「仮処分による登記」というものをみていきますが、これは「処分制限の登記」の一種なので、まずは処分制限の登記から説明します。

処分制限の登記：その名のとおり、「処分」を「制限」する「登記」

　処分制限の登記がされた権利の登記名義人は、権利を自由に処分（売買など）できなくなります。正確にいうと、処分制限の登記がされても、処分自体はできます。その処分に基づく登記(売買を原因とする所有権の移転の登記など)もできます(昭24.10.1民事甲2272など)。しかし、処分をしても、後に、処分を受けた者（買主など）が権利を失うことがあります。処分（売買など）が処分制限の登記の前でも、その処分に基づく登記（所有権の移転の登記など）が処分制限の登記の後だと、処分を受けた者（買主など）は権利を失います（最判昭30.10.25）。簡単にいうと、処分制限の登記は、「この不動産は、危ないですよ〜。購入することなどはできますが、購入などをしても権利はなくなる確率が高いですよ〜。」という意味で行う登記です。処分制限の登記がされるということは、不動産に「危険のレッテル」を貼られるようなものなのです。

　この「処分制限の登記」には、主に以下の3つがあります。

```
処分制限    ┌─ 差押えの登記   ：主に訴訟「後」に行う（民事執行法が根拠）
の登記   ─┼─ 仮差押えの登記：訴訟「前」または訴訟「中」に行う（民事保全法が根拠）
         └─ 仮処分の登記  ：訴訟「前」または訴訟「中」に行う（民事保全法が根拠）
```

　この第5章で扱うのは、「仮処分の登記」ですが、このテキストで、「差押え」「仮差押え」という言葉も何度も出てきましたので、「差押えの登記」と「仮差押えの登記」についても、併せてこの 1 で説明します。

　たとえば、BがAを相手方として訴えを提起したとして、Aが敗訴したときのことを恐れて不動産の名義を知人に移すことがあります。事実審の口頭弁論の終結前に、Aが不動産の名義を知人に移してしまえば、Bはその不動産に対して強制執行や判決による登記をすることができなくなります（P340の「基準時」）。そこで、「仮差押えの登記」や「仮処分の登記」が出てくるのです。

　Bは、このような事態を防ぐため、訴訟前または訴訟中に、仮差押えの登記または仮処分の登記をしておきます。不動産にこれらの登記をしておけば、事実審の口頭弁論の終結前に、Aが不動産の名義を知人に移しても、強制執行や判決による登記をすることができます。仮差押えの登記と仮処分の登記の違いですが、仮差押えの登記は「金銭の支払」が目的（ex. 貸金返還請求）、仮処分の登記は「その不動産の権利自体」が目的（ex. 所有権移転登記請求）の場合にします。

　Bが、勝訴した場合、以下の流れとなります。

（Aが判決に従わない場合）

仮差押えの登記（金銭の支払が目的）　　➡　　勝訴　➡　不動産を差し押さえ、競売
仮処分の登記　（不動産の権利自体が目的）➡（民事訴訟）➡　所有権の移転の登記等

　仮処分の登記は、第4章でみた「判決による登記」の前提としてすることがあります。P340の「基準時」の問題があるからです。

　なお、「差押えの登記」は、金銭の支払が目的の訴訟で出てきます。Bが勝訴した後、Aが金銭の支払をしない場合、Bは、Aが所有している不動産を差し押さえ競売するなどということができます。

2. 申請人

　処分の制限は、裁判所が決定し、その登記は裁判所書記官の嘱託によってされます。よって、みなさんが申請するわけではありません。

※処分制限の登記の債権者の名変登記

　処分制限の登記には、差押債権者・仮差押債権者・仮処分債権者などが登記されます（ex. P348の登記記録例の「債権者　B」）。この債権者の名変登記は、例外的に、嘱託ではなく、債権者の単独申請によってします（昭42.6.19民事甲1787）。

3. 処分制限の登記の発生根拠

　当事者が、「こういう処分制限の登記をしようぜ」と任意に契約して、処分制限の登記をすることはできません（昭41.8.3民事甲2367）。処分制限の登記は、権利の処分が法律の規定により制限される場合になされる登記であって、どのような場合にされるかは法律に規定されています。当事者が任意に作り出すことはできません。

＊②以降は、不動産に対する登記請求権を保全する「仮処分の登記」に絞って説明していきます。

2 処分禁止の仮処分の種類

> **民事保全法53条(不動産の登記請求権を保全するための処分禁止の仮処分の執行)**
> 1 不動産に関する権利についての登記(仮登記を除く。)を請求する権利(以下「登記請求権」という。)を保全するための処分禁止の仮処分の執行は、処分禁止の登記をする方法により行う。
> 2 不動産に関する所有権以外の権利の保存、設定又は変更についての登記請求権を保全するための処分禁止の仮処分の執行は、前項の処分禁止の登記とともに、仮処分による仮登記(以下「保全仮登記」という。)をする方法により行う。

　不動産の登記請求権を保全するための処分禁止の仮処分は、登記請求権の内容に応じて、以下の3種類があります(平2.11.8民三.5000)。処分禁止の仮処分の登記の方法は、①②と③で異なります。

登記請求権の内容	登記の方法	理由
①所有権についての登記請求権を保全するための処分禁止の仮処分(民保法53条1項)	処分禁止の仮処分の登記のみ	1つの権利を目的としていますので、その権利に処分禁止の仮処分の登記のみをすればいいからです。 ①ですが、所有権は1つしかありません。 ②ですが、所有権以外の権利でも、「移転」「消滅」なら、1つの権利を目的としています。 ex. 抵当権の移転の登記
②所有権以外の権利の移転または消滅についての登記請求権を保全するための処分禁止の仮処分(民保法53条1項)		
③所有権以外の権利の保存、設定または変更についての登記請求権を保全するための処分禁止の仮処分(民保法53条2項)	処分禁止の仮処分の登記 + 保全仮登記	所有権以外の権利の保存、設定または変更は、順位保全が目的です。 *「保全仮登記」の読み方を少し変えて「ほぜへんかりとうき」と読んで、「保存」「設定」「変更」を記憶してください。 ex. 「1番で抵当権の設定の登記をしたい」 　よって、当事者恒定のための処分禁止の仮処分の登記だけでなく、順位保全のための保全「仮登記」もします。

　まだイメージが湧かないと思いますので、実際にどのように登記されるのかをみてみましょう。

【①の登記の例】

権　利　部　（甲　区）　（所　有　権　に　関　す　る　事　項）			
順位番号	登記の目的	受付年月日・受付番号	権　利　者　そ　の　他　の　事　項
1	所有権保存	令和7年6月28日 第12456号	所有者　A
2	処分禁止仮処分 　　のみ	令和7年7月8日 第12987号	原因　令和7年7月6日東京地方裁判所仮処分命令 債権者　B

【②の登記の例】（ex. 抵当権の移転の登記請求権を保全するための処分禁止の仮処分）

権　利　部　（乙　区）　（所　有　権　以　外　の　権　利　に　関　す　る　事　項）			
順位番号	登記の目的	受付年月日・受付番号	権　利　者　そ　の　他　の　事　項
1	抵当権設定	令和7年6月28日 第12457号	原因　令和7年6月28日金銭消費貸借同日設定 債権額　金1000万円 債務者　D 抵当権者　A
付記1号	1番抵当権処分 禁止仮処分 　　のみ	令和7年7月8日 第12987号	原因　令和7年7月6日東京地方裁判所仮処分命令 債権者　B

【③の登記の例】（ex. 抵当権の設定の登記請求権を保全するための処分禁止の仮処分）

権　利　部　（甲　区）　（所　有　権　に　関　す　る　事　項）			
順位番号	登記の目的	受付年月日・受付番号	権　利　者　そ　の　他　の　事　項
1	所有権保存	令和7年6月28日 第12456号	所有者　A
2	処分禁止仮処分 （乙区1番保全 仮登記）	令和7年7月8日 第12987号	原因　令和7年7月6日東京地方裁判所仮処分命令 債権者　B

十

権 利 部 （乙 区） （所 有 権 以 外 の 権 利 に 関 す る 事 項）			
順位番号	登 記 の 目 的	受付年月日・受付番号	権 利 者 そ の 他 の 事 項
1	抵当権設定保全 仮登記（甲区 2 番仮処分）	令和 7 年 7 月 8 日 第 12987 号	原因　令和 7 年 6 月 28 日金銭消費貸借同日設定 債権額　金 1000 万円 債務者　A 権利者　B
	余　白	余　白	余　白

※持分の記録

　上記の登記記録例はいずれも仮処分の債権者が 1 人の例ですが、仮に複数であって
も持分は記録されません（昭 35.8.20 民事三.842。P16 の「持分を記載しない権利を記
憶する⑤」）。

3　処分禁止の仮処分の登記の可否

　処分禁止の仮処分の登記ができるか問題となる場合があります。

可（○）	不可（×）
①単有の不動産の所有権の一 　部について処分禁止の仮処 　分の登記をすること（昭 30. 　4.20 民事甲 695） 　所有権の一部移転の登記は できるので（Ⅰのテキスト第 2 編第 2 章第 1 節 1 ②）、所有権 の一部を譲り受けた者は、処分 禁止の仮処分の登記をする必 要性が生じることがあるから です。	①不動産の一部について、処分禁止の仮処分の登記をする 　こと（昭 27.9.19 民事甲 308） 　不動産の一部についての移転の登記はできないので（不 登令 20 条 4 号。Ⅰのテキスト第 3 編第 1 章第 1 節 3 2. 「不動産の一部を目的とする登記の可否」）、処分禁止の仮 処分の登記をする必要性がないからです。
	②仮登記に基づく本登記手続を禁止する旨の仮処分の登記 　をすること（昭 30.8.25 民事甲 1721）。 　処分制限の登記は、処分を「制限」できるだけであって、 「禁止」はできないからです。P345 で説明したとおり、 処分制限の登記がされても、処分自体はできます。後で否 定されることがありますが。

4　処分禁止の仮処分の登記の前提としての相続登記の要否

処分禁止の仮処分の登記をする前提として、相続登記をする必要があるか問題となる事案があります。

要	不要
・被相続人名義で登記されている不動産について、共同相続人の1人の持分について処分禁止の仮処分の登記をする場合（昭 39.5.14 民事甲 1759） 　相続人に所有権が移転しているため、相続登記をする必要があります。	・被相続人が不動産を売却したが、その所有権の移転の登記をする前に死亡した。そこで、買主が売主（被相続人）の相続人にその不動産の所有権の移転の登記手続を求めるとともに、「債務者被相続人○○の相続人○○について一切の処分を禁ずる」という仮処分命令を得た場合（昭 33.11.14 民事甲 2351、昭 62.6.30 民三.3412）。 　たしかに、売主が死亡しているため、仮処分命令は相続人に対してされました。しかし、生前に売却しており、相続人に所有権が移転していないため、相続登記は不要となります。

5　仮処分の登記に後れる登記の抹消

1．意義・趣旨

処分禁止の仮処分の登記の後にされた登記は、仮処分の債権者が保全すべき登記請求権についての登記をする場合、仮処分の債権者の登記と抵触する限度において、仮処分の債権者に対抗できません（民保法 58 条 1 項）。よって、仮処分の債権者は、仮処分の登記に後れる登記を単独で抹消できます（民保法 58 条 2 項、不登法 111 条 1 項、2 項）。

　……といわれても、わかりにくいですよね。具体例で考えましょう。

ex. Bは、所有権の移転の登記手続を求めて、Aを相手方として訴えを提起しました。Bは、Aが不動産の名義を知人などに移すことに備え、仮処分命令の申立てをし、仮処分の登記が裁判所書記官の嘱託によってされました。その後、Aが知人Cに不動産を贈与し、Cへの所有権の移転の登記がされました。BがAに対する訴訟に勝訴し判決が確定した場合、BはCへの所有権の移転の登記を単独で抹消できます（昭 37.6.18 民事甲 1562）。

権　利　部　（甲　区）　（所　有　権　に　関　す　る　事　項）			
順位番号	登記の目的	受付年月日・受付番号	権　利　者　そ　の　他　の　事　項
1	所有権保存	令和7年6月28日 第12456号	所有者　A
2	処分禁止仮処分	令和7年7月8日 第12987号	原因　令和7年7月6日東京地方裁判所仮処分命 　令 債権者　B
3	所有権移転	令和7年7月12日 第13215号	原因　令和7年7月12日贈与 所有者　C

Bが単独で抹消可 ←

　このように、後れる登記を抹消することができるように、仮処分の登記をしているのです。

2．申請方法

　上記1.の単独抹消をするには、以下の2つの登記を同時に申請しなければなりません（平2.11.8民三.5000）。

1/2　仮処分の登記に後れる登記の抹消の登記（上記1.の ex.ではCへの所有権の移転の登記の抹消の登記）

2/2　仮処分の債権者が保全すべき登記請求権についての登記（上記1.の ex.ではAからBへの所有権の移転の登記）

　このように、仮処分の登記に後れる登記も申請によって抹消するのであって、職権によって抹消されるわけではありません。

　なお、仮処分の債権者が保全すべき登記請求権についての登記と抵触しないのならば、仮処分の登記に後れる登記の抹消をしなくても構いません。

ex. 上記1.の ex.では、Cの登記が所有権の移転の登記なので、抹消しなければ、Bへの所有権の移転の登記と抵触します。しかし、Cの登記がAが設定した抵当権の設定の登記であれば、Bの所有権の移転の登記と抵触しません（両立します）。よって、Cの登記を抹消しなくても、Bへの所有権の移転の登記を申請できます。Bは、抵当権の負担を負いたくないので、普通は抹消するでしょうが……。

※2/2の登記を共同申請によることの可否

　上記2/2の登記は、判決による登記に限らず、共同申請によることもできます（平2.11.8民三.5000）。P330※と同じ理由です。

=P330

3. 抹消できる仮処分に後れる登記

「仮処分の登記に後れる登記」とは、仮処分の登記より後順位の登記のうち、仮処分に対抗できることが登記記録上明らかな登記を除いたものです（平2.11.8民三5000）。

しかし、仮処分の登記に後れるからといって、すべての登記を抹消できるわけではありません。抹消できる登記は、仮処分の登記に後れる登記のうち、「仮処分の債権者が保全すべき登記請求権を実現するにあたって妨げとなる登記」です。これに当たらなければ、抹消する筋がないからです。

何がこれに当たるか、P347①〜③の仮処分の種類によって変わってきます。

登記請求権の内容	事例		単独抹消
①所有権についての登記請求権を保全するための処分禁止の仮処分（民保法53条1項）	仮処分の債権者が、仮処分の債務者を登記義務者とする所有権の登記（仮登記を除く）を申請する場合（民保法58条2項、不登法111条1項）		○ 仮処分の登記に後れる登記を抹消できます。
②所有権以外の権利の移転または消滅についての登記請求権を保全するための処分禁止の仮処分（民保法53条1項）	仮処分の債権者が、仮処分の債務者を登記義務者とするその権利の移転または消滅に関する登記（仮登記を除く）を申請する場合（民保法58条2項、不登法111条2項）		○ 原則として、仮処分の登記に後れる登記を抹消できます。
③所有権以外の権利の保存、設定または変更についての登記請求権を保全するための処分禁止の仮処分（民保法53条2項）	**保全仮登記** 不動産の使用または収益をする権利についての保全仮登記の仮処分の債権者が本登記を申請する場合（民保法58条4項、不	**仮処分の登記に後れる登記** i　仮処分の登記に後れる登記が、所有権以外の不動産の使用または収益をする権利、あるいは、その権利を目的とする権利である場合 ex1. 地上権 ex2. 賃借権 ex3. 地上権を目的とする抵当権	○

	登法113条） ex. 地上権の設 　　定の保全仮 　　登記、賃借 　　権の設定の 　　保全仮登記	ii　上記i以外の場合 ex1. 地役権 　　地役権には排他性がないからで 　　す。 ex2. 抵当権（根抵当権） ex3. 不動産質権 　使用収益しない旨の特約のない不 　動産質権も含みます（平2.11.8 　民三.5000）。使用収益をしたと 　しても、不動産質権の本質は担保 　権の部分にあるからです。	×

　上記の表だけではわかりにくいと思いますので（特に③が）、具体例を中心に説明を加えていきます。

①所有権についての登記請求権を保全するための処分禁止の仮処分（民保法53条1項）

　この具体例は、P350〜351のex.です。また、P356の申請例119もこの例です。

※仮処分の登記の前に登記された抵当権に基づく仮処分の登記の後にされた差押登記

　頭が痛くなる見出しですが……、以下の順で登記がされた場合に、仮処分の債権者は、所有権の移転の登記と同時に申請することにより、差押登記を単独で抹消できるか、ということです。

・抵当権の設定の登記（下記①）

・仮処分の登記（下記②）
　　　　　↓
・上記の抵当権に基づく差押登記（下記③）

権利部　（甲区）　（所有権に関する事項）			
順位番号	登記の目的	受付年月日・受付番号	権利者その他の事項
1	所有権保存	令和7年6月28日 第12456号	所有者　A
2	処分禁止仮処分 　②	令和7年7月8日 第12987号	原因　令和7年7月6日東京地方裁判所仮処分命令 令 債権者　B
3	差押 　③	令和7年10月28日 第17864号	原因　令和7年10月26日東京地方裁判所担保不動産競売開始決定 債権者　C

権利部　（乙区）　（所有権以外の権利に関する事項）			
順位番号	登記の目的	受付年月日・受付番号	権利者その他の事項
1	抵当権設定 　①	令和7年6月28日 第12457号	原因　令和7年6月28日金銭消費貸借同日設定 債権額　金1000万円 債務者　A 抵当権者　C

　差押登記を単独で抹消することはできません（昭58.6.22民三3672）。
　たしかに、形式的には、差押登記が仮処分の登記に後れるように見えます。しかし、差押登記の根拠となる抵当権は仮処分の登記の前に登記されているため、差押登記は登記記録上仮処分の登記に対抗できることが明らかだからです。
　同じ論理で、仮処分の債権者は、仮処分の登記の後にされた根抵当権の移転の登記や債権の範囲の変更の登記でも、その根抵当権の設定の登記が仮処分の登記の前にされたものであれば、単独で抹消できません（平9.1.29民三150）。

②所有権以外の権利の移転または消滅についての登記請求権を保全するための処分禁止の仮処分（民保法53条1項）

ex. Bは、抵当権の移転の登記手続を求めて、Aを相手方として訴えを提起しました。
　　Bは、Aが抵当権の名義を知人などに移すことに備え、仮処分命令の申立てをし、Aの抵当権について、仮処分の登記が裁判所書記官の嘱託によってされました。その後、Aが知人Cに抵当権の被担保債権を譲渡し、Cへの抵当権の移転の登記がされました。BがAに対する訴訟に勝訴し判決が確定した場合、BはCへの抵当権の移転の登記を単独で抹消できます。

③所有権以外の権利の保存、設定または変更についての登記請求権を保全するための処分禁止の仮処分（民保法53条2項）

これは、「保全仮登記」「仮処分の登記に後れる登記」の内容によって、仮処分の登記に後れる登記を単独で抹消できるかが変わります。

・保全仮登記

不動産の使用または収益をする権利（ex. 地上権の設定の保全仮登記、賃借権の設定の保全仮登記）でなければ、仮処分に後れる登記を単独で抹消できません。

使用または収益をする権利は、他の権利と抵触することがあります。

それに対して、使用または収益をしない権利（ex. 抵当権の設定の保全仮登記）であれば、仮処分に後れる登記を単独で抹消できません。使用または収益をしない権利は、他の権利と抵触せず、純粋に順位保全が目的だからです。

・仮処分の登記に後れる登記

i 所有権以外の不動産の使用または収益をする権利（ex. 地上権）、あるいは、その権利を目的とする権利（ex. 地上権を目的とする抵当権）でなければ、仮処分に後れる登記を単独で抹消できません。保全仮登記が使用または収益をする権利である場合、それと抵触するからです。

ii 不動産の使用または収益をしない権利（ex. 抵当権）であれば、仮処分に後れる登記を単独で抹消できません。保全仮登記が使用または収益をする権利であっても、それと抵触しないからです。

要は

原則として、使用または収益をする権利の保全仮登記の本登記を申請するときに、仮処分に後れる地役権以外の利用権（およびそれを目的とする権利）の登記を単独で抹消できるということです。

③については、これを記憶しておくのがベストです。

6 申請情報の記載事項

上記5では、仮処分の登記に後れる登記を「抹消」する場合をみてきました。それは、仮処分に後れる登記の「全部」が、仮処分の債権者が保全していた登記請求権の登記と抵触する場合です（下記1.の全部失効）。しかし、それだけでなく、「一部」が抵触する場合もありますので（下記2.の一部失効）、分けて申請情報の記載事項をみていきます。

1．全部失効

申請例119 ── 仮処分による失効の登記
　　　　　　　　判決による登記

事例：Aは、令和7年7月8日、所有している建物（甲区1番でA名義の所有権の保
　　　存の登記がされている）をBに売却した。しかし、AがBへの所有権の移転の
　　　登記に協力しない。そこで、Bは、Aを相手方として訴えを提起することにし
　　　たが、Aが不動産の名義を知人などに移すことを恐れ、所有権移転登記請求権
　　　を保全するために処分禁止の仮処分の申立てをし、仮処分の登記が甲区2番で
　　　された。その後、AはCに不動産を贈与し、Cへの所有権の移転の登記が甲区
　　　3番でされた。そして、Bが以下の確定判決を得た。
　　「Aは、別紙物件目録記載の建物について、令和7年7月8日売買を原因とする
　　　所有権移転登記手続をせよ。」
　　　そこで、Bは、令和7年12月10日、Cに所有権の移転の登記を抹消する旨の
　　　通知をした。登記申請日は、令和7年12月21日である。この建物の課税標準
　　　の額は、1000万円である。

1/2

登記の目的	3番所有権抹消
原　　　因	仮処分による失効
義 務 者	C
申 請 人	B
添 付 情 報	代理権限証明情報（Bの委任状）
	通知証明情報（BのCへの通知書）
登録免許税	金1000円

2/2

登記の目的	所有権移転
原　　　因	令和7年7月8日売買
権 利 者	（申請人）B
義 務 者	A
添 付 情 報	登記原因証明情報（判決書正本及び確定証明書）
	住所証明情報（Bの住民票の写し）
	代理権限証明情報（Bの委任状）
課 税 価 格	金1000万円
登録免許税	金20万円

権　利　部　（甲　区）　（所　有　権　に　関　す　る　事　項）			
順位番号	登記の目的	受付年月日・受付番号	権　利　者　そ　の　他　の　事　項
1	所有権保存	令和7年6月28日 第12456号	所有者　A
2	処分禁止仮処分	令和7年7月11日 第13152号	原因　令和7年7月10日東京地方裁判所仮処分 　　　命令 債権者　B
3	所有権移転	令和7年7月12日 第13215号	原因　令和7年7月12日贈与 所有者　C
4	3番所有権抹消	令和7年12月21日 第19987号	原因　仮処分による失効
5	所有権移転	令和7年12月21日 第19987号	原因　令和7年7月8日売買 所有者　B
6	2番仮処分登記 抹消	余　白	仮処分の目的達成により令和7年12月21日登記

　2/2の登記は判決による登記であり、P328〜335 [2] で説明しました。よって、ここでは、1/2の登記（仮処分の登記に後れる登記の抹消の登記）の申請情報の記載事項を説明していきます。

（1）登記の目的
　「○番所有権抹消」「○番抵当権抹消」など、仮処分の登記に後れる登記を抹消する旨を記載します。

（2）登記原因及びその日付
　年月日は、記載しません（昭37.6.18民事甲1562、平2.11.8民三.5000。Ⅰのテキスト第2編第2章第2節 [9] 2.（1）「登記原因は記載するが登記原因日付は記載しない登記④」）。ある時点から権利者でなかったというわけではなく、最初から権利者でなかったことになるため、登記原因日付といえる日がないからです。
　原因は、「仮処分による失効」と記載します（昭37.6.18民事甲1562、平2.11.8民三.5000）。

（3）申請人

仮処分の債権者（上記申請例119だとB）の単独申請です（民保法58条2項、不登法111条1項、2項）。

申請人欄の書き方がかなり変わっていて、上記申請例119のように、

「義務者　　C

　申請人　　B」

などと記載します。

Cの所有権の移転の登記を抹消しA名義となるため、本来は「権利者　A　　義務者　C」と記載すべきです。しかし、Aはまったく申請に関わらないため、申請人であるBを記載するのです。

（4）添付情報

①代理権限証明情報（不登令7条1項2号）

②会社法人等番号（不登令7条1項1号イ）

③通知証明情報（不登令別表71添付情報、72添付情報）

仮処分の債権者（上記申請例119だとB）は、単独で仮処分の登記に後れる登記を抹消するときは、抹消される登記の名義人（上記申請例119だとC）に対し、「抹消しますよ～」という通知をする必要があります（民保法59条1項）。仮処分の登記に後れる登記は仮処分の債権者に対抗できませんが、抹消する際に「一応お知らせくらいはしましょう」という趣旨です。この通知書が添付情報となります。

この通知は、通知を発する時点での抹消される登記の名義人の登記記録上の住所または事務所に宛てて発することができます（民保法59条2項前段）。この通知は、遅くとも、通知を発した日から1週間を経過した時に到達したものとみなされます（民保法59条2項後段）。よって、通知書に加え、通知の到達を証する情報（配達証明）まで提供する必要があるかどうかは、以下のとおりとなります（平2.11.8民三5000）。

・通知を発した日から1週間を経過した後に申請する場合　→　不要（上記申請例119）

・通知を発した日から1週間以内に申請する場合　　　　　→　必要

※登記原因証明情報は、提供しません（不登令7条3項3～5号。Ⅰのテキスト第1編第6章第2節4「登記原因証明情報の提供が不要となる場合⑤」）。同時に上記2/2の登記を申請するため、真正な登記であることが明らかだからです。

※登記識別情報は、提供しません（不登法22条参照）。単独申請だからです（Ⅰのテキスト第1編第6章第3節3 1.「登記識別情報の提供の要否の基本的な判断基準」）。

※印鑑証明書は、提供しません。所有権の登記名義人が登記義務者とならないからです（Ⅰのテキスト第1編第6章第4節3 2.「『認印でよいか』『実印で押印し印鑑証

明書の提供が要求されるか』の判断基準」)。単独申請ですので、登記義務者はいません。

※住所証明情報は、提供しません。Ⅰのテキスト第1編第6章第5節 3 「住所証明情報の提供が要求される場合①〜③」のいずれにも当たらないからです。

（5）登録免許税
抹消の登記として、不動産1個につき1000円です（登免法別表第1.1.（15））。

2．一部失効
申請例120 ── 仮処分による一部失効の登記
　　　　　　　判決による登記

事例：Aは、令和7年7月8日、所有している建物（甲区1番でA名義の所有権の保存の登記がされている）の所有権の一部3分の2をBに売却した。しかし、AがBへの所有権の一部移転の登記に協力しない。そこで、Bは、Aを相手方として訴えを提起することにしたが、Aが不動産の名義を知人などに移すことを恐れ、所有権一部移転登記請求権を保全するために処分禁止の仮処分の申立てをし、所有権の一部についての仮処分の登記が甲区2番でされた。その後、AはCに不動産を贈与し、Cへの所有権の移転の登記が甲区3番でされた。そして、Bが以下の確定判決を得た。

「Aは、別紙物件目録記載の建物について、令和7年7月8日売買を原因とする所有権一部移転登記手続をせよ。」

そこで、Bは、令和7年12月10日、Cに所有権の移転の登記を更正する旨の通知をした。登記申請日は、令和7年12月21日である。この建物の課税標準の額は、900万円である。

1/2

登記の目的	3番所有権更正
原　　　因	仮処分による一部失効
更正後の事項	目的　所有権一部移転
	共有者　持分3分の1　　C
義　務　者	C
申　請　人	B
添 付 情 報	代理権限証明情報（Bの委任状）
	通知証明情報（BのCへの通知書）
登録免許税	金1000円

2/2

登 記 の 目 的	Ａ持分全部移転
原　　　　因	令和７年７月８日売買
権　利　者	（申請人）持分３分の２　Ｂ
義　務　者	Ａ
添 付 情 報	登記原因証明情報（判決書正本及び確定証明書）
	住所証明情報（Ｂの住民票の写し）
	代理権限証明情報（Ｂの委任状）
課 税 価 格	移転した持分の価格　金600万円
登録免許税	金12万円

権 利 部　（甲 区）（所 有 権 に 関 す る 事 項）			
順位番号	登記の目的	受付年月日・受付番号	権 利 者 そ の 他 の 事 項
1	所有権保存	令和７年６月28日第12456号	所有者　Ａ
2	所有権の一部３分の２処分禁止仮処分	令和７年７月11日第13152号	原因　令和７年７月10日東京地方裁判所仮処分命令 債権者　Ｂ
3	所有権移転	令和７年７月12日第13215号	原因　令和７年７月12日贈与 所有者　Ｃ
付記１号	３番所有権更正	令和７年12月21日第19987号	原因　仮処分による一部失効 目的　所有権一部移転 共有者　持分３分の１　Ｃ
4	Ａ持分全部移転	令和７年12月21日第19987号	原因　令和７年７月８日売買 共有者　持分３分の２　Ｂ
5	２番仮処分登記抹消	余　白	仮処分の目的達成により令和７年12月21日登記

　Ｂが保全している登記請求権は、所有権の一部３分の２ですので、Ｃへの所有権の移転の登記のうち３分の１については、抵触しません。よって、Ｃへの所有権の移転の登記を抹消するのではなく、３分の１の移転に更正します。この更正の登記も、仮処分に後れる登記の抹消の登記と同じく、Ｂが単独で申請できます（昭41.2.16民事甲386、平2.11.8民三.5000）。

申請情報の記載事項ですが、これも、2/2の登記は判決による登記であり、P328～335$\boxed{2}$で説明しました。よって、ここでも、1/2の登記（仮処分の登記に後れる登記の更正の登記）の申請情報の記載事項を説明していきます。なお、以下の点を除いて、P356～359の全部失効の場合の仮処分に後れる登記の抹消の登記と同じです。

（1）登記の目的

「○番所有権更正」など、仮処分の登記に後れる登記を更正する旨を記載します。

（2）登記原因及びその日付

年月日は、記載しません（平2.11.8民三.5000。Ⅰのテキスト第2編第2章第2節$\boxed{9}$2.（1）「登記原因は記載するが登記原因日付は記載しない登記④」）。

原因は、「仮処分による一部失効」と記載します（平2.11.8民三.5000）。

（3）更正後の事項

更正後の事項として、正しい登記事項を記載します。

更正後の事項の書き方は、Ⅰのテキスト第2編第4章$\boxed{2}$3.の方法によります。

（4）登録免許税

更正の登記として、不動産1個につき1000円です（登免法別表第1．1．（14））。

$\boxed{7}$　処分禁止の仮処分の登記の職権抹消

仮処分の債権者が保全していた登記請求権についての登記をした場合、処分禁止の仮処分の登記（P357の甲区2番やP360の甲区2番の登記）が職権で抹消されるかという問題があります。以下の2つに分けて考える必要があります。

1．「処分禁止の仮処分の登記のみ」がされている場合（P347①、②）

この場合、処分禁止の仮処分の登記が職権で抹消されるかは、以下のとおりです。

（1）仮処分の登記に後れる登記を単独で抹消・更正する場合

処分禁止の仮処分の登記は、職権で抹消されます（不登法111条3項）。上記$\boxed{6}$でみた申請例119と申請例120がこの例ですが、P357の甲区6番、P360の甲区5番で職権抹消の登記がされています。

　P347①、②の仮処分の登記は、その後で登記がされた場合にその登記を抹消するためにします。よって、仮処分の債権者が仮処分の登記に後れる登記を単独で抹消する場合、仮処分の効力が使われたことが明らかなので、職権で抹消されるのです。

（2）仮処分の登記に後れる登記を単独で抹消・更正しない場合

　この場合は、処分禁止の仮処分の登記は、職権で抹消されません（不登法 111 条 3 項参照）。「仮処分の登記に後れる登記を単独で抹消・更正しないなんてことがあるの？」と思われたかもしれません。しかし、たとえば、P351 の ex. のように、保全している登記が所有権の登記請求権で、仮処分の登記に後れる登記が仮処分の債務者が設定した抵当権の設定の登記であれば、抵触しないため、後れる登記である抵当権の設定の登記を抹消しなくても OK です。

　上記（1）と異なり、仮処分の債権者が仮処分の登記に後れる登記を単独で抹消しないと、仮処分の効力が使われたことが明らかではないため、職権で抹消されないのです。

　この場合、処分禁止の仮処分の登記は、仮処分の債権者の申立てを受け、裁判所書記官が抹消の登記を嘱託します（民保規 48 条 1 項）。

2.「処分禁止の仮処分の登記＋保全仮登記」がされている場合（P347③）

　保全仮登記に基づく本登記がされた場合、仮処分の債権者が仮処分の登記に後れる登記を単独で抹消したかどうかにかかわらず、処分禁止の仮処分の登記は職権で抹消されます（不登法 114 条）。

　保全仮登記の余白（P349）に本登記がされるため、仮処分の効力が使われたことが明らかだからです。

8　保全仮登記の更正の登記

　ちょっと変わったハナシですが、保全仮登記（P349）がされた後、判決などに基づいて本登記を申請しようとする場合に、登記された保全仮登記の登記事項と判決などに記載された登記事項が異なる場合があります。保全仮登記に誤りがあるわけです。この場合、本登記の前提として、保全仮登記の更正の登記をする必要があります。この更正の登記は、当事者の共同申請によることはできず（平 2.11. 8 民三.5000）、仮処分命令を発した裁判所の更正決定に基づき、裁判所書記官の嘱託によってする必要があります（民保法 60 条 1 項、3 項）。

【MEMO】

第6章	代位による登記

民法423条（債権者代位権の要件）

1　債権者は、自己の債権を保全するため必要があるときは、債務者に属する権利（以下「被代位権利」という。）を行使することができる。ただし、債務者の一身に専属する権利及び差押えを禁じられた権利は、この限りでない。

1　実体（民法）→登記

　債権者が債権を保全する必要がある場合に、債権者が債務者の権利（被代位権利）を代わりに行使するというのが、債権者代位です（民法423条1項本文）。
—— 民法Ⅲのテキスト第5編第3章第3節 1 1.　債権者が代わりに行

使する債務者の権利が登記請求権である場合に、不動産登記のハナシとなります。
　なお、債権者の被保全債権は、金銭債権（債務者が無資力である場合）に限られず、登記請求権でも構いません（民法423条の7前段）。—— 民法Ⅲのテキスト第5編第3章第3節 1 4. (1)

2　申請情報の記載事項

申請例121 —— 代位による登記

事例：Aは、令和7年7月8日、所有している建物（甲区1番でA名義の所有権の保存の登記がされている）をBに売却した。その後の令和7年10月28日、BはCにこの建物を売却した。しかし、BがAからBへの所有権の移転の登記に協力しない。Aは登記申請に協力する（＊）。この建物の課税標準の額は、1000万円である。

＊Aの登記申請意思は申請により、Bの登記申請意思は代位により用意します。Aも協力しないのであれば、CはAを相手方として訴えを提起して、Aの登記申請意思も用意する必要があります（P327 の「登記申請意思をすべて用意する」）。

登記の目的	所有権移転
原　　　因	令和7年7月8日売買
権　利　者	（被代位者）B
代　位　者	C
代位原因	令和7年10月28日売買の所有権移転登記請求権
義　務　者	A
添付情報	登記原因証明情報（AB間の売買契約書）
	登記識別情報（Aの甲区1番の登記識別情報）
	印鑑証明書（Aの印鑑証明書）
	住所証明情報（Bの住民票の写し）
	代理権限証明情報（C及びAの委任状）
	代位原因証明情報（BC間の売買契約書）
課税価格	金1000万円
登録免許税	金20万円

権　利　部　（甲　区）　（所　有　権　に　関　す　る　事　項）			
順位番号	登記の目的	受付年月日・受付番号	権　利　者　そ　の　他　の　事　項
1	所有権保存	令和7年6月28日 第12456号	所有者　A
2	所有権移転	令和7年12月21日 第19987号	原因　令和7年7月8日売買 所有者　B 代位者　C 代位原因　令和7年10月28日売買の所有権移転 　　登記請求権

※登記識別情報の通知

　上記の登記がされても、Bには登記識別情報は通知されません。Bは新たに登記名義人となっていますが、申請人ではないからです（Ⅰのテキスト第1編第6章第3節 [2] 1.（1）の①の要件を充たしません）。

　よって、この後、Bが登記識別情報を提供すべき登記を申請するときは、Ⅰのテキスト第1編第6章第3節 [5] 2.（1）〜（3）のいずれかの方法によります。「代位による登記→登記識別情報を提供できない→Ⅰのテキスト第1編第6章第3節 [5] 2.（1）〜（3）のいずれかの方法になる（（2）の資格者代理人による本人確認情報の提供の方法になることが多いです）」は、記述の典型的な出題方法です。あらかじめ思考過程を準備しておいてください。

代位による登記も原型の登記を修正する登記

　上記申請例 121 は、売買を原因とする所有権の移転の登記の代位による登記であり、以下の説明も、この登記を基にしていきます。しかし、やはりこれもあくまで例にすぎません。代位による登記も原型の登記を修正する登記であり、どのように修正しているのかを身につけるという学習方法となります。判決による登記と同じく、本試験では以下のように思考することになります。

P329＝
P407
P421

①原型の登記を思い出す

ex. 上記申請例 121 では、ＡＢ間の売買を原因とする所有権の移転の登記（Ⅰのテキスト第2編第2章第2節 □2.の申請例7）

②上記①の登記を代位による登記によって修正する

　代位による登記は複雑にみえますが、実は原型の登記に以下の3点（「代位」による登記であるため必要となる3点）を加えただけです。

ⅰ　代位者（および「(被代位者)」の記載）

ⅱ　代位原因

ⅲ　代位原因証明情報

1．登記の目的

　「所有権移転」など原型の登記（上記申請例 121 ではＡＢ間の売買を原因とする所有権の移転の登記）の登記の目的を記載します。

2．登記原因及びその日付

　「年月日売買」など原型の登記の登記原因及びその日付を記載します。上記申請例 121 では、ＡＢ間の売買を登記原因及びその日付として記載します。

3．申請人

　代位者が被代位者の代わりに申請しますので、上記申請例 121 のように、

　「権利者　　（被代位者）Ｂ

　　代位者　　Ｃ

　　義務者　　Ａ」

　などと、代位者を記載し、代位される者に「(被代位者)」と記載します（不登令3条4号。上記ⅰ）。

4．代位原因（不登令3条4号。上記ⅱ）

　代位原因を記載します。「代位原因」とは、被保全債権（代位者の被代位者に対する債権）の発生原因のことです。

　上記申請例121では、CのBに対する登記請求権が被保全債権ですので（民法423条の7前段）、CのBに対する登記請求権の発生原因である「令和7年10月28日売買の所有権移転登記請求権」と記載します（記録例637）。

　他の典型的な代位原因の例を3つほど挙げておきます。

① 「年月日設定の抵当権（根抵当権）設定登記請求権」（記録例639）

　たとえば、Cは、Bが所有している不動産に抵当権（根抵当権）の設定を受けました。しかし、不動産の名義はまだ前所有者のAにあり、BがAからBへの所有権の移転の登記に協力しません。そこで、Cが抵当権（根抵当権）設定登記請求権を保全するために、Bに代位してAからBへの所有権の移転の登記を申請する場合の代位原因がこの①です。

② 「年月日金銭消費貸借の強制執行」（記録例638）

　たとえば、Cは、Bに金銭消費貸借に基づく貸金返還請求権を有しています。Bが弁済期を過ぎても返済しないため、CはBに対する勝訴判決に基づいてBの不動産を競売（強制執行）しようと考えています。しかし、不動産の名義はまだ前所有者のAにあり、BがAからBへの所有権の移転の登記に協力しません。そこで、Cが強制執行をするために、Bに代位してAからBへの所有権の移転の登記を申請する場合の代位原因がこの②です。

③「年月日設定の抵当権（根抵当権）の実行による競売」

　　この③の代位原因がどのような場合かは、下記5.③で説明します。

5．添付情報

　　以下の添付情報が加わる点を除いて、原型の登記と同じです。

・代位原因証明情報（不登令7条1項3号。上記iii）

　　上記4.の代位原因（被保全債権の発生原因）を証する必要があります。

　　上記申請例121では、CのBに対する登記請求権が被保全債権ですので、それを証するBC間の売買契約書が代位原因証明情報となります。

　　このように、代位原因証明情報は、公務員が職務上作成した情報でなければならないわけではなく、登記官が被保全債権が存在することを確認できるものであればOKです（昭23.9.21民事甲3010）。

　　他の典型的な代位原因証明情報の例を4つほど挙げておきます。下記①～③は、上記4.の①～③に対応しています。

①抵当権（根抵当権）設定契約書

　　上記4.の①の例だと、BC間の抵当権（根抵当権）設定契約書が当たります。

②金銭消費貸借契約書

　　上記4.の②の例だと、BC間の金銭消費貸借契約書が当たります。

③競売申立受理証明書

　　代位によって相続登記をする場合に、競売申立受理証明書が必要となることがあります。

　　たとえば、Cは、Aが所有している不動産に抵当権（根抵当権）の設定を受けました。Aが弁済期を過ぎてもこの抵当権（根抵当権）の被担保債権の返済をしないため、CはAの不動産を競売しようと考えています。しかし、Aが死亡してしまいました。相続人は、Bのみです。この場合、Bへの相続登記をしなければ、競売手続を進めることができません。死者名義の不動産に民事執行をすることはできないからです。

このように、競売しよう
としている不動産の所有者
が死亡している場合の競売
手続は、通常の競売手続よ
りも踏まなければならない
ステップが多くなります。
　まず競売の申立てをする
点は同じですが、所有者が死
亡しているため、すぐに競売
開始決定はされません。抵当
権者（根抵当権者）が代位に
よって相続登記をする必要
があります。この相続登記の
際、競売申立受理証明書が代
位原因証明情報となります
（昭62.3.10民三.1024）。

④ 仮差押決定の正本

　不動産の買主の仮差押債権者が、買主への所有権の移転の登記を代位申請する場合
に、これが代位原因証明情報となります（昭24.2.25民事甲389）。

6. 登録免許税

　原型の登記と同じです。

3 代位による登記の可否

　この 3 では、事案ごとに代位による登記が認められるかを考えていきます。

代位による登記の可否の基本的な判断基準

（原則）債権者は、**債務者ができることしかできません。**債務者の権利を代わりに行
　　　　使するのが、債権者代位だからです。言い換えると、**債務者ができることは**
　　　　できます。よって、基本的には、**代位による登記はできる方向にいきます。**
（例外）債務者ができることでも、**共同申請の申請人の一方が他方に代位すること**
　　　　（ex. 登記権利者が登記義務者に代位すること）はできません。これがで
　　　　きると、共同申請による登記はすべて単独でできることになってしまい、共
　　　　同申請主義が崩れてしまうからです。

1．所有権に関する登記
（1）所有権の保存の登記

　所有権の保存の登記のような単独申請による登記も、債権者が代位して単独で申請できます。債務者が単独でできる登記だからです（P369 の「代位による登記の可否の基本的な判断基準」原則）。

ex1. Aが所有している不動産に抵当権の設定を受けたBは、Aが所有権の保存の登記を申請しない場合、抵当権の設定の登記請求権を保全するために、所有権の保存の登記を代位によって単独で申請できます（大4.11.6民1701、昭23.9.21民事甲3010）。

ex2. 株式会社Aが所有している工場財団に抵当権の設定を受けたBは、Aが工場財団の所有権の保存の登記を申請しない場合、抵当権の設定の登記請求権を保全するために、工場財団の所有権の保存の登記を代位によって単独で申請できます（大11.11.30民4264）。工場財団の所有権の保存の登記であっても、債務者が単独でできる登記に変わりはないからです。

ex3. 未登記の国有地について、私人Bが国に対して時効取得を原因とする所有権移転登記手続請求訴訟を提起し、勝訴しました。この場合、Bは、所有権の移転の登記請求権を保全するために、国に代位して、国名義の所有権の保存の登記を申請できます（昭55.11.25民三.6757）。債権者が国であっても、債務者が単独でできる登記に変わりはないからです。なお、判決があるので、B名義で所有権の保存の登記をすることもできます（昭55.11.25民三.6757。不登法74条1項2号〔Iのテキスト第2編第1章③3.〕）。

　ただし、代位によってできない所有権の保存の登記もあります。

　敷地権付き区分建物の表題部所有者Bが、この敷地権付き区分建物をAに売却しました。同時に、BとAは、このBの売買代金債権を担保するために、Aの所有となったこの敷地権付き区分建物にBの抵当権を設定しました。しかし、Aが所有権の保存の登記を申請しません。この場合でも、BはAに代位して、所有権の保存の登記を単独で申請することはできません（昭63.1.19民三.325）。

　Bは、自分の名義で所有権の保存の登記ができ（Iのテキスト第2編第1章③5.（4））、それをしたうえで、Aに所有権の移転の登記をすればよいからです。つまり、他の手段があるのです。また、表題部所有者から区分建物の所有権を取得した者による所有権の保存の登記（不登法74条2項）は、実質的にはAとBの共同申請に近い登記です（添付情報でBが関わります）。よって、代位による登記が認められると、共同申請主義の考え方が崩れてしまうともいえます（P369 の「代位による登記の可否の基本的な判断基準」例外）。

（2）所有権の移転の登記

（a）登記権利者が登記義務者に代位すること

　たとえば、Aが所有している建物をBに売却しました。Aが所有権の移転の登記を申請しない場合でも、BがAに代位して所有権の移転の登記を申請することはできません（P369 の「代位による登記の可否の基本的な判断基準」例外）。

　ただし、AがBに対して、売買代金債権とは別の債権（ex. 不法行為に基づく損害賠償請求権）を有している場合、Bが所有権の移転の登記を申請しないときは、AがBに代位して所有権の移転の登記を申請することができます（昭 24.2.25 民事甲 389）。

　別の債権を被保全債権とするからです。また、Bは、別の債権に基づくAの申立てによる競売を恐れて所有権の移転の登記をしないと考えられます。そこで、Aとしては、Bに所有権の移転の登記をし、競売の申立てをする必要があるのです。

（b）相続登記

　相続登記のような単独申請による登記も、債権者が代位して単独で申請できます。債務者が単独でできる登記だからです（P369 の「代位による登記の可否の基本的な判断基準」原則）。

ex. Aが死亡し、子BCがAを相続しました。共同相続人の1人Bの債権者Dは、Bに代位して、BC名義の相続登記を申請できます（昭 49.2.12 民三.1018）。

　Dは、Bの債権者であって、Cの債権者ではありません。にもかかわらず、BC名義の相続登記を申請できるのは、Bが保存行為としてBC名義の相続登記を申請できるからです（Ⅰのテキスト第2編第2章第3節1 2.（3）（b））。B（債務者）ができることをD（債権者）はできます。

　なお、被代位者であるBが法定代理人のない未成年者であっても、Dは代位によって相続登記を申請できます（昭 14.12.11 民事甲 1359）。相続登記であるため、未成年者に不利益はないと考えられるからです。

※債権者代位によってされた相続登記の更正の登記・抹消の登記

　上記 ex.のように、Dの代位によって相続登記がされました。その後、Cが相続放棄をしていたことが判明した場合のB単有にする更正の登記や、BCが相続放棄をしていたことが判明した場合の抹消の登記も、Dが代位して単独で申請できるでしょうか。

　更正の登記はできると解されますが、抹消の登記はできません（昭52.4.15民三.2379）。

　相続放棄がされた場合の所有権の更正の登記は、Bが単独で申請できるようになりました（令5.3.28 民二.538。Ⅰのテキスト第2編第4章 2 4.（1）（b）②）。Bが単独でできる登記です（P369 の「代位による登記の可否の基本的な判断基準」原則）。

　それに対して、相続放棄がされた場合の所有権の抹消の登記は、共同申請によります（Ⅰのテキスト第2編第5章第2節 2 3.（1）、（2）「抹消される登記がどのような申請構造によって申請されたかは関係がない」）。よって、Bが単独でできる登記ではありません（P369 の「代位による登記の可否の基本的な判断基準」原則）。

（c）すでに所有権を有していない者の債権者による代位

　たとえば、不動産が「A→B→C」と売却されましたが、まだ登記名義がAにあります。この場合、Bの債権者Dは、Bに代位してAとともにAからBへの所有権の移転の登記を申請できるでしょうか。

　できます（最判昭46.11.30）。

　Bはすでに所有権を有していませんが、BはAに対する登記請求権を失いません（大判大5.4.1）。── 民法Ⅱのテキスト第3編第1章第3節 4 5.（1）（b）③ex. よって、Bができる登記となります。そして、Bができる登記はDが代位によってできます（P369 の「代位による登記の可否の基本的な判断基準」原則）。

（d）代位行使する権利の代位行使

　代位行使する権利を、さらに代位行使することもできます（最判昭39.4.17）。── 民法Ⅲのテキスト第5編第3章第3節 1 4.（1）（b）

ex. 不動産が「A→B→C→D」と売却されましたが、まだ登記名義がAにあります。
　　この場合に、Dは、Cの債権者として、CがBに代位してAに対し行使できる所有権の移転の登記請求権を、さらに代位行使できます（登研305P75 参照）。

Cは、Bに代位してAに対しBの所有権の移転の登記請求権を行使できます。Dは、Cの債権者であり、Cができることはできるので、Cの代位行使する権利をさらに代位行使することもできるのです（P369 の「代位による登記の可否の基本的な判断基準」原則）。

（3）所有権の抹消の登記

　「A→B→C」と所有権の移転の登記がされていますが、B、Cに所有権が移転した事実はなく、Aが所有権を有しています。この場合に、以下の判決が確定したときは、どのような方法で登記を申請すべきでしょうか。
　「当該不動産は、原告Aの所有であることを確認する。」
　「被告Bは、被告名義の所有権取得登記の抹消手続をせよ。」
　「被告B、同Cは、被告C名義の所有権取得登記の抹消手続をせよ。」
　Aは、以下の登記を申請すべきです（昭 43.5.29 民事甲 1830）。登記申請意思は、以下のように用意されているため、Aが単独で申請できます（P327 の「登記申請意思をすべて用意する」）。
1/2　C名義の所有権の移転の登記の抹消の登記
登記権利者B：代位で登記申請意思が用意
登記義務者C：判決で登記申請意思が用意
2/2　B名義の所有権の移転の登記の抹消の登記
登記権利者A：申請で登記申請意思が用意
登記義務者B：判決で登記申請意思が用意
　上記2件の登記を申請する必要があるのは、抹消の登記は巻戻抹消の方法で行う必要があるからです（Ⅰのテキスト第2編第5章第2節 2 3.（3））。

（4）買戻権の抹消の登記

　買戻権が消滅した場合、抵当権の実行による競売開始決定に基づく差押えの登記がされている抵当権者は、所有権の登記名義人に代位して買戻権者と共同で買戻権の抹消の登記を申請できます（平 8.7.29 民三.1367）。
　買戻権の抹消の登記は、原則として、所有権の登記名義人と買戻権者が共同で申請すべき登記です（Ⅰのテキスト第2編第6章第5節 2 3.（1））。よって、抵当権者が所有権の登記名義人に代位して買戻権者と共同で申請できるのです（P369 の「代位による登記の可否の基本的な判断基準」原則）。

2．抵当権に関する登記

　抵当権の登記事項に変更が生じた場合または錯誤（間違い）・遺漏（モレ）があった場合に、抵当権の変更の登記または更正の登記を抵当権者が設定者に代位して申請することはできません。

ex. Aが所有している不動産に、Cを債務者とするBの抵当権の設定の登記がされています。Cの氏名（名称）・住所に変更または錯誤・遺漏がある場合に、BはAに代位して、Cの氏名（名称）・住所の変更の登記または更正の登記を申請することはできません（昭36.8.30民事三.717）。

　抵当権の変更の登記または更正の登記は、抵当権者と設定者が共同で申請する登記です。そこで、抵当権者が設定者に代位できると、共同申請による登記はすべて単独でできることになってしまい、共同申請主義が崩れてしまうからです（P369 の「代位による登記の可否の基本的な判断基準」例外）。

3．賃借権の設定登記請求権を保全するため

　たとえば、Cは、Bが所有している不動産に賃借権の設定を受けました。しかし、不動産の名義はまだ前所有者のAにあり、BがAからBへの所有権の移転の登記に協力しません。この場合、Cは、賃借権の設定登記請求権を保全するため、Bに代位して、AとともにAからBへの所有権の移転の登記を申請できるでしょうか。

　債権者代位権を行使するには被保全債権が必要であるため、これは、Cに賃借権の設定登記請求権があるかどうかによります。賃借権の設定登記請求権は、登記をする特約がある場合に生じます（大判大 10.7.11）。—— 民法Ⅲのテキスト第7編第5章第3節 1 1.（2）（a）

・賃借権の設定の登記をする特約がある
　　→　Cは、代位によって登記を申請で
　　　　きます。

・賃借権の設定の登記をする特約がない
　　→　Cは、代位によって登記を申請で
　　　　きません。

4．名変登記

（1）抵当権者による所有権の登記名義人の名変登記の代位

抵当権の設定者である所有権の登記名義人の氏名（名称）・住所に変更または錯誤・遺漏がある場合に、抵当権者は、設定者に代位して、所有権の登記名義人の名変登記を申請することができます（大4.11.6民1701）。抵当権者が競売を申し立てる前提として、この代位の登記をすることがあります。

所有権の登記名義人の名変登記は、所有権の登記名義人が単独で申請できる登記です（不登法64条1項。P316の4.）。よって、抵当権者が代位によって単独で申請できるのです（P369の「代位による登記の可否の基本的な判断基準」原則）。上記2.のex.との違いにご注意ください。上記2.のex.と違い、これは所有権の登記名義人が単独で申請できる登記ですので、共同申請主義が崩れることにはなりません。

（2）仮登記権利者による仮登記義務者の名変登記の代位

仮登記をする場合に、仮登記義務者の氏名（名称）・住所に変更または錯誤・遺漏があるときは、仮登記の前提として名変登記を申請する必要があります（登研215P68。P318（1））。この名変登記は、仮登記権利者が、仮登記義務者の仮登記の申請についての承諾証明情報（P254⑤）を代位原因証明情報として提供して、仮登記義務者に代位して単独で申請できます。

この名変登記は、仮登記義務者が単独で申請できる登記です（不登法64条1項。P316の4.）。よって、仮登記権利者が代位によって単独で申請できるのです（P369の「代位による登記の可否の基本的な判断基準」原則）。

5．分筆の登記

たとえば、土地を所有しているAが死亡し、子BCDへの相続を原因とする所有権の移転の登記がされました。その後、この土地を三筆に分筆し、二筆の土地をBが取得し、一筆の土地

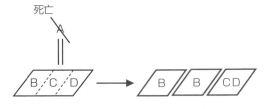

をCDが取得する遺産分割調停が成立した場合、BはCDに代位して分筆の登記をすることができるでしょうか。

できます（平2.4.24民三.1528）。

BはCDに対して持分移転登記請求権を有しており、遺産分割調停の内容を実現するには分筆の登記をする必要があるからです。

第7章　　　　　　　　　　**区分建物の登記**

　所有権の保存の登記（Ⅰのテキスト第2編第1章③5.）で簡単に区分建物について説明しましたが、この第7章ではより詳しくみていきましょう。

1 区分建物とは？

　区分建物の典型例はマンションの1室なので、マンションを例に説明していきます。まず、以下の用語が何を指すのかを押さえてください。

・一棟の建物　　　　　：たとえば、マンション自体のこと
・区分建物（専有部分）：一棟の建物の構造上区分された部分で独立して住居、店舗などの用途に供することができるもの（不登法2条22号）。たとえば、マンションの1室のことです。

> ＊「区分建物」と「専有部分」は、同じ意味です。手続法（不動産登記法）では「区分建物」といい（不登法2条22号）、実体法（区分所有法）では「専有部分」といいます（区分所有法2条3項）。

・敷地利用権　　　　　：区分建物（専有部分）を所有するための建物の敷地（土地）に関する権利（区分所有法2条6項）。たとえば、土地の所有権、地上権、賃借権。土地上に適法に建物を所有するためには、その敷地を利用できる権利が必要です。

　マンションは、区分建物（503号室など）ごとに所有権が成立します。敷地は、各部屋の住人全員で共有しており、住人は敷地に持分を有しています。敷地利用権が所有権であれば所有権を、地上権であれば地上権を住人全員で共有しています。1000㎡の1つの敷地を50人で共有しているなどというのが、マンションの敷地の権利関係です。

2 敷地権付き区分建物と敷地権の登記のない区分建物

　区分建物には、下記1.と2.の2種類があります。

1．原則 ── 敷地権付き区分建物

（1）敷地権付き区分建物とは？

敷地権付き区分建物：区分建物と敷地利用権の分離処分が原則として禁止される区
分建物（区分所有法 22 条 1 項本文）

敷地利用権が共有の
場合、区分建物と敷地
利用権を別々に処分す
ることは原則としてで
きません（区分所有法
22 条 1 項本文）。一軒家
と異なり、区分建物は敷地利用権と別々に処分する必要性が低いからです。よって、た
とえば、マンションの 1 室を売るには、敷地利用権の持分も一緒に売る必要があります。

（2）敷地権

（a）敷地権とは？

敷地権：区分建物の敷地利用権（登記されたものに限る）であって、区分建物と分
離して処分することができないもの（不登法 44 条 1 項 9 号）

上記（1）のとおり、敷地権付き区分建物は、原則として区分
建物と敷地利用権を別々に処分することができません。このよう
な敷地利用権を「敷地権」といいます。つまり、敷地権は、敷地
利用権の一種で、敷地利用権よりも狭い概念です。では、「敷地
権ではない敷地利用権はあるのか？」ということですが、それが
後記 2.の敷地権の登記のない区分建物の敷地利用権です。

（b）敷地権の登記

敷地権は、区分建物の登記記録および敷地の登記記録に登記されます。

区分建物の表題部に敷地権の登記がされると、登記官が職権で、敷地の権利部に、
所有権、地上権または賃借権が敷地権である旨の登記をします（不登法 46 条）。この
敷地の権利部にされる敷地権である旨の登記は、地上権・賃借権であっても主登記で
されます。

……といわれてもイメージが湧かないでしょうから、登記記録をみてみましょう。
以下が、敷地権が所有権である場合の区分建物と敷地の登記記録です。敷地権付き区
分建物の登記記録は複雑なので、以下の登記記録のどの部分が、敷地権付き区分建物
のどの部分を表しているのか、先に図を示し番号をふっておきました。右の図の番号

は、登記記録の横にふった番号に対応します。

【区分建物の登記記録】

＊これは 503 号室の登記記録ですが、部屋ごとにこのような登
記記録が作成されます。

①

専有部分の家屋番号	3−101 ～ 3−506				
表 題 部 　(一棟の建物の表示)		調製	余 白	所在図番号	余 白
所　　　在	新宿区新宿三丁目3番地			余 白	
建物の名称	リアリスティックリバーサイド			余 白	
① 構　　造		② 床 面 積 ㎡		原因及びその日付〔登記の日付〕	
鉄筋コンクリート造陸屋根5階建		1 階　600 ¦ 25		〔令和7年6月24日〕	
		2 階　580 ¦ 52			
		3 階　580 ¦ 52			
		4 階　580 ¦ 52			
		5 階　437 ¦ 23			

②

表 題 部 　(敷地権の目的である土地の表示)				
①土地の符号	② 所 在 及 び 地 番	③ 地 目	④ 地 積 ㎡	登 記 の 日 付
1	新宿区新宿三丁目3番	宅地	1000 ¦ 00	令和7年6月24日

③

表 題 部 　(専有部分の建物の表示)			不動産番号	0100012345678
家屋番号	新宿三丁目　3番の503		余 白	
建物の名称	503		余 白	
① 種　類	② 構　　造	③ 床 面 積 ㎡	原因及びその日付〔登記の日付〕	
居宅	鉄筋コンクリート造1階建	5階部分 83 ¦ 55	令和7年6月23日新築 〔令和7年6月24日〕	

④

表 題 部 　(敷地権の表示)			
①土地の符号	②敷地権の種類	③ 敷 地 権 の 割 合	原因及びその日付〔登記の日付〕
1	所有権	10000 分の 500	令和7年6月23日敷地権 〔令和7年6月24日〕
所 有 者	株式会社Aホーム		

権 利 部 （甲 区） （所 有 権 に 関 す る 事 項）			
順位番号	登記の目的	受付年月日・受付番号	権 利 者 そ の 他 の 事 項
1	所有権保存	令和7年6月28日 第12456号	所有者　株式会社Aホーム 　　会社法人等番号　1234-01-789012（＊）

＊令和6年4月1日から、会社法人等番号も登記事項となりました（不登法73条の2第1項1号）。

　区分建物の表題部は、上記のように、「①②」（一棟の建物と敷地全体）と「③④」（区分建物とその敷地権の持分）に大きく分かれます。④について説明を加えます。

「所有権」　　　　　　　　：敷地権の種類（地上権なら「地上権」、賃借権なら「賃借権」と記録されます）

「10000分の500」　　　　：敷地権の割合。敷地は、各部屋の住人全員で共有していますが、その敷地の持分割合のことです。

「令和7年6月23日敷地権」　：敷地が敷地権となった日

【敷地の登記記録】

表 題 部 　（土地の表示）		調製	余 白	不動産番号	0205416548412
地図番号	余 白	筆界特定	余 白		
所　　　在	新宿区新宿三丁目			余 白	
① 地　番	② 地　目	③ 地　積　㎡		原因及びその日付［登記の日付］	
3番	宅地	1000 ¦ 00		余 白	
所 有 者	株式会社Aホーム				

②

権 利 部 （甲 区） （所 有 権 に 関 す る 事 項）			
順位番号	登記の目的	受付年月日・受付番号	権 利 者 そ の 他 の 事 項
1	所有権保存	令和6年6月28日 第11542号	所有者　株式会社Aホーム 　　会社法人等番号　1234-01-789012（＊）
2	所有権敷地権	余 白	建物の表示　新宿区新宿三丁目3番地 　一棟の建物の名称　リアリスティックリバーサイド 令和7年6月24日登記

＊令和6年4月1日から、会社法人等番号も登記事項となりました（不登法73条の2第1項1号）。

　土地について、上記の甲区2番のように敷地権である旨の登記がされると、その後は、原則として土地の権利部について登記がされません。敷地権付き区分建物の場合、区分建物についてされた権利に関する登記は、原則として敷地権についてされた登記としての効力も有するからです（不登法73条1項柱書本文）。敷地権付き区分建物は分離処分が禁止されるため、区分建物と敷地利用権が同じ運命をたどります。よって、このような扱いとなっています。つまり、「敷地権である旨の登記（上記の甲区2番の登記）で敷地の登記は締め切るよ。敷地の運命は区分建物と原則として同じだから、区分建物の登記記録を見てね。」ということです。

2．例外 ── 敷地権の登記のない区分建物

　　敷地権の登記のない区分建物：区分所有者同士で定めた規約により、区分建物と敷
　　　　　　　　　　　　　　　　地利用権の分離処分が認められている区分建物（区
　　　　　　　　　　　　　　　　分所有法22条1項ただし書）

　区分所有者同士で分離処分を認める規約を定めれば、区分建物のみまたは敷地のみを処分することができるとすることもできます。

　敷地権の登記のない区分建物だと、P378〜379のような敷地権の登記がされません。よって、各部屋の住人全員で共有している敷地は、1人の住人が持分を処

分する度に、1つ1つ登記されることになります。よって、敷地の権利部には、「甲区87番」「乙区90番」など、ものすごい数の登記がされることになります……。

＊ 3 以降は、敷地権付き区分建物に絞って説明をしていきます。

3　分離処分の禁止の「処分」とは？

　敷地権付き区分建物は、区分建物と敷地利用権を別々に処分することは原則としてできません（区分所有法22条1項本文。P377（1））。よって、たとえば、敷地権の種類が所有権である場合に、敷地についてのみ所有権の移転の登記をするといったことはできません。

　しかし、すべての登記がこの「処分」に当たるわけではありません。登記ごとに、分離処分の禁止に当たり登記ができないのかを考えていく必要があります。

区分建物のみまたは敷地のみについてしかできない登記、あるいは、区分建物のみまたは敷地のみについてするべき登記であれば、区分建物のみまたは敷地のみについての登記を申請することができます。

①敷地が敷地権（所有権）の目的となった後は、区分建物のみまたは敷地のみについて、所有権（持分）の移転の登記（仮登記を除きます）を申請することはできません。

試験では、「判決があればできそう」「相続だったらできそう」などと思わせるひっかけが出題されますが、とにかくこの①はダメです。

②敷地権が所有権である場合、利用権の登記は、登記原因日付と敷地が敷地権の目的となった日の前後に関係なく、区分建物のみまたは敷地のみについて申請することができます（これは利用権の仮登記でも同じです）。

ex1. 敷地権付き区分建物について、区分建物のみまたは敷地のみを目的とする賃借権の設定の登記を申請することができます。

ex2. 敷地権付き区分建物について、敷地のみを目的とする区分地上権（地下を目的とするもの）の設定の登記を申請することができます。

利用権は、建物のみまたは土地のみを目的とする権利だからです。

＊この第7章において以下、特に記載のない限り、敷地権の種類は所有権とします。

1．所有権

以下の時系列の場合、所有権の移転の仮登記をすることができるでしょうか。

①区分建物のみまたは敷地のみについて売買契約がされた
②敷地が敷地権の目的となり敷地権の登記（P378④）がされた
③上記①に基づいて区分建物のみまたは敷地のみについて所有権の移転の仮登記の申請がされた

できます。所有権でも仮登記であれば、仮登記の登記原因（①）が敷地が敷地権の目的となる（②）前に生じていれば、申請（③）は敷地が敷地権の目的となった（②）後でも構いません（不登法73条2項ただし書、3項ただし書）。（※）

　所有権（持分）の移転の登記であればダメです（上記の「Realistic rule①」）。しかし、仮登記なら、仮登記をした後にすぐに本登記ができるわけではありません。本登記は、上記の Realistic rule ①があるため、敷地権の登記が抹消されないとできません。また、敷地権の登記が抹消されたときに備え、順位保全（仮登記）をしておく意味があります。

※「敷地が敷地権の目的となった日」とは？

　「敷地が敷地権の目的となった日」が基準です。この後も、この日が基準になることがあります。これは、P378 の登記記録でいうと、④の右下の「令和7年6月23日 敷地権」のことです。その下に記録されている「〔令和7年6月24日〕」ではありませんので、ご注意ください。平成28年度第20問は、ここまで正確にわかっていないと解けない問題でした。

２．担保物権
（１）抵当権
（ａ）抵当権の設定の登記

　以下の時系列の場合、抵当権の設定の登記をすることができるでしょうか。

①区分建物のみまたは敷地のみについて抵当権の設定契約がされた
②敷地が敷地権の目的となり敷地権の登記（P378④）がされた
③上記①に基づいて区分建物のみまたは敷地のみについて抵当権の設定の登記の申請がされた

　できます。抵当権の設定の登記原因（①）が敷地が敷地権の目的となる（②）前に生じていれば、申請（③）は敷地が敷地権の目的となった（②）後でも構いません（不登法73条2項ただし書、3項ただし書）。

　敷地が敷地権の目的となる前に抵当権の設定契約がされたのであれば、区分建物のみまたは敷地のみについて抵当権が設定されているため、その登記を認める必要があるからです。

※これは抵当権の設定の仮登記でも同じです（不登法 73 条2項ただし書、3項ただし書）。
※これは不動産質権の設定の登記でも同じです（不登法 73 条2項ただし書、3項ただし書）。

（ｂ）共同抵当権の追加設定の登記

以下の時系列の場合、共同抵当権の追加設定の登記をすることができるでしょうか。

①敷地のみについて抵当権の設定の登記がされた
②敷地が敷地権の目的となり敷地権の登記（P378④）がされた
③上記①の抵当権の追加担保として、区分建物のみを目的として、共同抵当権の追加設定の契約がされ、共同抵当権の追加設定の登記の申請がされた

できます（昭59.9.1民三.4675）。

　上記の事例から、区分建物と敷地が入れ替わっても（先に区分建物に抵当権の設定の登記がされており、敷地が敷地権の目的となった後に敷地に共同抵当権の追加設定の登記の申請がされても）、できます（登研525P210参照）。

　たしかに、敷地が敷地権の目的となった後に、敷地のみまたは区分建物のみに抵当権の設定をしていることになります。しかし、共同抵当権になったほうが区分建物と敷地が分離処分される確率が低くなり、かえって分離処分禁止の趣旨にかないます。共同抵当権であれば、同時に競売される確率が高いです。

※追加された敷地への共同抵当権の追加設定の登記

以下の時系列の場合、共同抵当権の追加設定の登記をすることができるでしょうか。

①敷地権付き区分建物の区分建物および敷地を目的として共同抵当権の設定の登記がされた
②敷地権を追加する表示の変更の登記がされた
③上記①の抵当権の追加担保として、②で追加された敷地のみを目的として、共同抵当権の追加設定の契約がされ、共同抵当権の追加設定の登記の申請がされた

できます（登研525P210）。

　②の敷地権を追加するというハナシですが、これまで敷地権は１つの例で説明してきましたが、１つではなく複数でも構いません。たとえば、マンションの敷地が複数ある例としては、マンションのゴミ捨て場は別の土地であるということがあります。

　敷地が敷地権の目的となった後に、追加された敷地のみに抵当権の設定をしていることになります。しかし、この場合も、共同抵当権になったほうが分離処分される確率が低くなり、かえって分離処分禁止の趣旨にかないます。

（2）根抵当権
（a）極度額の増額の変更の登記
　以下の時系列の場合、根抵当権の極度額の増額の変更の登記をすることができるでしょうか。

①区分建物のみまたは敷地のみについて根抵当権の設定の登記がされた
②敷地が敷地権の目的となり敷地権の登記（P378④）がされた
③上記①の根抵当権について、極度額の増額の変更契約がされ、極度額の増額の変更の登記の申請がされた

　できません（登研444P106）。
　極度額の増額の変更の登記は、増額部分については、新たな根抵当権の設定の登記と同視できるからです（P64（6）の登録免許税でこの考え方が出てきました）。敷地が敷地権の目的となった後に、区分建物のみまたは敷地のみを目的として根抵当権の設定の登記をすることは、原則としてできません。
　ただし、敷地が敷地権の目的となる（②）前の日を登記原因日付とする（変更契約などを敷地が敷地権の目的となる前にしている）極度額の増額の変更の登記であれば、できます。敷地が敷地権の目的となる前の日を登記原因日付とするのならば、設定の登記でもできるからです（不登法73条2項ただし書、3項ただし書。P382（a））。

（b）債権の範囲の変更の登記・債務者の変更の登記
　上記（a）と異なり、債権の範囲の変更の登記または債務者の変更の登記であれば、敷地権付き区分建物の区分建物のみまたは敷地のみについて設定の登記がされた根抵当権について、変更の登記ができます。登記原因日付が、敷地が敷地権の目的となる前であるか後であるか関係なくできます。
　債権の範囲の変更の登記と債務者の変更の登記は、極度額の増額のように、新たな根抵当権の設定の登記と同視できる登記ではないからです。

（3）先取特権

　敷地が敷地権の目的となった後に、区分建物のみまたは敷地のみについて先取特権の保存の登記ができるかは、以下のとおり先取特権の種類によって変わります。

可（○）	不可（×）
①**不動産の保存の先取特権の保存の登記**（昭58.11.10民三.6400） 　区分建物のみまたは敷地のみを修繕するのが普通であるため、区分建物のみまたは敷地のみに成立します。—— **民法Ⅱのテキスト第4編第3章第2節4 2.**	①一般の先取特権の保存の登記（登研442P84） 　一般の先取特権は、債務者の総財産の上に成立するため、区分建物のみまたは敷地のみに成立しないからです。—— **民法Ⅱのテキスト第4編第3章第2節2 1.**
②**不動産の工事の先取特権の保存の登記**（昭58.11.10民三.6400） 　区分建物のみまたは敷地のみを工事するのが普通であるため、区分建物のみまたは敷地のみに成立します。—— **民法Ⅱのテキスト第4編第3章第2節4 2.**	②不動産の売買の先取特権の保存の登記 　不動産の売買の先取特権の保存の登記は、売買を原因とする所有権の移転の登記と同時に申請する必要があります（P159②※）。所有権の移転の登記は、区分建物のみまたは敷地のみについてできません（P381の「Realistic rule ①」）。よって、同時にすべき不動産の売買の先取特権の保存の登記も、区分建物のみまたは敷地のみについてできないのです。

3．処分制限の登記
（1）差押えの登記
（a）強制競売の開始決定に基づく差押えの登記 —— 一般債権者の申立て
　これは、一般債権者の申立てによる競売です。

　敷地権付き区分建物の区分建物のみまたは敷地のみについて、強制競売開始決定に基づく差押えの登記をすることができるでしょうか。

　基本的にはできません。

　一般債権者は、特定の財産（区分建物のみ、敷地のみ）を目的としているのではありません。よって、区分建物と敷地の双方を競売にかけることができるからです。

（b）担保権の実行としての競売の開始決定に基づく差押えの登記

これは、担保権者の申立てによる競売です。

以下の時系列の場合、差押えの登記をすることができるでしょうか。

①区分建物のみまたは敷地のみについて担保物権の設定（保存）の登記がされた
②敷地が敷地権の目的となり敷地権の登記（P378④）がされた
③上記①に基づいて区分建物のみまたは敷地のみについて担保権の実行としての競売の開始決定がされた
④上記③に基づいて区分建物のみまたは敷地のみについて差押えの登記が嘱託された

できます。

敷地が敷地権の目的となる（②）前に、区分建物のみまたは敷地のみに担保物権の設定（保存）の登記がされています（①）。よって、区分建物のみまたは敷地のみ競売されることになるからです。また、上記（a）の一般債権者と異なり、担保権者は特定の財産（区分建物のみ、敷地のみ）を目的としています。

（2）仮処分の登記

敷地権付き区分建物の区分建物のみまたは敷地のみについて、処分禁止の仮処分の登記をすることができるでしょうか。

できます（昭58.11.10民三.6400）。

処分禁止の仮処分の登記は、特定の不動産について争いが生じた場合にする登記です（P345〜346の1.）。区分建物のみまたは敷地のみについて争いが生じることもあるからです。

4．敷地権が地上権または賃借権である場合
（1）所有権の移転の登記

敷地権が地上権または賃借権である場合、土地のみについて所有権の移転の登記をすることができるでしょうか。

できます。

敷地権が地上権または賃借権である場合、分離処分が禁止されるのは、区分建物と地上権または賃借権の持分です。所有権との分離処分は禁止されません。

P381の「Realistic rule ①」は、敷地権が所有権の場合のルールですので、ご注意ください。

なお、敷地権が地上権である場合に、地上権の存続期間が満了していても、区分建物についての所有権の移転の登記をすることができます（平30.10.16民二.490）。この登記は、地上権の移転の登記の効力も有します。

借地権の存続期間が満了しても、地上権者が土地の使用を継続し、建物があれば、借地契約を更新したものとみなされます（借地借家法5条2項）。よって、地上権が存続していると考えられるのです。

（2）地上権または賃借権の抹消の登記

敷地権が地上権または賃借権である場合に、地上権または賃借権の抹消の登記をすることができるでしょうか。

できます。

分離処分の禁止とは、権利の消滅をも禁ずるものではありません。実体上、権利が消滅したのであれば、抹消の登記をすべきです。消えた権利が登記記録上残っているのは、おかしいからです。

4 建物のみに関する旨の付記登記（いわゆる「のみ付記」）

敷地権付き区分建物の場合、区分建物についてされた権利に関する登記は、敷地権についてされた登記としての効力も有するのが原則です（不登法73条1項柱書本文。P380）。

しかし、上記3のとおり、例外的に区分建物のみについてしか効力が及ばない登記もあります。そこで、「建物のみに関する旨の付記登記」（俗に「のみ付記」と呼ばれていますので以下「のみ付記」といいます）という登記があります。これは、以下のように区分建物の登記記録に職権で登記されます（不登規123条1項本文、156条）。

権利部 （乙区） （所有権以外の権利に関する事項）			
順位番号	登記の目的	受付年月日・受付番号	権利者その他の事項
1	抵当権設定	令和7年6月28日 第12457号	原因　令和7年6月28日金銭消費貸借同日設定 債権額　金1000万円 債務者　株式会社Aホーム 抵当権者　B
付記1号	1番登記は建物のみに関する	余白	令和7年6月28日付記

この付記1号の登記は、「この登記は、例外的に区分建物についてしか効力が及んでいませんよ〜」という登記なのです。

ただし、区分建物のみについてしか効力が及ばない登記でも、常にのみ付記がされるわけではありません。

のみ付記がされるかの判断基準

①区分建物のみに効力が及んでいるが、区分建物のみに効力が及んでいることが明らか

　→　登記されません

区分建物のみに効力が及んでいることが明らかなので、のみ付記をしなくても敷地に効力が及んでいないことがわかるからです。

②区分建物のみに効力が及んでいるが、区分建物のみに効力が及んでいることが明らかではない

　→　登記されます（該当し得る権利は、所有権、抵当権、根抵当権、不動産質権のみです〔不登規156条、不登法73条3項ただし書〕）

区分建物のみに効力が及んでいることが明らかではないので、のみ付記をしないと敷地に効力が及んでいないことがわからないからです。

ex1. 敷地権が賃借権である場合に、区分建物を目的とする抵当権の設定の登記がされたときは、のみ付記はされません。賃借権に抵当権は設定できないため（Ⅰのテキスト第3編第1章第1節 1 ※）、区分建物のみに効力が及んでいることが明らかだからです（上記の「のみ付記がされるかの判断基準①」）。

ex2. 以下の時系列の場合、のみ付記はされます。

①敷地のみについて抵当権の設定の登記がされた

②敷地が敷地権の目的となり、敷地権の登記（P378④）がされた

③上記①の抵当権の追加担保として、区分建物のみを目的として、共同抵当権の追加設定の契約がされ、共同抵当権の追加設定の登記の申請がされた

上記③の共同抵当権の追加設定の登記は、区分建物のみにしか効力が及びません（P383（ｂ））。区分建物についてされた抵当権の設定の登記は、通常は敷地にも効力が及ぶため、のみ付記をしないと、敷地に二重に抵当権が設定されたことになってしまうからです（上記の「のみ付記がされるかの判断基準②」）。

※敷地権の登記がされる前に区分建物および敷地に登記された抵当権など

　敷地が敷地権の目的となり敷地権の登記（P378④）がされる前に、区分建物および敷地に登記された抵当権、根抵当権、不動産質権、一般の先取特権の登記の目的、受付年月日・受付番号および登記原因及びその日付が同一であるときは、のみ付記はされず（不登規 123 条 1 項ただし書）、敷地の抵当権、根抵当権、不動産質権、一般の先取特権の登記が職権で抹消されます（不登規 123 条 2 項）。

　この場合、区分建物についての登記が敷地権についての登記の効力も有するからです。

【3と4のまとめ】（区分建物のみについての登記の可否とのみ付記の有無）

　のみ付記がされるか登記ごとにみていきますが、3で説明した知識も（すべてではありませんが）併せてまとめておきます。

*すべて登記申請時点では敷地権の登記がされている前提です。

	登記原因日付が敷地が敷地権の目的となるよりも前	登記原因日付が敷地が敷地権の目的となったよりも後	のみ付記
①所有権の移転の登記	× (P381 の「Realistic rule①」)	×	*
②所有権の移転の仮登記	○ (P381～382 の 1.)	×	される (P388 の「のみ付記がされるかの判断基準②」)
③抵当権または不動産質権の設定の登記（仮登記も含む）	○ (P382 (a))	×	される (P388 の「のみ付記がされるかの判断基準②」)
④不動産保存の先取特権の保存の登記、不動産工事の先取特権の保存の登記	○ (P385 (3))	○	されない (P388 の「のみ付記がされるかの判断基準①」)
⑤一般の先取特権の保存の登記、不動産売買の先取特権の保存の登記	× (P385 (3))	×	*
⑥賃借権の設定の登記（仮登記も含む）	○ (P381 の「Realistic rule②」)	○	されない (P388 の「のみ付記がされるかの判断基準①」)

*区分建物のみについての登記はできませんので、のみ付記は問題となりません。

※土地のみに関する旨の付記登記

「土地のみに関する旨の付記登記」は、存在しません。土地の登記の効力が建物に及ぶことはなく、土地のみにしか効力が及ばないことは当たり前だからです。

5 敷地権付き区分建物の登記の登録免許税

敷地権付き区分建物の登記の登録免許税は、登録免許税の計算に注意する必要があります。区分建物についての登記をする場合でも、敷地権に効力が及ぶものであるときは、区分建物だけでなく、敷地権についても登録免許税が課されます。

これを前提に、「不動産の価額を課税標準とする登記」（下記1.）、「不動産の個数を課税標準とする登記」（下記2.）、「権利の件数を課税標準とする登記」（下記3.）に分けてみていきます。

1．不動産の価額を課税標準とする登記
（1）区分建物と敷地権の税率が同じ場合

この場合、「区分建物の価額」と「敷地権の目的である土地の価額に敷地権の割合をかけた価額」の合計額を課税標準とし、それに「税率」をかけます。……といわれても、わかりにくいですよね。こういうのは具体例で体得するのが1番です。

ex. P378〜379 の敷地権付き区分建物の課税標準の額が、区分建物 5,000,000 円、土地 100,000,000 円であったとしましょう。この場合に、株式会社AホームからBに売買を原因とする所有権の移転の登記をする場合の登録免許税の計算は、以下のとおりです。

$$(\underbrace{5,000,000\ 円}_{\substack{区分建物の\\課税標準の額}} + \underbrace{100,000,000\ 円}_{\substack{土地の\\課税標準の額}} \times \underbrace{500/10000}_{敷地権の割合}) \times \underbrace{20/1000}_{\substack{所有権の移転\\の登記の税率}} = 200,000\ 円$$

区分建物は、単に課税標準の額「5,000,000円」です。区分建物ごとの課税標準の額はあるからです。

それに対して、敷地権は「100,000,000 円×500/10000」と面倒な計算をしています。

敷地は、マンションの各部屋の住人全員で共有しているため、敷地権の割合をかけているのです。土地の課税標準の額はありますが（100,000,000円）、敷地権の「持分」の課税標準の額などというものはないため、敷地権の割合をかけて計算しないといけないのです。

（2）区分建物と敷地権の税率が異なる場合

　敷地権が地上権または賃借権だと、区分建物と敷地権の税率が異なることになります。この場合は、「区分建物の登録免許税」と「敷地権の登録免許税」を別々に計算し、その合計額が登録免許税の額となります。……といわれてもわかりにくいと思いますので、これも具体例で体得しましょう。

ex. P378〜379 の敷地権付き区分建物の敷地権が、賃借権であったとします。課税標準の額は、区分建物 5,000,000 円、土地 100,000,000 円です。この場合に、株式会社Aホームから Bに売買を原因とする所有権の移転の登記をする場合の登録免許税の計算は、以下のとおりです。なお、敷地権については、賃借権のAホームの持分がBに移転することになります。

$$\underset{\substack{\text{区分建物の}\\\text{課税標準の額}}}{5{,}000{,}000\ \text{円}} \times \underset{\substack{\text{所有権の移転}\\\text{の登記の税率}}}{20/1000} + \underset{\substack{\text{土地の}\\\text{課税標準の額}}}{100{,}000{,}000\ \text{円}} \times \underset{\substack{\text{敷地権の割合}}}{500/10000} \times \underset{\substack{\text{賃借権の移転}\\\text{の登記の税率}}}{10/1000} = 150{,}000\ \text{円}$$

土地のみ敷地権の割合をかける
理由は、上記（1）と同じです。
「持分」の課税標準の額などと
いうものはないためです。

2. 不動産の個数を課税標準とする登記

考え方

　不動産の個数を課税標準とする登記ですから、**不動産の個数を数えます**。その際、以下のように数える点がポイントです（昭58.11.10 民三.6400）。

・区分建物：**区分建物ごとに1個**。区分建物が1つの不動
　　　　　　産だからです。
・敷地権　：**持分ごとではなく、土地で1個**。持分が不動
　　　　　　産なのではなく、土地が不動産だからです。

ex1. 敷地権の目的が一筆の土地である区分建物1個の所有権の登記名義人が住所の変更の登記を申請する場合、登録免許税の額は2000円です（登免法別表第1.1.(14)）。「区分建物1個、土地1個」で不動産の個数が2個だからです（上記の「考え方」）。

ex2. 敷地権の目的が一筆の土地である区分建物2個の所有権の登記名義人が住所の変更の登記を申請する場合、登録免許税の額は3000円です（登免法別表第1.1.(14)）。「区分建物2個、土地1個」で不動産の個数が3個だからです（上記の「考え方」）。持分ごとではなく、土地で1個ですので、土地について「2個」とならない点にご注意ください。

ex3. 敷地権の目的が二筆の土地である区分建物1個の所有権の登記名義人が住所の変更の登記を申請する場合、登録免許税の額は3000円です（登免法別表第1.1.(14)）。「区分建物1個、土地2個」で不動産の個数が3個だからです（上記の「考え方」）。敷地権の目的が二筆の土地である場合とは、P383〜384※で説明したような場合です。

ex4. 敷地権の目的が一筆の土地の地上権である区分建物1個に設定された抵当権の抹消の登記を申請する場合、登録免許税の額は2000円です（登免法別表第1.1.(15)）。「区分建物1個、土地1個」で不動産の個数が2個だからです（上記の「考え方」）。敷地権が地上権ですので、抵当権を設定することができ（民法369条2項。Ⅰのテキスト第3編第1章第1節 1 ※）、敷地権にも抵当権の効力が及んでいます。

※敷地権が賃借権であれば、登録免許税の額は1000円となります。抵当権の効力は賃借権には及ばないため（Ⅰのテキスト第3編第1章第1節 1 ※）、土地を不動産の個数に入れないことになるからです。

ex5. 敷地権の目的が地上権と賃借権（二筆
　　の土地）である区分建物1個に設定さ
　　れた抵当権の抹消の登記を申請する場
　　合、登録免許税の額は2000円です（登
　　免法別表第1.1.（15））。抵当権の効力
　　は、地上権には及んでいますが、賃借
　　権には及んでいないため（Ⅰのテキス

ト第3編第1章第1節[1]※）、「区分建物1個、土地1個」で不動産の個数が2
個だからです（上記の「考え方」）。

3. 権利の件数を課税標準とする登記

　権利の件数を課税標準とする登記は、権利の数を数えていくことになります。

ex1. 別の不動産に設定された抵当権の追加担
　　保として、敷地権の目的が一筆の土地で
　　ある3個の区分建物に共同抵当権の追加
　　設定の登記を申請する場合、登録免許税
　　の額は6000円です。共同担保物権の追加
　　設定の登記は、権利の件数1件につき

1500円です（登免法13条2項）。「区分建物に設定された抵当権が3件、土地に
設定された抵当権が1件」で抵当権にかかる不動産に関する権利の件数が4件と
なります。

ex2. 敷地権の目的が一筆の土地である区分建物1
　　個に設定された1番抵当権と2番抵当権の順
　　位変更の登記を申請する場合、登録免許税の
　　額は4000円です。順位変更の登記は、順位変
　　更をする担保物権の件数1件につき1000円で
　　す（登免法別表第1.1.（8））。「1番抵当権

について区分建物に1件・土地に1件、2番抵当権について区分建物に1件・土
地に1件」で抵当権の件数が4件となります。

6　敷地権付き区分建物の登記の不動産の表示

　本章の最後に、敷地権付き区分建物の登記の不動産の表示をみます。敷地権付き区分建物の表題部は登記事項が多いため（P378）、申請情報に記載する不動産の表示も多くなります。

　敷地権付き区分建物についての登記を申請する場合の申請情報に記載する不動産の表示は下記①～⑧ですが、すべてを記憶する必要はありません。以下のポイントを押さえていただければ結構です。

・⑥の一棟の建物の構造および床面積は、一棟の建物の名称（P378 の例では「リアリスティックリバーサイド」）を記載すれば、記載する必要はありません（不登令3条8号へかっこ書）。
・⑧の敷地権の表示は、敷地権について効力が及ぶ登記を申請する場合のみ記載し、敷地権について効力が及ばない登記を申請する場合は記載しません（昭59.9.1民三.4674。Ⅰのテキスト第3編第1章第1節 4 2.(5)「不動産の表示の記載の趣旨」）。

①区分建物における、その区分建物が属する一棟の建物の所在する市、区、郡、町、村、字および土地の地番（不登令3条8号イかっこ書）
②家屋番号（不登令3条8号ロ）
③建物の種類、構造および床面積（不登令3条8号ハ）
④建物の名称があるときは、その名称（不登令3条8号ニ）
⑤区分建物である附属建物にあっては、その附属建物が属する一棟の建物の所在する市、区、郡、町、村、字および土地の地番、並びに、種類、構造および床面積（不登令3条8号ホかっこ書）

建物

⑥区分建物である建物または附属建物が属する一棟の建物の構造および床面積（不登令3条8号へ）
⑦区分建物である建物または附属建物が属する一棟の建物の名称があるときは、その名称（不登令3条8号ト）

敷地権

⑧敷地権について次に掲げる事項（不登令3条11号へ）
ⅰ　敷地権の目的となる土地の所在する市、区、郡、町、村および字並びにその土地の地番、地目および地積
　このⅰに代えて、不動産番号を記載することもできます（不登令6条1項3号）。
ⅱ　敷地権の種類および割合
※共用部分（エレベーター、廊下など）の表示は記載しません。共用部分の持分は、専有部分の処分に当然に従うからです（区分所有法15条1項）。

　各論で所有権の移転の登記の抹消の登記など、各登記の抹消の登記をみてきました。
この第8章では、基本的に全登記に関係する抹消の登記をみていきます。

Realistic rule

　すべての抹消の登記に共通することですが、抹消の登記は主登記でされます。権利
が消えたことをわかりやすく公示するためです。

1 共同して登記の抹消の申請をすべき者の所在が知れない場合の抹消の登記

	不動産登記法 70 条（除権決定による登記の抹消等） 1　登記権利者は、共同して登記の抹消の申請をすべき者の所在が知れないためその者と共同して権利に関する登記の抹消を申請することができないときは、非訟事件手続法（平成23年法律第51号）第99条に規定する公示催告の申立てをすることができる。 2　前項の登記が地上権、永小作権、質権、賃借権若しくは採石権に関する登記又は買戻しの特約に関する登記であり、かつ、登記された存続期間又は買戻しの期間が満了している場合において、相当の調査が行われたと認められるものとして法務省令で定める方法により調査を行ってもなお共同して登記の抹消の申請をすべき者の所在が判明しないときは、その者の所在が知れないものとみなして、同項の規定を適用する。
下記3.(1)	3　前2項の場合において、非訟事件手続法第106条第1項に規定する除権決定があったときは、第60条の規定〔共同申請の規定〕にかかわらず、当該登記権利者は、単独で第1項の登記の抹消を申請することができる。
下記3.(2)	4　第1項に規定する場合において、登記権利者が先取特権、質権又は抵当権の被担保債権が消滅したことを証する情報として政令で定めるものを提供したときは、第60条の規定〔共同申請の規定〕にかかわらず、当該登記権利者は、単独でそれらの権利に関する登記の抹消を申請することができる。同項に規定する場合において、被担保債
下記3.(3)	権の弁済期から20年を経過し、かつ、その期間を経過した後に当該被担保債権、その利息及び債務不履行により生じた損害の全額に相当する金銭が供託されたときも、同様とする。

下
記
3.
(4)

不動産登記法70条の2（解散した法人の担保権に関する登記の抹消）

登記権利者は、共同して登記の抹消の申請をすべき法人が解散し、前条第2項に規定する方法により調査を行ってもなおその法人の清算人の所在が判明しないためその法人と共同して先取特権、質権又は抵当権に関する登記の抹消を申請することができない場合において、被担保債権の弁済期から30年を経過し、かつ、その法人の解散の日から30年を経過したときは、第60条の規定にかかわらず、単独で当該登記の抹消を申請することができる。

1．共同して登記の抹消の申請をすべき者の所在が知れない場合とは？

　大正時代や昭和初期には、町の有力者（個人）が町民にお金を貸し、抵当権者になるなどということがありました。その後、弁済はされたが、抵当権の抹消の登記をせずに現在まで放置してしまっていることがあります。所有者が不動産を売却しようとする際、抵当権の抹消の登記をする必要性が生じます。抵当権の登記がされた不動産を購入する人はほとんどいないからです。しかし、抵当権者であるその町の有力者の相続人が見つからないことは、よくあります。実務でも、相談件数がそれなりにある事案です。

　「共同して登記の抹消の申請をすべき者の所在が知れない場合」とは、このように相続関係が不明である場合が典型例ですが、共同して登記の抹消の申請をすべき者は法人でも構いません（昭63.7.1民三.3456、3499）。法人の所在が知れないこともあるからです。典型例は、消滅した法人の閉鎖登記簿が廃棄されている場合です（昭63.7.1民三.3456）。

2．趣旨

　上記1.のような場合、共同して登記の抹消の申請をすべき者の協力が得られませんので、本来は第4章でみた判決による登記による必要があります。しかし、訴訟を提起するのは負担になるため、下記3.の4つの単独申請による抹消の登記が認められています。

3. 4つの単独抹消

	対象となる登記	要件
(1) 除権決定による単独抹消（不登法 70 条1項～3項）	権利に関する登記	①共同して登記の抹消の申請をすべき者の所在不明（登記された存続期間が満了している地上権などは要件緩和） ②除権決定
(2) 被担保債権の消滅による単独抹消（不登法 70 条4項前段）	・抵当権（転抵当権、根抵当権） ・先取特権 ・不動産質権	①共同して登記の抹消の申請をすべき者の所在不明 ②被担保債権の消滅（を証する情報がある）
(3) 弁済期から 20 年の経過および供託による休眠担保権の単独抹消（不登法 70 条4項後段）	・抵当権（転抵当権、根抵当権） ・先取特権 ・不動産質権	①共同して登記の抹消の申請をすべき者の所在不明 ②被担保債権の弁済期（※1）から 20 年の経過 ③上記②の期間経過後に、元本、利息および損害金（※2）の全額（※3）に相当する金銭を供託すること
(4) 弁済期から 30 年の経過および解散から 30 年の経過による法人の休眠担保権の単独抹消（不登法 70 条の2）	・抵当権（転抵当権、根抵当権） ・先取特権 ・不動産質権	①共同して登記の抹消の申請をすべき法人の清算人の所在不明（要件が緩和） ②被担保債権の弁済期から 30 年の経過 ③法人の解散の日から 30 年の経過

※1　根抵当権の弁済期

確定前根抵当権は決まった債権がないため、いつが弁済期となるでしょうか。

根抵当権の弁済期は、元本確定の日とされます（昭 63.7.1民三.3499）。確定しても1つ1つの債権の弁済期が到来しているとは限りませんが、確定は取引停止などですから、弁済期とみなすこととされています。この「元本確定の日」が登記記録からわかればいいのですが、わからない場合もあります。そこで、以下の日が元本確定の日とされます（昭 63.7.1民三.3499）。

・登記記録から元本の確定の日が明らかな場合

　　→　その日

・登記記録から元本の確定の日が明らかでない場合

　　→　設定の日から3年を経過した日

　確定期日がない場合、設定の日から3年を経過すると設定者から確定請求ができるため（民法398条の19第1項前段、3項。P124（1））、設定の日から3年を経過した日とされました。

※2　利息および損害金の記録がないとき
　登記記録に利息および損害金のいずれの記録もないときは、法定利率による利息および損害金に相当する金銭を供託する必要があります（昭63.7.1民三.3499）。

※3　「全額」とは？
　この「全額」とは、登記記録から考えられる最高額のことです。よって、たとえば、過去に債権の一部を弁済しているため残部の弁済をする、というのではダメです（昭63.7.1民三.3499）。「全額」というと「相当高額になるのでは……」と思われるかもしれませんが、大正時代や昭和初期に設定された担保物権であれば、物価が安かったため「300円」などです。

（1）除権決定による単独抹消（不登法70条1項～3項）
　共同して登記の抹消の申請をすべき者の所在が知れない場合、公示催告の申立て（非訟事件手続法99条）というものをすることができます（不登法70条1項）。
　公示催告とは、裁判所が行う「権利があるんなら申し出てください～」といった手続です。裁判所の掲示場に「権利があるんなら申し出てください～」という主旨の紙を掲示するとともに、官報に掲載します（非訟事件手続法102条1項）。「官報」とは、国の機関紙（新聞）で、法律の公布や省庁の人事などが掲載されます。多分、この国で最もつまらない新聞です……。
　この公示催告がされ、期間内に権利を申し出る人がいないと（普通はいません）、権利が失権した旨の「除権決定」がされます（非訟事件手続法106条1項）。
　この除権決定がされると、登記権利者は単独で共同して登記の抹消の申請をすべき者の権利を抹消できます（不登法70条3項）。

※対象となる登記
　この手続の対象は担保物権に限られず、権利に関する登記は対象となります。たとえば、地上権などでも構いません。公示催告・除権決定の対象は、「権利」だからです。

　共同して登記の抹消の申請をすべき者の「所在が知れない」と認められるには、一定の期間を要し、相当な労力がかかります。具体的には、現地調査まで要求されるのが一般的です。そのため、地上権などの抹消の登記をすることができず、その不動産

の取引がしにくいといった問題がありました。

　そこで、令和3年の改正で、以下の①～③のいずれにも該当する場合には、「所在が知れない」とみなされるという規定ができました（不登法70条2項）。

①地上権、永小作権、質権、賃借権もしくは採石権に関する登記または買戻特約に関する登記である

②登記された存続期間または買戻期間が満了している

　登記された存続期間または買戻期間が満了しているのなら、その権利が消滅していることが強く推認されるからです。また、登記された存続期間または買戻期間が満了している登記は、第三者に対抗することができません。

③相当の調査が行われたと認められるものとして法務省令で定める方法により調査を行ってもなお共同して登記の抹消の申請をすべき者の所在が判明しない

　この「調査」は、以下のような調査です（不登規152条の2）。

・自然人　→　登記記録上の住所における住民登録の有無などの調査

・法人　　→　登記事項証明書や閉鎖登記簿の調査

　現地調査は不要とされています。

＊この改正規定は、令和5年4月1日から施行されています。

（2）被担保債権の消滅による単独抹消（不登法70条4項前段）

　上記（1）の除権決定は、裁判所の手続は必要なので、少し大変です。そこで、被担保債権が消滅していることを証する情報（具体的にはP402のⅰ・ⅱの情報）を提供すれば、登記権利者が単独で共同して登記の抹消の申請をすべき者の権利を抹消できます（不登法70条4項前段）。被担保債権が消滅していることを確認できるため、単独抹消が認められるのです。

（3）弁済期から20年の経過および供託による休眠担保権の単独抹消（不登法70条4項後段）

　ただ、実際は、上記（2）の被担保債権が消滅していることを証する情報がない場合が多いです。そこで、被担保債権の弁済期から20年が経過しており、その20年経過後に、元本、利息および損害金の全額に相当する金銭を供託すれば、登記権利者が単独で共同して登記の抹消の申請をすべき者の権利を抹消できるとされています（不登法70条4項後段）。「全額を供託しときゃいいでしょ」ということです。

　実務では、この（3）の方法を使うことが最も多いです。

※仮登記

　仮登記が、この（3）の単独抹消の対象になるかは、以下のとおりです（登研493P133）。

・1号仮登記　→　対象となります
・2号仮登記　→　既発生の債権を担保するものであれば、対象となります
生じていない債権を供託により消滅させることはできないからです。
　よって、停止条件付債権を被担保債権とする抵当権の設定の仮登記でも、その停止条件が成就していれば、この（3）の単独抹消ができます（登研493P133）。

（4）弁済期から30年の経過および解散から30年の経過による法人の休眠担保権の単独抹消（不登法70条の2）

　ただ、共同して登記の抹消の申請をすべき者の「所在が知れない」と認められるには、現地調査まで要求されるなど、労力や時間がかかります。また、上記（3）の「供託」は、「全額」の供託が要求されますが、平成以降は物価があまり変わっていないので、今後、全額の供託が難しいケースが増えてくると考えられます。
　そこで、令和3年の改正で、共同して登記の抹消の申請をすべき者が法人であり、被担保債権の弁済期から30年を経過し、かつ、法人の解散の日から30年を経過しているときは、相当の調査が行われたと認められるものとして P399③の方法により調査を行ってもなおその法人の清算人の所在が判明しないときは、登記権利者が単独で共同して登記の抹消の申請をすべき法人の権利を抹消できるという規定ができました（不登法70条の2）。
　被担保債権の弁済期から30年を経過している場合、被担保債権が消滅時効にかかっている場合が多いと考えられます。また、法人の解散の日から30年を経過していれば、法人としての実質を喪失していると考えられます。
＊この（4）の改正規定は、令和5年4月1日から施行されています。

※対象となる登記

　上記（2）〜（4）の手続の対象は、乙区の担保物権です。被担保債権が消滅した（だろう）または被担保債権を消滅させるというハナシですので、債権額（に相当するもの）が登記されている乙区の担保物権に限定されているのです。

対象となる登記（○）	対象とならない登記（×）
①抵当権 ②転抵当権 ③根抵当権　乙区に登記されます ④先取特権 ⑤不動産質権	①譲渡担保権　甲区に ②仮登記担保権　登記されます （登研493P133参照）

4．申請情報の記載事項

申請例122 ── 休眠担保権の単独抹消

事例：Aが所有している建物に、乙区1番で被担保債権を300円とするBの抵当権の設定の登記がされている。この抵当権は、昭和5年に設定されたもので、すでに弁済期から20年以上が経過している。Aは、Bの登記記録上の住所に、被担保債権の受領催告書を配達証明付郵便で送ったが、Bはその住所に居住していなかったため、その郵便はAの元に返送された。そこで、Aは、令和7年11月28日、この抵当権の元本、利息、損害金の全額をBの住所地の供託所に供託した。

登記の目的	1番抵当権抹消
原　　　因	令和7年11月28日弁済
権 利 者	（申請人）A
義 務 者	B
添 付 情 報	登記原因証明情報（金銭消費貸借契約書及び供託書正本）
	代理権限証明情報（Aの委任状）
	所在不明証明情報（被担保債権の受領催告書が不到達であったことを証する情報〔配達証明付郵便〕）
登録免許税	金1000円

権 利 部 （乙 区） （所 有 権 以 外 の 権 利 に 関 す る 事 項）			
順位番号	登記の目的	受付年月日・受付番号	権 利 者 そ の 他 の 事 項
<u>1</u>	抵当権設定	昭和5年6月28日第2546号	原因　昭和5年6月25日付借用証書 債権額　金300円 抵当権者　B
2	1番抵当権抹消	令和7年12月21日第19987号	原因　令和7年11月28日弁済

（1）登記の目的

「○番抵当権抹消」など通常の抹消の登記の登記の目的を記載します。

（2）登記原因及びその日付

年月日は、「弁済（供託）をした日」などを記載します。

原因は、「弁済」と記載します。

※弁済期から30年の経過および解散から30年の経過による法人の休眠担保権の単独抹消の場合は、「不動産登記法第70条の2の規定による抹消」と記載し、年月日は記載しません（令5.3.28民二.538）。

（3）申請人

　登記権利者の単独申請です（不登法70条3項、4項前段、4項後段、70条の2）。

　上記申請例122では、登記権利者Aの単独申請となります。なお、本来は共同申請による登記ですので、申請していない登記義務者Bも申請人欄には記載します（Ⅰのテキスト第2編第2章第3節 8 2.（2）（b）「元が共同申請・合同申請なら申請していない者も記載」）。実際に申請しているのはAのみなので、Aに「（申請人）」と記載します。

（4）添付情報

①登記原因証明情報

【除権決定による単独抹消】（不登令別表26添付情報ロ）

　除権決定があったことを証する情報

【被担保債権の消滅による単独抹消】（不登令別表26添付情報ハ（1））

　ⅰ　債権証書

　ⅱ　被担保債権及び最後の2年分の利息その他の定期金（債務不履行により生じた損害を含む）の完全な弁済があったことを証する情報

【弁済期から20年の経過および供託による休眠担保権の単独抹消】（不登令別表26添付情報ニ（1）（2））

　ⅰ　被担保債権の弁済期を証する情報

　弁済期から20年経過していることが要件であるため（P397（3）②）、弁済期を証するために提供します。

　具体的には、金銭消費貸借契約書や債務者の申述書（印鑑証明書付）などが当たります（昭63.7.1民三.3456）。「債務者の申述書」とは、どうしても弁済期を証する契約書などが見つからない場合に、債務者が「○年○月○日が弁済期でした。間違いありません。」などと記載した書面のことです。

　ⅱ　上記ⅰの弁済期から20年を経過した後に元本、利息および損害金の全額に相当する金銭が供託されたことを証する情報

　これも要件であるため（P397（3）③）、提供します。

　具体的には、供託書正本が当たります（昭63.7.1民三.3456）。「供託書正本」とは、供託がされると供託官が発行するもので（供託規18条1項など）、供託された証明書となります。

【弁済期から 30 年の経過および解散から 30 年の経過による法人の休眠担保権の単独抹消】（不登令別表 26 添付情報ホ（1）（2））

　　ⅰ　被担保債権の弁済期を証する情報

　具体的には、金銭消費貸借契約証書、弁済猶予証書、債権の弁済期の記載がある不動産の閉鎖登記簿謄本などが当たります（令 5.3.28 民二.538）。

　　ⅱ　共同して登記の抹消の申請をすべき法人の解散の日を証する情報

　具体的には、共同して登記の抹消の申請をすべき法人の登記事項証明書などが当たります（令 5.3.28 民二.538）。

②代理権限証明情報（不登令 7 条 1 項 2 号）

③会社法人等番号（不登令 7 条 1 項 1 号イ）

④承諾証明情報（不登法 68 条、不登令別表 26 添付情報ト）

　登記上の利害関係を有する第三者がいるときは、必ずその第三者が作成した承諾を証する情報などを提供する必要があります。抹消の登記だからです（不登法 68 条。Ⅰのテキスト第 1 編第 6 章第 8 節 ② 1.①）。

⑤所在不明証明情報（不登令別表 26 添付情報ハ（2）、ニ（3））

【被担保債権の消滅による単独抹消】（不登令別表 26 添付情報ハ（2））

【弁済期から 20 年の経過および供託による休眠担保権の単独抹消】（不登令別表 26 添付情報ニ（3））

　具体的には、共同して登記の抹消の申請をすべき者が登記記録上の住所に居住していないことを市区町村長が証明した情報（不在籍・不在住証明書といいます）や、その者の登記記録上の住所に宛てた被担保債権の受領催告書が不到達であったことを証する情報（配達証明付郵便）などが当たります（昭 63.7.1 民三.3456）。

【弁済期から 30 年の経過および解散から 30 年の経過による法人の休眠担保権の単独抹消】（不登令別表 26 添付情報ホ（3））

　法第 70 条第 2 項に規定する方法により調査を行ってもなお法人の清算人の所在が判明しないことを証する情報（具体的には、不動産登記法第 70 条第 2 項に規定する方法による調査の結果を記載した報告書。令 5.3.28 民二.538）が当たります。

※登記識別情報は、提供しません（不登法 22 条参照）。単独申請だからです（Ⅰのテキスト第 1 編第 6 章第 3 節 ③ 1.「登記識別情報の提供の要否の基本的な判断基準」）。

※印鑑証明書は、提供しません。所有権の登記名義人が登記義務者とならないからです（Ⅰのテキスト第 1 編第 6 章第 4 節 ③ 2.「『認印でよいか』『実印で押印し印鑑証明書の提供が要求されるか』の判断基準」）。

※住所証明情報は、提供しません。Ⅰのテキスト第 1 編第 6 章第 5 節 ③ 「住所証明情報の提供が要求される場合①～③」のいずれにも当たらないからです。

（5）登録免許税

抹消の登記として、不動産1個につき1000円です（登免法別表第1.1.（15））。

2　死亡または解散による抹消の登記

1．権利消滅の定めの登記 —— 所有権以外

> **不動産登記法69条（死亡又は解散による登記の抹消）**
> 権利が人の死亡又は法人の解散によって消滅する旨が登記されている場合において、当該権利がその死亡又は解散によって消滅したときは、第60条の規定〔共同申請の規定〕にかかわらず、登記権利者は、単独で当該権利に係る権利に関する登記の抹消を申請することができる。

　当事者は、権利者など人の死亡または法人の解散（＊）によって所有権以外の権利が消滅する旨の特約をし、その定めを登記するということができます（不登法59条5号）。

＊法人の解散については、Ⅰのテキスト第2編第2章第2節 10 4.をご参照ください。

ex. BとAは、Aが所有している土地にBの地上権を設定する契約を締結しました。

　　BとAは、この地上権設定契約の際、「Bが死亡したときは地上権が消滅する」旨の特約をすることができ、以下のようにその定めを登記できます。

権　利　部　（乙　区）（所　有　権　以　外　の　権　利　に　関　す　る　事　項）			
順位番号	登記の目的	受付年月日・受付番号	権　利　者　そ　の　他　の　事　項
1	地上権設定	令和7年6月28日 第12457号	原因　令和7年6月28日設定 目的　建物所有 地上権者　B
付記1号	1番地上権消滅の定	余　白	地上権者が死亡した時は地上権が消滅する 令和7年6月28日付記

　権利消滅の定めの登記は、設定時から存在する場合でも、上記のように付記登記でされます（不登規3条7号。Ⅰのテキスト第1編第4章第3節 2 3.③イ）。権利が消滅するという非常に重要な内容であるため、登記記録を見た人が見落とさないよう、別途、付記登記でされるのです。

上記のような登記がされた後、人が死亡または法人が解散すると、登記権利者は、単独で権利消滅の定めの登記がされた登記を抹消できます（不登法69条）。この抹消の登記がされると、権利消滅の定めの登記は職権で抹消されます（不登規149条）。

　単独抹消が認められているのは、以下の理由によります。

①権利消滅の定めの登記は、共同申請によってされている（上記 ex.でいうと、BとAの共同申請によってされています）

②登記権利者が単独抹消する際、人の死亡または法人の解散を証する市区町村長、登記官その他の公務員が職務上作成した情報、つまり、公文書を提供する必要があり（不登令別表26添付情報イ）、登記の真正が確保される

ex. 上記 ex.の登記がされた後、Bが死亡した場合、Aは、Bの死亡を証する戸籍一部事項証明書等を提供し、単独で地上権の抹消の登記を申請できます。

２. 権利失効の定めの登記 —— 所有権

　上記1.の不動産登記法69条の規定は、所有権には適用されません（大決大3.8.24）。地上権など所有権以外の権利は、単純に消滅します。それに対して、所有権は、ある人の所有権が消滅すれば基本的に前所有者の所有権が復活するため、権利"消滅"の定めそのものとはいえないからです。

　しかし、所有権でも、「権利の消滅に関する定め」（不登法59条5号）として（昭32.9.21民事甲1849）、「権利失効の定めの登記」というものが認められています。売買・贈与などの契約に解除条件や終期が付けられた場合に、この登記をします。

ex. Aが、所有している建物をBに売却しました。AとBは、この売買契約の際、「Bが死亡したときは所有権の移転が失効する」旨の定めをすることができ、以下のようにその定めを登記できます。

権　利　部　（甲　区）　（所　有　権　に　関　す　る　事　項）			
順位番号	登記の目的	受付年月日・受付番号	権　利　者　そ　の　他　の　事　項
1	所有権保存	令和6年6月28日 第11542号	所有者　A
2	所有権移転	令和7年6月28日 第12457号	原因　令和7年6月28日売買 所有者　B
付記1号	2番所有権移転 失効の定	余　白	買主Bが死亡した時は所有権移転が失効する 令和7年6月28日付記

この登記も、所有権が失効するという非常に重要な内容であるため、登記記録を見

た人が見落とさないよう、上記のように付記登記でされます。

　上記のような登記がされた後、所有者が死亡または解散した場合、死亡または解散した所有者から前所有者への所有権の移転の登記を申請します。所有権の移転の登記の抹消の登記ではない点にご注意ください。不動産登記法 69 条（P404）の規定は、所有権には適用されないと解されているからです（大決大 3.8.24）。
＊この所有権の移転の登記を共同申請によるか単独申請によるかは、争いがあります。
ex. 上記 ex.の登記がされた後、Bが死亡した場合、以下の登記を申請します。
<u>1/1　BからAへの所有権の移転の登記</u>

3 詐害行為取消しに基づく抹消の登記

1. 実体（民法）→登記

　債務者が詐害行為に当たる法律行為を行った場合、詐害行為取消権の行使の要件を充たせば、債権者は詐害行為の取消しを裁判所に請求することができます（民法 424 条）。── 民法Ⅲのテキスト第5編第3章第3節②

　詐害行為を取り消し、詐害行為によってされた登記の抹消を命じる判決が確定すると、詐害行為によってされた登記の抹消の登記を申請できます。

2. 申請情報の記載事項

申請例123 ── 詐害行為取消判決を原因とする所有権の移転の登記の抹消の登記

事例：Aは、令和5年7月8日、Bに
　　　1000 万円を貸し渡した。Bは、
　　　Aに競売の申立てをされること
　　　を恐れ、令和7年7月8日、唯
　　　一の財産である建物をCに贈与
　　　し、Cへの所有権の移転の登記
　　　が甲区2番でされた。Cは、こ
　　　の贈与がAを害することを知っ

ていた。その後、Aは、Cを被告として詐害行為取消訴訟を提起した。そして、令和7年11月28日、以下の判決が確定した。
「BとCとの間の別紙物件目録記載の建物についての令和7年7月8日付贈与契約を取り消す。Cは、別紙物件目録記載の建物について、所有権移転抹消登記手続をせよ。」

登記の目的	2番所有権抹消
原　　　因	令和7年11月28日詐害行為取消判決
権 利 者	（被代位者）B
代 位 者	（申請人）A
代 位 原 因	令和5年7月8日金銭消費貸借の強制執行
義 務 者	C
添 付 情 報	登記原因証明情報（判決書正本及び確定証明書）
	代理権限証明情報（Aの委任状）
	代位原因証明情報（判決書正本及び確定証明書）
登録免許税	金1000円

権　利　部　（甲区）　（所　有　権　に　関　す　る　事　項）			
順位番号	登記の目的	受付年月日・受付番号	権　利　者　そ　の　他　の　事　項
1	所有権保存	令和6年6月28日 第11542号	所有者　B
<u>2</u>	<u>所有権移転</u>	<u>令和7年7月8日</u> <u>第12987号</u>	<u>原因　令和7年7月8日贈与</u> <u>所有者　C</u>
3	2番所有権抹消	令和7年12月21日 第19987号	原因　令和7年11月28日詐害行為取消判決 代位者　A 代位原因　令和5年7月8日金銭消費貸借の強制 　　執行

詐害行為取消しに基づく抹消の登記も原型の登記を修正する登記

　詐害行為取消しに基づく抹消の登記も、**原型の登記を修正する登記**です。原型の登記は、各論で学習した各権利の抹消の登記です。原型の登記を、判決による登記と代位による登記で（合わせ技で）修正していきます。これも、どのように修正しているのかを身につけるという学習方法となります。

＝P329
P366
P421

（1）登記の目的

　「○番所有権抹消」「○番抵当権抹消」など通常の抹消の登記の登記の目的を記載します。

（2）登記原因及びその日付

　年月日は、「詐害行為取消判決が確定した日」を記載します。

　原因は、「詐害行為取消判決」と記載します。

　詐害行為取消しの効果は、判決の確定によって生じるからです。── 民法Ⅲのテキスト第5編第3章第3節[2]3.（1）（a）

（3）申請人

　上記申請例 123 だと、BからCへの所有権の移転の登記の抹消の登記ですので、登記権利者と登記義務者は、以下のとおりです。

・登記権利者：B
・登記義務者：C

　しかし、BもCも詐害行為をした当事者ですので、登記申請をしないと思われます。そこで、以下のように登記申請意思を用意し、Aが単独で申請することになるのが通常です。

「B」：Aが代位することにより登記申請意思を用意（昭 38.3.14 民事甲 726）

「C」：判決により登記申請意思を用意

※債権者の1人のみについて勝訴判決が確定した場合

　上記申請例 123 では、債権者はAしか出てきませんでした。しかし、以下のような事案がありました。

ex. Bは、Cに対する債務を担保するために、所有している建物にCの抵当権を設定し、その登記をしました。これが詐害行為に当たるとして、Bの債権者ADEが（*）、Cを相手方として詐害行為取消訴訟を提起しました。そして、Aについてのみ勝訴判決が確定しました。この場合に、Aは、抵当権の抹消の登記を申請することができるでしょうか。

＊実際の事案は、26 名もの債権者が訴えを提起したのですが、簡略化して3名にしています。

　できます（昭 35.5.18 民事甲 1118）。Cの申請意思は判決で、Bの申請意思は代位で用意します。

　詐害行為取消権は、（だいぶ例外もありますが）債権者が総債権者のために債務者の財産を保全する制度です。── 民法Ⅲのテキスト第5編第3章第3節「債権者代位権と詐害行為取消権に共通する視点」　よって、1人でも勝訴判決が確定すればOK なのです。

（4）代位原因

上記（3）のとおり、通常は債権者が債務者に代位することになりますので、代位原因を記載します。「年月日金銭消費貸借の強制執行」（P367②）などと記載します。

（5）添付情報

①登記原因証明情報（不登法61条、不登令7条1項5号ロ（1））

Ⅰのテキスト第1編第6章第2節4の「登記原因証明情報の提供が不要となる場合」に当たりませんので、登記原因証明情報を提供する必要があります。

詐害行為取消訴訟の判決書正本および確定証明書となります。判決による登記だからです（P331①）。判決は、確定していなければなりません。

②代理権限証明情報（不登令7条1項2号）

③会社法人等番号（不登令7条1項1号イ）

④承諾証明情報（不登法68条、不登令別表26添付情報ト）

登記上の利害関係を有する第三者がいるときは、必ずその第三者が作成した承諾を証する情報などを提供する必要があります。抹消の登記だからです（不登法68条。Ⅰのテキスト第1編第6章第8節2 1.①）。

⑤代位原因証明情報（不登令7条1項3号）

代位による登記でもあるため、代位原因証明情報を提供します（P368）。

具体的には、詐害行為取消訴訟の判決書正本および確定証明書が当たります。詐害行為取消訴訟の判決書には、代位原因（被保全債権の発生原因）が記載されているからです。上記申請例123でいえば、AはBの債権者であり被保全債権があるため詐害行為取消訴訟を提起しているわけですから、AのBに対する債権（被保全債権）は判決書に記載されます。

※登記識別情報は、提供しません（不登法22条参照）。債権者の単独申請だからです（Ⅰのテキスト第1編第6章第3節3 1.「登記識別情報の提供の要否の基本的な判断基準」）。

※印鑑証明書は、提供しません。債権者の単独申請によるため、所有権の登記名義人が登記義務者とならないからです（Ⅰのテキスト第1編第6章第4節3 2.「『認印でよいか』『実印で押印し印鑑証明書の提供が要求されるか』の判断基準」）。

※住所証明情報は、提供しません。Ⅰのテキスト第1編第6章第5節3「住所証明情報の提供が要求される場合①～③」のいずれにも当たらないからです。

（6）登録免許税

抹消の登記として、不動産1個につき1000円です（登免法別表第1.1.（15））。

第9章　抹消回復の登記

1 意義

> 抹消回復の登記：不適法な原因に基づいて抹消された登記を回復し、抹消されなか
> ったのと同様の効果を発生させる登記（不登法 72 条、不登規 155
> 条参照）

　誤って登記の全部または一部が抹消された場合、当事者は、誤って抹消された登記
の全部または一部の回復を申請できます。これが「抹消回復の登記」です。

　なお、不適法な抹消の登記がされても、それが結果的に実体に合致しているのであ
れば、抹消回復の登記をすることはできません。

ex. もともと存在しない債権を被担保債権として抵当権の設定の登記がされました。
　　その後、委任状が偽造され、その抵当権の登記が抹消されました。偽造された委
　　任状に基づく不適法な抹消の登記ですが、被担保債権が存在せず抵当権が存在し
　　ないため、抵当権の抹消回復の登記はできません（東京高判昭 30.6.29）。実体を
　　公示するのが登記です。抵当権という実体がないため、回復して公示すべきでは
　　ないのです。

2 申請情報の記載事項

申請例124 ── 錯誤を原因とする抵当権の設定の登記の抹消回復の登記

事例：Aが所有している建物（甲区 1 番でA名義の所有権の保存の登記がされている）
　　に、抵当権者B・債務者Aとする、令和 7 年 6 月 28 日金銭消費貸借に基づく債
　　権額 1000 万円、利息年 2 ％、損害金年 14 ％の債権を担保するため、乙区 1 番（令
　　和 7 年 6 月 28 日受付第 12457 号）で抵当権の設定の登記がされている。AがB
　　に被担保債権を弁済していないにもかかわらず、弁済を原因とする抵当権の抹
　　消の登記がされた。なお、乙区 2 番で、Cの抵当権の設定の登記がされている。

登記の目的　　１番抵当権回復

原　　　因　　錯誤

回復すべき登記

　　　令和7年6月28日受付第12457号抵当権設定

　　　　原　　　因　　令和7年6月28日金銭消費貸借同日設定

　　　　債　権　額　　金1000万円

　　　　利　　　息　　年2%

　　　　損　害　金　　年14%

　　　　債　務　者　　A

　　　　抵当権者　　B

権　利　者　　B

義　務　者　　A

添付情報　　登記原因証明情報（抵当権の設定の登記が錯誤によって抹消されたことを
　　　　　　　　　　記載した書面）

　　　　　　登記識別情報（Aの甲区1番の登記識別情報）

　　　　　　印鑑証明書（Aの印鑑証明書）

　　　　　　代理権限証明情報（B及びAの委任状）

　　　　　　承諾証明情報（Cの承諾書）

登録免許税　　金1000円

権　利　部　（乙区）　（所有権以外の権利に関する事項)			
順位番号	登記の目的	受付年月日・受付番号	権利者その他の事項
<u>1</u>	抵当権設定	令和7年6月28日 第12457号	<u>原因　令和7年6月28日金銭消費貸借同日設定</u> <u>債権額　金1000万円</u> <u>利息　年2%</u> <u>損害金　年14%</u> <u>債務者　A</u> <u>抵当権者　B</u>
1	抵当権設定	令和7年6月28日 第12457号	原因　令和7年6月28日金銭消費貸借同日設定 債権額　金1000万円 利息　年2% 損害金　年14% 債務者　A 抵当権者　B 令和7年12月21日登記

2	抵当権設定	令和7年7月8日 第12987号	原因　令和7年7月8日金銭消費貸借同日設定 債権額　金800万円 債務者　A 抵当権者　C
3	1番抵当権抹消	令和7年11月28日 第19451号	原因　令和7年11月28日弁済
4	1番抵当権回復	令和7年12月21日 第19987号	原因　錯誤

　上記のように、元の順位（1番）で抹消された登記と同一の登記がされます（不登規155条）。4番や5番で抹消された登記が記録されるわけではありません。4番や5番になってしまうなら意味がありません。「後順位抵当権者のCは納得するの？」と思われたかもしれませんが、下記5.（2）で説明しますが、後順位担保権者などがいれば、その承諾を得ている必要がありますので、問題ありません。

　なお、元の順位（1番）で抹消された登記と同一の登記がされるのであって、抹消の登記（3番）が抹消されるわけではありません。抹消回復の登記は、抹消の登記（3番）を抹消する登記ではなく、抹消された登記（1番）を回復する登記です。

　主登記でされるか付記登記でされるかは、以下のとおりです。
・登記事項のすべてを回復する場合　→　主登記でされます（上記申請例124）
・登記事項の一部を回復する場合　→　付記登記でされます（不登規3条4号。Ⅰのテキスト第1編第4章第3節[2]3.①イ）
ex. 地上権の登記のうち、地代のみを廃止する変更の登記が誤ってされた場合、その回復の登記は付記登記でされます。

1．登記の目的

　「○番所有権回復」「○番抵当権回復」などと記載しますが、これは、以下の3つの項目からなり、3つの組み合わせで登記の目的ができます。

①順位番号	②権利		③回復
○番 （登記済みだからです）	所有権		回復
	抵当権		
		など	

2．登記原因及びその日付

　登記原因及びその日付は、原則として、以下のようになります。

　年月日は、記載しません（Ⅰのテキスト第2編第2章第2節 9 2．(1)「登記原因は記載するが登記原因日付は記載しない登記⑤」）。抹消回復の登記は、抹消の登記がされた後に回復すべき登記となったわけではなく、最初から抹消すべき登記ではなかったため、「この日に回復したよ」という登記原因日付がないからです。

　原因は、「錯誤」と記載します。

3．登記事項

　上記申請例 124 のように、回復すべき登記の内容を記載します。

　所有権だと、以下のように記載します。

「回復すべき登記

年月日受付第○○号所有権移転

原　　　因　　年月日売買

所　有　者　　　○○　　　　　　」

4．申請人

　以下の者の共同申請です（不登法 60 条）。

・登記権利者：回復される登記の登記名義人

　上記申請例 124 だとBが当たります。Bの抵当権の設定の登記を回復しますので、Bが登記権利者になるのは当たり前ですね。

・登記義務者：回復により登記記録上直接に不利益を受ける者

　上記申請例 124 だとAとなりますが、必ずしも抵当権の設定の登記をした際の所有者が登記義務者となるとは限りません。たとえば、上記申請例 124 において、Dに所有権の移転の登記がされていれば、登記義務者はDとなります。「回復により登記記録上直接に不利益を受ける者」は、現在の所有権の登記名義人だからです（昭 57.5.7 民三.3291）。

5．添付情報

（1）必要となる添付情報

①登記原因証明情報（不登法 61 条、不登令別表 27 添付情報イ）

　Ⅰのテキスト第1編第6章第2節 4 の「登記原因証明情報の提供が不要となる場合」に当たりませんので、登記原因証明情報を提供する必要があります。

②登記識別情報（不登法22条本文）

　登記義務者である回復により登記記録上直接に不利益を受ける者の登記識別情報を提供します。共同申請だからです（Ⅰのテキスト第1編第6章第3節③1.「登記識別情報の提供の要否の基本的な判断基準」）。

③印鑑証明書（不登令16条2項、18条2項）

　所有権の登記名義人が登記義務者になる場合、登記義務者の印鑑証明書を提供します（Ⅰのテキスト第1編第6章第4節③2.「『認印でよいか』『実印で押印し印鑑証明書の提供が要求されるか』の判断基準」）。

④代理権限証明情報（不登令7条1項2号）

⑤会社法人等番号（不登令7条1項1号イ）

⑥承諾証明情報（不登法72条、不登令別表27添付情報ロ）

　登記上の利害関係を有する第三者がいるときは、必ずその第三者が作成した承諾を証する情報などを提供する必要があります。抹消回復の登記だからです（不登法72条。Ⅰのテキスト第1編第6章第8節②1.③）。

　具体的に誰が登記上の利害関係を有する第三者に当たるかは、少し長いハナシとなりますので、別途項目を設け、下記（2）で説明します。

※住所証明情報は、提供しません。Ⅰのテキスト第1編第6章第5節③「住所証明情報の提供が要求される場合①〜③」のいずれにも当たらないからです。

（2）登記上の利害関係を有する第三者（不登法72条）

　抹消回復の登記をすることにより、登記記録上（形式的に）不利益を受ける者が当たります。基本的には、回復される登記の後順位で登記されている者（上記申請例124では後順位抵当権者C）が当たりますが、事案ごとにみていく必要があります。

登記上の利害関係を有する第三者に厳しい

　抹消回復の登記は、登記上の利害関係を有する第三者に厳しいです。

　具体的には、登記上の利害関係を有する第三者は、抹消の登記が不適法であったことに善意でも、抹消回復の登記によって損害を受ける場合でも、承諾義務を負います（最判昭36.6.16、最大判昭43.12.4）。

　「不適法な抹消であるため、抹消された登記は対抗力を喪失しない」ということが理由なのですが、登記上の利害関係を有する第三者には酷ですね……。

（a）抵当権の登記の回復

抵当権の登記が不適法に抹消された場合、後順位担保権者は、不適法な抹消の登記の前に登記されたか後に登記されたかにかかわらず、登記上の利害関係を有する第三者に当たるでしょうか。

【抹消の登記の前に登記】（上記申請例124）

乙区		
1	抵当権設定	B
2	抵当権設定	C
3	1番抵当権抹消	

【抹消の登記の後に登記】

乙区		
1	抵当権設定	B
2	1番抵当権抹消	
3	抵当権設定	C

当たります（昭52.6.16民三.2932〔抹消の登記の前に登記された事例〕）。

抹消の登記の後に登記された後順位担保権者は、「最先順位の担保権者だ！」などと思って登記したところ、実は「1番抵当権がありましたよ～」などといわれるわけですから、当然に当たります。

抹消の登記の前に登記された後順位担保権者も当たるのは、登記上の利害関係を有するかは、抹消回復の登記をする時を基準に考えるからです（抹消回復登記基準時説）。抹消回復の登記をする時を基準に形式的に判断します（Ⅰのテキスト第1編第6章第8節 1 「『登記上の利害関係を有する第三者』に当たるかを考える視点」）。後順位担保権者は、「最先順位の担保権者になった！」と思っていますから、当たります。

なお、後順位担保権者だけでなく、後順位の利用権者も利害関係人に当たります。民事執行法で学習することですが、先順位に担保物権が登記されているかどうかで、競売によって利用権が消滅するかが決まるからです（民執法59条2項）。

（b）仮登記の回復

まず、仮登記も、不適法に抹消された場合、抹消回復の登記をすることができます。仮登記は、順位保全のためにする登記です（P250 2 ）。抹消されると順位保全ができませんので、順位保全をするために回復する意味があるからです（最大判昭43.12.4）。

では本題ですが、所有権移転請求権の仮登記が不適法に抹消された場合、後順位の仮登記名義人は、不適法な抹消の登記の前に登記されたか後に登記されたかにかかわらず、登記上の利害関係を有する第三者に当たるでしょうか。

【抹消の登記の前に登記】

甲区		
2	所有権移転請求権仮登記	B
3	所有権移転請求権仮登記	C
4	2番仮登記抹消	

【抹消の登記の後に登記】

甲区		
2	所有権移転請求権仮登記	B
3	2番仮登記抹消	
4	所有権移転請求権仮登記	C

　当たります（昭29.8.27民事甲1539〔抹消の登記の前に登記された事例〕）。

　上記（a）の抵当権の登記の回復と同じ理由です。登記上の利害関係を有するかは、抹消回復の登記をする時を基準に考えるため（抹消回復登記基準時説）、抹消の登記の前に登記された仮登記名義人も当たります。

（c）処分制限の登記

　強制競売による差押えの登記が不適法に抹消された後、所有権移転請求権の仮登記がされています。この場合に、差押えの登記の抹消回復の登記を裁判所書記官が嘱託するとき、所有権移転請求権の仮登記名義人は、登記上の利害関係を有する第三者に当たるでしょうか。

　当たります（昭39.11.20民事甲3756）。

　これも民事執行法で学習することですが、差押えの登記の前に登記されているか後に登記されているかで、競売によって仮登記が消滅するかが決まるからです（民執法59条2項）。

　差押えや仮差押えの登記が不適法に抹消された後、所有権の移転の登記がされています。この場合に、差押えや仮差押えの登記の抹消回復の登記を裁判所書記官が嘱託する場合、現在の所有権の登記名義人は、登記上の利害関係を有する第三者に当たるでしょうか。

　当たります（昭32.12.27民事甲2439）。

　通常、現在の所有権の登記名義人は、登記義務者となるため（P413の4.）、登記上の利害関係を有する第三者には当たりません。しかし、差押えや仮差押えの登記の抹消回復の登記は、申請ではなく裁判所書記官の嘱託でされるため、現在の所有権の登記名義人は申請人になりません。よって、登記上の利害関係を有する第三者となるのです。

（d）登記官の過誤により抹消の登記がされた場合

　抹消の登記が登記官の過誤（ミス）によってされることもあります。登記官も人間ですから。この場合には、登記上の利害関係を有する第三者の承諾は不要です（昭 39.8.10 民事甲 2737、昭 41.10.6 民事甲 2898）。

　登記が抹消されたのは登記官のミスです。にもかかわらず、登記上の利害関係を有する第三者の承諾がないと抹消回復の登記ができないとなると、落ち度のない誤って抹消された登記の登記名義人にとってあまりに不合理だからです。

　登記官のミスによって抹消の登記がされたため、この抹消回復の登記は登記官の職権によってするのが原則です（昭 39.8.10 民事甲 2737）。

　しかし、職権によって抹消回復の登記ができないとされた事案があります。以下のような事案です。

ex. Aが所有している不動産に、乙区1
　　番でBの抵当権の設定の登記、乙区
　　2番でCの抵当権の設定の登記が
　　されています。AからBに売買を原
　　因とする所有権の移転の登記がさ

乙区		
1	抵当権設定　　B	
2	抵当権設定　　C	これがあるため
3	1番抵当権抹消　混同	←誤り

れました。そして、混同を原因とする乙区1番の抵当権の抹消の登記が申請されました。乙区2番にCの抵当権の設定の登記があるため、混同の例外（民法 179条1項ただし書 ── 民法Ⅱのテキスト第3編第1章第3節 7 4.（1）（b）i ）に当たり、Bの抵当権は混同で消滅しません。しかし、この登記が誤って受理されました。この場合、乙区1番でBの抵当権の抹消回復の登記を職権によってすることはできません（昭 41.10.6 民事甲 2898）。

　抹消回復の登記をする時点でもBの抵当権の被担保債権が存在するかは、登記官にはわからないからです。不適法な抹消の登記でも、それが結果的に実体に合致しているのであれば、抹消回復の登記をするべきではありません（P410 1 ）。

　よって、被担保債権が存在するのであれば、申請によって抹消回復の登記をすべきです。上記のとおり、このとき、後順位抵当権者Cの承諾は不要です（昭 41.10.6 民事甲 2898）。

6. 登録免許税

　抹消回復の登記として、不動産1個につき 1000 円です（登免法別表第1.1.（14））。

第10章　　**一般承継人による申請**

> **不動産登記法62条（一般承継人による申請）**
>
> 　登記権利者、登記義務者又は登記名義人が権利に関する登記の申請人となることができ
> る場合において、当該登記権利者、登記義務者又は登記名義人について相続その他の一
> 般承継があったときは、相続人その他の一般承継人は、当該権利に関する登記を申請す
> ることができる。

1　一般承継人による申請とは？

1．意義

　これは、Iのテキスト第1編第5章第2節③3.でも簡単に説明しました。登記権利
者、登記義務者または登記名義人が登記を申請する前に死亡したまたは合併された（合
併によって消滅した）場合には（※）、これらの者の相続人または存続会社（吸収合併
の場合）・設立会社（新設合併の場合）が代わりに登記を申請できます（不登法62条）。
※会社分割は含まれません。会社分割は、合併と異なり、分割会社が消滅しないため、
　分割会社が申請できるからです。

　「登記名義人」ともありますとおり、共同申請に限らず、合同申請や単独申請によ
る登記も対象となります。

※以下は、基本的な共同申請を例に説明していきます。基本的な売買を原因とする所有権の移転の登記を例に
　していますが、他の登記（ex. 抵当権の抹消の登記）でも考え方は同じです。

2．相続人が複数いる場合

　相続の場合、相続人が複数いることもあります。その場合に、相続人の1人または
一部の者が一般承継人による申請をすることができるかが問題となります。

（1）登記権利者の相続人による申請

　たとえば、Aが、所有している建物をBに売却しました。
しかし、Bへの所有権の移転の登記をする前にBが死亡し、
Bの子CDがBを相続しました。この場合、Cのみ（また
はDのみ）で一般承継人による申請をすることができます
（登研308P77）。

登記権利者側であるため、保存行為（民法252条5項）といえるからです。── 民法Ⅱのテキスト第3編第3章第4節 3 2.（1）

　なお、この場合、AからCDに1件で所有権の移転の登記をすることはできず、以下の2件の登記を申請する必要があります。

1/2　Bへの売買を原因とする所有権の移転の登記

2/2　CDへの相続を原因とする所有権の移転の登記

　権利変動の過程を公示するのが登記ですので、「A→B→CD」と所有権が移転したことを公示するため、Bへの所有権の移転の登記もする必要があるのです。

（2）登記義務者の相続人による申請

　たとえば、Aが、所有している建物をBに売却しました。しかし、Bへの所有権の移転の登記をする前にAが死亡し、Aの子CDがAを相続しました。この場合、Cのみ（またはDのみ）で一般承継人による申請をすることはできず、CおよびD（相続人全員）で一般承継人による申請をする必要があります（昭27.8.23民事甲74、昭37.2.22民事甲321。登研85P40）。

　登記義務を相続人全員（CおよびD）が承継しているからです。また、登記義務者側であるため、保存行為（民法252条5項）とはいえません。

　なお、遺産分割協議などによって特定の相続人がこの登記義務を承継しないことになるかは、以下の表のとおりです。

登記義務を承継する	登記義務を承継しない
①遺産分割協議 　遺産分割協議によって、登記義務を相続人の1人が承継すると定めることはできません（昭34.9.15民事甲2067）。登記義務は、遺産分割の対象とならないからです。	①相続放棄 　相続放棄をした者は、登記義務を承継しません（昭34.9.15民事甲2067。登研258P74）。相続放棄の効果は、絶対的だからです。── 民法Ⅱのテキスト第3編第1章第3節 4 4.（3）（e）
②特別受益 　特別受益者も、義務は承継するため、登記義務を承継します（登研194P73）。── 民法Ⅲのテキスト第10編第3章第2節 4 1.（1）	

2　申請情報の記載事項

申請例125 ── 一般承継人による登記（登記権利者の死亡）

＊事例は、P418〜419（1）の例に合わせています。

事例：Aは、令和7年7月8日、所有している建物（甲区1番でA名義の所有権の保存の登記がされている）をBに売却した。しかし、Bへの所有権の移転の登記をする前の令和7年10月28日にBが死亡し、Bの子CDがBを相続した。この建物の課税標準の額は、1000万円である。

登 記 の 目 的	所有権移転
原　　　　因	令和7年7月8日売買
権　利　者	亡B
	上記相続人　C
	上記相続人　D
義　務　者	A
添 付 情 報	登記原因証明情報（売買契約書）
	登記識別情報（Aの甲区1番の登記識別情報）
	印鑑証明書（Aの印鑑証明書）
	住所証明情報（Bの住民票の除票の写し）
	代理権限証明情報（C、D及びAの委任状）＊
	一般承継証明情報（Bの戸籍全部事項証明書等、C及びDの戸籍一部事項証明書等）
課 税 価 格	金1000万円
登録免許税	金20万円

＊P418〜419（1）のとおり、CまたはDのみから申請することもできます。Cのみから申請した場合にはDの委任状は不要となり、Dのみから申請した場合にはCの委任状は不要となります。

※登記識別情報の通知

　上記の登記がされると、CおよびDに対し、B名義の登記識別情報が通知されます（平18.2.28民二.523）。

申請例126 ── 一般承継人による登記（登記義務者の死亡）

＊事例は、P419（2）の例に合わせています。

事例：Aは、令和7年7月8日、所有している建物（甲区1番でA名義の所有権の保存の登記がされている）をBに売却した。しかし、Bへの所有権の移転の登記

をする前の令和7年10月28日にAが死亡し、Aの子CDがAを相続した。この建物の課税標準の額は、1000万円である。

登記の目的	所有権移転
原　　　因	令和7年7月8日売買
権　利　者	B
義　務　者	亡A相続人　C
	亡A相続人　D
添　付　情　報	登記原因証明情報（売買契約書）
	登記識別情報（Aの甲区1番の登記識別情報）
	印鑑証明書（C及びDの印鑑証明書）
	住所証明情報（Bの住民票の写し）
	代理権限証明情報（B、C及びDの委任状）
	一般承継証明情報（Aの戸籍全部事項証明書等、C及びDの戸籍一部事項証明書等）
課　税　価　格	金1000万円
登録免許税	金20万円

一般承継人による登記も原型の登記を修正する登記

　上記申請例125、申請例126は、売買を原因とする所有権の移転の登記であり、以下の説明も、この登記を基にしていきます。しかし、これはあくまで例にすぎません。一般承継人による登記も、**原型の登記を修正する登記**です。原型の登記は、各論で学習した各登記です。よって、これも、どのように修正しているのかを身につけるという学習方法となります。

=P329
P366
P407

1．登記の目的

　「所有権移転」など原型の登記の登記の目的を記載します。

　上記申請例125、申請例126でいえば、AからBへの所有権の移転の登記をしています。一般承継人による登記だからといって、権利の変動の内容が変わるわけではありません。

2．登記原因及びその日付

　「年月日売買」など原型の登記の登記原因及びその日付を記載します。上記申請例125、申請例126ではAB間の売買を登記原因及びその日付として記載します。申請している登記は、AからBへの売買を原因とする所有権の移転の登記だからです。

3．申請人

　死亡した登記権利者または登記義務者については、被相続人に加え相続人を記載します（不登令 3 条 11 号ロ、ハ）。記載方法は、上記申請例 125、申請例 126 のとおりです。

4．添付情報

①登記原因証明情報（不登法 61 条、不登令別表 30 添付情報イ）

　Ⅰのテキスト第 1 編第 6 章第 2 節 4 の「登記原因証明情報の提供が不要となる場合」に当たりませんので、登記原因証明情報を提供する必要があります。

　具体的には、上記申請例 125、申請例 126 では A B 間の 売買契約書 が当たります。申請している登記は、A から B への売買を原因とする所有権の移転の登記だからです。

②登記識別情報（不登法 22 条本文）

【登記権利者の死亡】

　この場合は、登記義務者は死亡していませんので、問題なく登記義務者の登記識別情報を提供できます。

【登記義務者の死亡】

　登記義務者は死亡していますが、この場合でも、登記義務者の登記識別情報を提供します。上記申請例 126 では、死亡した A に通知された登記識別情報を提供する必要があります。登記名義人は死亡した A だからです。また、相続人 C D は登記名義人ではありませんので、登記識別情報は通知されていません。A は死亡していますので、C D が A の金庫などに保管されている登記識別情報を引っ張りだしてくることになります。

③印鑑証明書（不登令 16 条 2 項、18 条 2 項）

【登記権利者の死亡】

　この場合は、登記義務者は死亡していませんので、問題なく登記義務者の印鑑証明書を提供できます。

【登記義務者の死亡】

　登記義務者は死亡しています。この場合、登記義務者の相続人の印鑑証明書を提供します。上記申請例 126 では、C D の印鑑証明書を提供する必要があります。申請情報または委任状を作成しているのは、C D だからです（Ⅰのテキスト第 2 編第 2 章第 3 節 2 2．（4）③「誰の印鑑証明書を提供するかの判断基準」）。

④住所証明情報（不登令別表 30 添付情報ハ）

【登記権利者の死亡】

　登記権利者は死亡していますが、この場合でも、登記権利者の住所証明情報を提供します。上記申請例 125 では、死亡した B の 住民票の除票の写し を提供する必要があ

ります。B名義の登記をするからです。Bは死亡しており、住民登録が抹消されているため、住民票の除票の写しとなります。

【登記義務者の死亡】

　この場合は、登記権利者は死亡していませんので、問題なく登記権利者の住所証明情報（住民票の写しなど）を提供できます。

⑤代理権限証明情報（不登令7条1項2号）

⑥会社法人等番号（不登令7条1項1号イ）

⑦一般承継証明情報（不登法62条、不登令7条1項5号イ）

　被相続人と相続人の関係を証するため、提供します。具体的には、戸籍全部事項証明書等が当たります。

5. 登録免許税

　原型の登記と同じです。上記申請例125、申請例126では、不動産の価額の20/1000です（登免法別表第1.1.（2）ハ）。申請している登記は、AからBへの売買を原因とする所有権の移転の登記だからです。

※被相続人の委任に基づいて登記申請をする場合

　上記ではいずれも、相続人から委任を受けて申請する前提で説明をしてきました。しかし、被相続人の生前に、司法書士などが被相続人から登記申請の委任を受けていた場合、その委任に基づいて登記申請をすることもできます。司法書士など登記申請の任意代理人の権限は、本人が死亡しても消滅しないからです（不登法17条。Ⅰのテキスト第1編第5章第2節 3 2.（1）（ c ）①）。

　この場合、以下の表の点が上記から変わります。なお、上記から変わらないことのうち注意していただきたい点も、併せて記載しておきます。

上記から変わること	上記から変わらないこと
①【登記義務者の死亡】の場合の印鑑証明書は、被相続人の印鑑証明書となる 　この印鑑証明書も、原則どおり、申請時点で作成後3か月以内のものである必要があります（平6.1.14民三.366。不登令16条3項、18条3項。Ⅰのテキスト第1編第6章第4節 3 3.）。	①申請人欄の記載方法 　被相続人は死亡しているため、申請人欄には、上記申請例125、申請例126のように相続人も記載します。
②委任状は、被相続人が作成したものとなる	②一般承継証明情報は提供する （平6.1.14民三.366）

cf. 合併の場合

　上記の申請情報の記載事項の説明は、相続の場合について記載しました。合併の場合でも、（申請人や添付情報の内容が少し変わりますが）**考え方は同じ**です。以下に合併の場合の申請例を示しておきます。

申請例127 —— 一般承継人による登記（登記権利者の合併）

事例：Aは、令和7年7月8日、所有している建物
　　　（甲区1番でA名義の所有権の保存の登記
　　　がされている）を株式会社B（会社法人等番
　　　号2345-01-890123）に売却した。しかし、株
　　　式会社Bへの所有権の移転の登記をする前
　　　の令和7年10月28日に、株式会社C（会社
　　　法人等番号3456-01-901232、代表取締役E）
　　　が株式会社Bを合併して存続し、株式会社B
　　　が解散する旨の吸収合併がされた。この建物
　　　の課税標準の額は、1000万円である。

登記の目的	所有権移転
原　　　因	令和7年7月8日売買
権 利 者	株式会社B
	会社法人等番号　2345-01-890123
	上記権利義務承継会社　株式会社C
	（会社法人等番号　3456-01-901232）
	代表取締役　E
義 務 者	A
添 付 情 報	登記原因証明情報（売買契約書）
	登記識別情報（Aの甲区1番の登記識別情報）
	印鑑証明書（Aの印鑑証明書）
	住所証明情報（株式会社Bの登記事項証明書）
	代理権限証明情報（株式会社Cの代表取締役E及びAの委任状）
	会社法人等番号（株式会社Cの会社法人等番号）
	一般承継証明情報（株式会社Cの登記事項証明書）
課 税 価 格	金1000万円
登録免許税	金20万円

申請例128 —— 一般承継人による登記（登記義務者の合併）

事例：株式会社Aは、令和7年7月8
日、所有している建物（甲区1
番で株式会社A名義の所有権の
保存の登記がされている）をB
に売却した。しかし、Bへの所
有権の移転の登記をする前の令
和7年10月28日に、株式会社C
（会社法人等番号 3456-01-901232、
代表取締役E）が株式会社Aを
合併して存続し、株式会社Aが
解散する旨の吸収合併がされた。
この建物の課税標準の額は、
1000万円である。

登記の目的	所有権移転
原　　因	令和7年7月8日売買
権 利 者	B
義 務 者	株式会社A　権利義務承継会社　株式会社C
	（会社法人等番号　3456－01－901232）
	代表取締役　E
添 付 情 報	登記原因証明情報（売買契約書）
	登記識別情報（株式会社Aの甲区1番の登記識別情報）
	印鑑証明書（株式会社Cの代表取締役Eの印鑑証明書）
	住所証明情報（Bの住民票の写し）
	代理権限証明情報（B及び株式会社Cの代表取締役Eの委任状）
	会社法人等番号（株式会社Cの会社法人等番号）
	一般承継証明情報（株式会社Cの登記事項証明書）
課 税 価 格	金1000万円
登録免許税	金20万円

425

第**11**章　一の申請情報による申請

> **不動産登記令4条（申請情報の作成及び提供）**
> 　申請情報は、登記の目的及び登記原因に応じ、1の不動産ごとに作成して提供しなければならない。ただし、同一の登記所の管轄区域内にある2以上の不動産について申請する登記の目的並びに登記原因及びその日付が同一であるときその他法務省令で定めるときは、この限りでない。

1　登記申請の件数
1．原則
　登記申請は、1個の不動産ごと、1個の権利ごとに、一つの申請情報でするのが大原則です（不登令4条本文。一件一申請情報主義）。そのほうがわかりやすく、誤った登記がされることが少なくなるからです。
　よって、下記2のいずれかの要件を充たさない場合は、1個の不動産ごと、1個の権利ごとに、一つの申請情報でする必要があります。

2．例外
　しかし、1個の不動産ごと、1個の権利ごとに申請情報を作成するのは大変です。登記官からしても、登記申請の件数が多くなるのは大変です。そこで、複数の不動産、複数の権利が関係する（下記2の要件を充たす）のであれば、複数の不動産、複数の権利についての登記を一の申請情報で（1件で）申請できるとされています。これを「一括申請」ということがあります。

2　要件
　複数の不動産、複数の権利について、一の申請情報で（1件で）申請できるのは、下記1.〜4.の4つのいずれかの要件を充たす場合です。

Realistic rule
　4つのいずれにも共通している要件は、**管轄登記所が同一である**ということです。不動産登記は管轄登記所ごとにしますので、管轄登記所が異なる場合は、物理的に一の申請情報で（1件で）申請できません。たとえば、1人が新宿出張所に、1人が渋谷出張所に行って、電話で連絡を取り合って「『いっせいのせ！』で申請情報を出そうぜ」と言っても、物理的に二の申請情報で（2件で）の申請となります。

1．パターン1（不登令4条ただし書）

---

①複数の不動産について管轄登記所が同一である

②登記の目的が同一である

③登記原因及びその日付が同一である

　「登記原因……が同一である」とは、申請人が同一であることも含む

　ここまで同一事項が多い申請情報であれば、一の申請情報で（1件で）申請できます。

ex. Aは、所有している甲建物と乙建物（管轄登記所は同一）を、同一の売買契約でBに売却しました。この場合、甲建物と乙建物について、一の申請情報で（1件で）Bへの所有権の移転の登記を申請することができるでしょうか。

　できます。

　管轄登記所が同一であり（上記①）、登記の目的が「所有権移転」で同一であり（上記②）、登記原因及びその日付も同一の「年月日売買」「申請人BとA」で同一である（上記③）からです。

　なお、甲建物については登記識別情報を提供できるが、乙建物については登記識別情報を提供することができないために事前通知（Ⅰのテキスト第1編第6章第3節⑤2．(1)）による手続を利用して申請する場合であっても、一の申請情報で（1件で）申請できます（昭37.4.19民事甲1173）。要求されるのは、上記①〜③であり、添付情報の提供方法は関係ないからです。

　上記のように具体例を示して、この要件を検討していきます。しかし、（下記2.〜4.も同じですが）必ずしもテキストの具体例どおりに出題されるとは限りません。よって、**考え方を習得する意識を持ってください。**

（1）申請人の同一性

　上記③は、申請人も同一であって初めて「登記原因及びその日付が同一である」といえます。

ex1. Aが所有している甲建物をCに、Bが所有している乙建物（管轄登記所は同一）をCに、同時に売却しました。この場合、甲建物と乙建物について、一の申請情報で（1件で）Cへの所有権の移転の登記を申請することができるでしょうか。

　できません（明33.8.21民刑1176）。上記ex.との違いにご注意ください。

　申請人が「CとA」「CとB」と異なり、上記③の要件を充たさないからです。他の要件は充たします。

ex2. Bが所有している甲土地を要役地、Aが所有している乙土地およびCが所有している丙土地（管轄登記所は同一）を承役地とする通行地役権の設定契約が同時にされました。この場合、乙土地と丙土地について、一の申請情報で（1件で）地役権の設定の登記を申請することができるでしょうか。

　できません（昭33.2.22民事甲421）。

　申請人が「BとA」「BとC」と異なり（P187～188（4））、上記③の要件を充たさないからです。他の要件は充たします。

ex3. Bが所有している甲土地およびCが所有している丙土地を要役地、Aが所有している乙土地を承役地とする通行地役権の設定契約が同時にされました。この場合、乙土地について、一の申請情報で（1件で）地役権の設定の登記を申請することができるでしょうか。

　できません（登研522P158）。

　申請人が「BとA」「CとA」と異なり（P187～188（4））、上記③の要件を充たさないからです。他の要件は充たします。

ex4. Aが所有している甲建物およびCが所有して
いる乙建物（管轄登記所は同一）を目的とし
て、Bを受託者とする信託契約が同時に締結
されました。この場合、甲建物と乙建物につ
いて、一の申請情報で（1件で）所有権の移
転の登記および信託の登記を申請することが
できるでしょうか。

できません。

所有権の移転の登記の申請人が「BとA」「BとC」と異なり（P234（1））、上記
③の要件を充たさないからです。他の要件は充たします。

（2）登記事項の同一性

登記事項の同一性も要求されるでしょうか。

ex. Aは、所有している甲建物と乙建物（管轄登記所は同一）に、同一の賃貸借契約
でBの賃借権を設定しました。しかし、甲建物と乙建物の賃料や存続期間は異な
ります。この場合、甲建物と乙建物について、一の申請情報で（1件で）Bの賃
借権の設定の登記を申請することができるでしょうか。

できます（登研463P85）。

登記事項（賃料や存続期間）の同一性は要求されません。管轄登記所が同一であり
（上記①）、登記の目的が「賃借権設定」で同一であり（上記②）、登記原因及びその
日付も同一の「年月日設定」「申請人BとA」で同一なので（上記③）OK です。

２．パターン２（不登規35条8号）

①複数の不動産についての登記の場合は管轄登記所が同一である
②1または2以上の不動産についての2以上の登記である
③同一の登記名義人の氏名（名称）・住所の変更の登記または更正の登記である

これは、名変登記の一の申請情報による申請のハナシです。

要件として、登記の目的、登記原因及びその日付の同一性が要求されていません。
要は、同一の登記名義人の名変登記であれば、一の申請情報で（1件で）申請するこ
とができるということです（複数の不動産についての登記の場合は、管轄登記所が同
一である必要があります）。名変は権利変動ではないため（P314）、現在の氏名（名称）・
住所が登記に公示されればよいので、要件が緩和されているのです。

ex. 318 の※で ex.として挙げた例ですが、不動産の所有者Aが、登記後に住所を移転
　　しました。また、登記申請時点で、Aの氏名が誤って登記されていました。この
　　場合、Aの住所の変更の登記と氏名の更正の登記を一の申請情報で（1件で）申
　　請できるでしょうか。
　　できます。
　　1の不動産についての2の登記（住所の変更の登記と氏名の更正の登記）であり（上
記②）、同一の登記名義人Aの名変登記（上記③）だからです。

（1）単有不動産と共有不動産

　　登記の対象となる不動産は、「単有不動産と共有不動産」でも構わないでしょうか。
ex. 甲建物はAが単有で所有権の登記名義人として、乙
　　建物はＡＢが共有で所有権の登記名義人として登
　　記されています（管轄登記所は同一）。Aは、登記
　　後に住所を移転しました。この場合、甲建物と乙建
　　物について、一の申請情報で（1件で）Aの住所の
　　変更の登記を申請することができるでしょうか。

　　できます。
　　対象が単有不動産と共有不動産ですが、管轄登記所が同一であり（上記①）、2の
不動産についての2の登記（住所の変更の登記と住所の変更の登記）であり（上記②）、
同一の登記名義人Aの名変登記（上記③）、という要件は充たしているからです。
　　この場合、登記の目的と変更後の事項は、以下のように記載します。
「登記の目的　○番所有権登記名義人住所変更」
「変更後の事項　所有者及び共有者Aの住所　横浜市中区羽衣二丁目2番地」
　　なお、上記 ex.において、BもAと同じ日に同じ住所に移転しても、甲建物と乙建
物について、一の申請情報で（1件で）AおよびBの住所の変更の登記を申請するこ
とはできません（登研519P187）。同一の登記名義人の要件を充たさないからです。

（2）共有者の名変登記

　　以下のような場合でも、一の申請情報で（1件で）申請することができるでしょうか。
ex1. 建物を夫婦ＡＢが共有しています。住所は同一です。ＡＢが、
　　　同時に同一の住所に移転しました。夫婦で不動産の購入代金を
　　　出し合い、不動産を共有していることは、よくあります。そし
　　　て、夫婦ですから、同時に同一の場所に住所を移転することも
　　　あります。この場合、一の申請情報で（1件で）ＡＢの住所の
　　　変更の登記を申請することができるでしょうか。

できます（登研 409P85、455P91）。

　ＡＢと複数の登記名義人の名変登記ですが、登記原因及びその日付と変更後の事項がまったく同一となるので、認められています。

　これに対して、ＡＢが別の住所に移転した場合は、一の申請情報で（1件で）申請することはできないと解されています。

ex2. ＣからＡおよびＢへの所有権の移転の登記をする際、申請情報にＡの住所とＢの住所とを誤って逆に記載し、そのまま登記されてしまいました。この場合、一の申請情報で（1件で）ＡＢの住所の更正の登記を申請することができるでしょうか。
　　　できます（昭 38.9.25 民事甲 2654）。

※登録免許税

　名変登記の登録免許税は、変更の登記または更正の登記として不動産1個につき1000円です（登免法別表第1.1.（14）。P318 の 6.）。

　では、1つの不動産について、同一の登記名義人についての複数の名変登記を一の申請情報で（1件で）申請する場合の登録免許税は、どうなるでしょうか。たとえば、以下のパターンがあります（昭 42.7.26 民事三.794）。

	申請する登記		登録免許税
①	氏名（名称）の変更の登記	氏名（名称）の更正の登記	1000 円
②	住所の変更の登記	住所の更正の登記	1000 円
③	氏名（名称）の変更の登記	住所の変更の登記	1000 円
④	氏名（名称）の変更の登記	住所の更正の登記	2000 円
⑤	氏名（名称）の更正の登記	住所の変更の登記	2000 円
⑥	氏名（名称）の更正の登記	住所の更正の登記	1000 円

　「2000 円」となる④⑤に着目してください。④⑤のみ「氏名（名称）」「住所」「変更」「更正」がすべて出てきます。「氏名（名称）」「住所」「変更」「更正」がすべて揃うと、2000 円となります。この場合には、同一区分とはいえないからです。

3．パターン3（不登規35条9号）

①同一不動産についての2以上の権利に関する登記である

②登記の目的が同一である

③登記原因及びその日付が同一である

「登記原因……が同一である」とは、申請人が同一であることも含む

パターン1（P427）は①が「複数の不動産について管轄登記所が同一である」でしたが、それが「同一不動産についての2以上の権利に関する登記である」（上記①）に変わりました。それ以外の要件（②③）は、同じです。つまり、パターン1が複数の不動産のハナシで、このパターン3が1つの不動産のハナシなわけです。

なお、「『管轄登記所が同一である』という要件がないな？」と思われたかもしれません。このパターン3は、1つの不動産のハナシであるため、管轄登記所は同一であるに決まっているので、要件に入っていないだけです。

ex1. Aが所有している建物に、株式会社Bの1番抵当権と2番抵当権が設定されています。株式会社Bが株式会社Cに吸収合併されました。この場合、1番抵当権と2番抵当権について、一の申請情報で（1件で）株式会社Cへの抵当権の移転の登記を申請することができるでしょうか。

できます（昭10.9.16民事甲946、昭28.4.6民事甲547）。

同一不動産についての2以上の権利（抵当権と抵当権）に関する登記であり（上記①）、登記の目的が「抵当権移転」で同一であり（上記②）、登記原因及びその日付も同一の「年月日合併」「申請人株式会社C」で同一である（上記③）からです。

なお、登記の目的の「1番抵当権移転」「2番抵当権移転」の違いはOKです。

登記の目的はちょっとユルイ

一の申請情報による申請の「登記の目的の同一性」の要件は、他の要件よりもちょっとユルくなることがあります。

ex2. Aが所有している建物に、Aを債務者とするBの1番抵当権と2番抵当権が設定されています。AがBに、これらの抵当権の被担保債権の全部を同時に弁済しました。この場合、1番抵当権と2番抵当権について、一の申請情報で（1件で）抵当権の抹消の登記を申請することができるでしょうか。

できます（登研401P162）。

　同一不動産についての2以上の権利（抵当権と抵当権）に関する登記であり（上記①）、登記の目的が「抵当権抹消」で同一であり（上記②）、登記原因及びその日付も同一の「年月日弁済」「申請人AとB」で同一である（上記③）からです。

　なお、登記の目的の「1番抵当権抹消」「2番抵当権抹消」の違いはOKです（P432の「登記の目的はちょっとユルイ」）。

（1）申請人の同一性

　上記③は、申請人も同一であって初めて「登記原因及びその日付が同一である」といえます。

ex. Aが所有している建物に、Aを債務者とするBの1
　　番抵当権とCの2番抵当権の設定の登記がされて
　　います。AがBおよびCに、これらの抵当権の被担
　　保債権の全部を同時に弁済しました。この場合、1
　　番抵当権と2番抵当権について、一の申請情報で
　　（1件で）抵当権の抹消の登記を申請することがで
　　きるでしょうか。

　　できません（登研421P107）。上記ex2.との違いにご注意ください。

　申請人が「AとB」「AとC」と異なり、上記③の要件を充たさないからです。他の要件は充たします。

（2）抵当権と根抵当権

　ここまで、「2以上の権利」はいずれも抵当権の例でした。では、抵当権と根抵当権でも構わないのでしょうか。

ex. Aが所有している建物に、Bの1番抵当
　　権と2番根抵当権の設定の登記がされ
　　ています。この抵当権と根抵当権が、同
　　時に解除されました。この場合、1番抵
　　当権と2番根抵当権について、一の申請
　　情報で（1件で）抹消の登記を申請する
　　ことができるでしょうか。

　　できます（登研434P146）。

　上記①～③の要件が揃っていれば、抵当権と根抵当権でも構いません。

　この場合、登記の目的は、以下のように記載します。

「登記の目的　１番抵当権及び２番根抵当権抹消」

　このような登記の目的となりますが、登記の目的の同一性の要件はちょっとユルくなるので OK です（P432 の「登記の目的はちょっとユルイ」）。

（3）仮登記およびその仮登記に基づく本登記の抹消

　仮登記およびその仮登記に基づく本登記の抹消も、一の申請情報で（１件で）申請することができるでしょうか。

ex. Aが所有していた建物に、Bの所有権の移転の仮登記およびその仮登記に基づく本登記がされています。しかし、ＡＢ間の所有権の移転の登記原因である売買が解除されました。この場合、Bの所有権の移転の仮登記およびその仮登記に基づく本登記の抹消の登記を一の申請情報で（１件で）申請することができるでしょうか。

　できます（昭 36.5.8 民事甲 1053）。

　上記①〜③の要件が揃っていれば、仮登記およびその仮登記に基づく本登記の抹消でも構いません。

　この場合、登記の目的は、以下のように記載します（昭 36.5.8 民事甲 1053 参照）。

「登記の目的　○番所有権本登記及び仮登記抹消」

　このような登記の目的となりますが、登記の目的の同一性の要件はちょっとユルくなるので OK です（P432 の「登記の目的はちょっとユルイ」）。

4. パターン４（不登規 35 条 10 号）

> ①複数の不動産について管轄登記所が同一である
> ②２以上の不動産についての２以上の登記である
> ③同一債権を担保する先取特権、質権または抵当権（根抵当権）に関する登記である
> ④登記の目的が同一である

　これは、共同担保の登記の一の申請情報による申請のハナシです。

　要件として、登記原因及びその日付（申請人）の同一性が要求されていません。要は、共同担保の登記であれば、登記の目的が同一なら一の申請情報で（１件で）申請することができるということです（管轄登記所が同一である必要があります）。共同担保ですから、同時に登記が発生することが多いので、要件が緩和されているのです。

ex. Ⅰのテキスト第3編第1章第1節④2.の申請例42、P22の申請例68、P55の申請
例75、P87の申請例82が、この例です。

（1）登記原因及びその日付の同一性

登記原因及びその日付の同一性は、要求されていません。

ex. Aが所有している甲建物とCが所有してい
る乙建物（管轄登記所は同一）に、Bの純粋
共同根抵当権の設定の登記がされています
（確定前根抵当権です）。Bがこの根抵当権
をDに全部譲渡しました。しかし、その後、
AとCは異なる日に、この根抵当権の全部譲
渡について承諾しました。この場合、一の申
請情報で（1件で）共同根抵当権の移転の登
記を申請することができるでしょうか。

できます（昭46.10.4民事甲3230）。全部譲渡の登記原因日付は、合意と承諾が揃っ
た日（P35〜36（2））ですので、甲建物と乙建物の根抵当権で、登記原因日付が異な
ることになります。しかし、登記原因日付が異なるのはOKです。

管轄登記所が同一であり（上記①）、2以上の不動産についての2以上の登記（根
抵当権の移転の登記と根抵当権の移転の登記）であり（上記②）、同一債権を担保す
る根抵当権に関する登記であり（上記③）、登記の目的が「根抵当権移転」で同一な
ので（上記④）OKです。

（2）申請人の同一性

申請人の同一性も、要求されていません。

ex1. Aが所有している甲建物の乙区1番、Cが所
有している乙建物（管轄登記所は同一）の乙
区2番で、Aを債務者とするBの共同抵当権
の設定の登記がされています。Aが、この抵
当権の被担保債権の全部を弁済しました。こ
の場合、甲建物の1番抵当権と乙建物の2番

抵当権について、一の申請情報で（1件で）共同抵当権の抹消の登記を申請する
ことができるでしょうか。

できます。申請人が異なることになりますが、共同担保の登記ですので、上記①〜
④の要件を充たしているためOKです。

ex2. 令和 7 年 6 月 28 日に、令和 7 年 6 月 28 日
　　付け金銭消費貸借に基づく B の A に対する
　　債権を担保するため、A が所有している甲
　　建物を目的として、B の抵当権を設定する
　　契約が締結されました。その抵当権の設定
　　の登記を申請する前の令和 7 年 7 月 8 日、

C が所有している乙建物（甲建物と管轄登記所は同一）に、同一の債権を担保す
るために B の抵当権を設定する契約が締結されました。この場合、一の申請情報
で（1 件で）共同抵当権の設定の登記を申請することができるでしょうか。

できます（明 32.6.29 民刑 1191、昭 39.3.7 民事甲 588）。登記原因日付と申請人が
異なることになりますが、共同担保の登記ですので、上記①〜④の要件を充たしてい
るため OK です。

（3）順位変更の登記

　　複数の不動産についての抵当権の順位変更の登記は、不動産ごとに申請するのが原
則です。しかし、以下の①〜③の要件を充たす場合、一の申請情報で（1 件で）申請
できます（昭 46.12.27 民事三.960）。

①「共同担保」である
②順位変更をする抵当権の「順位番号」が複数の不動産についてまったく同一である
　　順位番号が異なると、登記の目的が変わるからです。
③順位変更をする抵当権の「変更後の順位」が複数の不動産についてまったく同一である

3 不動産の表示

複数の不動産について一の申請情報で（1件で）申請する場合には、申請情報の「不動産の表示」に、以下のように複数の不動産を記載します。不動産の表示には、基本的に登記の効力が及ぶ不動産を記載するからです（Ⅰのテキスト第3編第1章第1節 4 2.（5）「不動産の表示の記載の趣旨」）。

不動産の表示						
所	在	新宿区新宿一丁目		所	在	新宿区新宿二丁目
地	番	1番		地	番	2番
地	目	宅地		地	目	宅地
地	積	131.12平方メートル		地	積	115.24平方メートル

4 不動産ごとに順位番号・登記原因及びその日付が異なる場合の申請情報の記載方法

上記 2 でいくつも事例をみましたが、不動産ごとに「順位番号」や「登記原因及びその日付」が異なる登記を一の申請情報で（1件で）申請する場合もありました。「申請情報はどうやって書くんだ？」と思われたかもしれません。この 4 で書き方を説明します。

1. 順位番号が異なる場合

不動産ごとに順位番号が異なる登記を一の申請情報で（1件で）申請する場合、登記の目的には、順位番号を記載せず、「（順位番号後記記載のとおり）」とします。そして、不動産の表示に順位番号を記載します。

ex. P435のex1.の共同抵当権の抹消の登記を申請する場合、申請情報に以下のように記載します（申請人欄についても併せて記載しておきます）。

登記の目的	抵当権抹消（順位番号後記記載のとおり）
（中略）	
権　利　者　　A	
C	
義　務　者　　B	
（中略）	

```
不動産の表示
   所　　在　　新宿区新宿一丁目 1 番地        所　　在　　新宿区新宿二丁目 2 番地
   家屋番号　 1 番                            家屋番号　 2 番
   種　　類　　居宅                            種　　類　　居宅
   構　　造　　木造かわらぶき 2 階建          構　　造　　木造かわらぶき 2 階建
   床 面 積　　1 階　72.55 平方メートル       床 面 積　　1 階　84.94 平方メートル
             2 階　60.11 平方メートル                  2 階　68.51 平方メートル
   （順位番号 1 番）                           （順位番号 2 番）
```

2．登記原因及びその日付が異なる場合

　不動産ごとに登記原因及びその日付が異なる登記を一の申請情報で（1件で）申請する場合、原因を「後記のとおり」とします。そして、不動産の表示に登記原因及びその日付を記載します。

ex. P436 の ex2.の共同抵当権の設定の登記を申請する場合、申請情報に以下のように
　　記載します（申請人欄についても併せて記載しておきます）。

```
                                （中略）
原　　　因　　後記のとおり
                                （中略）

抵 当 権 者　　B
設 定 者　　　A
　　　　　　　C
                                （中略）
不動産の表示
   所　　在　　新宿区新宿一丁目 1 番地        所　　在　　新宿区新宿二丁目 2 番地
   家屋番号　 1 番                            家屋番号　 2 番
   種　　類　　居宅                            種　　類　　居宅
   構　　造　　木造かわらぶき 2 階建          構　　造　　木造かわらぶき 2 階建
   床 面 積　　1 階　72.55 平方メートル       床 面 積　　1 階　84.94 平方メートル
             2 階　60.11 平方メートル                  2 階　68.51 平方メートル
   原　　　因　（令和 7 年 6 月 28 日金銭      原　　　因　（令和 7 年 6 月 28 日金銭
             消費貸借同日設定）                       消費貸借令和 7 年 7 月 8 日
                                                     設定）
```

1 法定相続情報証明制度とは？

法定相続情報証明制度：相続人などが登記官に法定相続情報一覧図の保管および写しの交付の申出をし、登記官が法定相続情報一覧図の写し（P442 の見本参照）の交付をする制度（不登規 247 条）

　これは、平成 29 年 4 月の不動産登記規則の改正で新設された制度です（施行は平成 29 年 5 月です）。

　相続が開始すると、相続人は、色々な機関で手続をする必要があります。相続登記のために登記所へ、被相続人の預金の払戻しのために銀行へなど。かつては、機関ごとに戸籍全部事項証明書などを提出する必要があり、かなり大変でした。しかし、登記官に法定相続情報一覧図の保管および写しの交付の申出をし、登記官から法定相続情報一覧図の写しの交付を受け、法定相続情報一覧図の写しを戸籍全部事項証明書などの代わりとすることができます。

　なお、かつてのように、手続ごとに戸籍全部事項証明書などを提出することも問題ありません。

439

2　趣旨

　近年、相続登記がされずに放置されている不動産が増え、所有者が不明となってしまう不動産や空き家問題が社会問題になっています。そこで、相続関係の手続を簡便にし、「相続登記などをしてくださいね～」という趣旨（相続登記の促進）でこの制度ができました。

　なお、上記 1 に銀行に対する預金の払戻しとあるとおり、使い道は相続登記に限られるわけではありません。よって、不動産の権利を有していない被相続人についての相続でも、この制度が使えます（不登規 247 条 1 項柱書「その他の者」）。

3　手続

1.　申出をすべき登記所

　以下のいずれかの地を管轄する登記所の登記官に対して申出をします（不登規 247 条 1 項柱書）。

①被相続人の本籍地
②被相続人の最後の住所地
③申出人の住所地
④被相続人を表題部所有者または所有権の登記名義人とする不動産の所在地

　④の不動産の所在地に限られないのは、使い道が相続登記に限られるわけではないからです（上記 2 ）。また、申出人がこの制度を使いやすいよう選択肢を増やしているという理由もあります。法務省は、「ぜひ使ってください！」という姿勢なので。

2.　申出ができる者

　登記官に法定相続情報一覧図の保管および写しの交付の申出ができるのは、基本的には相続人です（不登規 247 条 1 項柱書）。

　ただし、相続人が死亡し数次相続が生じている場合は、相続人の相続人も申出ができます（不登規 247 条 1 項柱書）。相続登記がされずに放置されている不動産は、数次相続が生じていることも多いからです。

※代理人による申出

　代理人によって申出をすることもできます。代理人となれるのは、たとえば、以下の者です（不登規 247 条 2 項 2 号かっこ書）。
①申出人の法定代理人（ex. 申出人が未成年者である場合の親権者）
②申出人の親族

③資格者代理人（弁護士、司法書士など）

　司法書士も含まれているので、将来みなさんが相続案件の依頼を受けたときに代理手続をするかもしれません。

3．添付する書面

　上記2.の者が、上記1.の登記所の登記官に法定相続情報一覧図の保管および写しの交付の申出書を提供します（不登規247条2項）。申出書の提供は、郵送によることもできます（平29.4.17民二.292）。

　この申出書には、以下の書面を添付する必要があります（不登規247条3項）。

①法定相続情報一覧図

　以下のような情報が記載されたもので、P442の証明書の基となるものです。

・被相続人の氏名、生年月日、最後の住所および死亡年月日（不登規247条1項1号）

・相続開始の時における同順位の相続人の氏名、生年月日および被相続人との続柄

　（不登規247条1項2号。相続人の住所の記載は任意です）

・作成をした申出人または代理人の記名

②被相続人の出生時からの戸籍全部事項証明書など

③被相続人の最後の住所を証する書面

　住民票の除票の写しなどが当たります（平29.4.17民二.292）。

④相続人の戸籍一部事項証明書など

⑤申出人が相続人の地位を相続により承継した者であるときは、これを証する書面

　数次相続が生じている場合に添付します。戸籍全部事項証明書などが当たります（平29.4.17民二.292）。

⑥申出書に記載されている申出人の氏名および住所と同一の氏名および住所が記載されている市町村長その他の公務員が職務上作成した証明書（その申出人が原本と相違がない旨を記載した謄本を含みます）

　申出人の本人確認のために添付します。運転免許証の写しなどが当たります（平29.4.17民二.292）。

⑦代理人が申出をするときは、その代理人の権限を証する書面

　上記の書面が添付され、申出が適法にされると、以下のような法定相続情報一覧図の写しが交付されます。交付の手数料はかかりません（無料です）。「相続登記などをしてくださいね～」という趣旨の制度であり、ドンドン利用してもらいたいため、無料とされているのです。

実際の書面を見てみよう —— 法定相続情報一覧図の写し

法定相続情報番号 0000-00-00000

被相続人松本雅典法定相続情報

最後の住所　新宿区新宿一丁目1番1号

最後の本籍　新宿区新宿一丁目1番1号　　　　住所　新宿区新宿一丁目1番1号

出生　■■■■■■■■■■■■■■■　　　　出生　令和4年9月27日

死亡　令和7年11月1日　　　　　　　　　　（長男）

　（被相続人）　　　　　　　　　　　　　　松　本　聡

松　本　雅　典

住所　新宿区新宿一丁目1番1号　　　　　　住所　新宿区新宿一丁目1番1号

出生　昭和59年12月12日　　　　　　　　出生　令和5年9月26日

　（妻）　　　　　　　　　　　　　　　　　（長女）

松　本　優　美（申出人）　　　　　　　　　松　本　麻　子

以下余白

```
作成日：令和7年12月1日
作成者：司法書士　法務　太郎
　（事務所：新宿区高田馬場一丁目1番地1）
```

これは、令和7年12月1日に申出のあった当局保管に係る法定相続情報一覧図の写しである。

令和7年12月5日

東京法務局新宿出張所

登記官　新宿　太郎　　　　　　印

注）本書面は、提出された戸除籍謄本等の記載に基づくものである。相続放棄に関しては、本書面に記載されない。また、被相続人の死亡に起因する相続手続及び年金手続等以外に利用することはできない。

整理番号S00000 1/1

4 不動産登記での使用

　前ページの法定相続情報一覧図の写しは、**法定相続人を証する情報**を提供する不動産登記での手続の際に、相続があったことを証する市町村長その他の公務員が職務上作成した情報の提供に代えることができます（不登規 37 条の 3 第 1 項。平 29.4.17 民二.292）。登記申請に限りません（ex. 以下の⑤⑥）。たとえば、以下の手続で使えます。

①所有権の保存の登記
②相続を原因とする権利の移転の登記
③相続を原因とする債務者の変更の登記
④一般承継人による申請（不登法 62 条）
⑤登記識別情報の失効の申出・有効証明請求（不登規 65 条 5 項本文、68 条 6 項本文。
　 I のテキスト第 1 編第 6 章第 3 節 4 ）
⑥相続人申告登記における相続人である旨の申出

　戸籍全部事項証明書などを提供しなくてよくなると考えてください。よって、法定相続情報一覧図の写しを提供すれば、相続人の中で廃除された者がいる場合でも、別途廃除されたことを証する情報を提供する必要はありません。廃除されたことは被廃除者の戸籍の身分事項欄に記載されるからです。それに対して、相続人の中に相続放棄をした者がいる場合には、相続放棄申述受理証明書などを提供する必要があります（平 29.4.17 民二.292）。この点は、前ページの見本の 1 番下にも「注)」として書かれていますね。相続放棄をしたことは、戸籍に記載されないからです。

　なお、かつては、戸籍全部事項証明書などの提供を省略するには、法定相続情報一覧図の写しを提供する必要があり、法定相続情報番号（前ページの見本の 1 番上に記載）を提供するだけではダメでした。しかし、令和 6 年の改正で、法定相続情報番号の提供でもよくなりました（不登規 37 条の 3 第 1 項、158 条の 20 第 1 項。令 6.3.21 民二.569）。法定相続情報証明制度をより使いやすくするための改正です。

　法定相続情報一覧図に相続人の住所が記載されていれば、法定相続情報一覧図の写しまたは法定相続情報番号を相続人の 住所証明情報 としても使えます（不登規 37 条の 3 第 2 項。平 30.3.29 民二.166、令 6.3.21 民二.569）。

　これは、相続登記を促進するため、平成 30 年に法定相続情報一覧図の写しの用途が拡大された点です。そして、令和 6 年の改正で、法定相続情報番号の提供でもよくなりました。

【MEMO】

444

─ 第 **6** 編 ─

純粋な総論手続
（総論③）

第1章　取下げ・却下・審査請求

　登記の申請から完了までの大まかな流れは、以下のとおりでした（Ⅰのテキスト第1編第5章第1節）。この第1章では、Ⅰのテキストではみていない「取下げ」「却下」「審査請求」をみていきます。

1　取下げ

1．取下げとは？

　取下げ：登記の申請後、登記が完了するまでに、申請人の意思で申請を取り下げること（不登規39条）

　「申請人の意思で」、つまり、主体が申請人である点が、下記2の却下との違いです。
取下げには、以下の2種類があります。

①登記の申請を中止するための取下げ（不登規39条）
②補正のための取下げ（不登規60条、不登法25条柱書ただし書参照）

　①は、まさに申請を止めるという取下げです。
　②が「何これ？」と思われたと思いますが、「補正」とは、申請に軽微な誤りがあ

る場合に直すことです。たとえば、登録免許税の計算を間違え、納付額が足りなかった場合、登記官から代理人の司法書士に「登録免許税、間違っていますよ〜」と電話がかかってきます。司法書士は、「申し訳ありません！すぐ行きます！」と言って、法務局に走って行き、申請情報の登録免許税の額を修正し、不足額を納付します。どの司法書士も、補正の経験はあると思います。補正のために取り下げる、簡単にいうと、ちょっと直させてもらうために取り下げるのが、②です。これは、すぐに申請し直しますので、①と違い、申請を止めるための取下げではありません。

２．方法

取下げの方法は、書面申請か電子申請かによって異なります。

書面申請	電子申請（特例方式を含む）
申請を取り下げる旨の情報を記載した書面を登記所に提出する方法によります(不登規39条1項2号、60条2項2号)。	申請を取り下げる旨の情報を登記所にオンラインで送信する方法によります(不登規39条1項1号、60条2項1号。平20.1.11民二.57。Ⅰのテキスト第1編第5章第4節 1 2.「電子申請の場合の基本的な考え方」)。取下げのときも、電子署名をし、電子証明書を送信する必要があります。

３．任意代理人が行う場合の特別の授権の要否

司法書士などの任意代理人が取下げを行うには、登記申請の代理権以外に、取下げの代理権も必要でしょうか（登記申請の委任に取下げの代理権が含まれているでしょうか）。

①登記の申請を中止するための取下げ

必要です（昭29.12.25民事甲2637）。

お客様は、登記が実行されることを望み登記申請を委任したのであって、中止することは想定していません。よって、勝手に取り下げられるわけがありません。

なお、登記申請の委任状に取下げの代理権がある旨の記載があっても、それを転用することはできず、別途取下げについての委任状を出す必要があります（昭和29.12.25民事甲2637）。

②補正のための取下げ

不要です（昭29.12.25民事甲2637）。

　お客様は登記が実行されることを望み登記申請を委任したため、登記が実行されるように補正することは、委任の範囲内と考えられるからです。

2　却下

1．却下とは？

　却下：登記の申請に不備があるため登記官が申請を却下すること（不登法25条）

　主体が登記官である点が、上記1の取下げとの違いです。登記官は、登記の申請に不備があるときは、その不備が補正できるものであり申請人が補正した場合を除き、理由を付した決定で申請を却下します（不登法25条柱書）。理由を付す必要があるのは、登記官の勝手な判断ではなく、下記2．の却下事由に基づく却下であることを、申請人にきちんと知らせるためです。

2．却下事由

　却下事由は、不動産登記法25条1号から13号に規定されています。ただ、13号が政令（不動産登記令）に委任しており、不動産登記令20条に8個規定されているため、却下事由は20個となります。

「1～3号、13号」と「4～12号」

　まず、不動産登記法25条1～3号、13号に当たるかどうかは、判断できるようにしてください。

　1～3号、13号（下記の表の（1）～（3）、（13））は、あまりにヒドい却下事由です。よって、仮に見過ごされて登記されたとしても、絶対的に無効であり、職権抹消されます（不登法71条。P468（1））。また、審査請求の対象にもなります（P456の表の左の②）。

　それに対して、4～12号（下記の表の（4）～（12））は、そこまでヒドい却下事由ではありません。よって、仮に見過ごされて登記された場合、その登記は真実と合致している範囲において有効となります。たとえば、12号（下記の表の（12））の「登録免許税を納付しないとき」に、それが見過ごされて登記された場合、された登記自体は真実と合致していると考えられます。よって、抹消や更正の必要があるのであれば、申請によってします。また、審査請求の対象になりません（P456の表の右の②）。

　このように、1～3号、13号に当たるかどうかで扱いが異なるため、1～3号、13号に当たるかどうかは、判断できるようにする必要があります。

却下事由の典型的な出題に、却下事由と具体例をいくつか示し、却下事由と具体例を結びつけられるかを問う問題があります（ex. 平成23年度第14問、平成30年度第16問）。出題され得る具体例をすべて記憶するのは無理なので、ある程度その場で判断を求められることになります。その場合、判断しやすい却下事由のみを考えられると正答率が上がります。以下の却下事由が判断しやすいので、本試験では以下の却下事由から判断してください。

・不動産登記法25条1号、2号、3号、4号、6号、7号、10号、12号、不動産登記令20条1号、2号、4号、5号、6号

却下事由
（1）申請にかかる不動産の所在地が申請を受けた登記所の管轄に属しないとき（不登法25条1号）
不動産登記は、登記所ごとに管轄があり、登記所は管轄内の不動産に関する登記しか扱わないため（不登法6条1項。Iのテキスト第1編第3章 1 ）、管轄外の申請は却下されます。 ■ **法務局での手続 → 管轄外は却下**   不動産登記、商業登記、供託は**法務局での手続**ですが、これらは**管轄外だと却下**されます。なお、登記事項証明書の交付の請求（Iのテキスト第1編第4章第2節 4 2.）など、例外もあります。
（2）申請が登記事項以外の事項の登記を目的とするとき（不登法25条2号）
ex1. 入会権の登記の申請は、却下されます（明34.4.15民刑434）。入会権を登記することはできないからです（Iのテキスト第1編第4章第1節）。 ex2. 違約金の定めを登記事項とする抵当権の設定の登記の申請は、却下されます（昭34.7.25民事甲1567）。違約金を抵当権の登記事項とすることはできないからです（Iのテキスト第3編第1章第1節 2 3.（2）②i。P167の2.）。
（3）申請にかかる登記がすでに登記されているとき（不登法25条3号）
ex. 所有権の保存の登記を申請しようとしたところ、すでに所有権の保存の登記がされていたら、却下されます。
（4）申請の権限を有しない者の申請によるとき（不登法25条4号）
ex. 第三者が申請人になりすまして登記の申請をした場合、却下されます。
（5）申請情報またはその提供の方法が不動産登記法に基づく命令またはその他の法令の規定により定められた方式に適合しないとき（不登法25条5号）
ex1. インクを消すことができるボールペンで記載された手書きの申請情報は、却下されます。

却下事由
ex2. 抵当権の設定の登記の登記原因証明情報として提供された抵当権設定契約書に利息に関する定めがある場合に、申請情報に利息の記載がないときは、却下されます。
（6）申請情報の内容である不動産または登記の目的である権利が登記記録と合致しないとき（不登法25条6号）
ex1. 申請情報に誤った不動産の表示が記載されている場合、却下されます。
ex2. 1番抵当権しか登記されていないのにもかかわらず、「2番抵当権移転」を登記の目的とする申請は、却下されます。
（7）申請情報の内容である登記義務者などの氏名（名称）・住所が登記記録と合致しないとき（不登法25条7号）
これは、前提としての名変登記が必要であるにもかかわらず（P318〜321の1.）、それをしていない、ということです。 この規定があるため、名変登記を抜かすと申請が却下されます。これが、「たかが名変されど名変」といわれる理由でもあります。
（8）申請情報の内容が登記原因証明情報の内容と合致しないとき（不登法25条8号）
この場合、実体関係と異なる登記がされてしまうおそれが大きいので、却下されます。 ex. 存続期間の定めがある地上権設定契約書を登記原因証明情報として提供しているにもかかわらず、存続期間を申請情報の内容としない地上権の設定の登記の申請は、却下されます。
（9）法令の規定により申請情報と併せて提供しなければならないものとされている情報が提供されないとき（不登法25条9号）
ex. 提供する必要があるにもかかわらず、登記原因証明情報や登記識別情報を提供しない申請は、却下されます。
（10）事前通知に対する申出の期間内に申出がないとき（不登法25条10号）
事前通知がされた場合、それに対する申出には期間制限がありました（Ⅰのテキスト第1編第6章第3節5 2.（1）（c）ⅱ）。その期間内に申出をしないと、却下されます。
（11）（表示に関する登記の規定なので、不登法25条11号については省略）
（12）登録免許税を納付しないとき（不登法25条12号）
登録免許税を納付しない申請（納付額が不足するときも含みます）は、却下されます。
（13）①申請が不動産以外のものについての登記を目的とするとき（不登令20条1号）
ex. 橋を目的とする登記の申請は、却下されます。 この「不動産」には、法令により不動産とみなされるものも含まれます。 ex. 立木法上の立木は不動産とみなされるため（立木法2条1項 —— **民法Ⅰのテキスト第2編第3章2 1.（2）（c）①**）、立木を目的とする登記の申請は、却下されません。

却下事由

（13）②その登記をすることにより表題部所有者または登記名義人となる者（一般承継人が申請する場合を除く）が権利能力を有しないとき（不登令 20 条 2 号）

権利能力を有しない者を表題部所有者または登記名義人とする申請は却下されるということです。

ex1. 権利能力なき社団が登記名義人となる申請は、却下されます。

ex2. 組合が登記名義人となる申請は、却下されます。

なお、「（一般承継人が申請する場合を除く）」とは、一般承継人による申請の場合、死者や被合併会社名義で登記されることがあるため（P420 の申請例 125、P424 の申請例 127）、それは OK という意味です。

（13）③以下の登記など（不登令 20 条 3 号）

ⅰ　相続を原因とする根抵当権の移転の登記または根抵当権の債務者の変更の登記をする前の、指定根抵当権者の合意の登記または指定債務者の合意の登記

ⅱ　要役地について所有権の登記がされていない場合の、承役地についての地役権の設定の登記

ⅲ　敷地権付き区分建物についての、区分建物のみまたは敷地のみについての登記

これらは、認められていませんでした。

ⅰ　→　P90、P98（不登法 92 条）

ⅱ　→　P186（不登法 80 条 3 項。昭 35.3.31 民事甲 712）

ⅲ　→　P380（不登法 73 条 2 項、3 項）

ただし、敷地権付き区分建物でも、区分建物のみまたは敷地のみについての登記ができる場合があります（P380〜387 3）。その場合は、もちろん却下されません。

（13）④申請が 1 個の不動産の一部についての登記（承役地についてする地役権の登記を除く）を目的とするとき（不登令 20 条 4 号）

Ⅰのテキスト第 3 編第 1 章第 1 節 3 2.「不動産の一部を目的とする登記の可否」のハナシです。承役地への地役権の設定の登記以外、不動産の一部に権利を設定したことを登記することはできません。

ex. 一筆の土地の一部に対する処分の制限の登記の嘱託は、却下されます。

（13）⑤申請にかかる登記の目的である権利が他の権利の全部または一部を目的とする場合に、その他の権利の全部または一部が登記されていないとき（不登令 20 条 5 号）

ex. 未登記の地上権を目的とする賃借権の登記の申請は、却下されます。

（13）⑥同一の不動産に関し同時に 2 以上の申請がされた場合に、登記の目的である権利が相互に矛盾するとき（不登令 20 条 6 号）

通常は、矛盾する登記が同時に申請されることはありませんが、たとえば、矛盾する 2 つの申

却下事由
請が郵送でされ、同時に登記所に到達した場合などではあり得ます。 ex. 同一の不動産を目的として、Bを登記権利者とする所有権移転請求権の仮登記と、Cを登記権利者とする所有権移転請求権の仮登記が同時に申請されたときは、同一の受付番号を付して受け付けられるとともに、双方の登記の申請が却下されます（昭30.4.11民事甲693）。たしかに、仮登記は複数登記することができます。しかし、同時だと優先関係がわからなくなってしまうからです。 　「相互に矛盾する」ときに却下されるので、2つの抵当権の設定の登記を同時に申請する場合（Ⅰのテキスト第3編第1章第1節 2 3.（1）①ⅲ「Realistic 15」）や同時申請による必要がある登記（ex. P230 1 ）は却下されません。
(13) ⑦申請にかかる登記の目的である権利が同一の不動産についてすでにされた登記の目的である権利と矛盾するとき（不登令20条7号）
ex. A所有の土地にBの地上権の設定の登記がされている場合に、重ねてCの地上権の設定の登記を申請すると、却下されます。地上権が設定された土地に重ねて地上権を設定することはできないからです（昭37.5.4民事甲1262。P174の表の右①）
(13) ⑧上記①～⑦に掲げるもののほか、申請にかかる登記が民法その他の法令の規定により無効とされることが申請情報、添付情報または登記記録から明らかであるとき（不登令20条8号）
ex1. 登記記録上、地上権の存続期間が満了しています。しかし、実体上は存続期間が延長されています。この場合に、存続期間の変更の登記をせずに、地上権の移転の登記を申請すると、却下されます（昭35.5.18民事甲1132。P179 2 ）。 ex2. 利息制限法の制限利率を超える利息の定めを登記事項とする抵当権の設定の登記の申請は、却下されます（昭29.6.2民事甲1144、昭29.6.28民事甲1357）。

3．却下決定書の交付方法

　登記官が、登記の申請に不備があり却下する場合、申請が書面申請か電子申請かにかかわらず、却下決定書を書面で交付します（不登規38条1項本文）。行政処分は原則として当事者に到達しないと効力が生じないので、確実に効力を生じさせるため、書面で交付するとされているのです。

　なお、送付の方法（郵送）によることはできます（不登規38条2項）。

　登記官は、却下決定書を申請人ごとに交付する必要があります（不登規38条1項本文）。すべての申請人に伝える必要があるからです。

ただし、代理人によって申請がされた場合は、代理人に交付すればOKです（不登規38条1項ただし書）。代理人がいる場合、代理人に対する行為の効果は、申請人本人に帰属するからです。

【取下げ・却下の場合に還付される書面】

　取下げ（1）・却下（2）とみてきました。最後に、書面申請がされた後、取下げまたは却下がされた場合に、申請書または添付書面が還付されるかを比較してみます。

	還付される書面	例外
取下げ	・**申請書**（不登規39条3項前段） ・**添付書面**（不登規39条3項前段） 　取下げは、申請を「やっぱ止めた」ということですから、申請書も添付書面も返ってきます。	左記の書面でも、偽造された書面その他の不正な登記の申請のために用いられた疑いがある書面は、還付されません（不登規38条3項ただし書、39条3項後段）。 　怪しい書面は返ってこないということです。これらの書面は、証拠物として登記所に保存する必要があるからです。
却下	・**添付書面**（不登規38条3項本文） 　却下は、「やっぱ止めた」のではなく、申請したうえで「それがダメ」ということですから、"申請"書は返ってきません。 　ただし、添付書面は再度登記を申請する際に使用するため、返ってきます。	

3 審査請求

不動産登記法 156 条（審査請求）

1　登記官の処分に不服がある者又は登記官の不作為に係る処分を申請した者は、当該登記官を監督する法務局又は地方法務局の長に審査請求をすることができる。

1．審査請求とは？

> 審査請求：登記官の処分または不作為について、その登記官を監督する法務局または地方法務局の長に不服申立てをすること（不登法 156 条 1 項）

　「法務局または地方法務局の長」とは、その都道府県の法務局のトップということです（＊）。「法務局」と「地方法務局」の呼び方の違いですが、高等裁判所がある都道府県にあるのが「法務局」であり（ex. 東京法務局）、高等裁判所がない都道府県にあるのが「地方法務局」です（ex. 横浜地方法務局）。

＊北海道のみ、都道府県単位ではなく、4つに分かれています。

　簡単にいうと、登記官の上司に文句を言うのが「審査請求」です。

　なお、「登記官の不作為」とは、登記の申請を受けた登記官が登記の受理も却下もしないことです。不作為について審査請求できるか、かつては明確ではありませんでした。そこで、平成 26 年の改正（平成 28 年 4 月施行）で明記されました。

※課税標準の額について不服がある場合

　課税標準の額について不服がある場合は、（地方）法務局の長ではなく、国税不服審判所長に対し審査請求すべきです（国税通則法 75 条 1 項 3 号）。不動産登記法の審査請求の対象にはなりません。

　課税標準の額を決めることは、登記官の処分ではないからです。

行政不服審査法の特別法

　不動産登記法の審査請求は、**行政不服審査法の特別法**です。「行政不服審査法」という法律が、審査請求について規定した一般法です。不動産登記法は、不動産登記の特殊性から、行政不服審査法の審査請求の規定を修正している箇所があります。

　ただ、みなさんは行政不服審査法の勉強をしないため（行政書士試験ではします）、どの規定が特別規定なのかを気にする必要はありません。

よっぽどのこと

　審査請求は、「よっぽどのこと」というイメージを持ってください。

　審査請求をするのは、「登記の申請を却下され、このままでは事務所が潰れかねないため（銀行が絡む案件であればあり得ます）、登記官の上司に文句を言って戦うしかない」といった場合です。通常は考えられない事態です。一度も経験したことがない司法書士がほとんどですし、誰もが経験せずにすむことを願っています。

　よって、資格者代理人（司法書士など）が審査請求をする場合、お客様から、登記申請の代理権とは別に、審査請求の代理権を与えてもらう必要があります。こんな重大なことを当然にできるわけがありません。

【審査請求の手続の流れ】

　審査請求の手続を1つ1つみていく前に、流れをチャート図で確認しましょう。

2. 請求権者

　審査請求ができる者は、「登記官の処分に不服がある者」または「登記官の不作為にかかる処分を申請した者」ですが、審査請求が認められることで直接に利益を受ける者である必要があります。

審査請求ができる場合（○）	審査請求ができない場合（×）
①登記申請が却下された場合、または、登記官の不作為によって登記がなされない場合の登記権利者または登記義務者 　登記義務者もできるのは、登記義務者が登記を望むこともあるからです（ex. P325〜326のex1.やex2.の場合）。	①登記申請が受理された場合（長野地決明44.2.27、和歌山地決大9.3.23） 　登記官は、申請どおりの登記をしたにすぎないため、文句を言われる筋合いはないからです。
②不動産登記法25条1〜3号、13号（P449（1）〜（3）、P450〜452（13））の却下事由が見過ごされて登記が受理された場合（大判大5.12.26、最判昭38.2.19等参照） 　登記が受理された場合は、基本的には審査請求の対象にはなりません（右の①）。しかし、これらは、あまりにヒドい却下事由です（P448）。入会権を登記したとかですから。そのため、登記されても絶対的に無効であり、審査請求の対象となるのです。	②不動産登記法25条4〜12号（P449（4）〜450（12））の却下事由が見過ごされて登記された場合 ex. 登記申請の代理権が消滅しているにもかかわらず、すでに交付されていた委任状に基づいて所有権の移転の登記がされました。この場合でも、審査請求はできません。 　不動産登記法25条4〜12号は、そこまでヒドい却下事由ではないため（P448）、登記されると、真実と合致している範囲において有効となるからです。
③代位による登記によって相続登記がされたが（P371（b））、債務者（相続人）によってその相続登記が抹消された場合の債権者（大決大9.10.13） 　債権者からすると、自分がした登記が抹消されてしまったからです。	③審査請求の目的である処分にかかる権利を譲り受けた者（不登法158条、行服法15条6項）
④登記事項証明書の交付（Ⅰのテキスト第1編第4章第2節4）を受けられなかった者	④抵当権の移転の登記についての設定者（大決大6.4.25） 　抵当権の移転の登記について、設定者は関係ないからです（Ⅰのテキスト第3編第1章第2節1 3.※）。

※審査請求人が死亡した場合

　審査請求人が死亡した場合、相続人などが審査請求人の地位を承継します（行服法15条1項）。

　審査請求人の地位を承継した相続人などが2人以上いるときは、その1人に対する通知などは、全員に対してされたものとみなされます（行服法15条5項）。

3．審査請求の方法

　登記官を監督する（地方）法務局の長に審査請求をしますが、それは登記官を経由してします（不登法156条2項）。文句を言う相手は登記官の上司なのですが、文句の提出先は登記官なんです（P455のチャート図をご覧ください）。

　「なんで？」と思われると思いますが、下記6.（1）でみますとおり、登記官が審査請求に理由があるなど（自分が間違っていた……）と考えたら、上に上げずに（後で報告はします）相当の処分ができるんです。そのために、登記官に出します。

　審査請求は、書面でする必要があり、口頭ではできません（行服法19条1項）。審査請求は「よっぽどのこと」ですから（P455の「よっぽどのこと」）、口頭でできるわけがありません。

4．審査請求をすることができる期間

　不動産登記法の審査請求に期間制限は特になく、不当な処分の是正が可能であり、その利益があれば、いつでもできます（不登法158条、行服法18条）。登記所における申請情報や添付情報の保存期間が満了していてもできます。

　通常の審査請求は期間制限があります（行服法18条）。しかし、登記は、国が主体的に行うものではなく、申請を待ってするものです。登記官は登記所で"待っているだけ"です。それに対応して、審査請求も待っていてくれるのです。

5．審査請求の取下げ

　審査請求人は、下記7.の（地方）法務局の長の裁決があるまでは、いつでも審査請求を取り下げることができます（行服法27条1項）。

　この審査請求の取下げも、書面でする必要があり、口頭ではできません（行服法27条2項）。やはり審査請求は、「よっぽどのこと」だからです（P455の「よっぽどのこと」）。

6．登記官の措置
（1）理由ありなど（登記官「私が間違っていた……」）

　登記官は、自らの処分についての審査請求を理由があると認め、または、審査請求がされた不作為にかかる処分をすべきものと認めるときは、相当の処分をしなければなりません（不登法157条1項）。つまり、登記官が「私が間違っていた……」と考えた場合、登記の受理などをするわけです。そして、登記官は審査請求人に対し、その処分の内容を通知します（不登規186条）。

　このように、登記官が上に上げずに（後で報告はします）相当の処分ができるのは、対抗力（民法177条）の問題があるためです。登記をするのであれば、急いでしないと第三者の登記がされてしまうかもしれません。

（2）理由なし（登記官「私は間違っていない！」）

　上記（1）に対して、登記官が、審査請求には理由がない（「私は間違っていない！」）と考える場合もあります。この場合には、登記官は、審査請求の日から3日以内に意見をつけて事件を（地方）法務局の長に送付しなければなりません（不登法157条2項前段）。この場合は、上に上げて、上の判断をあおぐわけです（P455のチャート図をご覧ください）。

7．（地方）法務局の長の処分

　上記6．（2）により事件の送付を受けた（地方）法務局の長は、登記官の意見を審理員に送付しなければなりません（不登法157条2項後段）。

　「審理員」とは、平成26年の行政不服審査法などの改正により新たにできた制度です。審査請求の事件を実際に仕切る“別のライン（別の省）の”職員のことです。平成26年の改正の1つのテーマが「公平性の確保」であるため、別のライン（別の省）の職員が審査請求の事件を実際に仕切ることとされたんです。平成28年4月から施行され、この審理員の制度がスタートしたので、一部の公務員の方は、平成27年度は審理員についての研修で忙しかったそうです……。

　なお、この審理において、審査請求人が申立てをしても審査請求人に口頭で意見を述べる機会は与えられませんし（不登法158条、行服法31条）、利害関係人が参加人として参加することもできません（不登法158条、行服法13条）。

　通常の審査請求は、これらのことが認められます（行服法31条、13条）。しかし、登記は書面審理です。それに対応して、審査請求も書面審理となるのです。

この審理を受け、（地方）法務局の長は以下の（1）（2）いずれかの判断をします。

（1）理由ありなど（「登記官が間違っている！」）

　（地方）法務局の長は、処分についての審査請求を理由があると認め、または、審査請求をされた不作為にかかる処分をすべきものと認めるときは（「登記官が間違っている！」と考えたときは）、登記官に相当の処分をするよう命じます。そして、その旨を審査請求人と登記上の利害関係人に通知します（不登法157条3項）。

※仮登記

　（地方）法務局の長は、上記の相当の処分を命じる前に、登記官に仮登記を命じることができます（不登法157条4項）。対抗力（民法177条）の問題があるためです。第三者の登記がされるおそれがあるのであれば、仮登記で順位を確保しておく必要があるのです。

（2）理由なし（「登記官は間違っていない！」）

　（地方）法務局の長は、審査請求には理由がないと考えたときは（「登記官は間違っていない！」と考えたときは）、審査請求を棄却します（行服法45条2項、49条2項）。
　登記官の不作為についての審査請求であった場合には、（地方）法務局の長は、登記官に不作為にかかる処分についての申請を却下する処分を命じます（不登法157条5項）。却下せずに放置しておくのはおかしいので、「却下してやれ」ということです。

※再審査請求の可否

　（地方）法務局の長の裁決に不服があっても、再審査請求をすることはできません（行服法6条1項参照）。（地方）法務局の長の上は法務大臣ですが、さすがに法務大臣にまで文句を言うことはできません。

8. 行政訴訟・国家賠償請求訴訟との関係

　審査請求は、登記官の上司である（地方）法務局の長に文句を言うことでした。それ以外にも、裁判所に訴えを提起することができます。それが、「行政訴訟」「国家賠償請求訴訟」です。

　「行政訴訟」は、行政事件訴訟法という法律に規定されています。たとえば、都道府県知事から営業の不許可処分を受けた場合に、その処分の取消しを求める訴えなどが行政訴訟です。国や地方公共団体を相手方とする訴えです。登記官の処分の取消しを求めて、裁判所に訴えを提起することもできます。

　「国家賠償請求訴訟」とは、国家賠償法という法律を根拠とします。公務員の不法行為（故意または過失による違法行為）によって損害を受けた者が、国や地方公共団体に賠償を請求する訴えです。登記官の処分によって損害を受けたとして、国に対して賠償を求める訴えを裁判所に提起することもできます。

テクニック

　試験で最も出題されるのは、「審査請求」「行政訴訟」「国家賠償請求訴訟」の順番です。審査請求の種類によっては、「行政訴訟を提起する前に審査請求をし、その裁決を経なければならない」というものもあります（行訴法8条1項ただし書）。

　しかし、司法書士試験で出題されるものは、「審査請求」「行政訴訟」「国家賠償請求訴訟」の順番はカンケーありません。どれから行うかも自由ですし、これらを併行して行うこともできます。

第2章

再使用証明

1 再使用証明とは？

1．意義

　実務で頻繁にあるハナシではありませんが、再使用証明というものがあります。

　登録免許税の納付方法に、「現金納付」「印紙納付」というものがありました。右の図のように、「現金納付」は郵便局などで登録免許税を支払ってその領収書を申請情報に貼り付ける方法、「印紙納付」は印紙を申請情報に貼り付ける方法です（Ⅰのテキスト第1編第7章[4]①、②）。これらの納付方法で登記の申請をすると、右の図のように、すぐに領収書・印紙に消印が押されます。再度使えなくするためです。

　しかし、申請人は、登記の申請を取り下げた場合、消印が押された領収書・印紙を再使用することができる旨の証明を受けることができます（登免法31条3項前段）。これが、「再使用証明」です。再使用証明を受け、他の登記申請に使用することができるのです。他の登記申請のほうが取り下げた申請よりも

登録免許税が低ければ、差額は現金で還付されます（昭42.6.13民事甲1864）。

2．再使用証明ができる場合とできない場合

　常に再使用証明ができるわけではありません。以下の表の左の①②の双方を充たす場合のみ再使用証明ができます。

再使用証明ができる（○）	再使用証明ができない（×）
①取下げ	①却下
再使用証明は、申請書に貼り付けた領収書・印紙を再使用するためにします。取下げであれば、原則として申請書が還付されますので、できます。それに対して、却下であれば、申請書が還付されないので、できません（P453）。	
②現金納付または印紙納付	②電子納付
再使用証明は、申請書に貼り付けた領収書（現金納付）・印紙（印紙納付）を再使用するというハナシです。電子納付は、ネットバンキングでの納付であり（Ⅰのテキスト第1編第7章[4]③）、領収書や印紙がないため、できません。	

※再度の再使用証明の可否

　再使用証明を受けた領収書・印紙を使って申請をした後、また取り下げた場合、再度の再使用証明の申出をすることもできます（昭43.1.8民事甲3718）。この場合でも、上記の表の左の①②の要件を充たすからです。

2　再使用証明を受けた領収書・印紙を使える申請

　再使用証明を受けた領収書・印紙を使える申請と使えない申請があります。

使える申請（○）	使えない申請（×）
①再使用証明を受けた登記所での不動産登記の申請 ②再使用証明を受けた登記所での商業登記の申請	①他の登記所での申請（登研321P71）
再使用証明がされると、再使用証明を受けた登記所に再使用証明の申出書が保管されます。よって、再使用証明を受けた登記所であれば、不動産登記の申請に限らず、商業登記の申請でも使えます。しかし、他の登記所には再使用証明の申出書が保管されていないため、ダメです。	

3　期間制限

　再使用証明を受けた領収書・印紙を使える期間は、1年です（登免法31条3項前段）。

　1年を過ぎた場合には再使用証明を受けた領収書・印紙を使えなくなりますが、取下げの日から5年以内であれば登録免許税の還付を請求することができます（登免法31条8項3号、国税通則法74条1項）。つまり、5年以内であれば登録免許税を返してもらうことはできるのです。

4　再使用証明を受けた後に還付請求をする場合の代理人の授権の要否

　ややこしいですが……、こんなハナシです。領収書・印紙について再使用証明を受けました。しかし、「やっぱ、再使用ではなく、登録免許税の還付請求をしよう」と考えました（Ⅰのテキスト第1編第7章6 1.③）。では、この還付請求を司法書士などの登記申請の任意代理人が行う場合、還付請求をすることについて授権を受けた旨が記載された委任状が必要でしょうか。

　必要です（登研509P152）。

　登記申請の代理権に、還付請求の代理権が当然に含まれているとは考えられないからです。

嘱託による登記

　ここまで、「当事者の申請」によって登記手続が開始される場合を中心にみてきました。しかし、それだけでなく、「官庁または公署の嘱託」によって登記手続が開始される場合もありました（Ⅰのテキスト第1編第5章第2節 1 1.）。この第3章では、その「嘱託による登記」をみていきます。

1 国または地方公共団体が登記権利者となる登記

> **不動産登記法116条（官庁又は公署の嘱託による登記）**
> 1 国又は地方公共団体が登記権利者となって権利に関する登記をするときは、官庁又は公署は、遅滞なく、登記義務者の承諾を得て、当該登記を登記所に嘱託しなければならない。

　2012年に、尖閣諸島の土地を地権者から国や東京都が購入するといったニュースがありました。政治的な問題は置いておきますが、国や地方公共団体が不動産の登記名義人となることもできます。尖閣諸島の土地は国が購入したそうなので、国が登記名義人となっているのでしょう。「国有地」などと聞いたことがあるでしょうか。国は、かなりの数の不動産を所有しています。

1．登記の方法

　国または地方公共団体が登記権利者となる登記は、官庁（国の機関。ex. 財務省）または公署（国の機関以外の公的機関。ex. 都道府県、市町村）が、登記義務者（上記の尖閣諸島の例だと地権者）の承諾を得て、登記所に嘱託します（不登法116条1項）。つまり、官庁または公署が単独で行います。「官庁または公署だから、大丈夫でしょ（虚偽の登記はしないでしょ）」ということで、単独で行うことが認められています。

2．添付情報

　これまで使ってきた添付情報の判断基準は、基本的に嘱託による登記でも使えます。

①登記原因証明情報（不登令別表73添付情報イ）

　Ⅰのテキスト第1編第6章第2節 4 の「登記原因証明情報の提供が不要となる場合」に当たりませんので、登記原因証明情報を提供する必要があります。

②承諾証明情報（不登令別表 73 添付情報ロ）

　上記1.のとおり、官庁または公署が登記義務者の承諾を得て登記所に嘱託しますので（不登法 116 条1項）、登記義務者が作成した承諾を証する情報を提供する必要があります。

※この登記の後に更正の登記を嘱託する場合

　国または地方公共団体が登記権利者となる登記がされた後、登記事項の一部に錯誤（間違い）または遺漏（モレ）があることが判明し、更正の登記を嘱託する場合、改めて登記義務者が作成した承諾を証する情報を提供する必要があります。

※登記識別情報は、提供しません（不登法 22 条参照。昭 33.5.1 民事甲 893）。官庁または公署が単独で行う登記だからです（Ⅰのテキスト第1編第6章第3節3 1.「登記識別情報の提供の要否の基本的な判断基準」）。

※印鑑証明書は、提供しません（不登令 16 条4項、18 条4項）。所有権の登記名義人が登記義務者とならないからです（Ⅰのテキスト第1編第6章第4節3 2.「『認印でよいか』『実印で押印し印鑑証明書の提供が要求されるか』の判断基準」）。官庁または公署が単独で行う登記ですので、登記義務者はいません。

※住所証明情報は、提供しません（昭 36.4.19 民事甲 895）。Ⅰのテキスト第1編第6章第5節3 「住所証明情報の提供が要求される場合①～③」のいずれかに当たる場合であっても（ex. 所有権の移転の登記でも）、不要です。そもそも国または地方公共団体には住所がありませんし、住所証明情報もありません。「国や東京都の住所ってどこ？」ってハナシです。国会議事堂や都庁がある所が住所であるわけではなく、日本全体や東京全体が国や東京都です。よって、「所有者　東京都」などと登記され、住所は登記されません。

3. 登録免許税

　登録免許税は、不要です（登免法4条1項）。Ⅰのテキスト第1編第7章7で説明しますが、国や地方公共団体などが自己のために登記をする場合には、非課税となるからです。

> **不動産登記法 116 条（官庁又は公署の嘱託による登記）**
>
> 2　国又は地方公共団体が登記義務者となる権利に関する登記について登記権利者の請求が
> あったときは、官庁又は公署は、遅滞なく、当該登記を登記所に嘱託しなければならない。

　国有地を民間に払い下げるといった場合に、国または地方公共団体が登記義務者となります。

1．登記の方法

　国または地方公共団体が登記義務者となる登記は、登記権利者（私人）の請求があったときに、官庁または公署が登記所に嘱託します（不登法 116 条 2 項）。これも、官庁または公署が単独で行うことが認められています。やはり「官庁または公署だから、大丈夫でしょ（虚偽の登記はしないでしょ）」ということです。ただ、上記 **1** と異なり、官庁または公署は、登記権利者（私人）の請求があって初めて嘱託します。権利に関する登記をするか（対抗力を備えるか）は私人の自由だからです。この **2** は、私人が登記名義人となるなどというハナシなので、登記をするかの選択が私人に委ねられているのです。

2．添付情報

　ここでも、これまで使ってきた添付情報の判断基準が基本的に使えます。

①登記原因証明情報（不登法 61 条）

　Ⅰのテキスト第 1 編第 6 章第 2 節 **4** の「登記原因証明情報の提供が不要となる場合」に当たりませんので、登記原因証明情報を提供する必要があります。

②住所証明情報（不登令別表 30 添付情報ハ。昭 43.4.1 民三.290）

　所有権の移転の登記など、住所証明情報が必要となる登記であれば、提供する必要があります。私人が登記名義人となるため、固定資産税の徴収先を把握する必要があるからです（Ⅰのテキスト第 1 編第 6 章第 5 節 **2**）。また、私人ですから、住所も登記されます。

※登記識別情報は、提供しません（不登法 22 条参照。昭 15.7.25 民事甲 949）。官庁または公署が単独で行う登記だからです（Ⅰのテキスト第 1 編第 6 章第 3 節 **3** 1.「登記識別情報の提供の要否の基本的な判断基準」）。なお、この登記を、私人と官庁または公署が共同で申請することもできます（官庁または公署が登記権利者とな

る登記も同じです。登研 554P134）。この場合でも、登記識別情報は不要です（昭42.4.6民事三.150）。官庁または公署が申請人となるため、虚偽の登記である確率が低いからです。

※印鑑証明書は、提供しません（不登令16条4項、18条4項）。所有権の登記名義人が登記義務者とならないからです（Ⅰのテキスト第1編第6章第4節 3 2.「『認印でよいか』『実印で押印し印鑑証明書の提供が要求されるか』の判断基準」）。官庁または公署が単独で行う登記ですので、登記義務者はいません。

3. 登録免許税

　登録免許税は、通常どおり納付する必要があります（登免法4条1項参照）。国や地方公共団体などが自己のために登記をするわけではなく（Ⅰのテキスト第1編第7章 7 ）、私人のためにする登記ですので、非課税とはなりません。

4. 登記識別情報の通知

　私人が登記名義人となる登記の場合、私人の登記識別情報は、官庁または公署に通知されます（下記の図①。不登法 117 条1項）。登記を嘱託したのは官庁または公署であるため、申請をしていない私人に直接に登記識別情報を通知するのは危ない（本人確認ができない）からです。

　そして、官庁または公署が、この登記識別情報を私人に通知します（下記の図②。不登法 117 条2項）。

　登記官と私人の間に官庁または公署が入る形になりますが、官庁または公署ですから、パスワード（登記識別情報）を盗み見たり悪用したりすることは考えられないため、大丈夫です。

　不動産登記法が上記のように規定しているため、官庁または公署が私人の登記識別情報の通知を受けることについて、私人から特別の委任を受ける必要はありません。

　なお、私人は申請人となっていないにもかかわらず登記識別情報の通知がされるため、上記はⅠのテキスト第1編第6章第3節 2 1.（1）「登記識別情報が通知される要件」の例外です。

3 公売処分による登記

　官庁または公署は、公売処分をした場合に、登記権利者の請求があったときは、以下の①〜③の登記を嘱託します。この登記の嘱託は、オンラインで行うこともできます（不登規43条1項4号参照）。

①公売処分による権利の移転の登記（不登法115条1号）
②公売処分により消滅した権利の登記の抹消（不登法115条2号）
③滞納処分に関する差押えの登記の抹消（不登法115条3号）

　「公売処分」とは、官庁または公署が税金の滞納者の財産を差し押さえ、強制的に売却して、その売却代金から滞納金を徴収する処分のことです（国税徴収法94条以下）。

第4章　職権抹消・職権更正

これまでも出てきましたが、この第4章で「職権抹消」（下記 1 ）、「職権更正」（下記 2 ）についてみていきます。

1 職権抹消

1．却下事由が見過ごされて登記された場合

> **不動産登記法 71 条（職権による登記の抹消）**
> 1　登記官は、権利に関する登記を完了した後に当該登記が第25条第1号から第3号まで又は第13号に該当することを発見したときは、登記権利者及び登記義務者並びに登記上の利害関係を有する第三者に対し、1月以内の期間を定め、当該登記の抹消について異議のある者がその期間内に書面で異議を述べないときは、当該登記を抹消する旨を通知しなければならない。

（1）職権抹消の対象となる却下事由

却下事由が見過ごされて登記された場合に職権抹消の対象となる却下事由は、不動産登記法 25 条1～3号、13 号（P449（1）～（3）、P450～452（13））です（不登法 71 条1項）。これらは、あまりにヒドい却下事由です（P448）。入会権を登記したとかですから。そのため、登記されても絶対的に無効であり、職権抹消の対象となるのです。

それ以外の却下事由（P449（4）～450（12））が見過ごされて登記された場合に抹消の必要があるのであれば、申請によってします。

（2）職権抹消の手続

登記官が登記を完了した後に上記（1）の却下事由を発見した場合、以下の手続を経る必要があります。登記官の判断が必ずしも正しいとは限らないため、すぐに職権抹消することはできないんです。

要は

下記の手続の流れの結論は、要は以下のとおりです。
①適法な異議あり　→　職権抹消されない
②適法な異議なし　→　職権抹消される

登記官は、登記権利者、登記義務者、登記名義人および登記上の利害関係を有する第三者に対し、1か月以内の期間を定め、登記の抹消について異議のある者が期間内に書面で異議を述べないときは登記を抹消する旨を通知（＊）します（不登法71条1項、67条1項本文かっこ書）。
＊住所などが知れないため通知できないときは、公告をします（不登法71条2項）。

異議あり　　　　　　　　　　　　　　　　　　　　　　　　　　　　　　異議なし

異議に理由あり　　　　　異議に理由なし→決定で異議を却下（不登法71条3項）

職権抹消しない宣言をし異議を述べた者に通知（不登法71条3項。上記の「要は①」）　　　　職権抹消（不登法71条4項。上記の「要は②」）

2．その他の職権抹消

　上記1.以外の場合に、職権抹消されることがあるというハナシは、これまでも出てきました。たとえば、抹消の登記が申請された場合に、承諾証明情報が提供された登記上の利害関係を有する第三者の権利を職権抹消する（不登規152条2項前段）といったハナシです。この2.では、これまで説明していない職権抹消をみていきます。

（1）重複登記

　1つの建物について誤って2つの表題登記がされてしまうといったことが、まれにあります。これが「重複登記」という問題です。1つの不動産について2つの登記があると混乱するため、1つを職権抹消します。そこで、どちらを職権抹消するかが問題となりますが、「利害関係人に与える影響を少なくする」という考え方で考えます。

（a）原則

　いずれの登記記録にも権利の登記がされていない場合、後にされた表題登記を職権で抹消します（昭37.10.4民事甲2820参照）。後にされた表題登記のほうが、登記記録を見た人も少なく、利害関係人が少ないと考えられるからです。

（b）例外

　前にされた登記の登記記録には所有権の保存の登記のみ、後にされた登記の登記記録には所有権の保存の登記に加え抵当権の設定の登記などが登記されている場合、前にされた登記記録を職権で抹消します（昭39.2.21民事甲384）。この場合は、前にされた登記のほうが利害関係人が少ないからです。

（2）順位の譲渡の登記・順位の放棄の登記

　以下のような場合に、順位の譲渡の登記や順位の放棄の登記が職権抹消されるかが問題となります。

　たとえば、1番抵当権から2番抵当権への順位の譲渡の登記がされた後、2番抵当権の登記が抹消されました。この場合、順位の譲渡の登記は、職権抹消されるでしょうか。

　職権抹消されます（記録例453）。

乙区		職権抹消？
1	抵当権	
1-1	1番抵当権の2番抵当権への順位譲渡	
2	抵当権	
3	2番抵当権抹消	

　たとえば、1番抵当権から2番抵当権への順位の譲渡の登記や順位の放棄の登記がされた後、1番抵当権と2番抵当権の順位を変更する登記がされました。この場合、順位の譲渡の登記や順位の放棄の登記は、職権抹消されるでしょうか。

　職権抹消されません（昭46.12.27民事三.960）。

乙区		職権抹消？
1	抵当権	
1-1	1番抵当権の2番抵当権への順位譲渡	
2	抵当権	
3	1番、2番順位変更	

（3）優先の定めの登記

　たとえば、確定前根抵当権について、一部譲渡を原因とする根抵当権の一部移転の登記がされ、優先の定めの登記もされました。その後、根抵当権の一部移転の登記の抹消の登記がされました。この場合、優先の定めの登記は、職権抹消されるでしょうか。

　職権抹消されません（登研540P169）。

乙区		職権抹消？
1	根抵当権	
1-1	1番根抵当権一部移転	
1-2	1番根抵当権優先の定	
2	1番付記1号根抵当権一部移転抹消	

2 職権更正

1. 原則 —— 申請による更正

登記官は、登記に錯誤（間違い）または遺漏（モレ）を発見したときは、その登記の登記権利者、登記義務者、登記名義人および代位者（代位による登記によってされた場合）に通知します（不登法67条1項本文、4項前段）。登記権利者、登記義務者、登記名義人および代位者がそれぞれ2人以上いるときは、その1人に通知すればOKです（不登法67条1項ただし書、4項後段）。登記官が誤った登記を発見しても、登記官が更正するわけではなく、当事者の申請による更正を促すのが原則なのです。

権利に関する登記は私的自治の原則が働く分野ですので、更正も当事者の申請によるのが原則とされているんです。

2. 例外 —— 職権更正

(1) 職権更正による場合

ただし、錯誤または遺漏が登記官の過誤（ミス）によるものである場合は、登記官は、監督する（地方）法務局の長の許可を得て、登記の更正をします（不登法67条2項本文）。これが、「職権更正」です。

登記官のミスによってされた誤った登記を当事者の申請によって更正させるのは、筋違いだからです。

(2) 登記上の利害関係を有する第三者の承諾

職権更正は、登記上の利害関係を有する第三者がいる場合には、その第三者の承諾がなければできません（不登法67条2項ただし書）。更正の登記ですが、Iのテキスト第1編第4章第3節3のように「登記上の利害関係を有する第三者の承諾が得られないため、主登記でする」ことはできません。主登記でされるのは、申請している当事者が主登記でされることを納得しているからです（申請している時点で納得しているといえます）。しかし、職権更正は、当事者は申請していませんので、納得がありません。よって、勝手に主登記で登記できないのです。

ex. 1番抵当権の債権額が2000万円であるにもかかわらず、登記官のミスで「1500万円」と登記されました。その後、2番抵当権の設定の登記がされました。登記官が1番抵当権の債権額を「2000万円」に職権更正しようとしましたが、2番抵当権者が承諾しませんでした。この場合に、職権で、乙区3番で主登記で債権額の更正の登記をすることはできません。1番抵当権者からすると「勝手に3番で登記するな！私が2番抵当権者を説得する！」となるからです。

※登記事項の一部についての誤りである必要があるか？

　更正の登記は、登記事項の一部についての誤りである必要があります（Ⅰのテキスト第2編第4章1②）。しかし、職権更正の場合は、この要件は不要となります（昭36.2.17民事甲358など）。

　職権更正は、登記官のミスが原因です。申請情報や添付情報は問題がないため、申請情報や添付情報をみれば、どのような登記が正しい登記か簡単にわかります。よって、一部についての誤りに限定されないのです。

（3）職権更正後

　登記官が職権更正をしたときは、そのことを登記権利者、登記義務者、登記名義人および代位者に通知します（不登法67条3項前段、1項本文かっこ書、4項前段）。登記権利者、登記義務者、登記名義人および代位者がそれぞれ2人以上いるときは、その1人に通知すればOKです（不登法67条3項後段、4項後段）。

【職権抹消と職権更正の比較】

　最後に、職権抹消（上記1）と職権更正（上記2）の手続について、比較できる事項を比較します。

	職権抹消	職権更正
職権ですることについて（地方）法務局の長の許可	不要	要 （不登法67条2項本文。上記（1））
職権で登記をした後の関係者への通知	不要	要 （不登法67条3項前段、1項本文かっこ書、4項前段。上記（3））

事 項 索 引

判 例 索 引

先 例 索 引

登 記 研 究 索 引

― 著者 ― 松本 雅典（まつもと まさのり）

　司法書士試験講師。All About 司法書士試験ガイド。法律学習未経験ながら、5か月で平成22年度司法書士試験に合格。それまでの司法書士受験界の常識であった方法論と異なる独自の方法論を採ったことにより合格した。

　現在は、その独自の方法論を指導するため、辰已法律研究所にて、講師として後進の指導にあたる（1年合格コース「リアリスティック一発合格松本基礎講座」を担当）。合格まで平均4年かかる現状を超短期（4〜7か月）で合格することを当たり前に変えるため、指導にあたっている。

　なお、司法書士試験に合格したのと同年に、宅建試験・行政書士試験も受験し、ともに一発合格。その翌年に、簡裁訴訟代理等能力認定。

【著書】

『【第4版】司法書士5ヶ月合格法』（自由国民社）

『予備校講師が独学者のために書いた司法書士5ヶ月合格法』（すばる舎）

『試験勉強の「壁」を超える50の言葉』（自由国民社）

『【第4版】司法書士試験リアリスティック1 民法Ⅰ［総則］』（辰已法律研究所）

『【第4版】司法書士試験リアリスティック2 民法Ⅱ［物権］』（辰已法律研究所）

『【第5版】司法書士試験リアリスティック3 民法Ⅲ［債権・親族・相続］』（辰已法律研究所）

『【第5版】司法書士試験リアリスティック4 不動産登記法Ⅰ』（辰已法律研究所）

『【第5版】司法書士試験リアリスティック5 不動産登記法Ⅱ』（辰已法律研究所）

『【第3版】司法書士試験リアリスティック6 会社法・商法・商業登記法Ⅰ』（辰已法律研究所）

『【第3版】司法書士試験リアリスティック7 会社法・商法・商業登記法Ⅱ』（辰已法律研究所）

『【第2版】司法書士試験リアリスティック8 民事訴訟法・民事執行法・民事保全法』（辰已法律研究所）

『【第3版】司法書士試験リアリスティック9 供託法・司法書士法』（辰已法律研究所）

『司法書士試験リアリスティック10 刑法』（辰已法律研究所）

『司法書士試験リアリスティック11 憲法』（辰已法律研究所）

『司法書士試験リアリスティック12 記述式問題集 基本編［不動産登記］［商業登記］』（辰已法律研究所）

『司法書士試験リアリスティック 13 記述式問題集 応用編 [不動産登記] [商業登記]』(辰已法律研究所)
『【第2版】司法書士リアリスティック不動産登記法記述式』(日本実業出版社)
『【第2版】司法書士リアリスティック商業登記法記述式』(日本実業出版社)

【監修書】
『司法書士<時間節約>問題集　電車で書式〈不動産登記90問〉』(日本実業出版社)
『司法書士<時間節約>問題集　電車で書式〈商業登記90問〉』(日本実業出版社)

【運営サイト】
司法書士試験リアリスティック
https://sihousyosisikenn.jp/

【X（旧Twitter）】
松本 雅典（司法書士試験講師）@matumoto_masa
https://twitter.com/matumoto_masa

【ネットメディア】
All About で連載中
https://allabout.co.jp/gm/gt/2754/

【YouTube チャンネル】
松本雅典・司法書士試験講師
https://www.youtube.com/@realistic-matumoto

辰已法律研究所（たつみほうりつけんきゅうじょ）

https://service.tatsumi.co.jp/

　司法書士試験対策をはじめとする各種法律資格を目指す方のための本格的な総合予備校。実務家というだけではなく講師経験豊かな司法書士、弁護士を講師として招聘する一方、入門講座では Web を利用した復習システムを取り入れる等、常に「FOR THE 受験生」を念頭に講座を展開している。

司法書士試験　リアリスティック⑤　不動産登記法Ⅱ　第5版

平成 29 年 7 月 15 日	初　版　第 1 刷発行
令和 6 年 5 月 30 日	第 5 版　第 1 刷発行

著　者　松本　雅典
発行者　後藤　守男
発行所　辰已法律研究所
〒169-0075
東京都新宿区高田馬場 4-3-6
TEL. 03-3360-3371（代表）
印刷・製本　壮光舎印刷（株）

従来の勉強法	松本式 5ヶ月合格勉強法	ここが違う。

従来型	松本式
合格まで4年は覚悟する。	絶対に合格できるという自信をもつ。合理的な勉強法で真剣に学習すれば1年で必ず合格できる試験である。

従来型	松本式
本試験「直前」に使えるように情報を一元化する。	本試験「当日」に問題を解くときに、頭の中で思い出す検索先を一つに特定する＝情報の一元化ではなく検索先の一元化

従来型	松本式
自分にあった勉強法を探す。	最短で合格できる勉強法に、ただひたすら自分をあわせる。

従来型	松本式
過去問は何回も何回も繰り返し解く。	過去問の元になっている条文・判例自体を思い出せるようにすれば過去問は何回も解く必要がない。

従来型	松本式
忘れないためには、覚えられるまで何度でも繰り返し復習するしかない。	一度頭に入ったことは頭からなくなることはない。思い出すプロセスを決めて、そのプロセスを本試験で再現できるよう訓練するのが勉強である。

従来型	松本式
過去問を「知識が身についているかの確認」に使う。	過去問を「問題の答えを出すために必要な知識」を判別するために使う。知識の確認ツールとしては、過去問は不十分である。

従来型	松本式
テキスト・過去問にない問題に対処するためにもっと知識を増やすように努力する。	テキスト・過去問に載っていない知識の肢を、テキスト・過去問に載っている知識から推理で判断する訓練をする。知識を増やすことに労力をかけない。

従来型	松本式
テキストに、関連する他の科目の内容や定義などをどんどん書き込んでいく。	基本テキストに関連する他の科目の内容や定義などは、「言葉」としては書かない。本試験で思い出すための記号しか書かない（リレイティング・リコレクト法）。

従来型	松本式
インプット＝テキスト、アウトプット＝問題演習	インプットもアウトプットもテキストで行う。

従来型	松本式
記述は書いて書いて書きまくる。	記述式を書いて勉強するのは時間がかかり過ぎる。申請書はシャドウイング＋音読で。

リアリスティック一発合格 松本基礎講座

■2024年 4 月 Start （7月スタート設定あり）

リアリスティック一発合格 松本基礎講座（全135回）

リアリスティック導入講義	オリエンテーション講義	民法 ※根抵当権については不動産登記法で取り扱います。 28 回	不動産登記法 21 回	会社法（商商業登記 31 回
4 回 無料体験 可	1 回			

※民法開講後にお申込みになった方も左記「導入講義」「オリエンテーション講義」（全5回）をご受講ください（通学部はWEB受講。通信部DVDは一括発送）。

---

① 超短期合格法の要諦『検索先の一元化
② インプットと同時にアウトプットの仕方（松本式
③ 記憶を活かすための工夫満載

通学部 (定員制)

LIVE は日曜（12:00 ～ ）・
木曜（18:45 ～ ）の週 2 日。
社会人の方も無理なく
受講できる！

通信部

 DVD 講義

 WEB スクール

スケジュール・受講料等の詳細は
右記より資料をご請求ください。https://r-tatsumi.com/pamphlet/

— 講座の体系 —

2025年
7月

司法書士試験　筆記試験

オプション講座

民事訴訟法 民事執行法 民事保全法 12回	供託法 司法書士法 5回	刑法 7回	憲法 6回

司法書士オープン総合編 8回

全国総合模試 2回

記述式 ~礎編 10回　記述式 応用編 10回

~リアリスティック記述完成講座

~実現する講義
~アウトプット法) を指導

各自で検索先の一元化を進めながら、松本式アウトプットを繰り返す。

便利な「通学＆通信 相互乗り入れ制度」

受講方法　＼　申込内容	通学部を申込	通信部を申込	
		DVDを申込	WEBを申込
LIVE 講義への出席	可	可	可
WEB 講義視聴	可	DVDのみの申込みなら不可。WEB＋DVDをお申込みなら可	可
教材のお渡し方法	手渡し	発送	発送

↑詳細は
こちら

【 講 座 案 内 】

リアリスティック一発合格 松本基礎講座

本講座では、松本雅典著『司法書士試験リアリスティック』を講座テキストとして使用します

「司法書士試験
リアリスティック」
は各自でご用意下
さい。

テキストの見開き見本

受講者に記憶していただくのは、テ
キストのほか、各科目で配付する数
ページのレジュメ、それだけです。

図、Case、イメージの湧きや
すい例など様々な工夫を駆使
し、初めて法律を学ぶ人にも
理解できるテキストとなって
います。

簡単な例からスタートしますが、法律
の根本的な考え方まできちんと説明し
ています。

←詳細は
こちら

スケジュール・受講料等の詳細は
右記より資料をご請求ください。https://r-tatsumi.com/pamphlet/

1歳の赤ちゃんでも権利能力はあることになります（「権利能力」の問題）。
しかし、「実際に取引をする能力があるか？」ということは、権利能力とは別問題です。権利能力があっても、たとえば、0歳や1歳の赤ちゃんは物事の分別がつきませんので、「これを買いたい」などとは言えません（「意思能力」の問題）。
また、大体6～7歳くらいになれば、物事の分別がつき、すので、「これを買いたい」とは言えます。しかし、物事......なある未成年の者は、成年に比べて保護する必要性があります（「行為能力」の問題）。

このような理由から、「意思能力」「行為能力」という問題が生じます。つまり、第2節と第3節で扱う意思能力と行為能力は、「権利能力はある（取引社会の主体（メンバー）ではある）が、物事の分別がつかない者や、保護する必要がある者をどう扱うか？」という問題なのです。
意思能力はこの第2節で、行為能力は次の第3節で説明します。

1 意義

意思能力：自分の法律行為の結果を弁識するに足るだけの精神能力
かつては、意思能力については明文規定がありませんでした。しかし、今後は高齢化になり、意思能力が問題となる事件は増えると考えられ、意思無能力者を保護する必要性が高まります。そこで、平成29年の改正で明文化されました。

用語解説 —— 「明文規定」

「明文規定」とは、条文があるということです。学説問題の～説（～説）の中で、「明文規定がある」「明文規定がない」という文言はよく出てきますので、意味がわかるようにしておいてください。

特に重要な条文は、ボックスにして原文を掲載しています。

第10章 時効

4. 援用権者

Case

Aは、Bから100万円を借りており、あなたはAの保証人となっている。AのBに対する債務が、弁済されないまま弁済期から5年が経過した場合、あなたはAのBに対する債務の消滅時効を援用できるか？

取得時効の占有者や消滅時効の債務者が時効を援用できることは、問題ありません。上記 Case でいえば、Aは問題なく消滅時効を援用できます。では、保証人であるあなたは援用できるでしょうか。こういったことが問題となります。

援用権者として認められるかの判断基準

援用権者として認められるのは、援用をしなければ自身の財産を失ってしまう者です。
＊以下の表は、この後に学習する用語が多数出てきます。よって、いったん検討し、財産法の学習がひととおり終わった後（旧テキスト第4編まで）にお読みになってください。

援用権者として認められる者	援用権者として認められない者
①保証人（民法145条かっこ書） ②連帯保証人（民法145条かっこ書） 　援用しなければ債務者の責任を負いますので（民法446条1項）、自身の財産を失ってしまいます。 　よって、上記 Case の保証人であるあなたは、AのBに対する債務の消滅時効を援用できます。 　①②は、平成29年の改正で判明（大判大4.7.13、大判大4.12.11、大判昭7.6.21）が明文化されました。	①連帯債務者 　連帯債務者は、かつては援用権者と解されていました。しかし、平成29年の改正で、連帯債務における時効の効果は相対効力になりました。他の連帯債務者の債務が時効によって完成しても、連帯債務者の債務に変化が生じなくなったので（民法441条など）、連帯債務者は援用をしなければ自身の財産を失ってしまう者とはいえなくなったのです。 ②一般債権者（大判大8.7.4） 　一般債権者は債務者の特定の財産を目的としていませんので、援用をしなければ自身の財産を失ってしまう者とはいえません。 　P115の「一般債権者が該当するかどうかの記憶のテクニック」もご確認ください。

この講座のテキストは、「できる」「当たる」「認められる」などその事項に該当するものは左に、「できない」「当たらない」「認められない」など該当しないものは右に配置するという一貫した方針で作成されています。これは、本番の試験でテキストを思い出す時に、「この知識はテキストの表の左に書いてあったな。だから、『できる』だ」といったことができるようにするためです。

担保物権である、⑦の留置権、⑧の先取特権、⑨の質権、⑩の抵当権は、物の利用価値と交換価値のうち、「交換価値」を把握する物権です。つまり、原則として物を使うことはできませんが、他人の物を売り払ったりすることはできます。たとえば、銀行が建物を目的として抵当権の設定を受けた場合は、銀行からみると、その建物は右の図のように見えているのです。銀行にとってはその建物にシステムキッチンが付いていて使いやすいかどうかはどうでもよくて、銀行は「金に替えるといくらになるのか」しか考えていないのです。

「所有権」「用益物権」「担保物権」のイメージ

物の所有者が物に対して持つオールマイティーな権利が「所有権」です。所有権は「用益価値」と「交換価値」を把握しています。その「利用価値」を「用益価値」を他人に切り分けることができます。利用価値を切り売りしてできた他人の物権が「用益物権」であり、交換価値を切り売りしてできた他人の物権が「担保物権」です。

重要ポイントについては、図を記載。

株主から見ると

この3項の特殊決議による必要があるのは、自身の株式が公開株から非公開株になってしまう場合です（上記①～③は、すべてこれです）。これは、株主にかなり不利なことだからです。非公開株になると株式の譲渡が大変になります。上場廃止をイメージしてください。

決議要件

この決議をするには、議決権を行使することができる株主の半数以上（人数ベース）、かつ、議決権を行使することができる株主の議決権の3分の2以上（議決権ベース）の賛成での決議が必要です（会社法309条3項）。

「かつ」という言葉に注意してください。発行済株式の総数が1000株（すべて議決権あり）である場合、667株以上の賛成で決議ができそうですが、人数要件がありますので株主の半数以上の賛成も必要です。この1人のうちに900／1000株保有していた場合でも、その1人の賛成では成立しません。「公開株を非公開株にすることは、少数の大株主で決めるな！」という趣旨で、人数要件があるわけです。

講義スタイル

本講座出身の合格者が「この形式の講義以外は受けられなくなるほど」と絶賛する講義スタイル！

本講座は従来から一貫した講義スタイルで多くの合格者を生み出してきました。

毎回講義の冒頭は松本講師が受講生に向かって話すところから始まりますが、講義は基本的に、テキストを画面に写し、講師と一緒にテキストに書き込みをするスタイルで行われます。

4色（赤：結論、青：趣旨・理由、緑：複数の知識を記憶できる共通する視点など、黒：試験には出ない具体例や実務の話）を使い分け、どこをどう記憶すればよいのかを視覚化しながら説明していきます。

どの箇所を線でつなぐか、図はどこに書き込むかといったことも一目瞭然になります。

実際の講義を例えば
WEBスクールの画面
で見るとこうなります
（LIVE受講生は教室内の
モニターで見られます）

「どこに線を引けばいいの？」
「どこを説明しているの？」
などということは起こりません。

教室での講義の様子

板書は効率が悪い。
口頭の説明だけでは
後で思い出せない。
だから、この講義スタイル！

書き込みが完成するとテキスト
のページはこうなります。

書き込んだ時の記憶が残っているので、復習がし易い！
試験の時に思い出し易い！

このスタイルだから講義終了時点でのテキストは全受講生共通！
（講義の受け方によって差が出ない）

スケジュール・受講料等の詳細は
右記より資料をご請求ください。https://r-tatsumi.com/pamphlet/

お得な辰已の受験生割引制度

本気のあなたを全力で支援します。

1
松本式なら一挙に司法書士も狙える！
他資格からのトライアル割引 　**15%割引**
行政書士、宅建士、社労士、など法律系国家資格をお持ちの方や、
これらの資格を目指されている方を応援！

2
松本式勉強法なら在学中合格を狙える！
在学生キャッシュバック 　**15%キャッシュバック**
やる気のある学生の皆さんを応援いたします。お申込の際にキャッシュ
バック申込書を添付してください。定価でのお申込後にキャッシュバッ
クをいたします。

3
独学者支援・受験経験者支援・基礎再受講者支援
Re-Try 割引 　**15%割引**
対象①：これまで予備校を利用せずに独学で勉強してきたが、松本式の学習法に共鳴し、この機会に直接松本
講師の指導を受けたいと思っている方 **（独学者支援）**
対象②：司法書士本試験受験経験のある方で、中々合格ラインに届かないので、これを機会に松本式の勉強法
でもう一度基礎固めをして一気にいきたい方 **（受験経験者支援）**
対象③：過去に司法書士の入門講座（辰已 or 他校）を受講したが、挫折した or 理解不十分なので、この機会
に松本式の勉強法で、もう一度基礎からやり直してみたい方 **（基礎再受講者支援）**

4
友人と一緒に申し込めば二人ともお得
スタディメイト支援 　**15%割引**
友人と一緒に申し込めば、お二人ともに、割引が適用されます。

5
合格って嬉しいご祝儀！！
合格者・研修費用贈呈 　お申込額の **50%（または25%）**
2025年度の司法書士試験に見事最終合格された暁には、お祝いといたしま
して「リアリスティック一発合格松本基礎講座」へのお支払金額（オープン・
模試の部分は含まず）の半額（または4分の1）を司法書士会の研修費用
などに活用していただくために贈呈いたします。短期合格を目指して頑張
ってください。

リアリスティック・フルパック

パックで申し込めば、合格に必要なカリキュラム（講義＆演習）が
全て揃います。受講料もお得です。

リアリスティック
一発合格松本基礎講座 ＋ 司法書士
オープン
総合編 ＋ 全国総合
模試

3講座合計価格	コース価格	
通学部 ¥577,700	通学部 ¥544,592	¥33,108 のお得
通信部 ¥577,700 (WEB)	通信部 ¥544,592 (WEB)	¥33,108 のお得
通信部 ¥615,980 (DVD)	通信部 ¥580,559 (DVD)	¥35,421 のお得
通信部 ¥640,920 (WEB+DVD)	通信部 ¥604,034 (WEB+DVD)	¥36,886 のお得

※通信部についてはオプション講座も通信部で計算

受講生フォロー

質問受付システム

受講生限定　　質問無料

**24時間対応。講座に関する質問なら何でも
OKです。**

本講座では、講義内容や勉強方法に関して、本講座専用
の質問制度をご用意しています。

質問は全て自動的に松本講師宛てにも届き、松本講師も
全ての質問に目を通しています。回答はスタッフから
メールでお送りします。

リアリスティック中間テスト

全科目一括受講者限定　　受験無料

到達度確認のためのテストを実施！

講座進行中に学習の到達度確認のためのテストを実施し
ます。
科目の終了後に択一式35問を出題（全4回）。
成績はWEB上ですぐに確認できます。
実施方法：受講者特典マイページ上で実施（WEB限
定）。
問題はPDF形式。解答はWEBのフォームに入力。

講座専用クラスマネージャー

受講生限定　　相談無料

勉強内容以外でもきっちりフォローします！

本講座には「質問受付システム」を使った学習内容に関する
充実した質問制度があります。

でも、受験勉強を続ける上では学習内容以外のことについて
次のような悩みを持たれる方も多いことでしょう。

「LIVE講義全部に出席するのは難しいけれど、どうすれば
いいだろう」
「仕事をしながら勉強時間を確保するにはどうしたらいいだ
ろう」
「通信部で一人で勉強していると、他の人がどれくらい勉強
しているのか気になる」
「7月の筆記試験後にも念のため勉強を継続したいので、試
験後の講座のことが知りたい」etc.

このような受験環境に関する様々な悩みについて辰已スタッ
フがご相談に応じます。

対　象　者：リアリスティック一発合格松本基礎講座受講者
（通学部または通信部（DVD・WEB）受講者。科目別受講
者を含む。）
ご利用方法：上記の質問受付システムからご相談ください。
折り返し、クラスマネージャーから回答いたします。

**スケジュール・受講料等の詳細は
右記より資料をご請求ください。** https://r-tatsumi.com/pamphlet/

ガイダンス＆
リアリスティック導入講義　全8弾

松本講師の5ヶ月合格法のノウハウの一部を公開します。
聴くだけでもためになるお得な無料公開講義です。

※一部の科目については、本編開講後に実施します。
※受講方法には次のものがあります（すべて無料）。
　◆LIVE参加：東京本校は予約不要です。実施校に直接おこしください
　（大阪本校は要予約）。
　◆通信部DVD申込：申込方法をご確認の上、お申し込みください。
　◆WEB視聴：辰巳YouTubeチャンネルでご覧ください。

辰巳YouTube
チャンネル

無料公開講義の流れ

1月	3月	4月		5月	7月	9月
ガイダンス	→ リアリスティック導入講義 民法	→ オリエンテーション講義	→	本編開講	→ 導入講義 不動産登記法	→ 導入講義 会社法・商業登記法

ガイダンス	第1弾	辰巳 YouTube チャンネル **配信中**	司法書士の"リアルな"仕事・就職・収入	
	第2弾	辰巳 YouTube チャンネル **配信中**	これが司法書士試験だ！──データで徹底解剖	
	第3弾	辰巳 YouTube チャンネル **配信中**	合格者を多数輩出するリアリスティック勉強法とは？	
リアリスティック導入講義	第4弾	辰巳 YouTube チャンネル **配信中**	リアリスティック導入講義　民法の全体像①	
	第5弾	辰巳 YouTube チャンネル **配信中**	リアリスティック導入講義　民法の全体像②	
大阪	第4+5弾	大阪本校 4/6(土) LIVE ※LIVEは終了しました。	リアリスティック導入講義　民法の全体像① リアリスティック導入講義　民法の全体像②	
オリエンテーション講義	第6弾	辰巳 YouTube チャンネル **配信中**	開講直前ガイダンス 「オリエンテーション講義〜効果的な授業の受け方〜」	
リアリスティック導入講義	第7弾	東京本校 LIVE **7/14** (日) 12:00-15:15	リアリスティック導入講義　不動産登記法の全体像	
	第8弾	東京本校 LIVE **9/8** (日) 16:15-19:30	リアリスティック導入講義　会社法・商業登記法の全体像	